1980年普莱西德湖,恢复国际奥委会合法席位的中国第一次派代表团参加冬奥会

中国奥运第一金获得者许海峰

北京2008年会徽"中国印·舞动的北京",
由中国印章、汉字"京"和中国书法
书写的"Beijing 2008"组成

2002年盐湖城冬奥会
杨扬实现中国金牌零的突破

北京 2008 奥运会吉祥物

2008 年北京奥运会标志性建筑物之一水立方

2008 年北京奥运会主体育场鸟巢

李宁点燃2008年北京奥运圣火

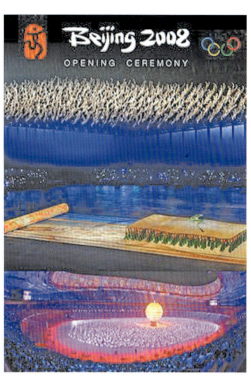

2008年第29届北京奥运会开幕式

中国奥运代表团入场

北京2022冬奥会、冬残奥会吉祥物冰墩墩、雪容融

第二十四届冬季奥林匹克运动会会徽

2022年北京冬奥会比赛主体育场中国国家体育场

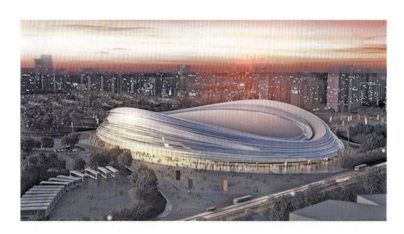

北京冬奥会新建冰上竞赛场馆——国家速滑馆

北京冬奥会张家口赛区竞赛场馆"雪如意"10月底亮相

国家社科基金项目"中国体育传播法学理论体系研究"(14BTY005)部分研究成果
中国法学会2017年度部级法学研究课题"中国体育赛事转播权理论体系研究"(CLS(2017)D149)部分研究成果
江苏省高校哲学社会科学研究重点项目"江苏省体育文化产业发展特点及战略对策研究"(ZDIXM0272016)部分研究成果
江苏省体育局重大体育科研课题"江苏省体育文化创意产业发展路径与载体建设研究"(ST193101)部分研究成果
江苏省教育厅中青年学术带头人培养对象资助项目

经济与技术：奥运传播中的知识产权研究

李金宝　著

东南大学出版社
SOUTHEAST UNIVERSITY PRESS
·南京·

图书在版编目(CIP)数据

经济与技术：奥运传播中的知识产权研究/李金宝著.—南京：东南大学出版社，2020.10
 ISBN 978-7-5641-9192-4

Ⅰ.①经… Ⅱ.①李… Ⅲ.①奥运会—传播—知识产权保护—研究—中国 Ⅳ.①G811.21 ②D923.404

中国版本图书馆CIP数据核字(2020)第214752号

经济与技术：奥运传播中的知识产权研究
Jingji Yu Jishu: Aoyun Chuanbozhong de Zhishi Chanquan Yanjiu

著　　者：	李金宝
出版发行：	东南大学出版社
出 版 人：	江建中
社　　址：	南京市四牌楼2号　邮编：210096
网　　址：	http://www.seupress.com
责任编辑：	张丽萍
经　　销：	全国各地新华书店
印　　刷：	南京玉河印刷厂
开　　本：	787 mm×1092 mm　1/16
印　　张：	23.25
字　　数：	424千字
版　　次：	2020年10月第1版
印　　次：	2020年10月第1次印刷
书　　号：	ISBN 978-7-5641-9192-4
定　　价：	58.00元

本社图书若有印装质量问题，请直接与营销部联系。电话(传真)：025-83791830

序　言

"长绳系日住,贯索挽河流。斗力频催鼓,争都更上筹。"一千多年前,唐代诗人张说以夸张的艺术手法,描绘了人们参与体育比赛(拔河)时万众一心、斗志昂扬、全力争胜的宏大气概。体育比赛,就是这样用力与美的特殊魅力,令人沉醉其中,无法自拔。而四年一度的奥运盛会,则以"更高、更快、更强"的奥运精神,不仅吸引着世界上众多水平最高运动员的参与,也吸引着最多观众的强力关注。随着商业浪潮的涌动,曾经作为单一竞技运动会的奥运会,而今已成为竞技运动与经济利益共生共存的综合性全球盛会。

如果从1984年美国洛杉矶奥运会开始算起,"奥运经济"已经成为最近30多年来世界经济发展中一种独特的经济现象。在商业化时代,奥运商业赞助的营销之战,似乎在每届奥运会上都是众人关注的焦点。不过奥运商业化的关键,并不在于商业赞助的开发,而在于媒体领域的商业化运作,尤其是电视转播为现代奥林匹克带来的革命性变化。围绕媒介服务,国际奥委会已经成立了 Press, TV & Radio, TV Rights and New Media 三个专门委员会;近年来为了更有利地开发自身的商业价值,还设置了 Managing Director of Television & Marketing Services 这样的岗位,显示出国际奥委会对电视和营销服务的高度重视,也凸显了视听媒体对国际奥委会整个营销业务的不可替代的重要影响。

奥运经济是一种知识经济,奥运经济的发展与奥运知识产权的开发与利用关系密切。从奥运会举办城市的发展经验来看,奥运经济是注意力经济、品牌经济和借势经济,会因为注意力资源的相对集中而给举办国家和城市带来阶段性加速发展的机会,对经济、社会发展产生强大的推动力量,产生类似加速器和催化剂的作用;从作用方式来看,奥运经济具有投资引发效应、消费引发效应和品牌提升效应;从作用影响力来看,奥运经济有三个显著的效应,即凝聚效应、辐射效应和瞬间放大效应。在我国积极筹办北京2022冬奥会、冬残奥会的时候,在市场与政策推动我国体育知识产权产业大发展的当下,在国家加快知识产权强国建设,提高战略性新兴产业的知识产权创造、运用、保护和管理的背景下，加强对我国以奥运知识产权为核心的体育知识产权价值开发与管理的研究，无疑具有较强的现实和理论意义。

体育产业与知识产权关系密切，是近年来国家大力推行的新兴战略产业。在体育产业开发过程中，体育知识产权成为最活跃和最有价值的生产要素，是培育知识产权要素，加快体育产业要素结构升级，推动体育产业有序发展、创新发展和可持续发展的有效手段。2018年国务院办公厅在《关于加快发展体育竞赛表演产业的指导意见》中指出，到2025年体育竞赛表演产业总规模达到2万亿元，推出100项具有较大知名度的体育精品赛事，打造100个具有自主知识产权的体育竞赛表演品牌。2014年国务院在《关于加快发展体育产业促进体育消费的若干意见》中指出，加强知识产权运用和保护，开发科技含量高、拥有自主知识产权的体育产品，促进体育衍生品创意和设计开发，至2025年产业总规模预计将超过5万亿元。据统计，世界贸易总额的2.5%来自与体育相关的商标。在欧洲，体育产业带来的经济价值占GDP的3%以上。这些经济价值集中于版权、商标权、专利权、商业秘密和体育赛事媒体转播权等体育知识产权中。体育产业收益主要表现在体育赛事的转播权收益、各种与体育赛事有关的标志带来的广告收益、体育用品的生产和销售收入等方面。加强体育赛事知识产权产业价值开发与管理研究，不仅有利于体育知识产权应用，有助于开发大型体育赛事的知识经济，也有利于为我国体育赛事健康发展提供可借鉴的理论模型和依赖路径，促进我国体育产业健康发展。

知识产权是支撑一个国家特定产业或全球经济主导产业的科技创新与产业升级的关键要素。知识产权作为新时期国家发展的核心战略资源和核心竞争力要素，其作用越来越凸显。2008年国务院发布的《国家知识产权战略纲要》，明确提出到2020年把我国建设成为知识产权创造、运用、保护和管理水平较高的国家。知识产权强国建设是成为世界经济强国的必经之路，是实现经济发展战略的重要保障，是跨越"中等收入陷阱"的重要手段。2019年1月24日，世界知识产权组织（WIPO）公布将"奋力夺金：知识产权与体育"作为2019年世界知识产权日主题。体育已经成为一个全球性产业，以知识产权为基础的商业关系有助于确保体育的经济价值，可以推动体育组织资助人类所享受的各项赛事，并且提供促进基层体育发展的方法，从而刺激体育产业增长。在知识经济时代,体育行业企业和产品在知识化、科技化、专业化、社会化进程中,会产生许多知识产权。展望知识产权在体育领域的未来发展,这些方面令人期待:审视体育企业如何利用专利和外观设计来推动体育方面的新技术、新材料、新训练方式和新设备的发展,以帮助提高体育成绩;审视体育明星如何能够通过与品牌赞助商合作并利用运动自身品牌进行创收;探索转播权如何为体育媒体之间的关系奠定基础。知识产权制度在保障体育产业的有序发展、激励体育产业的创新发展、助力体育产业的升级发展的同时,将会丰富我国知识产权体系。在体育产业迎来利好和社会投资热潮时,更应加强品牌建设,让知识产权成为行业发展的加速器。

与体育知识产权的重要作用相对应,近年来,各种类型的体育知识产权纠纷案件数量激增。从乔丹侵权案到耐克起诉中国鞋类制造商福建 Bestwinn 公司,从传统赛事转播盗播到新媒体赛事转播深度链接,体育赛事转播权侵权、域名侵权等问题已经危及体育赛事产业健康发展,体育知识产权纠纷呈现出多发状态。体育用品"傍名牌""搭便车"现象屡禁不止,互联网新侵权模式层出不穷,都对体育知识产权的管理提出了新要求。体育知识产权布局少质量低、体育产业国际化发展的风险防控不到位,都容易导致体育知识产权侵权现象的发生。尽管 PPTV、腾讯等企业凭借体育版权的投入和营销获得巨大经济回报,但诸多利好的背后是体育知识产权保护难的问题。移动视频客户端不断侵犯其他媒体的体育赛事版权,这与国内相关法律尚不完善、体育赛事相关权利属性界定不清有关,也同当下互联网技术日新月异、新型侵权盗版问题层出不穷密切相关。知识经济时代,国家法律越来越健全,加大体育知识产权管理的理论研究不仅有助于体育知识产权的理论创新,也有助于构建体育知识产权保护与治理体系,推动体育知识产权保护实践。

知识产权管理既为新兴技术扩散与产业化发展奠定重要基础,也是共享技术进行社会转移的桥梁。历经30多年发展,中国已经形成了较为完善的特色知识产权制度体系,但对体育知识产权,主流经济学界和管理学界对其关注与研究还远远不够。随着体育市场国际化的发展,技术创新、知识产权保护将是我国体育知识产权市场有序竞争的重要保障。我国体育知识产权理论主要涉及体育知识产权交易与管理,体育知识产权评估,体育知识产权侵权和立法保护,体育知识产权开发、保护与利用等内容。加强体育知识产权理论研究不仅有利于形成中国特色知识产权理论体系,逐渐突破西方知识产权理论的藩篱和话语控制,而且能够使中国特色的知识产权制度与国际知识产权制度相互发展融合,为世界知识产权理论发展提供中国经验与智慧。

李金宝教授在硕士读书期间,勤奋好学,刻苦努力,给师生们留下了极为良好的印象。2012年跟我读博以后,其良好的理论素养、敏锐的问题意识和学术研究中的行动力,更体现了一位年轻学者良好的学术潜能。经过周全的思考和认真的讨论,他确定将体育传播法学作为自己研究的主要领域,并将体育赛事转播权和运动员形象权作为目前关注的两大主要议题。围绕这个领域,他笔耕不辍,新见迭出,在2017年推出《公共与垄断:奥运传播中的知识产权研究》的基础上,又完成了这本《经济与技术:奥运传播中的知识产权研究》。一个问题,两种思路,这对于深入研究奥林匹克知识产权和体育知识产权无疑具有重要意义。体育传播法学是一座学术富矿,披沙拣金,收获新知,不仅需要殚精竭虑,奋力精进,更需独具慧眼,凝神思索。相信李金宝教授会一如既往,持续努力,在学术之路上不断结出硕果。

顾理平

(中国新闻史学会媒介法规与伦理研究委员会会长、
南京师范大学新闻与传播学院教授、博士生导师)

目 录

序言 ………………………………………………………………………………… 1

第一章 导论 ……………………………………………………………………… 1

  第一节 研究缘起与研究背景 ………………………………………………… 3
    一、奥林匹克运动发展改革 ………………………………………………… 4
    二、中国体育产业大发展 …………………………………………………… 5
    三、体育知识产权的研究需要提升 ………………………………………… 7
    四、中国奥林匹克研究的持续深入 ………………………………………… 9
    五、中国体育知识产权纠纷增多 …………………………………………… 11

  第二节 知识产权视阈下多维奥运传播 ……………………………………… 13
    一、价值共振的政治传播 …………………………………………………… 14
    二、媒介奇观的文化传播 …………………………………………………… 17
    三、协同理论的组织传播 …………………………………………………… 19
    四、体育营销的商业传播 …………………………………………………… 22
    五、无形资产的品牌传播 …………………………………………………… 25
    六、科技创新的技术传播 …………………………………………………… 28

  第三节 奥运传播知识产权研究范式 ………………………………………… 31
    一、财产所有权：奥运传播知识产权的民法理论分析 …………………… 31
    二、无形财产：奥运传播知识产权的管理学分析 ………………………… 33
    三、信息产权：奥运知识产权的传播学属性分析 ………………………… 35

第二章 奥运传播知识产权的经济突围 ……………………………………… 38

  第一节 奥运传播新型知识产权价值分析 …………………………………… 39
    一、电视转播权：奥林匹克大逆转的历史价值 …………………………… 40
    二、形象商品化：奥运传播知识产权的新问题 …………………………… 42
    三、运动表演：奥运传播知识产权体育属性 ……………………………… 45

四、非营利:奥运传播知识产权经营原则 …………………………… 46

第二节　奥运传播知识产权的公共性 ………………………………… 48
　　一、公益属性:奥运传播知识产权的公共性 …………………………… 49
　　二、国际奥委会:奥运传播知识产权公共主体 ………………………… 51
　　三、国际义务:奥运传播知识产权的社会权利 ………………………… 53
　　四、公益展示:奥运传播知识产权的文化形象 ………………………… 55

第三节　奥运传播知识产权的市场化突围 …………………………… 58
　　一、商业化改革:奥运传播知识产权经营的自我革新 ………………… 59
　　二、职业化突破:奥运传播知识产权的市场化加速器 ………………… 63
　　三、企业化转型:奥运传播知识产权市场化的自我完善 ……………… 65

第三章　奥运传播知识产权的运行模式 …………………………… 70

第一节　奥运传播知识产权所有权变迁 ……………………………… 71
　　一、奥运传播知识产权的市场主体 ……………………………………… 72
　　二、奥运传播知识产权的经营模式 ……………………………………… 83
　　三、奥运传播知识产权的委托—代理模式 ……………………………… 87

第二节　奥运传播知识产权交易模式 ………………………………… 89
　　一、奥运传播中的特许商品许可经营 …………………………………… 90
　　二、奥运传播中的授权转让经营 ………………………………………… 93
　　三、隐性营销与奥运场馆清洁原则 ……………………………………… 95

第三节　奥运传播知识产权的垄断销售 ……………………………… 98
　　一、体育赞助中的TOP营销 ……………………………………………… 99
　　二、电视转播权垄断销售 ………………………………………………… 102
　　三、运动员形象权的控制经营 …………………………………………… 106

第四章　奥运传播知识产权的技术权威 …………………………… 109

第一节　奥运传播知识产权技术性革命 ……………………………… 111
　　一、技术创新:知识产权制度变革的推进剂 …………………………… 112
　　二、技术引领:奥运传播的现代化革命 ………………………………… 114
　　三、技术依赖:奥运传播与科技互动 …………………………………… 117

第二节　奥运传播技术的媒介构建 …………………………………… 119

一、语态变革：奥运电视转播的技术革新 …………………………… 119
　　二、服务体验：奥运新媒体传播技术发展 …………………………… 123
　　三、规范标准：奥运转播公共信号统一制作 ………………………… 128
第三节　奥运传播知识产权的技术管理 ………………………………………… 130
　　一、技术平台：奥运传播管理的组织系统建设 ……………………… 131
　　二、技术规则：奥运传播知识产权标准化构建 ……………………… 133
　　三、技术需求：奥运传播知识产权自我发展与完善 ………………… 136

第五章　奥运传播中的电视转播权 ………………………………………………… 140
第一节　奥运电视转播权的学理分析 …………………………………………… 142
　　一、发展与流变：奥运电视转播权历史回顾 ………………………… 142
　　二、突破与创新：体育赛事电视转播权在中国 ……………………… 151
　　三、新型权利：奥运电视转播权的权利性质 ………………………… 159
　　四、联合与分割：奥运电视转播权交易模式 ………………………… 165
　　五、权利延伸：新媒体的奥运转播权 ………………………………… 175
第二节　体育赛事电视转播权法律困境 ………………………………………… 179
　　一、权利认定：奥运电视转播权性质的法律困境 …………………… 180
　　二、权利归属：奥运电视转播权权属困境 …………………………… 183
　　三、权性认定：体育赛事转播权法律困境的渊源 …………………… 184
第三节　电视转播权权能归属困境及渊源 ……………………………………… 186
　　一、新闻与娱乐：奥运电视转播产品属性认识纷争 ………………… 187
　　二、电视转播权所有权权能困境的表现 ……………………………… 191
　　三、体育赛事转播权各种法律困境的渊源 …………………………… 195
第四节　体育赛事新媒体转播权的三大关键议题 ……………………………… 198
　　一、新媒体赛事转播权突破垄断的逻辑与规则 ……………………… 199
　　二、新媒体赛事转播权本质是电视转播权的延伸 …………………… 201
　　三、新媒体赛事转播权是用户体育多元消费的引导者 ……………… 202
第五节　奥运电视转播权垄断逻辑 ……………………………………………… 205
　　一、垄断与竞争：奥运赛事知识产权独家垄断争议 ………………… 205
　　二、集中与排他：奥运赛事电视转播权垄断形式 …………………… 208

三、协作与豁免:奥运电视转播权的专属权利 ………………… 212

第六章　奥运传播知识产权中的运动员形象 …………………… 216

第一节　运动员形象权的商业逻辑 ……………………………… 218
　　一、形象公开:肖像的商品化权 …………………………… 219
　　二、商业利益:形象权与隐私权分离 ……………………… 222
　　三、人格财产:形象权的经济化 …………………………… 226

第二节　运动员形象权的确立、实质及其争议 ………………… 230
　　一、形象权确立及我国运动员形象权争议 ………………… 231
　　二、运动员形象权产生的社会原因 ………………………… 234
　　三、运动员形象权可适用的权利性质 ……………………… 238
　　四、运动员形象权实践几个主要争议问题 ………………… 241

第三节　奥运传播的运动员形象的价值开发 …………………… 247
　　一、公众人物:奥运明星的符号学意义 …………………… 247
　　二、明星经济:奥运明星人格形象权 ……………………… 251
　　三、多元主体:运动员形象权归属 ………………………… 254

第四节　奥运传播运动员形象权的权利调适 …………………… 260
　　一、表现自由:形象权的传播性优先 ……………………… 261
　　二、义务平衡:名人形象权的公共利益 …………………… 264
　　三、合理使用:形象权的奥运特殊 ………………………… 267

第七章　奥运传播隐性营销与知识产权 ………………………… 270

第一节　奥运传播垄断与营销模式 ……………………………… 272
　　一、文化经济:奥运知识经济本质 ………………………… 272
　　二、稀缺经济:奥运营销的基础 …………………………… 274
　　三、活动经济:奥运传播营销资源 ………………………… 276

第二节　奥运传播知识产权隐性侵权分析 ……………………… 279
　　一、排他性:奥运传播知识产权专有保护 ………………… 280
　　二、搭便车:奥运隐性侵权发展与原因 …………………… 283
　　三、抗垄断:奥运隐性营销的再审视及例外 ……………… 286

第三节　奥运传播知识产权的专属保护 ………………………… 289

一、双重属性：奥林匹克知识产权保护的特性 …………………… 289
　　二、宪章约法：奥林匹克知识产权保护国际法视角 …………… 292
　　三、国内立法：奥林匹克知识产权保护国内法视角 …………… 295

第八章　奥运传播知识产权治理体系 …………………………………… 299
　第一节　中国奥运传播知识产权的保护困境 ………………………… 300
　　一、市场垄断：电视转播权交易困境 …………………………… 301
　　二、产权多元：形象权利益归属困境 …………………………… 306
　第二节　中国奥运传播知识产权保护体系与原则 …………………… 313
　　一、多元主体利益平衡保护体系 ………………………………… 313
　　二、无形财产权基础上的保护体系 ……………………………… 315
　　三、公共利益原则下的保护体系 ………………………………… 317
　第三节　中国奥运传播知识产权保护视角与内容 …………………… 320
　　一、奥运传播知识产权保护的双重视角 ………………………… 321
　　二、基于《著作权法》的奥运电视转播权保护 ………………… 326
　　三、基于《反不正当竞争法》的运动形象权保护 ……………… 327

结语 ……………………………………………………………………………… 330

主要参考文献 …………………………………………………………………… 335

后记 ……………………………………………………………………………… 351

第一章

导 论

作为人类历史上一个宏大的社会文化现象,奥林匹克运动是历史最为悠久影响最为深远的体育文化盛典。体育是当代人将强烈的情感表达转化为实质资本生产的核心领域之一,是审美和信息符号以很容易转化为商品化乐趣的方式与流行情感相遇的事物。"当代社会,奥运会已成为一个特别的体育文化景观,它将体育运动多种功能发挥得淋漓尽致,影响力早已远远超出了体育自身范畴,它不仅是世界各国体育运动水平交流和展示场所,更是世界各民族文化交流与展示的舞台。"①有关古代奥林匹克运动的记载甚至可以追溯到古希腊史诗《伊利亚特》和《奥德赛》。现代奥运会自1896年在雅典复兴以来,虽然只有一百多年的历史,但就在这短短一个多世纪发展过程中,从开始仅限于欧洲文化圈十几个国家发展到现在全球范围内二百多个国家和地区,可以说以奥运会为主要传播载体的奥运传播已经变成了一个裹挟着经济利益与政治影响的多面体。体育电视经济完全代表了"符号与空间经济",它的权力来自不断增长的通过版权和相关的知识产权对形象和信息的控制,而非依靠较慢、更具有可预见性的商品生产过程或为"人类"提供服务。②

现代社会,知识产权对社会生活的影响力越来越大。从性质上看,这个源于18世纪德国的制度性构造物,是指人们对其创造性的智力成果和商业标记依法享有专有权利,是"商品经济和科学技术发展到一定阶段后对知识产品资源进行最佳市场配置的制度"③。知识产权作为一种民事权利,意味着民事主体获得了支配其拥

---

① 李凯.全球性媒介事件与国家形象的构建和传播:奥运的视角[D].上海:复旦大学,2005:65.
② 罗 D.体育、文化与媒介:不羁的三位一体[M].吕鹏,译.北京:清华大学出版社,2013:103.
③ 杨雄文.反思与完善:信息不完全下的知识产权利益平衡[J].电子知识产权,2007(2):16-19.

有的信息,享受其利益并排斥他人干涉的权利,知识产权"通过授予知识产品创造者以专有权,或称垄断权,来鼓励和刺激创新,同时也保障知识、信息的广泛传播和利用,从而促进社会文明进步"①。新制度学派认为:知识产权决定了工业革命的发生。工业革命最明显的特征是经济的持续增长,而经济持续增长原则就是技术创新,从而把技术创新作为工业革命发生,甚至是西方世界兴起的原因。进一步分析"真正原因是有效率的经济组织,而有效率的经济组织需要在制度上做出安排和确立所有权,以便造成一种刺激,将个人的经济努力变成私人利益接近社会收益率的活动"②。可以说,知识产权作为财产权的缺失是工业革命乃至西方世界兴起的重要原因,正是知识产权决定了工业革命的发生,促进了工业社会大发展,加快了人类社会知识经济的发展。

"奥林匹克运动是在奥林匹克主义的指导下,以体育运动和四年一度的奥林匹克庆典——奥运会为主要活动内容,促进人的生理、心理和社会道德全面发展,沟通各国人民之间的相互了解,在全世界普及奥林匹克主义,维护世界和平的国际社会运动。"③这在《奥林匹克宪章》中有明确规定。由于国际奥委会、国家奥委会和国际单项体育联

图1　第一届现代奥林匹克运动会
1896年在希腊雅典举行

合会组成了一个严密的组织体系,才能使得奥林匹克运动的精神和思想得以贯彻,各种丰富多彩的活动能够得以实施。在这三大支柱的分工中,国际奥委会负责决策、指挥和协调;国际单项体育联合会负责运动项目的专业技术性活动;国家奥委会负责各自国家和地区的奥林匹克运动。"国际奥委会与各国际单项体育组织、各国奥委会以及各方面人士密切合作,大胆地创新与设计,逐步地改进与完善,使奥

---

① 冯晓青.知识产权法利益平衡原理[M].北京:中国政法大学出版社,2006:1-2.
② 诺思,托马斯.西方世界的兴起[M].厉以平,蔡磊,译.北京:华夏出版社,1999:5.
③ 李金龙,张志学,赵杰.奥林匹克运动的政治化与非政治化特征及其成因[J].体育科学,2008,28(11):78-81,92.

林匹克运动有了丰富多彩的活动内容与形式,这些活动以奥林匹克主义为主线贯穿一起,形成一个具有鲜明特色的奥林匹克活动体系。"①这使得奥林匹克运动发展成为一个规模宏大,与政治、经济、文化、外交等社会活动关系密切的社会文化现象。因此,奥林匹克传播不仅是媒体的问题,也不只是传媒技术保障和媒体服务保障问题,而是一个复杂的组织传播系统。从现代奥林匹克勃兴的过程来看,如果没有知识产权的保驾护航,奥林匹克发展将遭遇到更多的危机。因此,本书主要从经济和技术的角度,分析奥林匹克传播过程中的知识产权问题,以电视转播权和运动员形象权为重点,分析奥运知识产权的发展、作用与效果。

第一节　研究缘起与研究背景

2017年8月1日,国际奥委会宣布,巴黎成为2024年奥运会主办城市。而在7月11日国际奥委会130届全会一致决定2024年和2028年夏季奥运会的承办城市将在法国巴黎和美国洛杉矶两座城市同时产生,这虽然是国际奥委会在奥运城市遴选中的一个创举,但是在申办2024年奥运会的城市只剩下洛杉矶和巴黎的情况下,将2028年奥运会的承办权授予落败的城市,有利于国际奥林匹克运动的稳定、持续发展和长远的利益。国际奥委会主席巴赫在会后的新闻发布会上说:"做出这样的决定,对于奥运会和奥林匹克运动是一个重大的时刻,它保证了未来11年奥林匹克运动的稳定。对于两个申办城市来说也是伟大的一天,我们相信双赢的局面最终在9月的利马就能实现。我向巴黎和洛杉矶这两个伟大的城市表示祝贺。"虽然国际奥委会在2017年就决定了2028年奥运会的主办城市,但从众多城市纷纷退出举办奥运会的竞争,也让人们清楚地意识到奥运会遭遇的危机。团结、掌控工作路线以及建立奥林匹克运动的经济基础是已故国际奥委会主席萨马兰奇在开始掌管国际奥委会时努力的工作方向,这也是国际奥委会孜孜以求达到自己最初设立的三个目标。毫无疑问,无论对公共还是私营领域,奥运会都是一场烧钱竞赛,强有力的经济基础才能有掌控路线的可能。人们往往这样理解,在最低的公共准则上大家的意见比较能够保持一致,但奥林匹克运动面临的情况却展示出相

---

① 陈立基.当代奥林匹克运动发展观之研究[D].北京:北京体育大学,2006:75.

反的例子。这是我们共同渴求的目标,是我们最崇高本能所渴求的境界,一个建立在最高公共准则上的理想。在商业利益和奥林匹克价值之间存在着一种冲突:一方面,奥运组委会聚焦于获得足够的收入,以平衡预算,避免破产;但另一方面,国际奥委会需要确保奥运会成功举办,为获取资金而进行的努力不能影响到整体的奥林匹克理想。但要想管理好这两个方面的事务,一直是个挑战和平衡的艺术。

一、奥林匹克运动发展改革

图 2　国际奥林匹克委员会成立合影

尽管经过一百多年的发展,国际奥委会已经发展成为世界上最大的体育组织,但在体育日益成为人们生活方式的同时,由于受到政治、经济等因素的影响,奥运会还是出现了各种危机。就像三十多年前,作为全球文明一个重要的标志,奥运会由于资金的缺乏、政治干涉和失去大众兴趣而险些夭折一样,随着一些城市退出申办的行列,让人们再一次审视现代奥运会的发展危机。除非奥运会能够从经济上独立,免除政治干预,否则奥林匹克运动将面临失去道德权威的风险,而这种道德权威,正是由奥林匹克理想所赋予的。2014 年 12 月 8 日,国际奥委会全票通过了现任国际奥委会主席巴赫长达一年半的 40 条改革建议。在推动创立奥林匹克电视频道时,现任国际奥委会主席托马斯·巴赫先生强调了非奥运会期间开放奥林匹克播出平台的重要性。以不受薪顾问的身份参加该次会议的美国全国广播公司(NBC)的著名制片人艾伯索尔表示,巴赫的这部分改革创想实现了他20年前的梦想:"近年来媒体版图有了翻天覆地的变化,通过电视将信息送达全球各地观众、特别是年轻人,手段前所未有的先进。"①巴赫深知在奥林匹克传播和推广中,其他媒介的作用是无法跟电视媒体相提并论的。这主要有两方面的原因:第一,奥运赛事可以通过赛事直播的方法,将局限在赛场内的比赛无限扩大,让全世界的受众在电视机前感受到奥运赛事的魅力,从而打破运动场本身的空间局限,在无限扩大奥运赛事的同时,使得场外数以亿计的电视观众也身临其境地感受到了奥运赛事的激情;第二,因为电视的介入,为奥运传播提供了一个获得巨大广告市场的机会。这让"国际奥委会得以依靠出售电视转播权、标识使用权及广告赞助等手段,从而解决了长期困扰奥林匹克运动的经济问题"②。虽然在奥林匹克的传播过程中,借助当代高速发展的传媒技术,已经形成了一个由传统的报刊、广播、电视等媒体,以及互联网和其他新媒体传播手段组成的超级传播系统,建成了一个超级奥运传播的系统平台,但毫无疑问,在这个传播系统中,电视的作用是最大的。虽然奥运转播权有不少专家学者都进行过研究,但大多是从转播权发展、转播权性质概念等角度切入,真正从知识产权角度,就奥运电视转播权知识产权垄断性及遭遇的法律困境等方面进行的基础理论研究,还比较少,从电视转播权在奥运发展的巨大作用来看,这方面的研究也最为迫切。

二、中国体育产业大发展

尽管中国是赢得奥运会奖牌的主要大国之一,但是在体育产业方面,仍然远远落后于发达经济体。体育产业在澳大利亚和美国的GDP中约占2%～3%的份额,但是根据中国体育管理部门的官方数据,2015年体育产业仅占了GDP的0.8%。③2014年9月2日,李克强总理在国务院常务会议上谈到要"取消商业性和群众性体育赛事审批,放宽赛事转播权限制,最大限度为企业'松绑'"④。2014年10月

---

① 国际奥委会全票通过改革方案[N].参考消息,2014-12-10(8).
② 郝勤.奥林匹克传播:历程、要素、特征:兼论奥林匹克传播对北京奥运会的启迪[J].体育科学,2007,27(12):3-9.
③ 中国体育产业行驶在慢车道上[N].参考消息,2017-09-04(9).
④ 汤敏.姚明"放开审批"提案获首肯:李克强表示将取消赛事转播限制[N].扬子晚报,2014-09-04(A27).

20日,国务院发布《关于加快发展体育产业促进体育消费的若干意见》。该方案提出:"明确放宽赛事转播权限制,除奥运会、亚运会、世界杯足球赛外的其他国内外各类体育赛事,各电视台可直接购买或转让。到2025年,中国体育产业产值将达5万亿元,体育产业将成为我国重要行业。"①除此以外,在这份指导意见中,国务院强调最多的是对体育知识产权的发展与保护。如"要完善体育技术成果转化机制,加强知识产权运用和保护,促进科技成果产业化。要开发科技含量高、拥有自主知识产权的体育产品,提高产品附加值,提升市场竞争力"②,同时还强调:"要通过冠名、合作、赞助、广告、特许经营等形式,加强对体育组织、体育场馆、体育赛事和活动名称、标志等无形资产的开发,提升无形资产创造、运用、保护和管理水平。"③而在体育无形资产建设与保护方面,该指导意见还提出:"要加强体育品牌建设,推动体育企业实施商标战略。实施品牌战略,打造一批具有国际竞争力的知名企业和国际影响力的自主品牌,支持优势企业、优势品牌和优势项目'走出去',提升服务贸易规模和水平,充分挖掘品牌价值。"④"促进体育衍生品创意和设计开发,推进相关产业发展。充分利用现有科技资源,健全体育产业领域科研平台体系,加强企业研发中心、工程技术研究中心等建设。"⑤在国务院下发的有关促进体育产业大发展的通知中,其主要的着力点就是加大体育产业的知识产权开发,借用知识经济的力量,促进中国体育产业大发展。知识和技术创新已经是人类经济、社会发展的重要动力源泉。通俗地说,知识经济就是在知识经济时代,以知识为基础的经济。根据世界经合组织(OECD)在《以知识为基础的经济》中的说法:"知识经济就是以现代科学技术为核心的,建立在知识和信息的生产、存储、使用和消费之上的经济。"⑥这种给人类带来全方位深刻影响,与传统农业经济、工业经济相对应的新型经济形态,与以自然资源为主要依托的农业经济、以传统工业为支柱产业的工业经济相比,有着巨大差异。从本质上看,知识经济是以人类智力资源占有、配置为主要特征,在科学技术为主指导下,以知识生产、分配及消费(使用)为重要因素的新

---

① 国务院.国务院关于加快发展体育产业促进体育消费的若干意见[R/OL].[2014-10-20].http://www.gov.cn/zhengce/content/2014-10/20/content_9152.htm.
② 同①.
③ 同①.
④ 同①.
⑤ 同①.
⑥ 邹彩霞.中国知识产权发展的困境与出路:法理学视角的理论反思与现实研究[D].长春:吉林大学,2008:127.

型经济形态。据此,可以认为"体育知识经济就是建立在体育知识、体育信息生产、分配和使用之上的经济。体育知识经济就是以智力资源和体育资源的占有、配置,以体育科技为主的知识生产、分配和使用为最重要因素的经济"①。因此,强化以大型综合赛事为主体的奥运传播的知识产权研究,对促进我国体育知识产权研究具有一定的借鉴意义。

三、体育知识产权的研究需要提升

体育产业的发展带来体育新型商事交易的需求。体育产业的繁荣会带来巨大的社会利益与经济利益,也必然导致体育主体之间的矛盾和冲突。特别是体育产业发展滋生了大量新类型的商事交易,对传统的法律思维提出了挑战。在国际上,体育新型商事法律问题包括球员租借协议中的利益平衡问题、足球俱乐部的混合所有权问题、职业体育俱乐部投资者权利的限制问题、体育赞助合同中的道德条款问题以及体育赛事转播合同的竞争法规问题。② 整体上看,国际体育产业发展进程中出现的商事交易问题趋向复杂,在多个维度展现出协调国家法与体育自治法的需求。在球员租借合同、体育赞助合同领域,出现了限制球员个人自由条款与国家法的冲突问题;而在足球俱乐部股权、投资者权利和体育赛事转播权领域,存在着强烈的国家管控要求。我国体育产业的发展还处于初级阶段,出现的新型商事法律问题还在争论其法律性质阶段。

由于每年销售几十亿美元体育特许商品以及在奥运之年侵权事件呈几何指数增长,商标侵权成为体育法律一种普遍存在的形式。一个法规机构或代理机构负责为体育和体育经营者颁布法律或制定指导原则。法规代理机构既可由政府控制,也可由非政府控制。如国际足联,它对体育和体育营销实践具有巨大的控制力。国际足联是世界上最流行的体育运动足球的国际联合会。1904年成立的国际足联的使命是通过发展青少年足球计划来推广足球,并监督国际竞赛以确保比赛按比赛规则和规章进行。此外,国际足联负责维护一套完整的足球规则,即"竞赛法典"。尽管国际足联注意调整比赛自身,但是它也控制着影响体育营销比赛之外的许多方面。国际足联作为一个制定规章的代理机构,努力确保赞助商不会使

---

① 项建民.知识经济时代的体育知识产权保护[J].体育学刊,2002,9(4):26-28.
② 赵毅.体育新型商事交易中的法律问题[J].广西大学学报(哲学社会科学版),2016,38(2):77-82.

用任何方式强行挤入比赛活动并破坏比赛的完整性。① 版权领域的对立与矛盾现在已经转化为一种国际对话，而当代法律和经济学规则则可以为矛盾的解决提供帮助。

体育赛事转播权是一个稀缺商品，拥有体育赛事转播权的所有人可以将其卖给可能的最高报价人。通过出售转播权，体育赛事主办方可能获得最大化的收益，但也会出现竞争和垄断问题。体育法律问题涉及的远不止第九条法令和反垄断问题。在最近的新闻报道中，体育法律问题的案例包括违反合同的案例、运动员之间的暴力问题和商标侵权。围绕体育赛事节目已经形成了完整的价值链，包括赛事组织者(同时也是制片方)、节目制作者、节目传播者。通常是赛事组织者委托节目制作者制作体育赛事节目，并将"转播权"授权给节目传播者。在前互联网时代，体育赛事节目利益相关方尚可以通过广播组织权这一邻接权在一定程度上维护自己的合法权益，通过各种途径与手段，基本遏制电视频道(主要依靠电视频道的行规和自律)侵权行为的流行。然而，进入互联网时代，商业网站侵权、APP(智能手机的第三方应用程序)侵权(下载客户终端就能够观看电视节目，从技术上讲，获取信号是非常容易的)、OTT(Over The Top的缩写，是指通过互联网向用户提供各种应用服务)侵权冲击了体育赛事节目利益相关方的合法利益，而我国《著作权法》中有关广播组织权的规定(现行《著作权法》第四十五条)并不延及互联网，业界转而寻找体育赛事节目的著作权保护。②

在体育产业的迅猛发展态势中，国内也出现了大量新型商事法律问题。与奥林匹克标志使用、体育赛事广告开发合同相关的争议也日益增多。除了合同和知识产权商事案件外，还出现了大量有关运动员形象权的侵权案件，如体育赞助合同法律问题。体育赞助合同是一种新型商事合同，在体育实践中被广为使用，纠纷也多发。无论是《合同法》还是《体育法》都并无赞助合同或者体育赞助合同的表述，理论界对其法律性质的看法也相当不同。有学者认为该类合同属于赠与合同，但赞助与赠与或者附义务赠与并不相同，因为赞助商具有通过广告获得投资回报的商事目的。随着中国体育产业进程的日益加快，体育主体，特别是运动员形象权的开发会不断发展，在目前体育赞助法律关系并不清晰的情况下，在体育赞助合同中

---

① 尚克.体育营销学:战略性观点[M].董进霞,邱招义,于静,译.2版.北京:清华大学出版社,2003:87.
② 卢海君.论体育赛事节目的著作权法地位[J].社会科学,2015(2):98-105.

明确双方的权利义务,尤其是约定道德约束条款还是非常必要的。在体育组织出现独家出售其电视转播权或电视台独家购买某一赛事转播权并进行高价分销时,都有《反不正当竞争法》审查的空间。按照我国学界的主流观点,运动员"形象权"是一个比我国《民法通则》第100条规定的"肖像权"范围更大的概念,是一种新型的运动员商事人格权,是运动员对其姓名、肖像、签名、绰号及其他可识别性特征具有的商业价值所享有的排他性权利。运动员形象权的保护应当通过一系列不同部门的法律法规的协作,包括民法的保护、商标法的保护、反不正当竞争法的保护和相关体育行政法规规章的保护。

四、中国奥林匹克研究的持续深入

2015年1月6日,北京冬奥申委在瑞士洛桑向国际奥委会正式递交了2022年冬奥会的《申办报告》,同年7月31日国际奥委会宣布中国北京—张家口获得2022年冬奥会举办权,举办奥运会对城市营销与发展会带来巨大的机会。自从19世纪末皮埃尔·德·顾拜旦和他的同事们复苏现代奥林匹克运动后,奥运会逐渐成长为世界上最为重要的体育奇观,目前还没有什么活动能够在风貌、类型、规模或组织上与之匹敌。每届奥运会都是一次重要的科技展示和文化交流,为举办城市展示其历史、文化以及市民素质提供了巨大的舞台。① 近年来,随着中国综合国力的提升,体育竞技水平的提高以及政治文化交流的需要,大型体育赛事已成为我国向世界展示社会经济发展的重要窗口。2008北京夏奥会后,一系列大型综合运动会的成功举办,极大地提升了我国的国际形象。有研究表明,伴随着一个国家在国际社会中的崛起,这个国家的体育也会出现崛起的现象。如在美国、日本、德国、苏联等国家的战略崛起过程中,体育就发挥了重要的作用,担当了重要的角色。在很多时候,体育的发展和崛起成为一个国家崛起的信号与表征。李力研在对日本体育进行研究后发现:"在经济腾飞之前,体育充当了优先发展的角色,并基本上遵循这一规律,即'一个国家在上升或走向现代化的时期,其竞技运动也作为相应的某种社会心理情绪表露快速上升……'"② 1988年韩国汉城(现名首尔)奥运会在政治上促进了韩国的民主改革,在经济上促进了韩国大企业集团成为国际一流跨国公司,

---

① 任磊.百年奥运建筑[D].上海:同济大学,2006:1.
② 李力研.野蛮的文明[M].北京:中国社会出版社,1988:52-53.

在社会上促进了首都汉城的现代化。在中国融入世界,实践民族复兴的征程中,中国体育走向世界也是一个重要的方面,在全球都加强对知识产权保护的时候,加强对奥运传播的知识产权研究无疑具有重要的意义。

当今社会,以奥运会为核心的奥林匹克大家庭已发展为一个规模庞大、影响巨大的综合性国际组织,它的成员包括:国际奥委会,国家和地区奥委会,国际单项体育联合会,夏季和冬季奥运会组委会,参与奥林匹克运动的运动员、教练员、官员,奥运会赞助商,对奥运会进行报道的大众传媒等。奥运会不仅联结了世界各国的体育机构,而且与各国政府、经济和商业、旅游业、文化艺术、大众传媒等保持着不可分割的密切关系。就像澳大利亚学者吐侬所说的那样:"不同人看待奥运会的兴趣不同:一个新闻事件、一个市场发展的好机会、一次城市革新和重塑、一种大众体育运动、对年轻人的一种鼓舞、促进世界和平和国际互相理解的一个重要力量。真正能保持奥运会的独特性,保证其能一直存在下去并不是体育方面的元素,而是上面所提到的各种各样的作用,正是这些作用使奥运会的存在具有了必要性。"① 正如顾拜旦先生在恢复奥运会之初就认为:"奥林匹克运动'并非只是增强肌肉力量,它也是智力的和艺术的'。"②

现代奥林匹克运动经过一个多世纪的发展,现在已成为一种独特的社会文化景观。在研究奥运传播的过程中,我们发现围绕奥运的一些奇怪现象:"国际奥委会是世界上最大的非营利性国际体育组织,却获得了最多的经济收益;奥运会是世界上唯一拒绝广告的体育赛事,却赢得了许多世界顶尖级公司的赞助;奥运会主要是进行体育竞赛,但其开闭幕式等仪式却是世界上最盛大的文化艺术庆典。"③ 虽然有不少学者从运动竞技、经济发展等角度去试图解释这些困惑,但都很难全面解释交织着奥林匹克文化与商业利益的矛盾和冲突。更何况在现代奥运传播一百多年的发展历程中,许多与奥运有关的标识已经成长为具有重要影响的品牌。奥运科技伴随着技术创新而不断发展,这一切都需要从全新的角度去研究奥运传播现象。本书也是基于这样的想法,借用知识产权相关理论,对与奥运传播的相关议题进行专题化研究,以期为奥运在中国的传播及中国体育产业发展提供一些有价值

---

① 吐依,维尔.真实的奥运会[M].朱振欢,王荷英,译.北京:清华大学出版社,2004:5.
② 王军.奥林匹克视觉形象的历史研究[J].体育科学,2004,24(12):28-36,73.
③ 王军.奥林匹克视觉形象的历史研究[D].北京:北京体育大学,2004:1.

的理论探索。

在奥林匹克传播中,奥运会是最能体现奥林匹克精神的,而且经过一百多年的发展,在国际奥委会的打造下,奥运会最能表现奥林匹克运动的各种文化特质,因此在世界范围内具有重大影响。"《奥林匹克宪章》将奥运会作为奥林匹克运动的一个核心内容,用了大量的笔墨对之进行了详尽的规定,使它成为最具有奥林匹克各种特征的一项活动。"①因此,一提到奥林匹克传播,不少人都把它跟奥运会传播等同起来。然而,奥林匹克运动不完全等同于奥运会,从奥林匹克的传播范围和影响来看,奥林匹克运动是一个内容非常丰富的国际性交往,它不但包含着经济、文化、科技等内容,而且还包含外交、政治等内容。从内涵和外延来看,奥运传播要远比只是一个国际间规模宏大的运动竞赛的奥运会宽泛得多。仅从奥运会本身来看,"奥运会的参与者不仅仅是体育官员、运动员、教练员、裁判员和热心观众,还有上自国王总统等国家元首,下至士农工商各行各业的普通百姓;它的活动并不严格地受制于'奥林匹亚特'的周期性,围绕着奥林匹克运动会的申办、争办、筹办和举办,高潮迭起,热度持久不下。"一般来说,现代奥林匹克运动由理论体系、思想体系、组织体系以及内容体系四部分组成。其中,奥运会归属于活动内容体系。需要说明的是本书中对奥运传播的界定,不仅仅是指奥运会的传播,而是指奥林匹克运动传播。"现代奥林匹克运动是在奥林匹克主义指导下,以体育运动和四年一度的奥林匹克庆典为主要活动内容,促进人类生理、心理和社会道德全面发展,促进各国人民之间相互了解,普及奥林匹克主义,维护世界和平的国际社会运动。"②由此,奥运传播可以定义为围绕着奥林匹克运动建立起来的社会关系互动。奥运传播研究就是从传播学的角度研究在奥林匹克平台上发生和进行的传播现象和传播活动,以寻求奥运传播的规律。"奥运传播的主旨是以弘扬奥林匹克精神为目标,以奥运新闻宣传为核心,以奥运信息服务为宗旨,以奥运大家庭交流为目的。"③

五、中国体育知识产权纠纷增多

随着体育赛事知识产权纠纷案件日益增多,2019年世界知识产权日的主题为

---

① 任海.奥林匹克运动[M].北京:人民体育出版社,1996:110.
② 任海.奥林匹克运动[M].北京:人民体育出版社,1996:1.
③ 庹继光.奥林匹克传播论[M].成都:巴蜀书社,2007:16.

"奋力夺金:知识产权和体育"。根据《中国知识产权报》(2019年4月18日)报道,在体育赛事产业高速发展的同时,与体育赛事相关的知识产权纠纷不断增多。北京市海淀区人民法院针对2017年1月1日至2019年3月31日所受理的体育赛事知识产权案件进行统计分析,发现体育赛事知识产权案件数量逐年增多,海淀法院民五庭共受理涉体育赛事知识产权案件1 902件。海淀法院经过对受理的涉体育赛事知识产权纠纷案件进一步分析,发现这些案件呈现五个特点:一是所涉赛事以热门、大型体育赛事为主,覆盖程度广;二是起诉主体商业化运转程度高、专业化程度强、权属证据相对规范;三是被诉主体运营内容与体育赛事密切相关,比如有的被诉主体运营的软件为专业提供体育资讯的APP软件,有的被诉主体运营的账号明确为某个赛事的官方赞助伙伴,有的案件被告所运营的网站设有专门的体育频道报道各类赛事实况;四是多数被诉侵权行为发生于赛事热播期,其中以直播类软件实时直播赛事情况的案件最为突出;五是被诉主体抗辩理由与体育赛事特点紧密结合,比如,认为对体育赛事的文字、图片报道等属于时事新闻或体育赛事节目,本身不构成作品,不应受著作权法的保护;认为原告拍摄的摄影作品未获被拍摄者的同意,因侵犯肖像权不应受著作权法的保护;认为原告无新闻采编资质,故其从事体育新闻采编行为违法,不应受著作权法的保护;认为其行为符合为报道时事新闻构成合理使用的情况。

  2015年1月7日,林丹携手赞助商尤尼克斯合作新闻发布会在北京工业大学召开,林丹成为在中国羽毛球队已有装备赞助商李宁公司的情况下,首个与另一家赞助商合作的现役国羽球员。在发布会上林丹明确表示,他的目标是参加生涯第4届奥运会,并在里约向奥运男单金牌三连冠发起冲击。"在赛场上,因为我是国家队一员,特别是代表中国队出战比赛中,我的比赛服应该还是李宁,球拍、球鞋应该是合作伙伴尤尼克斯。"虽然球拍可以用尤尼克斯装备,但拍上的标识到底是李宁还是尤尼克斯,林丹表示还没确定。[①] 无论是国内还是国外,知名的运动员、教练员做商业广告现在都比较流行,不少运动员和教练员都有自己的经纪人。就国内来说,企业可以通过运动员和教练员所属的运动项目管理中心去聘请运动员和教练员做"形象代言人",国家体育总局还制定了有关的规定和"标准合同",与运动员、教练员签约,以明确双方在商业化方面的权利和义务。因参加各种形式的商业

---

① 林丹选择赞助新模式[N].浙江日报,2015-01-08(16).

活动,不少项目的国家队知名运动员相继与运动队产生纠纷,这也提醒我们要加强这方面的理论研究。从知识产权的角度出发,我国形象权的概念界定还比较模糊,现行的运动员形象权的法律保护还几乎是真空,体育主管部门对运动员形象权的认识与保护还有很多需要提高的地方,比较滞后的管理机制还需要提升。有专家总结,我国运动员形象权保护有两个主要问题:其一,由于我国没有对形象权进行立法,对侵犯运动员形象利益的行为最终只能选择人格权救济的方式,这必然导致不能对运动员形象权进行完整的保护;其二,我国法律法规对运动员形象利益归属的规定比较混乱,导致各利益主体之间对运动员形象利益的归属存在着争议。因此,以奥运传播为主要的研究对象,对运动员(队)的形象权进行研究,从理论上肃清"举国体制"下我国运动员(队)形象权的问题,对国家体育产业发展无疑具有重要意义。

百年奥运史的叙事方式有很多,发端于欧洲的现代奥林匹克运动,历经百余年的发展与变革,尽管中途也遭遇到发展的烦恼,但最终成为影响深远的全球性文化传播现象,焕发了勃勃的生机。奥林匹克运动是如何跨越了民族、国家、宗教、价值观念、意识形态的藩篱,突破了历史、语言、习俗等差异与障碍,最终被全世界所接受,这的确值得深入研究。知识产权作为一种无形财产权和特殊的民事权利,来源于18世纪的德国,这种从市场中来,也只能存在于市场之中的权利,是奥林匹克运动得以存续和发展的基础。因此,从知识产权的角度研究奥运传播,从而为奥运传播的发展,为国内体育产业市场勃兴提供理论基础,这是本书研究的最大意义。本书以传播学的视角,运用知识产权的相关理论,从经济和技术两个维度,全面分析奥运传播现象,试图厘清知识产权理论框架下奥运(大型体育赛事)传播的一些特点,从而建构奥运(大型体育赛事)传播知识产权的一些理论体系。

第二节 知识产权视阈下多维奥运传播

在当代社会中,奥运会已经发展成一个全球性媒介事件与文化仪式和表演,成为特殊的超级传播系统,这一系统由国际奥委会与跨国性传媒集团组成,是现代奥运会自身品牌效应与当代强大传媒技术平台叠加的结果。从本质上说,传播是不

图 3　1952 年新中国第一次参加第 15 届赫尔辛基奥运会，五星红旗在奥运村升起

同社会系统间的信息沟通与交流，并由此建立起来的一种互动关系。从奥林匹克运动发展过程来看，其本身就是一个多形态传播的产物，是通过人类传播活动而形成的一个社会文化系统。因此，关于奥林匹克传播研究，不但要对其内部的各种传播符号元素的象征性意义进行研究，更需要对奥林匹克传播的外部影响进行研究。大卫·罗在《体育、文化与媒介——不羁的三位一体》一书就提到体育是一种执行着众多任务和传递着大量信息的当代媒介，并和体育媒介越来越难以区隔。关于体育的数据无所不在，似乎任何事物，无论是静还是动，都具有某种体育文化媒介(Medium of Sports Culture)的功能。"体育和媒介作为一种系统强化关系牢牢结合在一起很久了，这种关系被描绘为复合体(complex)，很明显这属于体育或媒介的特色。"①美国学者罗伊也认为电视实际上控制了职业运动的命运，这既表现在形式上也体现在经济上。体育已经不是一般意义上的单纯竞技，在现代社会中它有了新的含义与使命。

一、价值共振的政治传播

在媒体分散和受众分散时代，体育作为国家事件和重大仪式，有着重要的传播价值，奥运会发展至今其实早已不仅仅是体育的盛会，它也是各种社会政治问题交

---

① 罗 D.体育、文化与媒介：不羁的三位一体[M].吕鹏，译.北京：清华大学出版社，2013：4.

锋的最佳舞台。当奥运赛场上朝韩运动员统一组队参赛,俄罗斯运动员头顶五环旗帜,东帝汶选手翻着跟斗参加奥运会开幕式,所有人都相信奥运会不仅是一个体育竞技场,也是一个政治传播器。政治传播的基本涵义是指政治共同体内及政治共同体间政治信息的流动、扩散、接受、认同、内化等有机系统的运行过程。① 在人类政治文明进程中,政治传播发挥着十分重要的作用,政治活动本身就是一种传播活动。在以"民族国家"为基本政治共同体的不同政治文明中,政治传播有着不同的形态和模式。在政治方面,体育能够传递国家形象和外交立场,发挥国民动员作用。体育的外交功能、体育的社会凝聚功能、体育的国家形象塑造和文化认同功能无不说明体育传播中的政治属性。依托奥运赛场来传播国家形象、推动政治外交的现象比比皆是。在政治学界,二十世纪七八十年代前,伊斯顿的政治系统理论试图通过"高度柔塑性"的方法论把人类政治活动"去国家主体化",但是在政治运行仍以国家为主宰的事实面前遭到了失败。② 由于人类政治主要现实形态仍然是以民族国家为主体与边界,当使用"对外传播"的时候,更多的是基于某一国家的立场。"国家"主宰世界政治的性质和局面并无本质性的改变。在奥运赛事传播中,大多以国家为基本单元来进行,这种传播主体的一致性使得奥运传播更多地被当作国家符号意义来展现,它是激发一个民族情感和文化认同的最佳途径之一。

奥运传播兼具工具理性与交往理性,它既是不同文化之间相互交流的载体和媒介,也蕴含着人类文化互动的交往方式与价值规范,折射着历史进程中社会的演变与发展。③ 人类的政治传播,传播的内容归根结底是一种政治文明。国际政治传播本应是人类共同创造的政治文明反哺人类、不断给人类带来福祉的普惠过程。从政治传播的角度讲,作为没有"政治性"的政治文明是特殊性和普遍性的统一,也是经验与规范的统一,无论是其特殊性还是其普遍性都离不开政治传播。政治传播的特殊性意味着其在特定的经验政治中生成,这种生成的过程本身就是一个扩展和传播的过程;普遍性意味着其规范价值意蕴在其生成的政治系统以外被接纳、认同,这更是一个传播和共振的过程。④ 从新中国体育发展历程来看,尽管体育作

---

① 荆学民.国际政治传播中政治文明的共振机制及中国战略[J].国际新闻界,2015,37(8):6-19.
② 同①.
③ 岳游松,杨珍.流动、坚守与认同:奥林匹克运动全球传播的文化协商范式[J].成都体育学院学报,2015,41(2):40-43.
④ 同①.

为政治传播载体的功能不断发生变迁,但政治传播功能从未削弱过。在新中国成立的前三十年(1949—1978),50年代体育作为"爱国劳卫"的宣传工具、60年代体育作为群众教育的工具、70年代体育作为外交斗争的特殊工具,体育的政治传播的社会价值整合功能表现突出。在新中国改革开放的前三十年(1979—2008),体育政治传播主要体现在国家形象建构等方面。1979—1989年是中国国际大赛参与期,体育的政治传播主要表现为重塑民族自信,鼓舞国民精神;1990—2001年是中国体育国际大赛申办、承办期,体育政治传播主要表现为承担国际责任、提升国家地位;2002—2008年是北京夏奥会期,体育政治传播主要表现为展示大国和平崛起,倡导群众体育文化。在后奥运时代(2008年以后),体育传播政治观念发生了较大变化,体育传播的本质和价值得以回归,体育传播的正向价值功能得以发挥。体育的外交功能、体育的社会凝聚功能、体育的国家形象塑造和文化认同功能表现突出。① 在体育赛事中获得胜利,对内能够深深激励民族的自信心和自豪感,激发爱国热情;对外能够积极地影响国际社会对该民族国家在世界秩序中地位的想象和评价,扩大该民族国家在世界范围内的影响力。②

  西方对政治传播学研究形成了三大学派:以研究政治选举为主要内容的主流学派(说服选举范式学派);对政治传播进行解构性价值批判,试图说明媒体如何使民主衰落批判学派(文化研究学派);强调媒介系统与政治系统的关系,以制度的政治和文化的政治为研究重点的中程学派。③ 不管是什么学派都认为政治传播效果的实现需要依赖政治文明价值的共振。国际传播中政治文明的共振,实质上是一种不同民族、国家间通过意识形态的砥砺与交融彼此政治价值的传播和政治价值观融合的过程。传播中的共振是规范性的普遍价值转化与现实转化为经验价值的桥梁与通道。由于意识形态的独立性、政治价值的层级性以及政治文化的民族性,国际间政治文明的传播与相融,需要形成"共振"才能实现。④ 奥林匹克以其特有的普世价值理念,能够形成政治传播的共振基础。由于奥运会具有全球性影响力,

---

① 赵雅文,王松,任杰.论体育作为政治传播载体的功能变迁:1949年以来我国体育事业发展各阶段体育传播观念的发展[J].新闻大学,2014,128(6):32-38.
② 沈华柱,鞠甲斌,李津.从索契冬奥会看体育赛事政治传播的策略与效果[J].新闻大学,2014(6):39-46,8.
③ 苏颖.政治传播系统的结构、功能与困境分析:基于政治结构—功能分析方法的视角[J].东南传播,2009(5):32-35.
④ 荆学民.国际政治传播中政治文明的共振机制及中国战略[J].国际新闻界,2015,37(8):6-19.

赛事申办与举办过程中的政治传播关乎国家的国际社会形象,赛事申办与举办本身就是一件全球性的政治事件,再加上主办国可以将意识形态等政治文明内容附着在奥运事件中,政治话语通过更为隐性的奥运话语得以传播。另外,现代奥运会的开闭幕式具有强烈的民族仪式功能,开闭幕式以及强大的仪式感被负载了众多政治传播功能,这也是赛事主办国为何高度重视奥运会开闭幕式政治传播的重要原因。任何社会都有必要按时定期地强化和确认集体情感和集体意识,只有这种情感和意识才能使社会获得统一性和人格性。在文化帝国主义和消费主义盛行的今天,传统意义上的国家文化体系受到严重威胁,体育仪式成为一种构建文化认同的重要方式。体育仪式的传播是民族文化认同的重要象征资源。正如法国社会学家涂尔干所言,社会成员平均具有的信仰和感情的总和,构成了他们自身明确的生活体系。①

二、媒介奇观的文化传播

体育传播媒介事件的奇观理论渊源可追溯至德波的"景观社会"和丹尼尔·戴扬与伊莱休·卡茨提出的"媒介事件"。② 自从20世纪60年代,"奇观"概念由法国社会学家居伊·德波在《景观社会》一书中首次提出后,便成为社会学研究中一个重要的基础理论。"居伊·德波用'奇观社会'理论来描述二战后资本主义国家按照'奇观'原则所建构的消费社会。"③随后,在德波的"奇观理论"的启发下,美国当代社会文化研究学者道格拉斯·凯尔纳提出了"媒体奇观"的概念,将"媒体奇观"定义为能够体现当代社会基本价值观的媒体文化现象,并借此分析了美国社会的文化现象。通俗地说,"凯尔纳的'奇观'是指:'能体现当代社会的基本价值观,引导个人适应现代生活方式,并将当代社会中的冲突和其解决方式戏剧化的媒体文化现象,它包括媒体制造的各种豪华场面、体育比赛、政治事件等。'"④。在《媒体奇观》一书中,道格拉斯·凯尔纳针对美国的体育市场文化,提出了"体育文化奇观"概念:"媒体运用高科技的'魔法',将体育运动转化成了具有最高级别的媒体豪华场面的铺陈。"⑤如果从人类文化发展的历史来看,"奇观"或者"奇观化"是人类

---

① 沈华柱,鞠甲斌,李津.从索契冬奥会看体育赛事政治传播的策略与效果[J].新闻大学,2014(6):39-46,8.
② 董青,洪艳."体育媒体奇观"研究:以世界杯足球赛为例[J].北京体育大学学报,2010,33(12):23-26.
③ 李奕悦.媒介奇观:世界杯的社会文化分析[J].青年记者,2011(21):41-42.
④ 凯尔纳.媒体奇观:当代美国社会文化透视[M].史安斌,译.北京:清华大学出版社,2003:73.
⑤ 同④.

文化中由来已久的一种现象。与"先民宗教仪式、中世纪圣像崇拜、拉伯雷时代狂欢节"等有赖于空间区分的"奇观"社会不同,在当今网络化的信息传播时代,"奇观"已经没有确切时空限制,所有事物和其表征已不存在什么区别,消费活动、节日活动等都具有了一种"奇观化"特征。就以最能体现体育传播特点的奥运会为例,四年一度的奥运会就是一场集体狂欢,奥运会本身就是一个巨大的媒体事件。凯尔纳认为"媒体文化将体育转化为出售产品、名人价值、价值观和媒体消费社会机制的一个奇观。这一奇观化是媒体对体育的深刻影响甚至劫持,更体现了当代全球文化主要由'现场和奇观组成的,并且由广告、公共关系和形象管理等机制在全球范围内传播'的主要特征"[1]。换句话说,"媒体渲染下的体育已成为一幕幕场面浩大的活戏剧,夸张、绚烂、刺激,导演是媒体,制片人则是政治经济等各方力量,运动员甚至观众都成为了演员。体育文化、体育赛事、运动员、体育精神都已经被媒体奇观所吞噬。"赛事变表演,肉身变幻象(尤其是将丰满的人刻板化),内涵被掏空,最终导致的是体育本身的奇观化。[2] 在某种程度上讲,奥运会可以看作是由媒介塑造的一种重要文化现象,凭借媒介制造出的符号表现系统,再造了全世界体育迷们最重要的节日,更何况体育本身就是一种媒介,它以一种媒体的状态生存着。

虽然体育传播的媒介奇观是由大众媒体铺陈的,但这也离不开对体育本身天生具有的传播特质。体育媒介论源于美国。美国传播学者 John Smith 在 1979 年出版的 *Sport Media* 中提出"体育是一种媒介"的论断。他指出:"体育不仅以传播媒介的形态存在着,而且与大众传播媒介保持着千丝万缕的联系,体育与大众传播媒介的结合创造了美国媒介发展的新阶段——运动传媒业的诞生和崛起。"[3]1988 年出版的 David 和 Marcu 合著的 *Sport for Sale* 进一步明确了体育媒介论的学术框架:"体育的媒介属性、媒介功能,用媒介行销的理论来支持体育的商业化与产业化的社会存在、体育的商业化与产业化的进程速度,制约和规范体育的商业化与产业化的行为体系等。"[4]这与凯尔纳的体育媒介奇观理论有着异曲同工之妙。在以高科技为基石的现代媒介和体育自身传播特质的共同作用下,通过大众媒介与政治、文化、商业、娱乐等因素的有机结合,将体育传播打造成了一个具有消费文化、政治文

---

[1] 凯尔纳.媒体奇观:当代美国社会文化透视[M].史安斌,译.北京:清华大学出版社,2003:73.
[2] 董青,洪艳."体育媒体奇观"研究:以世界杯足球赛为例[J].北京体育大学学报,2010,33(12):23-26.
[3] Smith. Sport Media[M]. 北京:中国人民大学出版社,2003:11.
[4] David, Marcu. Sport for Sale[M]. 北京:华夏出版社,1988:6.

化和体育文化的奇观。这使得在奥运会举办期间,一切讯息将以空间的传播效率迅速传播全球,在最短时间内达到最大的传播效应。① 因此,这就构成了一浪高于一浪,令全球受众趋之若鹜的媒体文化奇观。

从传播的过程要素来看,奥运传播与一般传播过程一样,也是由信源、信宿、讯息、媒介、反馈等基本要素构成。这些基本要素是奥运传播过程得以实现的关键。"奥林匹克传播信源,也就是传播者要素,是一个复杂的组织系统。这一系统是以国际奥委会、各个国家或地区的奥委会以及国际单项运动联合会三者共同构成。"②在这个信源的组织系统中,国际奥委会是主要的信源核心,在它的领导下,国家(地区)奥委会和国际单项体育联合会共同担负着传播奥林匹克思想、组织奥运会比赛和扩大奥林匹克影响等职责与任务。与此同时,奥组委也是奥林匹克的重要传播者。奥林匹克传播就形成了一个戈德哈伯所说的"由各种相互依赖关系结成的网络,为应付环境的不确定性而创造和交流信息的活动"的组织传播系统。③ 以奥运会的传播过程分析,奥运会赛场可以看作是信源,奥运会本身、报纸、电视、网站等可以看作是信道,而观众则是信宿。奥运会赛场比赛的信息、赞助商的产品信息或者品牌形象通过奥运会这个平台传递给观众,而报纸、电视、网站等大众媒体则是这种传播形式的延伸,让奥林匹克实现最大化传播。而反馈则是通过观众购买门票、观看赛事节目、购买赞助厂家的产品等形式表现出来。奥运会在整个传播过程中是作为一条信道存在,起着传输信息的作用,有极强的双向沟通能力。它同时诉诸于人的视觉和听觉,而且还刺激人的全部感应系统,能充分吸引受众的注意力;它积极地调动人的参与意识,为观众提供了其他媒介所不能提供的具体、生动、可视性极强的场景,所传递的信息更具有冲击力。

三、协同理论的组织传播

组织是人类走向文明的产物。组织传播作为一个独立的概念,最早出现于1945年西蒙(H.A.Simon)的一篇关于管理行为的文章。早期的组织传播研究受当时的企业管理理论影响,主要集中于组织内部管理的传播技巧。20世纪70—80

---

① 郝勤.奥林匹克传播:历程、要素、特征:兼论奥林匹克传播对北京奥运会的启迪[J].体育科学,2007,27(12):3-9.
② 同①.
③ 同①.

年代之后,社会学、文化学等其他学科的介入,使组织传播研究呈现了多元化的趋势。西方学界对组织传播的研究大致为功能主义、解释主义和批判学派三个取向,并以功能主义为主导。① 韦伯将组织定义为一个为完成协作任务而进行的具有一定目的性的人际活动的体系。权力,即影响他人和击败他人抵抗的能力,是多数社会关系的基石。如果权力得以"合法化",即正式地掌握在组织手中,那么,权力就能得到有效及完全的服从。在一个组织中,交流能否被接受取决于上层领导的权力合法化的程度。正是组织赋予了你的上司发出指令的合法权威,你才愿意服从上司的指令。② 要推进奥林匹克的发展,国际奥委会不能把相关事务的管理权全部下放给奥运会组委会,更多的情况下,奥运会组委会只有短期的目标,如何避免在奥运会闭幕之前破产。如美国奥委会与国际奥委会就电视转播权的分成曾展开激烈的竞争。从 1992 年开始,国际奥委会取消了奥运会组委会参与电视转播权谈判的资格,由国际奥委会广播与电视委员会全权负责与各广播公司进行谈判,对奥运赛事电视转播权实行集中销售,使奥运会承办和销售电视转播权分立。这样便于形成垄断优势,提高转播权价格;同时也便于和电视转播商结成长期的合作伙伴,保障奥运会转播权的收益。

  关于组织传播大体有三种理解:第一种理解是把组织传播当作一门学科;第二种理解是把组织传播视为独特现象;第三种理解把组织传播视为描述和解释组织的一个途径,即组织乃经由传播而构建。③ 早在 20 世纪 60 年代,随着控制论、系统论等思想的出现,将组织视为一种开放系统的观念即获得了诸多组织学者的认可。作为开放系统,组织不仅与环境高度互动,而且内部各部分之间也只是松散地联接在一起。④ 动态的组织过程概念表明,组织研究实质上已经突破了狭隘的组织定义范围,使其不再局限于企业和行政机构,而是通过这种分析使人们对人类合作机制、集体行为的思考得到进一步深入,以便广义地理解社会结构。其目的在于解决集体行动的诸种问题,其中最为重要的是解决合作问题,以生产一些公共产品。在奥林匹克组织中,国际奥委会周围是各个国家和地区的奥委会(National Olympic

---

① 程士安,沈恩绍.数字化时代组织传播理论的解释与重构:以科技进步与传播规律的演进为视角[J].新闻大学,2009(2):119-124.
② 约翰.传播理论[M].陈德民,叶晓辉,译.北京:中国社会科学出版社,1999:546.
③ 谢静.组织与传播的再构建:后功能主义的组织传播学研究路径述评[J].新闻大学,2012(2):48-53.
④ 谢静.经由传播而组织:一种动态的组织传播观[J].新闻大学,2011(4):112-118,144.

Committee，简称 NOC）和各大运动项目单项联合会（International Sports Federations），国家（地区）奥委会负责在自己国家和地区管理奥林匹克运动，并派本国（地区）代表队参加奥运会；各大运动项目单项联合会管理奥运会上各项目比赛的技术层面事务。国际奥委会、国家（地区）奥委会和国际单项体育运动联合会组成了奥林匹克运动的核心。在1980年，奥林匹克运动遭受来自政治力量的持续攻击，几乎成为全球紧张局势的人质，组织内部缺乏团结、缺乏共同的行为准则，没有任何财政资源让它保持足够的独立性，来抵抗政治势力的压迫。到了20世纪的90年代，奥林匹克运动包括主办城市、电视转播机构、赞助商以及其他一些组织等各个利益共享者在组织内部达成广泛一致，奥林匹克组织发展迅速。组织的存在是为了实现既定的目标，组织中的理性因素超越个人喜好和外部压力时，组织传播的效果最好。这些思想反映出了一种理性的信仰或理念，即组织传播关心的是整体的组织，它们的理论模式如"传播—组织""平衡创造性与约束""学派—过程"就充分揭示了传播与组织结构、制度、战略、文化、效率、创新之间的密不可分的关系。它意味着组织传播的主导者是"谁"不重要，重要的是组织结构、制度和文化规范及其相关关系的设计，通过这些设计使得不管什么人来主导组织传播，都能挖掘组织的功能从而发挥组织传播的潜力。

　　组织是人类社会协作的重要形态，而现代社会就是一个高度组织化的社会，在这个社会中人们分属于各种各样的组织，并在协作中承担着分散个人力所不能及的生产与活动的任务，而使众人达成组织协作，并使组织与环境形成互动，归根结底是信息传播的结果。组织传播作为一种以组织为主体的信息传播活动，乃是信息时代组织管理的新观念、新方法。因此，现代社会也是组织传播高度发达的社会。可以说，组织传播每一天都在以管理协调、指挥调度、决策应变、制度执行等方式进行着。① 通常来说，组织传播由两大信息系统构成，一是组织内部的信息传播系统，目的是协调组织内部的行为、决策以及冲突（包括第三方参与的冲突影响）；二是组织对外的信息传播系统，目的为协调组织与组织之间的关系。② 凡是合作的问题，也就是组织的问题。组织最迫切的任务就是组织、再组织，而组织的过程就

---

① 舒咏平，周扬.组织传播中的"事件驱动"开发[J].现代传播，2003（1）：17-21.
② 程士安，沈恩绍.数字化时代组织传播理论的解释与重构：以科技进步与传播规律的演进为视角[J].新闻大学，2009（2）：119-124.

是试图通过不断创造文本的方式固化其结构的过程。这些文本无论是书面的还是口头的,都反身性地绘制了组织及其观念的地图,并不断地将其重新置于组织话语之中,由此暂时生产了规律性。参与者构建这种集体文本的过程,有"合理化规范到模式化行为、从沟通行为到关系建构"两个主要特征。所谓合理化,在这里指通过正式授权的方式将关系结构加以固定的过程。① 顾拜旦的创举,其中心思想是建立一个组织架构,来保证奥运会的运行,国际奥委会作为一个非营利组织机构,在其中发挥领袖作用。如果用一个更合适的词来形容,国际奥委会就是奥运会的所有者。国际奥委会委员最主要的职责就是选择比赛的举办城市,作为世界上的偶像组织,它的未来如何才得以确保。国际奥委会作为一个业余组织,艰难地和商业社会相处,最终倾情拥抱,却以自己的方式,保留自己的尊严和特性,在自己的核心价值上绝不妥协;同时在这个过程中,为体育营销产业奠定了许多最基本的规则。②

图4　1984年洛杉矶奥运会开创奥运会举办新模式

四、体育营销的商业传播

自公元前776年第一届奥运会起,奥运会与赞助结下了不解之缘。古希腊城通过提供参赛运动员的体育设施、设备和器材来赞助运动员。虽然获胜的运动员

---

① 谢静.经由传播而组织:一种动态的组织传播观[J].新闻大学,2011(4):112-118,144.
② 佩恩.奥林匹克大逆转[M].郭先春,译.北京:中信出版社,2008:XIV.

只得到一顶橄榄枝叶冠,但这为运动员和赞助运动员的城市赢得了巨大的名誉。①随着资本主义发展而勃兴的现代奥运会,更是离不开经济的支撑。进入21世纪,借助体育进行营销已经成为众多品牌迈向成功的一大重要营销方式。"在一百多年的发展历程中,对这些独创性和市场信誉度的保护,不仅是奥运会成功举办的重要内容,也是奥运会成功举办的重要保障。"②《华尔街日报》称奥运会为公司提供了一个与其他任何赛事都不同的营销机会,很多奥运会的赞助商和供应商表示,17天的赛事,为他们实验新产品、新点子、新概念和新计划,提供了独一无二的机会。从营销的角度看,奥运营销是指国际奥委会等奥运组织,通过营销主要的奥林匹克产品,利用奥林匹克标志及奥运会进行各种商业活动,在坚持互惠互利和合作共赢的原则下,采取签订中短期合同和协议的合作方式,为了获得用于奥林匹克运动发展的各种资源。内容主要包括:奥运特许权,即参与TOP(奥林匹克全球合作伙伴)计划的赞助商在国际奥林匹克运动范畴内,可以利用奥运产品进行营销,TOP赞助商是该类型的产品中具有唯一垄断地位的赞助商;奥运会电视转播权;奥林匹克标志和名称使用、经营开发权;奥林匹克以及"国际奥委会赞助商"或"XX奥运会赞助商"等称号;奥运会邮票、纪念币等;其他产业借助奥运品牌,通过嫁接、整合,形成奥运经济产业链条。③ 一般地说,国际奥委会最主要的收入来源就是企业赞助和电视转播权出售。赞助商包括国际奥委会赞助商、国家奥委会赞助商、奥林匹克代表团赞助商及全球赞助商等。电视转播权主要是奥运赛事版权销售,从某种程度上说,电视转播权的出售与企业广告投资直接相关,实际上是企业赞助的另一种支付形式。奥运营销具有隐含性和非商业状态性、受众广泛性、受众针对性、参与性、依附性、回报手段丰富性和直观性、以心理功能和远期功能为主、整合性、领先性和风险性等特点。

1983年,美国加州大学教授保罗·罗默提出了"新经济增长理论",这标志着知识经济在理论上的初步形成。从内涵来看,知识经济是直接依赖于知识和信息的生产、传播和使用,以高新技术和智力资源作为主要基础,是可持续发展的经济。知识经济主要的特征体现在两个方面:"第一,它最基本的生产要素是知识。美国

---

① Badinou P. Sports Ethics in the Ancient Games[J]. Olympic Review, August/September, 2001:59-61.
② 黄亚玲,赵洁.北京2008年奥运会奥林匹克知识产权研究[J].北京体育大学学报,2005,28(9):1153-1155.
③ 雷选沛.北京奥运经济运营与管理研究[D].武汉:武汉理工大学,2006:78.

未来学校托夫勒在《力量转移:临近21世纪时的知识、财富和暴力》中认为知识已成为土地、资本、劳动和时间的最终替代物;第二,在日益枯竭的自然资源下,它是可持续发展的经济形态,它以富有资源替代稀有资源。"①现在奥林匹克的营销计划是世界上最有力的营销计划之一。在奥运营销过程中,参与的企业或机构通过为奥运服务,将自己的产品(服务)与奥运精神有机地结合起来,并借助奥运的影响力来推动企业健康发展。现代奥运林匹克运动营销的产品主要有以下几类:第一,奥运会。这是奥运营销的核心产品。国际奥委会在其宪章中明确规定奥林匹克运动会完全属于国际奥委会,国际奥委会拥有其中有关的全部权利,特别是涉及该运动会的组织、开发、广播电视和复制的权利。举办奥运会获得的全部收益必须用于发展奥林匹克运动和体育运动。第二,奥林匹克标志。这是指奥林匹克组织(国际奥委会、国家奥委会、奥运会组委会)的符号,标记(如会徽)和标志性物品(如吉祥物)等,奥林匹克标志是一些特殊符号。奥林匹克标志之所以能卖到数以亿美元计的价格,这主要是因为这些符号是奥林匹克运动的象征,传递着奥林匹克真善美的理想,具有唯一性和排他性。因此,"奥林匹克标志的营销实际上是奥林匹克文化附加值的营销。奥林匹克产品属于精神产品,其文化附加值是极其珍贵的,赞助商们的各种物质产品与服务会由附加了奥林匹克标志而增值"②。

作为人类历史上重要的社会文化现象,现代奥林匹克运动之所以能长盛不衰,就是因为它巨大的独创性和极高的市场信誉度,在全球有着巨大的社会影响力。从传播的角度来看,现代奥林匹克运动在国际奥委会的主张和组织下,增加了大量新的传播符号,例如顾拜旦亲自设计的奥运会会徽、会旗,以及由他倡议的燃放奥林匹克火焰、设立奥林匹克杯、采用"团结、友好、和平"的奥林匹克运动口号等,以及后来相继确定的奥运会吉祥物、奥林匹克勋章、奥运会会歌等。这些符号的运用使奥林匹克精神的传播更加完整。在奥林匹克运动中,无数被传播的元素都具有象征意义,如奥林匹克标志、格言,奥运会会旗、会歌、会徽、吉祥物、圣火等,通过各种途径在全世界广泛流传,人们借助于对这些象征符号的认识和理解,领悟奥林匹克运动以及蕴涵在其中的奥林匹克精神。③ 在奥林匹克运动传播过程中,体育赛事

---

① 邹彩霞.中国知识产权发展的困境与出路:法理学视角的理论反思与现实研究[D].长春:吉林大学,2008:128.
② 陈立基.当代奥林匹克运动发展观之研究[D].北京:北京体育大学,2006:78-79.
③ 雷选沛.北京奥运经济运营与管理研究[D].武汉:武汉理工大学,2006:77-78.

赞助商在现代体育活动中扮演了另一个重要角色。他们通过提供赞助，将具有自己产品和企业形象的广告信息，以符合国际奥委会规定的形式发布在奥林匹克传播过程中，通过人们对奥林匹克的关注将广告信息传达给受众。传统的大众传媒更是利用现代高科技的全球转播技术和设备，将体育传播的所有信息大规模地复制并远距离地传播到世界任一区域，从而使体育传播突破了时空的限制，无限地扩大传播规模，媒体也因此争取到更多的读者或观众，不断扩大市场效益。① 奥运会之所以在全世界范围内的影响远远超越普通的体育比赛，就是因为奥运会在提供给观众体育赛事欣赏的同时，传达了独特的奥林匹克文化，也正是因为奥林匹克的特殊文化价值，才使得奥运会这样一个休闲娱乐的商品，拥有了超越其使用价值的市场价格。

五、无形资产的品牌传播

始于19世纪末期的现代奥林匹克运动，虽然早年很少为人所知，但随着它的持续发展，现在已经成为当今世界上规模最宏大、体系最完善、理想最崇高、内容最丰富、比赛最精彩的综合性赛事传播体系。尤其是在20世纪70年代后，随着大众传播媒介尤其是电视对奥林匹克运动的宣传，现代奥林匹克运动的五环标志已经成为仅次于国际红十字会的国际识别度最高的标志之一。奥运会缘何成为国际知名品牌，作为在国际奥委会中具体负责奥运转播权、全球和本土赞助计划实施、奥运品牌许可和票务销售，曾成功主持了6次夏季和7次冬季奥运会市场开发的国际奥委会行销主席迈克·佩恩对此有精辟的解释："奥运会不仅是体育盛事，也是品牌盛会，'品牌'既指'奥运会'这个独一无二的品牌本身，也包括云集于此的众多全球名牌。"②奥林匹克品牌之所以能够和其他品牌区分开来，主要在于它能够涵盖两个不同的范畴。它不像红十字会那样完全是人道主义的，也不像迪斯尼或其他娱乐、体育品牌那样完全商业化。奥林匹克品牌和体育的联系，让它比其他一些商业组织多出了活力和现代感，而它的精神深度和历史传统，又让它比所有的商业品牌多出了道德寓意和思想深度。③ 独属于国际奥委会的奥运品牌等无形资产，是

---

① 余艳波.体育运动的传播特征分析[J].湖北大学学报(哲学社会科学版),2004,31(4):482-484.
② 雷选沛.北京奥运经济运营与管理研究[D].武汉:武汉理工大学,2006:77.
③ 佩恩.奥林匹克大逆转[M].郭先春,译.北京:中信出版社,2008:90.

通过人们长期智力劳动所创造的知识产品,是在长期奥林匹克运动的发展和实践中由国际奥委会组织群体的智慧创造结晶,是体育文化长期积淀的产物,蕴涵着丰富的奥林匹克文化信息。建立一个产品品牌的总目标是允许组织在市场中把它自身与所有其他产品区分出来,有所不同。建立品牌将最终影响消费者行为,比如增加出席率、商品销售或体育参与。①

在一个影像泛滥、品牌符号价值至关重要的时代,被广泛知晓为奥运会在媒介产业中奠定了重要的竞争优势。奥林匹克的形象资本是现代奥运会商业价值的重要载体。奥运品牌中最为核心的资产是五环标志,这是一个全球性的标志。国际奥委会正是通过经营五环这个全球性品牌标志,来构建自己的品牌组织,并保证这个组织的强大营销能力。体育赛事最具有商业价值的内容就是赛事的品牌传播功能。奥运会经常被认为是一个国家所能做到的重塑品牌的最重要活动,在过去一个世纪里各色奥林匹克符号构成了奥林匹克品牌资产的核心元素。如果一项体育赛事不具备较强的品牌传播价值,它就根本无法对自身品牌、赞助品牌、产品信息进行有效传播。"使用价值与交换价值是商品的本质属性。体育赛事成为商品的前提是它具有使用价值(商品功能)。体育赛事的使用价值(功能)主要有两种:第一是观赏性;第二是可传播性。"②从体育赛事的冠名来看,企业冠名体育赛事是指企业法人、经济组织或自然人取得体育赛事原始主体具有的社会广泛认知性的所属物、商业或公益活动设定名称的权利。"冠名权卖方一般是出于经济利益考虑,而买方往往是为了扩大企业品牌的知名度和影响力。由于体育赛事的特殊性质,使其必然会成为社会关注的焦点,从而引起'注意力经济',这就使与之有关的冠名权变得稀缺,成为经济物品。"③从市场营销传播的角度看,奥运已经远远超出体育概念的品牌,企业一旦成为奥运合作伙伴,便拥有了长达近四年为周期的奥运自主营销系统,并且可以运用奥运相关资产的权益。"奥运营销不仅仅是奥运会营销,而是如何将奥林匹克运动精神与品牌价值结合,提升品牌形象的过程,如何更好地利用奥运资产达成企业商业目标和产品体验和销售的时机。"④就如麦克尔·佩恩

---

① 尚克.体育营销学:战略性观点[M].董进霞,邱招义,于静,译.2版.北京:清华大学出版社,2003:276.
② 蒋家珍,钟秉枢.体育赛事品牌传播价值评估系统原理与方法研究[J].北京体育大学学报,2008,31(2):159-161,164.
③ 黄海燕,张林.我国体育产权的分类及其交易研究[J].成都体育学院学报,2007,33(1):21-26.
④ 沈虹.漫谈体育营销[J].中国广告,2006(4):21-23.

所言,四年一次的奥运会,对于整个广告界都是个好事。"它能够,也确实改变了广告业的财务健康状况。但是,正因为他们忠于奥林匹克理想,奥运五环才保持其魅力。要获得稳定的经济基础,还要避免过度被金钱左右,奥林匹克品牌必须寻找一个平衡点,这样它才能处理好与所有商家的关系。"①

虽然奥运无形资产本身没有实物形态,但它可以借助奥运会这个有形的物质载体表现出来,它对于奥林匹克的意义无法估量。"由于奥运品牌属于无形资产,不像有形资产在使用过程中会逐步损耗,反而会随着奥林匹克运动不断地得到丰富和发展,其品牌价值量随着时间的推移不断增值。"②国际奥委会之所以能够保证它所属的奥运标志具有强大的营销能力,就是通过知识产权对核心资产的控制和使用,并借此来确立全球合作伙伴的标准,以满足全球性企业对品牌扩张的需求。"奥林匹克运动的所有者国际奥委会,只是一个政治上和经济上独立的人组成的俱乐部形式的团体,而正是这样的组织,通过理念传播和一系列的经营管理技术,吸引全球政府、观众、媒体、商家积极地参与并成为财务支付者。"③国际奥委会一项重要的财务战略是通过吸引商业赞助来开发奥林匹克运动品牌价值。其中标志性事件就是 TOP 计划的实施。所谓的 TOP 计划,就是把所有权力捆绑在一起,国际奥委会、奥运会组委会,还有超过 200 个国家和地区的奥委会,形成一个单一的四年独家销售一揽子方案,为商业公司介入全球奥运舞台提供一个一站式购物的便利条件。奥运无形资产作为一种财产权,它是独立于物权的资产主体。而作为一种稀缺性的体育竞技资源,奥运无形资产完全具备商品的属性,它可以通过货币来计量的,就如 TOP 计划赞助商必须达到一定的赞助额度后,才能获得资格。奥运无形资产作为一种经济资源,可以产生直接的经济效益,如果在经济效益与经济投入之间进行比较,就可以判断奥运无形资产的经济效益。"奥运无形资产可在较长时期内为奥林匹克运动和国际奥委会提供经济效益,即它能在各个奥运周期内发挥作用。奥运无形资产就其本身的发展和完善过程来说,是无期限的,所以其效益也是长期性的。"④奥运无形资产作为特殊的商品,除部分不可确指的无形资产除外,其他的都可以单独地在市场上进行有偿交换、自由转让。这种转让,可直

---

① 佩恩.奥林匹克大逆转[M].郭先春,译.北京:中信出版社,2008:Ⅻ.
② 雷选沛.北京奥运经济运营与管理研究[D].武汉:武汉理工大学,2006:78.
③ 雷选沛.北京奥运经济运营与管理研究[D].武汉:武汉理工大学,2006:77-78.
④ 雷选沛.北京奥运经济运营与管理研究[D].武汉:武汉理工大学,2006:79-80.

接参与到社会经济循环中去,推动生产要素在社会范围内的优化重组。

六、科技创新的技术传播

技术代表了最迅速变化的环境影响。技术传播是指通过特定渠道在社会系统内扩散转移技术以促进和实现技术共享和用户采用的过程。① 有关技术传播的问题早在20世纪40年代左右就引起了学者们的关注。如果要追溯技术传播研究的历史,虽然法国社会学家塔尔德1903年出版的《模仿律》并不是一部专门研究技术传播的著作,但模仿扩散的观点对后来的扩散研究产生了重要影响。创新理论的鼻祖熊彼特就曾将技术创新的扩散界定为创新的大面积或大规模的"模仿"。在扩散研究成果不断积累的基础上,传播学家埃弗雷特·罗杰斯于1962年出版了《创新的扩散》一书,提出了著名的创新扩散理论。罗杰斯的理论对后来的创新扩散研究产生了巨大而广泛的影响,罗杰斯的名字在学术界也几乎成了创新扩散研究的代名词。在当前信息爆炸和经济全球化的时代,技术传播作为沟通技术和经济的桥梁,发挥着越来越重要的作用。技术传播是在社会范围内转移和扩散技术的过程,是人类信息传播学中的一个特殊分支。②

图5　1936年柏林奥运会第一次开始电视转播

---

① 翟杰全.技术传播:概念、渠道和企业实践[J].北京理工大学学报(社会科学版),2010,12(1):90-94.
② 嵇峰.传播学框架下的技术传播研究[J].新闻战线,2013(3):103-104.

现代奥运会的精彩夺目和巨大的影响力,与来自科学技术在奥运会中的应用分不开。1912年,奥运会运动员开始得益于电子计时,而广大观众第一次体验到了有线广播扩音系统的魅力。1928年,高速摄影机开始用于评定运动员成绩,而广播电视第一次开始在奥运会上试用。1936年,德国柏林举办第11届奥运会,第一试用电视对奥运赛事进行现场转播。1956年,澳大利亚墨尔本举办了第16届奥运会,本次奥运会第一次使用飞机传递奥运圣火,这为后来奥运会采用各种新、奇、特的先进科技传递圣火,起到了重要的推动作用。1964年,首次在亚洲举行的东京奥运会,明确提出了东京奥运会的"科技奥运"(Scientific Olympics)的主题。在这个主题的指引下,首次使用电子计算器和电子自动计时系统,计时误差小于1/100秒;首次应用美国发射的"辛科姆"通信卫星,向全世界进行大会实况转播。1972年,慕尼黑奥运会启用了大量电子设备:采用光电测距仪器和精密度可达1/1 000秒的电子计时器;采用高速摄影摄像设备、激光装置和计算机。因此,此次奥运会被称为"高技术奥运"(High-tech Olympics)。① 1996年,亚特兰大奥运会既是百年奥运,又是首次"网络奥运会"。在这届奥运会上,计算机及其网络系统在奥运会的准备阶段、运动设施的设计、运动项目计划安排、信息的传递方面发挥着重要的作用。亚特兰大奥运会作为一届重要的"科技奥运",其主要特点是实现了"高科技,高境界"(High-tech, High-touch)。这届奥运会不仅在运动项目研究,而且在通信与交通等领域也采用了大量的高技术。亚特兰大奥运会是系统全面采用科学技术的开端,在后来的2000年悉尼奥运会、2004年雅典奥运会上,现代科学技术得到了更广泛的应用。② 计算机驱动的视频体育是技术影响的另一个领域。视频体育游戏称作为仿真,他们的逼真程度接近真实的体育比赛,事实上,比起"真正的"比赛,特殊经历的危险在于体育迷更关心这些游戏和仿真。几乎每四个电视游戏就有一个是与体育相关的。从在70亿美元视频游戏行业中40%以上的美国家庭拥有至少一个游戏控制台,就可以看出这个数字的巨大。③

现代奥林匹克运动会滥觞于古代奥运会,从远古雅典的体育盛会带来人们对和平安宁的图腾,到现代奥运对技术和文明的崇拜,体育传播已经远远超出体育传

---

① 黄鲁成,娄岩,吴菲菲."科技奥运"理念及其实施[J].中国科技论坛,2007(5):90-93.
② 同①.
③ 尚克.体育营销学:战略性观点[M].董进霞,邱招义,于静,译.2版.北京:清华大学出版社,2003:83.

播本身的意义,甚至成为构建国家"软实力"之形象价值的核心。传播学者罗杰斯指出:新事物(如新发明、新知识、新观念等)的传播过程主要有四个元素:(1)待推广的新事物;(2)透过某管道;(3)历经一段时间;(4)在某一社会体系内人们之间的传播。一般人在决定是否采用新事物时,通常会考虑相对利益、兼容性、复杂性、可实验性和可观察性等因素。① 技术使人们参加体育更为容易。技术除了改变体育比赛的方式,也正改变着体育迷在体育竞赛中消费体育的方式。关于技术,大多数学者将其看作是一种技巧或是一种知识,会从一个社会空间向另一个社会空间流动、扩散、转移。迄今为止,人们更多的是从技术如何影响观众和体育分销的基础上对技术进行讨论的。随着时间的推移,技术将体育迷变得与赛事更加互动。那么,技术先进的产品是如何影响体育参与者和他们表演的呢?尽管自从20世纪90年代以来,多数体育用品都经历了很大的技术革新,但是与技术共存亡的体育运动有什么规律呢?这一切还需要进一步拓展研究。

从古代奥运会的兴起到现代奥运会复兴,再到1984年之后奥运会的快速发展,奥林匹克文化的传播先后经历了区域化——国际化——全球化三个阶段;而支撑这三个阶段变化的是奥运会不断演变的三种运行模式:捐赠——政府支持——市场化运作。② 作为20世纪以来最为独特的文化现象,奥林匹克运动在全球范围内的发展历程既是文化传播的典型案例,也给所处的这个世界的文化传统、价值观念和体育运动方式带来了前所未有的影响。从经济文化学角度看,以奥运会为主要传播载体的奥林匹克文化传播,是用以满足人们精神需求的一类特殊商品。如果将奥运会看作一类特殊商品,其生产过程中同样需要资金、技术和土地等资源的投入。"体育场已经不再是一个运动竞技场,而是一个充满激情与梦想、文化与交流、娱乐与商业、沟通与分享的广阔舞台;体育场已不再是一个生物场,而是一个多种传播媒介积极渗透并不断放大信息流的传播域和信息网。"③在奥运的天地里,交织着科技手段、文化魅力和商业构思,各类因素发挥着独特的作用。奥林匹克运动在不同的历史时期得以传承,又以巨大的能量辐射到全世界各地。奥林匹克传播看似是一种文化现象,传统上也一直属于传播学的研究范畴,但这一过程不仅与

---

① 曾明彬,周超文.社会网络理论在技术传播研究中的应用[J].甘肃行政学院学报,2010(6):44-49.
② 孙玉胜.透过奥运赛场我们还应看到什么?——经济视野中的奥林匹克文化全球传播[J].国际经济评论,2008(5):6.
③ 沈虹.漫谈体育营销[J].中国广告,2006(4):21-26.

世界经济发展史紧密相连,而且传播状况与水平在很大程度上是与当时经济发展水平分不开的。

第三节 奥运传播知识产权研究范式

在诸多民事权利制度中,知识产权具备更多科技含量和知识要素,而且知识产权法与相邻法关系复杂。知识产权法的私法性体现了它与民法的关联性;知识产权法的公权性体现了它与行政法的关联性;知识产权客体的无体物体现了它与物权法的关联性;知识产权客体的可让渡性体现了它与契约法的关联性;知识产权客体的可承继性体现了它与继承法的关联性;知识产权客体的可恢复性体现了它与侵权责任法的关联性。一般认为著作权发生在文化创作领域,与文化创新、文化产业息息相关;专利权产生于技术应用领域,与科技创新、科技产业紧密相连;商标权则运作于工商经营领域,涉及商品销售、市场贸易等诸多问题。在知识经济的时代条件下,知识产权的制度实施效果,关系到一国的竞技发展、科技进步、文化与教育的繁荣;而在全球化的国际背景中,知识产权保护又事关国际政治、国际经贸、国际文化与科技的交流与合作。① 这就决定了,从民法学理论出发研究奥林匹克知识产权属性,当是奥运知识产权研究的应有之义,而结合人权理论、经济学、管理学以及政策科学,多视角、全方位来考察奥林匹克知识产权功能对促进体育(奥运)知识产权开发也大有必要。

一、财产所有权:奥运传播知识产权的民法理论分析

知识产权覆盖了人类的文化领域、经济领域、科技领域,它既涉及人类的精神领域,又事关人类物质生活。人们通常将知识产权归属于法学领域,具体将之划为民法范畴。知识产权作为私权,是民法学界对知识产权属性的基本认识。知识产权是一种有别于动产与不动产所有权的知识财产所有权。民法所规定的基本原则和一般规范,应适用于包括知识产权在内的各项私权制度。尽管目前在我国,知识产权法并不像刑法、合同法等自成体系的法典,也并不是一个具体的法律规范体系

---

① 吴汉东.知识产权的多元属性及其研究范式[J].中国社会科学,2011(5):39-45.

中的法律部门的名称,而是由多个单行法因知识产权规律的一致性而组合成的一个法律规范的集合体。它只是《著作权法》《专利法》《商标法》等具有知识产权法律特征的法律、法规之总称。知识产权法与民法的关系,如同物权法、债权法、继承法、侵权责任法与民法的关系一样,是部分与整体的关系,是《民法通则》的重要组成部分。我国《民法通则》第五章第三节专门以"知识产权"为节,将知识产权列为民事权利的一种,并对知识产权基本原则、基本内容和权利义务范围做出了明确规定,规定了著作权、专利权、商标权、发现权、发明权和其他科技成果权,知识产权作为一项民事权利的属性得到法律的确认,由此也确认了知识产权法与民法是特别法与普通法的关系。由于知识产权客体的特殊性,知识产权往往不仅涉及权利人的专有利益,还广泛涉及社会公共利益和市场公平竞争秩序,知识产权的行使关涉整个社会中个人利益与社会利益的平衡机制。

知识产权是一种私权,指对特定智力创造成果所依法享有的专有权利,或者说是以特定智力创造成果为客体的排他权、对世权。通观国际立法体例,对于与奥运相关的体育知识产权保护,往往会有不同的保护原则的设定,概言之,既有立足于宽泛的对于所有智慧成果(精神创造)的知识产权确定原则;也有在上述确认原则基础上,通过不同判例进行相关修正或者强调的相对保护原则,比如美国版权法对于那些虽然也凝聚了一定编辑整理人员创造的"体育比赛数据统计"或者"体育竞技规则",进行了知识产权上的否定,这是相对于较为笼统的中国知识产权保护法所缺乏的核心要素。[①] 虽然国际奥委会是一个具有公益性质的国际组织,不是一般意义的自然人,但是奥林匹克知识产权保护奥委会这个具有法人性质的组织权利。奥运会知识产权属于复合权力,包括精神与财产权。精神权包括发表权、署名权、修改权和保护作品完整权;财产权包括复制权和发行权等。奥林匹克运动会是国际奥委会的专属财产,国际奥委会拥有与之有关的全部权利,不加限制地涉及该运动会的组织、开发、转播、录制、重放、复制、获取和散发的全部权利。如奥林匹克标志、奥林匹克旗、奥林匹克格言和奥林匹克会歌的产权属于国际奥委会专有;任何以广告、商业或营利为目的而使用奥林匹克标志、旗、格言和会歌的权利为国际奥委会专有;为奥林匹克运动会制作的吉祥物须被视为奥林匹克徽记,其设计必须由奥运会组委会提交国际奥委会执行委员会批准,该吉祥物未经国际奥委会事先书

---

① 陈慰星.奥运会口号的知识产权保护研究[J].首都体育学院学报,2005,17(6):28-30.

面批准,不得在该国家奥委会所在国用于商业目的。

二、无形财产权:奥运传播知识产权的管理学分析

知识产权是一种具有专有性的民事权利,是无形财产的所有权。知识产权是智慧财产权或智力财产权,属于无形财产权,其保护对象的范围非常广泛,不同保护对象之间有很大的差别,他们有一个共同的特点,即都属于非物质的信息,这种信息具有商业价值,可以用于交换。就其本质而言,知识产权乃是一种"全新的特殊权利",它可以分为独占权和禁止权。独占权是指排他地、独占地支配其客体的权利,该类权利主要由著作权、专利权、商标权等;禁止权是指对违反不正当竞争义务进行制裁的权利。知识产权最典型的特征就在于知识产权客体的无体性。如果将知识产权的这种无体客体以"物"视之,或者认为知识产权客体为"无体物"的话,则知识产权与物权法也有密切的关联性。体育知识产权作为一种无形资产,具有财产价值。同时,也是许多体育公司赖以经营的重要手段和条件。知识产权权利人通过知识产品获得经济收益的方式主要有两种:一是不转移权利,即知识产权权利人自己使用知识产权获得经济收益;二是转移权利,即知识产权权利人通过转让知识产权和授权许可他人使用知识产权取得收益。知识产权制度使智力成果所有人在一定期限内依法对其智力成果享有独占权,并受到保护的法律制度。没有权利人的许可,任何人不得擅自使用其智力成果。实施知识产权制度,可以起到激励创新、保护智力劳动成果,并促进其转化为现实生产力的作用。①

体育知识产权作为近年来提出来的一个新概念,对其含义的理解,理论界尚未形成统一的认识。主要有以下几种表达:体育知识产权是体育人对于自己的体育智力活动创造的成果和体育经营管理活动中的标记、信誉依法享有的权利。持这种观点的人认为,体育知识产权的客体是体育人在体育科学、运动技术、体育文化等体育知识领域中所创造的体育物质产品和精神产品;体育知识产权是体育组织、体育工作者、体育经营者和赞助者依法享有体育智力劳动成果和经营标志、信誉的权利,主要客体有体育著作权、体育专利权、体育商标权、体育广播电视转播权、民族传统体育项目、奥林匹克运动标志、体育非专利专有技术、体育未公开信息与知识产权有关的反不正当竞争方法。以上概念不仅表述不同,其内涵也不同。体育

---

① 张玉超.中国体育知识产权前沿保护制度研究[M].北京:知识产权出版社,2012:3-4.

知识产权作为知识产权的组成部分,也应是一个动态的概念。其内涵与外延随着经济的发展和科技的进步,也会发生变化。目前,体育知识产权主要包括体育专利权、体育著作权(竞技体育广播电视转播权)、体育商标权(体育标志、奥林匹克运动标志)。① 许多国家将体育比赛列入知识产权的保护范围,美国国会1976年通过的《版权法》明确规定:"职业体育联盟的比赛可以享受联邦政府的版权保护。"为保护体育比赛转播权提供了法律依据。巴西在其《版权法》中明确规定:"运动员组织者(俱乐部)享有如同其他文艺工作者、表演者所享有的经济权利,即许可或禁止他人转播或录制有关运动员比赛的实况;如果允许他人转播或录制,则有权取得经济报酬,所得报酬80%归比赛组织者,20%将在运动员中均分。他们只享有取得经济报酬的权利,不享有禁止或许可的权利。"法国是欧洲体育强国中唯一以成文法规定体育比赛广播电视转播权属于体育组织的国家。不仅如此,其修订后的《体育基本法》第18条第2款更是明文规定体育比赛独家转播权协议不得超过5年;另外,该法第18条第3款规定:"取得转播权的媒体如果不能对比赛的实质部分进行现场直播,则不得禁止其他媒体对比赛进行部分或全部直播,除非它能对延迟转播提出合理理由。"②

体育无形产权即体育无形资产的产权,体育无形资产是一个复合概念,是一般意义上的无形资产概念在体育领域的延伸和运用。无形资产是指特定主体所控制的,不具有实物形态,对生产经营长期发挥作用且能带来经济利益的资源。根据这个解释,体育的无形产权则是不具备实物形态,能被体育活动的主办者、组织者、参与者所控制,对某类体育产业的经营长期发挥作用且能带来经济效应的产权。如大型体育竞赛的冠名权、冠杯权、广告代理权及电视转播权,重大体育活动、知名体育组织的名称、徽记、吉祥物等标志的专有权和特许经营权等。体育无形产权相对于体育有形产权来说研究起来比较困难,有些产权的体育特征很明显,从产权交易的角度来看,这类体育产权的交易非常复杂,而且能够代表体育产权交易的特点。③

---

① 魏淑君.关于体育知识产权范围的界定[J].山东体育学院学报,2007,23(6):15-17.
② 张玉超.中国体育知识产权前沿保护制度研究[M].北京:知识产权出版社,2012:6.
③ 黄海燕,张林.我国体育产权的分类及其交易研究[J].成都体育学院学报,2007,33(1):21-26.

三、信息产权：奥运知识产权的传播学属性分析

20世纪80年代，人类社会由于新技术革命而迎来席卷全球的第三次浪潮。尽管这种前所未有的影响是通过无形财产实现的，但对人类的影响却是革命性的。"从财产及产权法角度看，在第一次浪潮的社会中，土地是最重要的财产；在第二次浪潮的社会中，机器取代了土地，成为最重要的财产；在第三次浪潮的社会中，虽然仍然需要土地、机器这些有形财产，但主要财产已经变成了信息。"① 约瑟夫·奈把信息分为三类：免费信息、商业信息、战略信息，他认为软力量依赖于免费信息的说服力，因为商业信息不易为人们相信，而战略信息则不易为人们所知。

从社会生产方式来看，人类社会经历了自然社会、农业社会、工业社会，目前已经或正在步入信息社会。法经济学一般认为信息流通是社会知识和财富增加的必要条件之一，丰裕繁荣的现代社会是建立在信息自由流动之上的，人们可以充分地利用这些信息做出对自己有利并可能对社会也有利的决策，而以牺牲信息的自由流动和累积为代价的过度保护隐私，将导致交易成本过高和遏制社会知识创新的不良后果。② 知识产品是信息的主要部分，因而也成为信息社会的主要财富。智力创造成果本质上是优化的信息，因此知识产权构成信息产权的核心部分。③ 这种信息主要来源于人类的智力创造性劳动，信息的属性是人类智力创造的一种知识财产和相关的精神权益。国内知识产权界大多数人认为知识产权对象是信息，世界知识产权组织以及国外有关著述也多持此观点。知识产权保护的客体是一种"信息"，这种信息依附于一定的载体之上。不断被复制的这些载体，在市场上价值的体现主要在于其所蕴含的信息。信息社会相关法律有相当一部分是由知识产权法来承担的，大众媒介与知识产权法共同打造着信息社会。

信息产权主要以信息学理论为基础，重点关注信息的收集、开发、传播及利用，以平衡信息拥有者、使用者和传播者的人身和财产利益。④ 一般认为，1984年澳大利亚学者彭德尔顿教授在其专著 *The Law of Industrial and Intellectual Property in Hongkong* 中对"信息产权"理论做了初步阐释。西方学者于20世纪90年代初开始

---

① 郑成思.知识产权：应用法学与基本理论[M].北京：人民出版社，2005：83.
② 张维迎.博弈论与信息经济学[M].上海：上海三联书店，1996：544-554.
③ 郑成思，朱谢群.信息与知识产权的基本概念[J].科技与法律，2004(2)：39-45.
④ 张振亮.论信息产权的法律属性[J].南京邮电大学学报(社会科学版)，2009，11(2)：29-32.

讨论"信息产权"问题。① 信息产权是信息所有人或其他信息权利人对相关信息在采集、使用、转让、存储、修改等活动中所享有的人身权与财产权。作为信息时代的新型权利形态，信息产权这一"权利束"深深打上了信息社会的印记，涵盖了信息权利人的人身权与财产权两个方面，包括非财产性权利与财产性权利。其中所涉及的人身权是指信息权利人的人格权，主要是指信息权利人享有的为维护其独立人格所必须具备的权利，以人格利益为客体。② 奥林匹克知识产权的客体应当是智力的劳动成果，且具有商业价值的专有知识信息。根据奥运竞技媒介载体形成和交易内容的特点，可以看出奥运媒介运作形式主要是奥运竞技媒介载体的"势"所形成的无形资产的交易，如奥林匹克会徽、会标、吉祥物等的使用权转让，授权企业生产"标志产品"增加其产品的社会渗透力。

信息产权包含了广泛的财产性权利，其财产权属性表现在两个方面：第一，信息产权是信息产权人或其他信息权利人直接控制、支配其相关信息并排除他人非法侵害的权利，而更重要的是权利人就相关信息的合法使用、利用而获取利益的权利。显然，有关信息在采集、存储、处理、加工和传播过程中体现出了直接或间接的财产利益，具有财产权属性。第二，在市场交换条件下，相关信息能够作为信息权利人与市场商业主体交易的客体。通过对个人信息使用权的转让，权利人能够直接获取财产利益。③ 体育竞赛进行产业化运营时，其突出特征是其信息经济的特点。体育赛事是由赛事组委会计划安排的，它将比赛信息和广告信息合理而有秩序地整合传达给无法预知的观众，并利用传统媒体将信息大范围辐射到场外观众群。体育赛事的观众涉及面广、其外延基本可以等同于公众。他们与大众传播的受众具有广泛联系、社会影响广泛、商业性强的特点不谋而合。④

信息作为一种产权，在自由流动时可以发挥最大的效用。在交易成本为零时，产权应该如何配置，是经济和管理学一直深究的课题。美国学者波斯纳认为应当考虑两个因素：第一，信息的本质和来源；第二，交易成本。⑤ 奥运竞技表演的供给

---

① 郑成思.知识产权：应用法学与基本理论[M].北京：人民出版社，2005：82.
② 张振亮.论信息产权的法律属性[J].南京邮电大学学报(社会科学版)，2009，11(2)：29-32.
③ 同②.
④ 余艳波.体育运动的传播特征分析[J].湖北大学学报(哲学社会科学版)，2004，31(4)：482-484.
⑤ 波斯纳，著.常鹏翱，译.论隐私权[M]//梁慧星.民商法论丛：第21卷.香港：金桥文化出版有限公司，2001：350.

内容主要不是技艺本身，而是凭借这种技艺所形成的奥运传播的社会外部性。这种社会外部性是一种无形的，但同时又是社会辐射力很强的一种"势"，这种"势"实际上就是媒介传播活动中所负载的讯息。所以，奥运竞技表演市场的供给内容主要是这种"势"的供给。而市场的需求方恰恰是想借"势"而行，利用"势"来增强自己商品和劳务的社会渗透力。所以，奥运竞技表演市场是一种无形而有力的"势"的交易。通过这种"势"的交易，使这种"势"的社会外部性转化为外部经济。也正因为如此，奥运载体才成为连接企业与市场的重要手段，奥运市场才成长为世界性的巨大市场。

第二章

奥运传播知识产权的经济突围

现代社会,知识产品是一种重要的财富形式,成为现代社会重要的竞争性资源,谁控制更多的知识产品,就意味着拥有了更多的财富。18世纪德国人Johann Rudolf Thurneysen第一次提出Intellectual Property。1967年世界知识产权组织成立后Intellectual Property开始在世界范围内广泛使用,字面含义为"智力财产权"或"智慧财产权"。由于任何知识都是人类凭借智力创造的成果,所以中国(不含港澳台)20世纪70年代以来普遍将该词译为"知识产权"。目前,对知识产权的定义多种多样,不少学者对知识产权的内涵进行了概括:如"知识产权指的是人们可以就其智力创造的成果所依法享有的专有权利""知识产权是智力创造人或工商业活动中的标记所有人依法所享有的权利的统称""知识产权是受法律调整,用以规范在文学艺术、科学及工商业活动中产生的无形物的归属及使用的民事权利",但国际公约一般都是通过列举知识产权外延的方式来明确知识产权概念。"世界知识产权组织在《建立世界知识产权组织公约》第二条第8款列举了知识产权所包含的八种权利。"按照一般的定义,知识产权有广义和狭义之分,广义知识产权是指享有人类创造的一切智力成果的权利,而狭义知识产权则分为工业产权和版权。"工业产权包括专利权、商标权、与智力创造成果有关的反不正当竞争权等;版权(我国亦称'著作权')包括作者权和传播者权(即'邻接权'或'有关权')。作者权或传播者权中的表演者权既包括财产权利又包括精神权利。"[①]从本质看,知识产权是指规范各种思想和标志使用的一组松散的法律规则。版权法保护各种表达的原始形式,包括小说、电影、音乐作曲和计算机软件;专利法保护发明和某些发现;商标法保护消费者据以确定商品和服务的生产者或供应者的文字和标记;商业秘密法保护公

---

① 郑成思.知识产权:应用法学与基本理论[M].北京:人民出版社,2005:78-79.

司不欲为其竞争者所知悉的具有经济价值的信息;公开权则保护知名人物对其形象和身份所具有的利益。①

奥林匹克知识产权是指奥林匹克知识产权人和相关人(指国际奥委会、主办国奥委会、奥林匹克运动会组织委员会和经合法授权的被许可人),根据《奥林匹克宪章》以及与主办城市政府、主办国家奥林匹克委员会达成的相关协议中规定的,对奥林匹克有关的特殊标志、商标、专利、作品和其他创作成果,所享有的专有权利。像奥运五环这样的一些奥运特殊标志,凝练地概括了奥林匹克运动的长久历史,是奥林匹克运动的无形资产,同时这些特殊标志也是奥林匹克运动信誉的基础,是奥林匹克运动社会价值的精华,具有强大的社会影响力和巨大的市场信誉度。"奥林匹克专有权属无形资产,奥林匹克知识产权可以转化为巨大的有形资产,成为解决奥运会财政收入的主要渠道,属于知识产权的范畴。"②"在1984年洛杉矶奥运会以来的历届奥运会中,利用奥林匹克标志进行市场开发活动,已经成为国际奥委会和奥运会组委会的重要收入来源,约占全部收入的60%以上。"③"在奥运会和奥林匹克运动改革与发展的进程中,奥林匹克知识产权显现出日益增长的市场价值。从某种角度看,奥林匹克知识产权象征着奥运经济,为举办奥运会需要的经济收入有大部分来源于对奥林匹克知识产权的利用。"④

第一节 奥运传播新型知识产权价值分析

产权是一揽子权利(A Bundle of Rights),产权(Property Rights)是由(虚拟)占有权、使用权、处分权、收益权四项基本权能组成的权利。根据奥林匹克运动发展过程所涉及的知识产权内容,现在一般都把奥林匹克知识产权共分四类:第一,永久属于国际奥委会专有的产权;第二,奥运会组织委员会申办、筹建以及举办奥运会过程中形成的产权;第三,国家奥委会产权;第四,组织和个人通过合法渠道取得

---

① 费歇尔.知识产权的理论[M].黄海峰,译.//刘春田.中国知识产权评论:第一卷.北京:商务印书馆,2002:1.
② 黄亚玲,赵洁.北京2008年奥运会奥林匹克知识产权保护研究[J].北京体育大学学报.2005,28(9):1153-1155.
③ 冯玉军,黎晓园.奥林匹克标志的知识产权保护初探[J].法学论坛,2007,22(4):37-43.
④ 同②.

与奥运会密切相关的产权。从奥林匹克的知识产权的现状来看,第一类主要包括:奥林匹克名称[奥林匹克、奥林匹亚(中英文)]、奥林匹克标志(奥运五环、奥林匹克会旗、奥林匹克格言)、奥林匹克会歌等;第二类主要包括奥运会名称、奥运会徽记、奥运会旗帜、奥运会吉祥物、奥运会口号、奥运会招贴画、奥运会图形以及奥运会其他图像作品等,这些产品在奥运会闭幕后,其权利归国际奥委会所有;第三类主要包括国家奥委会的名称和徽记;第四类主要包括"奥运会电视转播权节目、授权使用奥林匹克知识产权的商品、与奥运会密切相关的作品、与奥运会密切相关的专利产品和专利技术等"①。奥林匹克知识产权是在奥林匹克运动中逐渐形成并不断发展的,它是国际奥委会在奥林匹克运动的活动中形成的一系列知识产权的综合体现。虽然它实际的拥有者是国际奥委会,但从某种程度上说,它的享有者应该是全人类。另外,根据《奥林匹克宪章》的规定,在奥运会期间和之后,主办者对此次奥运会享有一定的奥林匹克知识产权。②

一、电视转播权:奥林匹克大逆转的历史价值

体育与电视媒介渊源至深。体育是一个寄生性很强的产业,电视的温床将它抚养成全球性的朝阳产业。很多年来,电视一直被视为奥林匹克运动持续前进的发动机。电视促成了体育的变革,体育和电视相得益彰。1936年,世界上第一座商业电视台在英国BBC诞生,同年的德国柏林奥运会就运用了这一现代传播技术,第一次运用闭路电视转播了部分赛事。由于条件的限制,当时的传播只在柏林和几个主要城市的大礼堂设置了电视播放机,转播的项目只限于田径和游泳两个项目。虽然电视转播体育赛事在电视出现的早期就开始了,但是将体育赛事当作组织者的一项权利进行交易却是随着奥林匹克运动的改革才出现的。

权利人以及相关权利是奥运转播的核心法律问题。奥运相关重要权利,也是广播电视媒体在转播过程中主要涉及的权利,包括奥运转播权以及奥运报道商业使用、奥林匹克标志使用和奥运节目版权。电视转播权收益大幅增加,让国际奥委会大大增加了对各个国家奥委会以及世界各单项体育运动联合会的资金支持。在

---

① 黄亚玲,赵洁.北京2008年奥运会奥林匹克知识产权保护研究[J].北京体育大学学报.2005,28(9):1153-1155.
② 陈彬,胡峰.论奥林匹克知识产权保护的法律依据:国际法和国内法的双重视角[M]//中国法学会体育法学研究会.追寻法治的精神:中国法学会体育法学研究会2005—2010.北京:人民体育出版社,2011:258.

体育赛事转播权开发的早期,无论是俱乐部还是法院,都把转播权识别为"赛事准入权"(Arena Rights);这一权利来源于一条民法原则:即比赛的主队享有拒绝他人进入其场地的权利。根据"赛场准入权说",体育赛事的电视转播权的存在没有任何财产权利,也谈不上产权的界定和归属,它的存在只能依附别的民事权利,是由体育场馆所有权或占有权引申而来的。由于"赛场准入权说"没有反映电视转播权的经济价值,因而后来被"娱乐服务提供说"(Providing of Entertainment Services)所取代。这一理论认为,体育比赛像戏剧、音乐会一样,提供了娱乐服务,提供者有权收取服务费用。不难看出"娱乐服务提供说"承认了体育赛事转播权的产权意义,并且认为这一产权的所有权主体是比赛组织者或参赛俱乐部,体育赛事转播权正是这一产权主体与电视媒介之间的交易。但这种"交易"只是让记者得到了进入体育场馆的复合权利,而并未细化到产权中的全部产权项或部分产权项的让渡。近来,欧美很多国家在对体育赛事转播权法律性质的认知上转变为承认其是一项"财产权利",认为体育赛事转播权是一项"企业权利"。这种理论认为比赛的举办者或组织者从事的是一项经济活动,承担着财务上的风险,因为体育赛事组织者是"企业家",其企业活动就是举办体育比赛。"企业权利说"承认转播权的法律地位,更有利于对其加以保护和规制。①

在所有的赛事转播权中,奥运会节目是一个例外,因为根据《奥林匹克宪章》,一切与奥运会相关的源权利和衍生权利都归国际奥委会,尽管合法的转播机构只做了奥运会节目,形成了邻接权,但该邻接权的源初享有者此时不是转播机构,而仍然是国际奥委会。根据双方协议,转播机构受让了该邻接权。片面地、静态地认识体育赛事转播权的权利属性是不可取的,应当在动态和权利转换的视角下解读这一权利。体育赛事转播权最初是一种无形财产权,属于体育赛事的主办方所有,在它没有销售和转让之前,它没有任何价值。通过转让合同,转播机构成为新的体育赛事转播权的持权人,并且由于它制作了节目信号和从事转播行为,该转播权被附加了邻接权的价值。在此时,体育赛事转播权被附加了知识产权属性。在权利转换视角下认识赛事转播权的属性,对于确定侵权行为和侵权诉讼主体,极具现实意义。奥运会是体育和电视联姻的最好例子,当国际奥委会和电视公司首次走到一起时,这种关系是真正的情投意合,每一方都关注着对方。由于两者都"做自己

---

① 于晗,金雪涛.基于产权理论的体育赛事转播权开发研究[J].生产力研究,2013(6):74-77.

的事",并在不同道路上发展,这种关系就成为一种便利的结合。最后,两者都热切地卷入跨国公司,这种关系变成了金钱基础上的联姻。在电视与奥运会近60年的联姻中,奥运会和电视公司都发生了变化,一部分是由于它们自身的原因,一部分是由于对方的影响。正如所有的联姻一样,长期维持利益的真正平衡是一个连续不断的斗争。大多数人认为,电视是联姻中居支配地位的一方,奥运会所给予它的更多于它所获得的。①

体育比赛电视转播权是随着体育的产业化和商业化而产生和发展的。在所有的体育赛事转播中,奥运会转播无疑是最受瞩目的一个。由于奥运会参赛选手多、比赛项目广、时间间隔长、影响范围大,所以其转播权一直是各大转播机构竞相争抢的对象。奥运会的革命和电视是紧密相连的。奥运会为电视机构奉献了一些最为震撼心灵的转播瞬间,奥运会的电视转播刷新观众收视纪录属于家常便饭。无论是悲剧场面,还是最为崇高的表现,奥运会一直能够塑造出超凡的和激励人心的形象。这些令人震撼的时刻,转化为庞大的收视数字,还有庞大的电视广告销售额。对于很多电视机构来说,奥运会是一个标尺般的节目,其他任何体育节目都要根据这个标尺来判断其价值。奥林匹克品牌中的一个关键元素就是其视觉遗产,那些形成强有力视觉冲击的形象帮助人们为整个20世纪定义。国际奥委会全面控制所有奥运会影像的使用权,确保所有影像和史料的使用有效实现奥林匹克的经济逆转。在奥林匹克运动的前几十年,国际奥委会像其他所有体育组织一样,对于本应对自己有用的官方影片以及奥运会电视转播权的版权,并没有给予足够的重视。潜在的电视观众的规模和电视产业解除管制,是自20世纪70年代初期以来美国电视转播权以非同寻常的比率增长的两大主要原因。电视转播权不仅使商业体育对创办者和运动员所有者更有利可图,而且增加了把体育当作国内和国际产品的广告工具的吸引力。它们也增加了运动员潜在收入,并使运动员成为国内和国际名人。这些名人可以利用自己的声望宣传在世界范围内出售的产品以赚取金钱。②

二、形象商品化:奥运传播知识产权的新问题

商品化权是现代社会经济生活中出现的一种新型权利,它的出现是基于现实

---

① 科克利.体育社会学:议题与争议[M].管兵,刘穗琴,刘仲翔,等译.6版.北京:清华大学出版社,2003:478-479.
② 科克利.体育社会学:议题与争议[M].管兵,刘穗琴,刘仲翔,等译.6版.北京:清华大学出版社,2003:468.

生活中人们对此新领域的权利要求。国外学者20世纪50年代才开始研究商品化权问题,而且至今没有形成统一的认识。我国理论界对商品化权的研究最早见于20世纪80年代,进一步发展于20世纪90年代末,到现在仍然还在初始阶段,相关论述较少,包括对商品化权是否存在的一些基本理论问题尚未取得一致意见,我国已有的立法中对商品化权没有规定。与理论研究滞后相比,对商品化权的发展最为积极和主动的是商界,正是他们对商品化的主动实践和运用引起了学者们对商品化权的关注。正如郑成思先生所论述的那样:"在Trips开列的几种类型的知识产权中,缺少一项近年来越来越多的国家都越来越重视的'商品化(形象)权'(Merchandising Right)。'形象权'是个新的、未定型的概念。在一般民法与版权之间,以及商标权、商号权、商誉权与版权之间,存在着一个边缘领域。正像把工业版权领域的问题无论放到工业产权领域还是版权领域解决,都不尽合理一样,把这一边缘领域的问题无论放到人身权(或商标权等)领域还是单放到版权领域解决,也都难得出令人满意的答案。"①

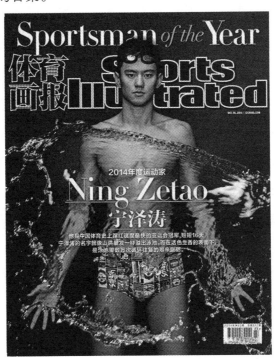

图6 具有超高形象价值的著名游泳运动员宁泽涛

---

① 郑成思.世界贸易组织与贸易有关的知识产权[M].北京:中国人民大学出版社,1996:44-45.

目前，要对形象的商品化权下一个定义是非常困难的，这是因为：第一，商品化权作为一种新型权利还没有形成自己稳定的权利范围，现在下定义不是范围过窄限制了保护范围，就是定性不准错误引导；第二，商品化权是一种边缘性的权利，处于肖像权、商誉权、商标权和版权的边缘地带，商品化权范围的确定还依赖于其他相关权利的确定，而其他相关的权利本身也处在变化之中。商品化权作为无形财产领域出现的一种新型权利形态，有学者认为可划入知识产权的范畴。例如：从知识产权的范围来看，商品化权属于知识产权。《建立世界知识产权组织公约》第二条第8款将"知识产权"的范围界定为8个方面：即关于文学、艺术和科学作品的权利；关于表演艺术家的演出、录音和广播的权利；关于人们努力在一切领域的发明的权利；关于科学发现的权利；关于工业品式样的权利；关于商品商标、服务商厂商名称和标记的权利；关于制止不正当竞争的权利；以及在工业、科学、文学或艺术领域里一切其他来自知识活动的权利。商品化权可以放在最后一项"在工业领域里来自知识活动的权利"，其中部分是版权与商标权或广告使用权的交叉，另一部分是"名人"的姓名权或肖像权与商标权或广告使用权的交叉。① 形象权的产生意味着在形象符号世界出现了公共利益和私人利益的分离。在美国，名人就其形象享有的权利被称为"公共形象权"（Right of Publicity），在日本则被称为"商品化权"。公开形象权的历史并不长，它是由于传统的人格权不能适用名人形象的商品化、市场化的需要而产生的。在新的形势下，人格权往往既不能保护名人的利益，又难以保护合法利用名人的商界的利益。现在，在美国，公开形象权不仅获得普通法的保护，而且许多州已经有了关于公开形象权的制定法。公开形象权是一种名人的权利，属于在各个领域、各种层次和范围上，以各种方式为公众所熟知的杰出人物（Prominent Person）。公开形象权和人格权、知识产权都有密切的联系，是一种与人格权、知识产权都"邻接"的权利。② 奥林匹克标志应该属于商品化权。商品化权是为了解决因版权、姓名权、肖像权、广告使用权及商标权等权利交叉而产生争议而被提出来的一种新型知识产权，它是指将能够产生创造大众需求的角色或角色特征用于商品使用或许可他人使用的权利。③

---

① 汪新蓉.商品化权小议[J].科技与法律,2001(2):59-67.
② 薛红.名人的"商标权"：公开形象权[J].中华商标,1996(3):10-14.
③ 裴洋.奥林匹克标志的法律保护[J].华东政法大学学报,2008,58(3):116-120.

三、运动表演：奥运传播知识产权体育属性

体育产权是指对体育产品的一种权利，亦即对体育产品广义的所有权。包括归属权、占有权、支配权和使用权，它是人们围绕或通过体育产品而形成的经济权利关系，主要包括体育企业（俱乐部）股权，体育赛事参赛权、承办权、推广权、电视转播权，队服广告及场地广告使用权、冠名权、冠杯权、标志特许使用权，体育商品销售代理权，体育器材和用品采购权等等。根据著名新制度经济学家巴泽尔的观点，体育产权的形成过程是体育产品由一种不稀缺的状态逐渐到稀缺状态的过程，即体育产业化、市场化不断发展的过程。① 根据我国的现状来看，体育产业的核心层应该是体育休闲产业和运动竞技，围绕着这两大核心还有一批外围的产业和行业，围绕体育健康休闲就有体育旅游等；围绕运动竞技就会有体育经济、体育咨询等。由于运动竞技业在发达国家全面进入了娱乐产业，因而得到了长足的发展。虽然国家体育总局在其官方文件中对体育产业有大的分类，如本体产业的体育彩票等，但本体产业究竟包括哪些范围还不明确，有时把体育产业和体育市场过分结合。就美国和日本而言，体育产业仍然是文化娱乐市场，号称他们的第二大产业。

现代奥运会集对抗性和表演性为一体。虽然体育赛事并未被认定为"作品"，运动员和体育赛事的组织者也不是法定的表演者，但从体育赛事转播权出售的实践来看，其操作方式与表演者对直播自己演出许可时的授权是一样的，而购买转播权的网站则拥有类似广播组织权的权利。奥林匹克知识产权是指特定主体对奥林匹克有关的商标、特殊标志、专利、作品和其他创作成果享有的专有权。对奥林匹克知识产权的保护，实际上也是对作为知识产权个体的商标、特殊标志、专利、作品和其他创作成果的保护。奥林匹克知识产权是指权利人、相关权利人以及经合法授权的被许可人，对于与奥林匹克有关的商标、特殊标志、专利、作品和其他创作成果所享有的专有权利。奥林匹克标志权、著作权等是奥林匹克知识产权最主要的组成部分。在奥林匹克知识产权中与体育传播有关具有典型体育特征且具有体育著作权的无形产权，主要体现在以下几个方面：第一，体育赛事的计划、组织和编排。体育赛事尤其是奥运会、世界杯等重大赛事，涉及政治、经济、文化、外交、环保、交通等诸多方面，是一个非常庞大的系统工程，而这些赛事的计划、组织和编排

---

① 黄海，曲怡.我国体育产权的交易方式发展趋势[J].上海体育学院学报，2006，30(2):21-24.

等资料是相关人员智慧的结晶,应该受到著作权法的保护,如国际奥委会有关奥运会举办的计划、组织资料和方案等(国际奥委会将以往奥运会组委会的经验和专业知识作价卖给下一届奥运会组委会);第二,成套体育运动技术动作按技术规则,用新的排列搭配组合连接方式进行编排形成新的整套动作,这在体操、跳水等项目中较为普遍。① 虽然体育竞技运动比赛因为无法复制,被排除在著作权范围之列,而且因为比赛水平层次越高,它的复制性可能性越小,甚至为零,而且《保护邻接权公约》限定表演者权指表演文学、文艺作品之人,但在该公约第9条中,又采用许可主义,间接地承认那些不表演文艺作品之人也是表演者只不过要由各国国内法予以确定,任何公约国均可根据国内法律和规章,将本公约提供的保护扩大到不是表演文学或艺术作品的要求。一些典型的运动竞赛表演项目,如花样游泳、花样滑冰、艺术体操等,都与杂技表演没有什么差别,这些表演就其本身而言,应该受到著作权保护。但是,像举重、击剑、足球等程式性的竞赛,并没有特定的独特表演特征,而且风险性大,具有很强的不确定性,可以不作为著作权所保护的表演。

另外,在奥林匹克庞大的知识产权内容中,奥林匹克标志权内容包括:专有使用权、许可使用权、收益权、禁用权。也有观点认为运动竞赛表演属于专利权保护的范围。运动竞赛表演不属于著作权、专利权、商标权的排除领域。我国《著作权法》明确规定了不受《著作权法》保护的作品和不适用《著作权法》的材料有两类:一是由于其内容违反了有关法律、法规,禁止其出版和传播;二是内容具有合法性,但欠缺独创性或进入公有领域不能享受著作权保护的材料。运动竞赛表演显然不在其范围内。传统意义上的知识产权,包括著作权(含邻接权)、专利权、商标权三个主要的部分,一般说来,狭义的知识产权又可以分为两个类别:一类是文学产权(Literature Property),包括著作权及与著作权相关的邻接权;另一类是工业产权(Industrial Property),主要是专利权和商标权。所以从这个角度来看,奥运会上的运动竞赛具有知识产权应该有理可循。

四、非营利:奥运传播知识产权经营原则

非营利性是国际奥委会区别于市场经济中所有以利润为目的的企业的一个根本属性,它"以实现一定范围内公共利益为目的,即便经营过程有了剩余,其剩余也

---

① 黄海燕,张林.我国体育产权的分类及其交易研究[J].成都体育学院学报,2007,33(1):21-26.

不得在组织成员之间进行分配,只能用于 NPO 自身的发展"①。虽然不少学者对公益性的公共组织能否拥有自己的营销管理持否定的态度,他们认为作为非营利组织,就不存在市场、价格、营销等方面的问题,不能给公众以经商或牟利的印象,但随着近年来市场化的改革与发展,越来越多的公共组织领导人意识到要想公共组织在不断变化和充满竞争的现实中立于不败之地,营销管理是必不可少的手段。"营销管理是公共组织管理的核心环节之一,只有建立起面向需求、面向受益者、面向市场的健全的营销体制,实施积极创新的策略性营销管理,并在公共组织和管理的全过程中坚持营销导向,公共组织才能在不断变化和充满竞争的现实中立于不败之地。"②在《非营利组织管理》一书中,赫兹琳杰对非营利组织的商业化经营进行了阐述。她认为在注重商业利益的市场环境中,非营利组织的经营性行为也会很容易被民众接受;通过市场化的手段,非营利组织可以寻找到提供社会产品和服务的新方式,这样就不会让受益者产生过度依赖心理;同时,通过市场化的行为,非营利组织可以寻找解决维护组织可持续发展的钥匙。③ 除此之外,"非营利组织可利用的资金来源正在向更商业化的海外关系倾斜;竞争对手也会促使非营利组织考虑将商业性融资作为以前传统资金来源的替代品",这也是非营利组织进行市场化经营的重要原因。

　　作为有着 200 多个国家(地区)加入的国际体育组织,如何实现自己的独立经营,保障组织各种公益性的经营活动能够顺畅,这与国际奥委会的制度设计是分不开的。现代奥林匹克运动之所以能在短短百余多年内迅速发展起来,在全世界范围内产生巨大影响,一个重要因素是它拥有自己理念的忠实传播者——国际奥林匹克运动会。顾拜旦极力促成的国际奥林匹克委员会是一个具有法律地位和永久继承权的法人团体,不以营利为目的,其主要宗旨是使体育运动为人类的和谐发展服务,以提高人类尊严。国际奥委会得以顺利传播奥林匹克精神,关键因素在于其"逆向代表制",这是一种自上而下的非政府组织的结构形式。"所谓的逆向代表制,即最先建立国际性的组织机构,该机构通过认可国内组织加盟的形式组成国际网络,在这一网络中国内组织被视为非政府组织在该国的代表。"国家奥委会通过

---

① 陈南华.寻找非营利组织存在的理论根据[J].福建论坛(人文社会科学版),2005(10):122-125.
② 杨利红.谈公共组织的企业化管理[J].财会月刊,2003(9):53-54.
③ 赫兹琳杰.非营利组织管理:哈佛商业评论[M].北京新华信商业风险管理有限责任公司,译校.北京:中国人民大学出版社,2000:133-136.

"逆向代表制"遴选委员,这使国际奥委会在基本制度设计上与大多数非政府组织、联合国等国际性的官方组织存在着根本区别,这也最大程度确保了国际奥委会在领导奥林匹克运动中的独立性。"逆向代表制"的核心内容是:"国际奥委会委员不由各国家和地区委派,而由国际奥委会自己选任;委员是国际奥委会在各自国家和地区的代表,而不是他们的国家和地区在国际奥委会的代表,其职责是忠诚于奥林匹克运动这种独特的组织制度。"①

在现行的《奥林匹克宪章》中是这样表述国际奥委会在奥林匹克运动中的最高领导地位的:"国际奥委会是奥林匹克运动的最高权力机构"。"在组织上,国际奥林匹克运动有三大支柱:国际奥委会、国际单项体育联合会与国家奥委会。其中,后两者必须首先得到国际奥委会的承认,才能加入奥林匹克大家庭。""从性质上讲,国际奥委会是个人俱乐部式的组织,甚至顾拜旦最初的12名同事都是他自己指定的。用顾拜旦的话讲:我们不是被选出来的,我们是自我补充而且权力不受限制。"顾拜旦规定:"一个委员是国际奥委会派驻他自己国家的大使,而不是他的国家在国际奥委会的大使。"1908年国际奥委会颁布了由顾拜旦起草的《国际奥委会的地位》,在这个带有宪章性质的文件中再次强调:"参加国在国际奥委会的成员应被本国体育组织、协会视为国际奥委会的代表,因而不能接受上述组织、协会给予的可疑款项,以免影响其投票的独立性。"虽然经过多次修改,现行的《奥林匹克宪章》仍然保持着类似的规定。在这里,顾拜旦提到了"自我补充"的原则,它和"逆向代表制"都是国际奥委会最重要的组织原则,用意都是保护国际奥委会的独立和稳定。这一制度使国际奥委会可以自主传播其理念,而不受其他因素干预,也确保了在市场经济盛行的社会中,国际奥委会能够根据自身的发展要求,利用奥林匹克的知识产权特性,独立开展经营活动。

第二节 奥运传播知识产权的公共性

在奥运传播过程中,国际奥委会作用至关重要。作为一个行为主体,国际奥委会继承和发扬奥林匹克文化,对奥林匹克文化的完善和发展起着主导作用。"国际

---

① 庹继光.奥林匹克传播论[M].成都:巴蜀书社,2007:74.

奥委会是奥林匹克文化在全世界范围内传播的推动者,又是奥林匹克运动最高权力机构,还是奥运会组织者和相关权益的所有者。"因此,研究奥林匹克传播及其知识产权特征,对国际奥委会的组织行为的研究自然就成为一个重要的研究范围。国际奥委会是总部设在瑞士的非政府间国际组织,作为奥林匹克运动的最高权力机构,它也是全球最大的非政府组织(NGO)之一。根据《奥林匹克宪章》第19条规定:"国际奥委会是一个国际性、非政府、非营利、无限期的组织,以协会的形式具有法人地位,得到瑞士联邦议会的承认。"截至2014年12月,国际奥委会共拥有205个成员国和地区。非营利组织与市场中的营利组织不一样,他们不以营利为目的,他们是开展各种志愿性的公益或互益活动为主要内容的非政府组织。"美国约翰·霍普金斯大学研究非营利组织权威萨拉蒙(Salamon)教授从五个方面概括了非营利组织的基本属性:非营利性、非政府性、组织性、志愿性和自治性。"① 经过100多年的发展,国际奥委会在国际社会生活中的作用逐步上升,其影响力早已超过了绝大多数政府间国际组织,但国际奥委会仍然不具备国际法主体地位。作为非政府间国际组织,国际奥委会的主要任务是与国家进行更好的合作,但与此相反,它更多的是在奥运会的法律框架内自治,这种自治使得国际奥委会和其他的非政府组织不同,也使得它更有研究的价值。

一、公益属性:奥运传播知识产权的公共性

知识产权是指人们可以对其智力创造的成果所依法享有的专有权利。知识产权是一种私权,指对特定智力创造成果所依法享有的专有权利,或者说是以特定智力创造成果为客体的排他权、对世权。作为一种无形财产权,知识产权包括人身权利和财产权利,也可称为精神权利和经济权利。与传统产权一般所指对有形物的占有不同,知识产权是对人的知识和创新力相结合所产生的知识成果所拥有的产权形式。公益产权是指相对于国有产权和私有产权而言的一种社会所有的虚拟产权或不完全产权。公益产权理论坚持要求非营利组织要有明确的公益性宗旨,坚持资产和利润的非分配原则。作为非营利组织,非营利性是它的基本属性,它的财产及其运作财产的收益不归属任何个人,属于社会,他们的产权基础既不应是私人产权也不全是国家产权,而应当是区别于私人产权和国家产权的新的产权形式,是

---

① 陈南华.寻找非营利组织存在的理论根据[J].福建论坛(人文社会科学版),2005(10):122-125.

一种公益产权。这种公益产权是基于捐赠和志愿服务形成的,来源于社会并用之于社会,其运作管理要接受社会的监督。非营利组织的基本产权结构,既不能用私人产权来解释,也不能用国家产权来取代,它具有委托权、所有权、使用权、受益权等多元关系。这种产权结构需要一种基于公益产权为基础的新型治理模式,才能进行有效的监管,促进非营利组织的发展。①

需要特别说明的是,虽然知识产权作为私权的民法分析,是一种将知识产权回归司法体系的努力,但也不可以忽视奥林匹克知识产权对促进体育发展和有效竞争等社会公益功能的作用,奥林匹克知识产权日益体现为很强的公共性和社会性,从而具有了一定程度的、确定的公权属性。在知识产权法的实践历史中,确认和保障知识产权人利益与兼顾对公共利益保障之间的平衡,是一以贯之的追求目标。知识产权作为一种私权具有的公权属性,决定了知识产权保护的相关制度设计和安排,都是以保护私权利益为手段,在更广泛的社会公共利益之间进行利益选择、利益整合和协调,达到促进社会公共利益的目的。也正是这一点,深刻体现出知识产权属性中作为基础的私权属性与所谓外延的公权趋势之间的内在矛盾与统一,使得在保障其私权属性的基础上能够推进社会公益累积,再结合知识发展与技术进步对人类社会发展的巨大推动力,从而奠定了知识产权在私权权利中的特殊地位。②

知识产权是社会关于知识产品归属的一种制度性安排,这种安排涉及人们对知识产品的生产、控制、利用和消费。知识产品是知识生产者个人智力劳动的产物,具有鲜明的个人特色。但知识产品又是人类知识积累的一部分,它既是对前人知识产品的利用,同时也要为后来者的知识产生提供支撑。因为在知识产品上设定产权,注定要对每个人的生产影响,而且这种影响会随着社会生活的发展而愈发深刻。③ 对于知识产权不仅仅是一个法律问题,更是一个经济问题。知识产权公权化成为知识产权界近年来理论研究的一种新动向。正是知识产权这一有别于其他私有产权的特殊性质,奠定了其作为第一产权的基础。④ 在知识产权理论界其实对知识产权的性质有两种界定。一种是"权利"或者说"自然权利";而另一种是"政

---

① 曾维和.公益产权:非营利组织发展的一个新议题[N].中国社会报,2004-12-16(T00).
② 张颢瀚,徐浩然,朱建波.知识产权是第一产权[J].江苏社会科学,2011(4):41-45.
③ 梁兴国.知识产权权利冲突问题研究:一种法哲学的进路[D].北京:中国政法大学,2007:1-2.
④ 同②.

策"或"建构权利"。作为"权利"的知识产权认为知识产权具有某种天赋性,这种权利与生俱来,与财产权和人格权一样神圣不可侵犯;而作为"政策"的知识产权认为,知识产权的设立只不过是国家为了刺激技术革新、促进经济发展、增加人类福祉而采取的一种策略。这两种理论会给知识产权带来不同的命运,前者会使知识产权被膜拜而尊于永恒,而后者会使知识产权沦为一种简单的工具具有偶然性和阶段性。①

产权是所有制的核心内容,个人对物的排他性占有即私有制是西方古典经济学研究的预设前提,规则合理、自由竞争的市场经济体系必须在此基础上才得以诞生及演进,这也是产权概念在西方经济学史上的最初解释。② 产权界定是指依法划分财产所有权和法人财产权等权利的归属,明确各类产权主体行使权利的产物范围及管理权限的一种法律行为。奥林匹克知识产权属于知识产权范畴,它既具有知识产权的共性,也有其个性,同时奥林匹克知识产权也是一个动态的概念,随着经济的发展、科技的革新,其行使的权利范围与对象也将发生变化。③

二、国际奥委会:奥运传播知识产权公共主体

1894年6月23日,国际奥委会在法国巴黎正式成立。国际奥委会刚成立时名称为"奥林匹克运动会国际委员会"。"成立的背景是19世纪资产阶级改革的初期,竞技活动在世界范围内广泛传播,国际体育交往迅速扩大,迫切需要建立国际综合性的体育组织。"④从国际奥委会发展的历史来看,国际奥委会是依靠非政府间的协议创立,是通过个体和民间体育组织协议建立的非营利性国际机构,它的目的是促进国际体育运动交流与发展。由此可以看出,它属于国际上非政府间国际组织的范畴。"非政府性,这是国际奥委会区别于公共领域中政府的一个根本属性。它是一个独立自主的自治性组织,不是政府的下属机构,它不可能行使政府的

---

① 邹彩霞.中国知识产权发展的困境与出路:法理学视角的理论反思与现实研究[D].长春:吉林大学,2008:96.
② 刘伟,李风圣.产权概论[M].北京:人民出版社,1997:308.
③ 张玉超,栗丽.中国奥林匹克知识产权的若干问题[J].体育学刊,2003,10(3):7-10.
④ 陈彬,胡峰.论奥林匹克知识产权保护的法律依据:国际法和国内法的双重视角[M]//中国法学会体育法学研究会.追寻法治的精神:中国法学会体育法学研究会 2005—2010.北京:人民体育出版社,2011:260.

权力,它是基于某种共同需要而组成的民间的社会组织。"①对于非政府组织都有一些特定的标准:第一,它们必须由个人或团体建立;第二,在国家间保持独立性;第三,遵循法律;第四,追求公共的利益而非私人利益;第五,其活动范围必须是跨越国界的国际行为;第六,拥有其组织机构。因为非政府间的国际组织大都是由各国的民间团队、联盟或个人之间的国际合作建立起来的一种非官方国际联合体,他们的主要目的是为了促进在政治、经济、科学技术、文化、宗教、人道主义及其他人类活动领域的合作和交流。因此,非政府间的国际组织往往是由各国的自然人或法人根据国内法订立的协议而自愿成立或加入的,属民间性质。"在政治上、经济上独立于各国政府;他们的构成是国际性的,活动范围是跨国的,设有总部与常设机构,通常享有总部所在国的法人资格;它们是非营利的社会组织,自主经营,以服务于国际社会的公共利益为宗旨。"与此不同的是,国际奥委会作为非政府间的国际组织,它的特殊之处就在于从1984年的洛杉矶奥运会之后,国际奥委会已经转变为一个有经营活动行为的非政府间国际组织,而由此产生的奥运传播知识产权问题,也成为奥运传播过程中的一个重要方面。

因为国际性非政府组织是由个人或者民间团队设立的组织,主要在于协调各国国内的同类型组织之间的活动。"非政府组织不能行使国家权力,但这并非是说非政府组织就不能影响国际关系。由于非政府组织代表着不同方面的利益,并有着自身的机构,因此往往成为国际组织的对话伙伴。"联合国经济及社会理事会1290决议对非政府组织给出的定义是:"一个国际非政府组织必须是'具有代表性并具有被承认的国际地位';对于一个覆盖了世界上不同地区相当数量国家的特殊领域的人们,它代表其中的大多数并表达其中主要部分的观点。"在瑞士的法律法规中,并没有专门就非政府组织有过严格规定,而仅仅是在瑞士《民法典》中第52条第1款有如下规定:"团体组织以及有特殊目的的独立机构,在商事登记簿上登记后,即取得法人资格。"第2款则规定:"公法上的团体组织及机构,非经济目的的社团、宗教财团、家庭财团,不需经上述登记。"根据这条法规,因为奥林匹克宪章领导的国际奥委会,是一个非政府的、非营利性的国际性组织,属于上述规定中的公法上团体,因此不需再专门的商事登记就自然可以获取法人资格。尽管如此,"由

---

① 陈南华.寻找非营利组织存在的理论根据[J].福建论坛(人文社会科学版),2005(10):122-125.

于国际奥委会的特殊地位和重大影响,瑞士联邦议会(Swiss Federal Council)于1981年9月17日又专门做出决议,特别确认了国际奥委会的法人地位"[①]。从国际法主体资格的一般构成要件来看,国际法主体,必须是能够独立参加国际关系,并直接在国际法上享受权利和承担义务,并具有独立进行国际求偿能力者。由此可见,具有国际法主体资格要有三个条件:一是独立参加国际关系;二是能直接承受国际权利和义务;三是有独立进行国际求偿能力。[②] 从国际法主体概念的发展轨迹来看,国家是主要但不是唯一的国际法的主体,在国家以外的团体直接享有国际法上的某些权利、权力和义务的限度内,这些团体可以被视为国际人格的国际法主体。[③]

国际奥委会在一定范围内具有国际法主体资格。作为一个影响广泛的国际体育组织,在经过一个多世纪的发展和完善后,已经在体育组织管理中形成了一套完善的法律秩序。国际奥委会是奥林匹克运动的管理机构,对由此产生的所有问题和争端有最后的决定权。"它有权决定奥运会以及其他一些单项体育赛事的主办国,于1983年成立的国际体育仲裁法庭有权对有关体育争议进行仲裁。它甚至可以禁止某一国家参加奥运会。而这些权利往往都是得到国家法院尊重的。"这些实践显示国际奥委会所创建和实施的具有相当自治的法律秩序,在很多国家是被接受的。由此可见,国际奥委会对奥林匹克运动的法律秩序具有高度的自治权。

三、国际义务:奥运传播知识产权的社会权利

经过一个多世纪的发展,当代国际体育形成了以奥林匹克运动为主干的基本格局。这个格局以国际奥委会(International Olympic Committee,简称IOC)为核心,由国际奥委会、国际单项体育联合会(International Sports Federations,简称ISF)及国家奥委会(National Olympic Committee,简称NOC)三大支柱组成了一个相互支持的国际体育组织网络。从组织结构的角度来看,奥林匹克运动从纵横两个维度上将当代各个层次国际体育及分布在五大洲的各个国家和地区的体育组织有机整合起来,形成当代独具特色的国际体育运作体系,为世界体育的运作提供了平

[①] 陈彬,胡峰.论奥林匹克知识产权保护的法律依据:国际法和国内法的双重视角[M]//中国法学会体育法学研究会.追寻法治的精神:中国法学会体育法学研究会2005—2010.北京:人民体育出版社,2011:259.
[②] 卢兆民,董天义.国际奥委会的法律属性[J].体育文化导刊,2008(2):51-52.
[③] 同②.

台;从活动的角度来看,以夏季和冬季奥运会为核心的赛事体系为基线,使当代国际体育的主要赛事在时空上趋于整合;从思想与价值观的角度来看,奥林匹克运动坚持并倡导人文精神,深刻地影响着其他各种体育组织和体育形态;从外部环境来看,以国际奥委会为首的奥林匹克组织与诸多政府及非政府组织建立起广泛的联系,奥林匹克运动的影响已远远超越了竞技运动,不断向社会的政治、竞技和文化领域渗透,并在广泛的社会互动中源源不断地获得自己发展的资源。显然,国际奥委会是当代世界体育发展的领头羊,在国际体育格局中发挥着设立标准和引导方向的重要作用。国际奥委会的任何变化对当代体育都有着举足轻重的影响。人们对奥林匹克运动的关注也是国际体育其他任何领域所不能比拟的。

有专家总结从1894年巴黎体育代表大会到今天庞大的奥运盛会,现代奥林匹克传播历史分为跨国传播、跨文化传播、全球化传播三个阶段。但无论是早期在欧美文化圈中实现的奥林匹克跨国传播,还是中期奥林匹克实现的跨文化传播,抑或现在的全球化传播阶段,奥运传播一直都是跨国交流的典范,如今国际奥委会已经发展成为世界上最大的国际组织。与一般知识产权有着强烈的地域性特征不同,奥运知识产权一个显著特点便是它的国际性。与一般知识产权的权利主体著作权人、专利权人和商标权人可以是任何人比较,奥林匹克的权利主体只能属于奥林匹克运动组织,即国际奥林匹克委员会、国家奥林匹克委员会和举办城市的奥运会组织委员会。国际奥林匹克委员会、国家奥林匹克委员会和举办城市的奥运会组织委员会的权利划分,由《奥林匹克宪章》和《奥林匹克运动会主办城市合同》(简称《主办城市合同》)规定。在奥林匹克运动会举办前后,其权利划分会发生变化。奥林匹克的国际知识产权的权利主体最为主要的是国际奥委会,而国际奥委会本身就是一个各成员国依照《奥林匹克宪章》组建的国际组织,这就决定了奥林匹克知识产权的行使以及相关保护不可能仅仅是单纯某个国家的国内问题,会因为奥委会这个大型国际组织而国际化。

相对于一般知识产权的权利客体如著作权、专利权和商标权的客体无穷无尽,奥林匹克知识产权的客体却是有限的,仅限于在奥林匹克运动发展过程中形成的几种;专利权和商标权由行政机关授予,而奥林匹克知识产权则由《奥林匹克宪章》《主办城市合同》所规定。从权利保护期限性来看,著作权、专利权有保护期的限制,注册商标专用权也有保护期,保护期满,希望继续享有注册商标专用权,需到商标注册行政部门续权,而奥林匹克知识产权则不同,只要存在奥林匹克运动,就要保护奥林匹克知识产权。保护奥林匹克知识产权是一项国际义务,奥林匹克知识产权的保护期无需续权。① 奥运知识产权是在奥林匹克运动产生和发展过程中产生的,而奥林匹克运动本身就是一个国际性运动,世界各国均广泛予以参与,而参与就意味着遵循国际奥林匹克相关章程,而各国对于章程中关于奥林匹克知识产权保护也就理所当然成为一种参与义务了,这在参与主体范围上决定了上述保护国际化成为必然。现代奥林匹克运动国际性带来的巨大商业性,必然决定着诸多跨国公司或者其他商业组织的进入,而其中最为有利可图的均与奥运知识产权紧密相连,相关的奥运会市场开发计划如在国际奥委会2005—2008年TOP计划周期中已有九家跨国集团签约成为TOP合作伙伴,这就使得维护商业利益成为一种必然。因此奥运知识产权保护与传统知识产权的保护相比更具有国际性,更需要国际社会的合作和国际私法甚至是国际公法的协调。如果失去对奥运知识产权的有效国际保护,就等于剥夺了进行相关商业计划的主体的预期利益,这种结果显然会促使奥运知识产权保护的国际化深入。②

虽然保护奥林匹克知识产权是一国的国际义务,但是奥林匹克知识产权不是国家赋予权利主体的权利,不必经过国家行政机构确认。当国际奥委会在保护其知识财产时,国际奥委会关注的焦点不仅仅是确保国际奥委会能够占有并控制这些知识财产的使用,国际奥委会更为注重的,是确保这些知识财产的完整性。更为概括地说,通过这些知识产权的使用(或不使用)让奥运会和奥林匹克运动的完整性能够得到整体保护,甚至被提升。总之,在开发奥林匹克知识产权时寻找恰当的平衡点尤为重要。这种平衡的方式是在增加收入并为赞助企业、转播商和赛事参与者提供满意价值回报的同时,能够保护并提升与赛事相关的知识财产的价值。③

四、公益展示:奥运传播知识产权的文化形象

在100多年的发展过程中,奥林匹克运动树立了良好的公众形象,奥林匹克运动之所以具有巨大的商业开发潜力,最重要的原因就是其具有极其珍贵的文化附

---

① 黄亚玲,赵洁.北京2008年奥运会奥林匹克知识产权保护研究[J].北京体育大学学报,2005,28(9):1153-1155.
② 陈慰星.奥运会口号的知识产权保护研究[J].首都体育学院学报,2005,17(6):28-30.
③ 斯图普.国际奥委会知识产权概览[J].周玲,译.知识产权,2006,16(5):92-94.

加价值,这种价值传递着奥林匹克理想的真、善、美的含义。"在以知识和信息的生产、分配、传播和使用为基础的知识经济时代,奥林匹克这种非商业的社会形象就具有了价值连城的品牌效应。奥运会本身的非商业性质更加强化了它在世人心目中的良好公众形象。"虽然国际奥委会已经建立起全球同行业里等级最高的营销计划——TOP计划,让奥林匹克的面貌呈现一片光明,奥林匹克营销计划也是当今世界上最有力的营销计划之一,但在奥林匹克运动的思想和宗旨上,它都是一项公益性的社会运动。多年以来,国际奥委会一直奉行《奥林匹克宪章》的宗旨,基本都是采用非商业化的运作模式。不过,20世纪80年代以来,席卷全球的经济化浪潮,使得奥林匹克运动所赖以生存的环境发生了巨大的变化。全球化浪潮席卷全球,将一切国家、各个地区密切地联系在一起,第一次赋予"地球村落"以实际意义。

在世界经济全球化和一体化的发展过程中,现代通讯和大众传媒的作用日益突出,在它们所塑造的拟态世界里,跨国公司的发展及其营销方式也发生了变化。人性化的需要显示出其在市场营销中的巨大作用,以公益性为基础的奥林匹克运动的商业价值被很多急需开拓全球市场的企业所认识,奥运文化产业的潜能开始为社会所认同。"萨马兰奇及时把握了时代提供的这一机遇,在奥运会这个一向被人们视为公益事业的领域,成功地引进市场机制,开创了体育领域公益事业市场运作的先河。"因此,奥林匹克运动发展所依赖的经济支持彻底发生了改变。在现代奥林匹克最初的几十年,奥运会举办所需要的费用主要是依仗慈善性捐赠和政府的行政性拨款,但引入市场化手段后,奥运林匹克发展所依赖的经济基础就变为自我的商业性开发,奥林匹克运作模式呈现出独特的商业化特征。而奥林匹克也借助市场化的运作机制迅速发展,在经济全球化的裹挟中,很快地进入了全球运营状态,随着经济的全球化发展成为有巨大需求的全球性文化产业。"奥运会作为这一产业的文化精品,第一次有了可以依靠其自身力量从市场中获得足够经济资源的可能。以奥运会及奥林匹克标识营销为基础,国际奥委会对奥运会运行机制发生根本性的变化,建立起市场导向的运作方式。"①

国际奥委会凭借奥林匹克形象开展奥林匹克的市场开发,在一定程度上说明奥林匹克形象就是连接奥林匹克社会效益和经济效益的桥梁。根据体育即媒介的

---

① 任海.论国际奥委会的改革[J].体育科学,2008,28(7):3-25.

理论,奥运自身便是一个巨大的传播载体,从奥运竞技媒介载体的形成与交易内容特点分析,奥林匹克作为一种传播媒介的运作形式主要可分为三类:第一,借奥运赛事转播的"势",获得巨大赛事转播的商业利益。电视转播权已经成为国际奥委会主要收入来源之一。由于奥运赛事的稀缺性,越来越吸引受众观看,利用奥运赛事转播媒体来插播商品广告,已成为企业营销竞相争夺的手段。媒体与企业都会借助奥运传播进行营销,并在此过程获得超值的经济回报。特别需要说明的是,各大电视转播机构纷纷斥巨资购买奥运赛事转播权,这充分体现了奥运媒介载体"势"的经济价值。第二,依托奥运竞技媒介载体的"势",形成无形资产交易与博彩竞猜等活动。前者如奥林匹克五环标志、奥运会徽标、吉祥物等的使用权转让,国际奥委会通过授权企业生产带有奥林匹克标志的产品获得巨大收益,而被授权企业也通过与奥林匹克的联姻增加其产品的社会渗透力;后者如奥运期间发行的彩票和竞猜活动,这是借助奥林匹克的"势"而衍生的在一定范围内的博彩活动,是奥林匹克运动巨大影响的延伸。奥林匹克运动会作为一种综合性运动会,满足了各类"运动迷"关注各类运动最新成绩、最新发展的需求,而这种注意力的聚集无疑会产生巨大经济效益。第三,运用奥运竞技媒介载体的"势",吸收企业赞助。由于国际奥委会不允许企业在奥运会赛场内做商业广告,广告牌和转播权都受到最大限度的控制,奥运无形产权的使用又有诸多限制,这都造成相对于企业对奥运载体"势"的利用需求的稀缺性,为了借助奥运这个具有全球性的传播载体扩大影响,不少企业就以奥运赞助单位的形式参与其中,实现相应的经济目标。有些企业甚至不顾国际奥委会的相关规定,采用隐性营销的方式来搭奥运便车,以扩大影响、提高知名度。这也从另外一个侧面说明奥运媒介载体的价值。从以上的分析可以看出,奥运会处于媒介生存的状态,它以媒介存在的方式存在着,所以我们应该以考察和研究媒介的眼光来从一个新的角度审视它,以媒介经营的规范化操作在传播领域应用奥运媒介达成自己的传播效果。

  作为一种生活哲学的奥林匹克文化,借助体育这种方式,通过传播在世界范围内取得了前所未有的成功。奥林匹克运动是一个具有鲜明社会公益性和巨大市场开发性的国际组织。在性质上,国际奥委会是一个非政府、非营利的国际组织。"一个多世纪后,国际奥委会领导奥林匹克运动,管理奥运会的组委会、国际单项体育联合会、国家奥林匹克委员会、国家体育协会以及国际奥委会所承认的其他组织和机构,如世界反兴奋剂机构。"①从国际奥委会对奥运传播的管理来看,因为受到各种限制,奥运的传播资源是有限性的,但事实上,奥林匹克传播涉及奥林匹克运动的所有方面,这也就说明奥运传播资源在一定程度上是无限性的。"奥运资源作为人类共同的遗产同时又具有无限性,其作为精神产品能在任何条件下满足任何人的精神需要。"②奥林匹克文化资源的存在形式是以精神形态为主,以物质形态为辅的,它的公益性决定了它的社会价值,也正是这种公益性的特征和四年一度的稀缺性,决定了它的商业价值。奥运资源相对于人们的需求来说具有有限性,这种有限性也就是稀缺性,使得奥林匹克文化在一定条件下具有一定的经济价值。

第三节 奥运传播知识产权的市场化突围

虽然顾拜旦在现代奥林匹克运动创建之初就为奥林匹克运动设定了"非职业、非政治、非商业"的三项原则,但这"三非"原则随着奥林匹克运动的发展已经失去了它当初的意义。在1972年慕尼黑奥运会上,东欧职业运动员叱咤赛场,宣告奥运会的"非职业"原则被打破。1980年的莫斯科奥运会,由于苏联入侵阿富汗,本届奥运会遭到许多国家的抵制,不少国家退出了奥运会,这让奥运会的"非政治"原则遭到了极大挑战。虽然20世纪70年代的奥运会依旧扼守着"非商业化"的原则,但是由于比赛项目不断增多,组织规模越来越大,场面越来越奢华,对技术、服务、安全等因素要求越来越高,承办城市承受着越来越沉重的经济负担。1984年洛杉矶奥运,尤伯罗斯利用商业手段让处在危机中的奥运会再次焕发活力,随后利用商业手段寻求发展,成为奥运会主办者的一个重要思路,奥运会"非商业化"也得到国际奥委会的修正。国际奥委会作为人类社会的组织创新,是建立在超越传统的"国家主义"和"市场主义"之上的,它承载了人们太多美好的期望。

虽然市场失灵、政府失灵和合约失灵理论有力地证明了非营利组织存在的必要性,这里显然存在一个对非营利组织效率高估的问题,非营利组织不能完全解决

---

① 肖永平,孙玉超.奥运会裁判执法争议解决机制的完善与展望[M]//中国法学会体育法学研究会.追寻法治的精神:中国法学会体育法学研究会2005—2010.北京:人民体育出版社,2011:243.
② 雷选沛.北京奥运经济运营与管理研究[D].武汉:武汉理工大学,2006:74.

市场和政府不能解决的问题,非营利组织也存在"志愿失灵"的问题。由于以下两个方面的原因,商业体育现在已经大规模地全球化了。第一,那些控制、赞助和举办体育的人不断寻求新的方法去扩展它们的市场和挣更多的钱;第二,那些在许多国家进行生产和配置的跨国公司把体育当作向全世界介绍它们的产品和服务的工具。体育组织和其他的商业组织一样,对在世界范围内把它们的业务扩展到尽可能多的市场满怀兴趣。世界各国主要的体育组织的持续成功,依赖于激发本国边界之外的观众的兴趣,同时也依赖于有效地使用媒体输出一种混杂着体育知识和对参加比赛的运动员的认同的混合物。通过这种方式,体育组织越来越成为文化以及供人们消费的产品的输出者。①

一、商业化改革:奥运传播知识产权经营的自我革新

"商业化"一词出现于20世纪60年代绝非偶然。在奥林匹克运动初期,商业曾经力图利用奥运会,致使第2、3届奥运会几乎成为世界博览会的附属物。但从第4届起,奥运会摆脱了商界的控制,获得了独立的地位。此后,商界虽一直试图向奥运会渗透,但未收到明显效果。在第二次世界大战前的几十年间,国际奥委会所承认的国际体育联合会的经费来源,一是会费;二是国际比赛的门票收入。因数额很小,各国际体联本身就入不敷出,因而同国际奥委会在收入问题上发生摩擦。但二战以后,20世纪50年代初,出现了出售奥运会广播、电视转播权问题。国际奥委会开始同商界接触,并且就收入分配问题同国际体育联合会进行讨论。一些研究者认为,正是从这个时期起,奥运会开始逐渐成为"商品"。进入60年代以后,世界电视业蓬勃发展,电视在不少国家普及,于是出售奥运会电视转播权遂成为国际奥委会主要经费来源之一。获得电视转播权后,再把插播广告的时间出售给各企业和公司。广告收入的多少决定于运动项目的普及程度、开展水平,比赛者的级别,转播时间(深夜便宜,晚上价贵),观众人数的多少等。因此,广告商势必对运动比赛(包括奥运会在内)的时间、项目等进行干涉。不管人们对商业化的看法如何,它在促进奥运会发展中的巨大作用是不容置疑的。高水平的竞技运动在一定意义上讲,是一种与戏剧、电视相类似的文化商品,它的商品价值在很大程度上取决于其供人们

---

① 科克利.体育社会学:议题与争议[M].管兵,刘穗琴,刘仲翔,等译.6版.北京:清华大学出版社,2003:415-416.

观赏的体育比赛的质量的好坏,也就是取决于运动员竞技水平的高低。运动员的水平越高,比赛进行得越激烈,就越吸引观众,而吸引的观众越多就越赚钱。

图7　开创奥运会市场化历史新纪元的尤伯罗斯(左)

20世纪80年代以来,非营利组织在全球范围内兴起了市场化运动的浪潮,这种局面的出现有着深刻的社会背景。伴随着西方政府改革的浪潮,由于政府财政支持减少,民间个体捐赠下降、非营利领域竞争加剧以及市场经济条件下对企业化经营管理的推崇,非营利组织不得不回应资源日益稀缺的现实和提高组织运行效应的压力。这种深刻的社会变革,使得不以营利为目的的非营利组织,也被逼加入到市场运作中来。"为了维持自身的生存和发展,他们不得不改变传统的运作机制,而越来越多地借助市场机制开辟财源,与企业、政府以及其他非营利组织进行竞争,更多地从事营利性经营活动,即非营利组织的市场运作或商业化运作。"①庞大的国际奥林匹克组织当然也会遇到同样的困境。尽管在1984年以前,非商业化运作一直被奉为奥林匹克运动的基本原则,但1976年加拿大的"蒙特利尔陷阱"和1980年的莫斯科奥运会的巨大亏损,使奥林匹克运动发展遭遇到巨大的危机,同时也使得国际奥委会部分委员意识到奥林匹克运动必须要顺应时代的发展,要摒弃固化的"非商业化原则"。于是,自20世纪80年代以来,国际体坛出现的一个重大发展特点就是引进市场机制,通过市场渠道吸纳经济资源,体育的经济功能得到

---

① 张玉磊.困境与治理:非营利组织的市场化运作研究[J].中国农业大学学报(社会科学版),2008,25(4):170-180.

前所未有的开发,巨大的经济潜能得以彰显。连续遭遇危机的奥林匹克运动,在1984年来到了市场经济高度发达的美国,在政府完全没有投入的情况下,洛杉矶奥组委把本届奥运会交给了一个叫尤伯罗斯的金融投资家,正是在他的精心策划和组织下,本届奥运会实现了真正的商业化运作,实现了奥运会的扭亏为盈,从此奥运会的市场化选择就得到了大力推崇,也改变了奥林匹克运动的命运。"美国经济研究协会就1984洛杉矶奥运会对南加利福尼亚地区经济的影响进行了研究,这项研究包括那些可以量化的经济指标,即有形的、直接的指标,该研究认为奥运会对这一地区当时的经济促进效果为32.9亿美元。"[①]也是从洛杉矶奥运会之后,奥运会作为体育产业中一个最具有代表性的,融体育竞技比赛和商业营销活动于一体,对主办国经济发展产生显著拉动作用的体育经济活动就受到各国政府和企业越来越热情的追捧。

由于体育赛事日益丰富,赛事转播水平不断提高,观众对体育观赏需求大大增加,再加上体育本身特有的普适性价值,当代体育便成了经济领域全球扩张的首选载体。从近三十年体育赛事的运作来看,体育赛事尤其是大型体育赛事已经与商业密不可分。正如曾任国际奥委会营销部主任的Michael Payne所言:"仅就奥运会目前的规模与复杂程度而言,它已经到了没有赞助商就没有奥运会的地步。"这里之所以将奥运会称为体育经济活动,而不是体育竞技活动,就是因为在泛商业化的社会氛围中,在奥运体育竞技赛场的舞台上,同时也在上演一场市场营销竞争的大戏。体育竞技与体育经济的结合就形成了所谓的体育产业。伴随着经济全球化的发展,从20世纪70年代以来,奥运会电视转播权的出售成了国际奥委会一个最主要的经济来源,最高的时候甚至达到国际奥委会总收入的95%左右。也是从20世纪70年代开始,国际奥委会市场开辟了新的渠道,国际奥委会开始实行奥林匹克全球赞助计划,后改名为"奥林匹克伙伴计划",简称"TOP 计划"。奥林匹克运动全球赞助商的TOP计划,是国际奥委会又一主要经济来源。为了能以法人身份参与处理各种重大事务,更好地实现市场运营,1981年国际奥委会第一次有了正式的法律地位。法律身份的确立,使得国际奥委会能够在经济上大胆进行商业性开发,利用各种活动创造财富。1983年,国际奥委会指定国家体育娱乐公司(ISL)为其销售奥林匹克标志的代理机构,国际奥委会的市场开发就更具有专业性。

---

① 雷选沛.北京奥运经济运营与管理研究[D].武汉:武汉理工大学,2006:3.

国际奥委会作为一个"非营利性"的民间组织。在市场经济的环境中，"'非营利性'是一个用于界定组织性质的词汇，它强调这种组织的经营运作不是以牟取利润为目的，但并不包含限制组织开展经营活动的意思"①。在市场经济条件下，民间组织或企业一样是一定的经营主体，只不过它的经营对象不是私有财产而是一定形式的公益资产。民间组织不仅要确保公益资产不致流失，还要努力使公益资产保值增值，确保公益事业得到可持续发展。不过，奥运传播在市场化过程中也出现这样一个悖论：奥林匹克的品牌价值和奥运会集结的注意力资源，给奥委会和相关合作者带来了巨大商业利益，但其前提却是奥林匹克文化的纯洁和奥林匹克运动的非商业化。正如麦克尔·佩恩所阐述的那样："奥运会不仅仅是一项体育赛事，正是奥林匹克运动历经3 000年发展被细心呵护至今的那些独特的价值，提升了合作伙伴的价值。……奥林匹克品牌让所有市场合作伙伴看重的真正商业价值，正是由其非商业性价值所产生。"②对奥林匹克运动，既要最大限度地传播奥林匹克文化，保护其不被政治、商业等因素所侵蚀；同时又要通过一定范围的经营奥运会及其品牌价值，以获得维持奥林匹克运动发展的经费。国际奥委会就是在这种原则下，有限利用奥林匹克品牌的价值，他们没有被出价更高的私人电视机构引诱，相反，他们坚守奥运会电视信号要通过电视台免费播出的原则，以便保证全世界每一个人能够看得起奥运会，经济上不存在任何门槛和壁垒阻碍人们追随奥运盛事。奥运比赛的场馆、运动员村，甚至主办城市周边环境，都不允许有任何形式的广告出现，烟草与烈酒生产商的赞助也被禁止。③ 现代奥林匹克运动对过度商业化的限制措施主要表现在以下三个方面：首先，国际奥委会始终坚守奥运会电视信号通过电视台实现最大范围免费播出的原则，而不是单纯的追求利益最大化原则。其次，国际奥委会始终坚持"场馆清洁政策"，也就是奥运会的比赛场馆和奥运村里不得出现任何形式的商业广告，运动员服装上除了符合要求的运动服商标，禁止体现任何商业赞助的标志。再次，国际奥委会拒绝接受烟草和烈酒生产商的赞助，而不管其赞助金额多么的高昂。国际奥委会这样一个"非政府"国际组织，艰难地和商业社会相处，最终倾情拥抱，但却是以自己的方式，保留自己的尊严和特性，在自

---

① 曾维和.公益产权：非营利组织发展的一个新议题[N].中国社会报，2004-12-16(T00).
② 佩恩.奥林匹克大逆转[M].郭先春，译.上海：学林出版社，2005：158.
③ 佩恩.奥林匹克大逆转[M].郭先春，译.北京：中信出版社，2008：15.

己核心价值上绝不妥协,同时在这个过程中,为体育营销产业奠定了许多最基本的规则——这当中所体现的平衡运作堪称杰出。①

奥运会的商业合作伙伴被分为几个等级:国际奥运会全球合作伙伴、国家代表团级别的奥运会合作伙伴、奥运会赞助商、奥运会独家供应商、奥运会供应商。这些赞助商在标志使用和物料宣传方面享有不同的权利。通常来说,只有这些奥运赞助商才可以发布与奥运相关的营销活动,非赞助商一切和奥运明显相关的营销,只能用一个词来形容——侵权。当商业利益作为首要考虑的因素时,体育的利益就会成为牺牲的对象,当商业的砝码在奥林匹克运动的天平上超重时,就会严重干扰体育运动的正常状态,并与奥林匹克理想发生剧烈冲突,给奥林匹克运动带来巨大的威胁。当商业化为奥林匹克运动注入活力,带来生机的同时,也给奥林匹克运动的明天带来隐患。如何有效地控制商业化的负效应,如何使奥林匹克运动商业化获得的巨大经济效益为全世界体育事业服务,这是一个严峻的课题。

二、职业化突破:奥运传播知识产权的市场化加速器

在体育赛事活动的早期,体育赛事是一个非营利性的活动,一开始就有所谓的"业余原则",所有参加比赛的运动都是业余选手,都是在工作之余,参加体育比赛。随着体育比赛竞技性的增强,观众人数的增多,逐渐出现了以比赛为职业的选手。职业选手的出现带来了比赛的商业化,奥运赛事也不例外,一开始像这样的大型赛事都是由国家承办,公益性质居多。从国际奥委会成立那天起,"业余主义"就一直被视为最为重要的原则,1894年的《奥林匹克宪章》第4条中对此就有明确规定:"凡职业运动员,除击剑外,不得参加所有其他奥林匹克比赛项目。"而且在该宪章的附加条文中还对业余性质给予了严格的界定:"以运动为业者,及曾经或现在靠运动获取奖金者不得参加奥运会。"②但自从20世纪后半叶以来,国际社会发生了深刻变革,体育所处的竞技、政治和文化背景都发生了巨大变化。在美国等发达国家,随着体育市场化的发展,职业竞技体育在经济市场中成为很强吸引力的文化产业。这样的变革也深刻地影响奥林匹克运动,于是,传统的奥运模式和迅速变化的社会环境矛盾与冲突日趋激烈。那些以高水平竞技运动为主要经济收入,曾被拒

---

① 佩恩.奥林匹克大逆转[M].郭先春,译.北京:中信出版社,2008:XIV.
② 艾泽秀.奥运会运作理念的嬗变与调适[J].成都体育学院学报,2005,31(3):44-48.

绝参加奥运会的职业运动员,就顺利地敲开了奥林匹克大门。"1973年法尔纳奥林匹克大会标志着多年来业余主义的拥护者,与要求职业运动员进入奥运会的拥护者之间的斗争进入了一个重要阶段。"为了适应国际体育竞技环境的变化,1974年国际奥委会通过了重新修订的"业余运动员"的定义:"允许运动员在参加体育运动期间获得工资,允许运动员获得参加学习期间的体育奖学金。"这大大放宽了业余运动员的范围,使得奥林匹克的竞技性大为增强,也为奥林匹克的市场化提供了基础。1980年萨马兰奇获任国际奥委会主席后,对职业运动员参加奥运会的态度发生了根本性变化。1981年,修改了《奥林匹克宪章》的有关条文,去掉了业余一词,并且委托各国际单项体育联合会制定自己的条款准则,由该协会确认参赛选手是否符合业余原则,只要该协会认可,国际奥委会也予以同意。1991年,新的资格准则被列入了《奥林匹克宪章》之中。"获得参加奥运会资格的运动员,须遵守奥林匹克宪章和经国际奥委会批准的相应国际单项体育联合会章程,而且须由其本国奥委会派出。"[①]至此,奥林匹克的业余主义原则被彻底取消,尽管如此,但奥林匹克运动职业化改革并没有改变奥林匹克运动的性质,与其他体育赛事,特别是大奖赛性质的比赛不同,现代奥林匹克运动对获奖运动员不进行物质奖励的传统一直被继承和延续。

从体育的属性来看,一直有两种观点:一是需要投入体力、智慧与技巧的比赛或竞技;二是一种娱乐消遣活动。不管从哪种观点来看,即便现在很多项目被当作一种职业在户外或室内进行,但所有体育比赛都需要参与者运用或多或少的体力,按照既定的形式或规则来进行。娱乐消遣活动式的体育,现在逐步演变成体育产业中的体育服务业。"那种需要体力、智慧与技巧的比赛或竞技,其对抗、刺激、悬念、极限等诸多因素使得人们既能参与,也能欣赏,形成了人类生活中的一种精神范畴,而其中带有表演性质的竞技体育逐步演变成职业体育。"[②]虽然早期的职业体育主要是依靠向现场观众出售门票来维持发展,但随着公众对职业体育欣赏需求的增加,再加上现代市场经济的发展,体育赞助、特许经营等经营手段已经成为体育组织新的经济来源。当电视深度介入体育赛事转播,这实际上为观众创造了

---

① 茹秀英.国际奥委会组织变革与发展的研究[M].北京:北京体育大学出版社,2006:118-119.
② 洪建平.从电视转播权之争看中国体育电视市场格局和趋势[M]//周亭.奥林匹克的传播学研究.北京:中国传媒大学出版社,2009:95.

一种全新体验体育赛事的模式,它为体育赛事组织者、体育观众以及赞助企业架起了一座沟通的桥梁,为它们提供了广阔且蕴含商业价值的触点,并在此基础上产生了电视转播收入。"赛事门票、电视转播、广告赞助与特许经营三者目前构成了体育组织资金回收的主要渠道。"①国际奥委会放开对参赛者职业身份的限制,意味着职业体育被纳入奥林匹克运动体系,这不但使得奥运赛事竞技水平得到提高,也增加了奥运赛事的观赏指数,为奥林匹克运动的市场开发提供了更为有利的手段。职业体育在未进入奥运会前就因为比赛的激烈性、刺激性、娱乐性显示了旺盛的生命力,允许职业运动员参加奥运会,无疑会大大提高奥运竞赛水平,这不但有助于提高门票价格和电视收视率,有利于吸引厂家介入奥运,加快奥运商业化的进程,也会助推业余竞技项目的发展,提高它们的商业化和职业化水平,进而提高运动员的社会与经济地位。如果把体育赛事看成一种商品经济的话,职业体育的实质就是运动员的创造性劳动,最终产品就是体育赛事,赛事的激烈、精彩、新颖程度和体育明星的吸引力大小都会对赛事的市场开发产生重要影响。"体育赛事水平层次越高,其替代性越小。从营销的层面看,体育赛事具有版权性,其观赏性越强,营销价值越高。"②

三、企业化转型:奥运传播知识产权市场化的自我完善

"国际奥委会刚建立时只是一个完全贵族化的私人俱乐部,而在成立之初的国际奥委会中起决定作用的是由少量精英组成的核心。他们用贵族化的或者说前工业化时代的方式管理着工业化时代的国际体育。"③自国际奥委会创立至20世纪70年代,国际奥委会的管理模式也是封闭式的,与外部环境接触的机会很少。如果说在现代奥林匹克运动复兴的时候,顾拜旦设立的这种精英化管理模式,还能确保国际奥委会与奥林匹克运动的生存,但随着工业化社会的发展,这种管理模式已不能适应时代和奥林匹克运动自身的发展需要,国际奥委会通过不断调整自己的管理模式,在适当保留成立之初的外壳的情况下,最大限度地采用了工业化社会的管理模式。

---

① 洪建平.从电视转播权之争看中国体育电视市场格局和趋势[M]//周亭.奥林匹克的传播学研究.北京:中国传媒大学出版社,2009:95.
② 同①.
③ 赵德勋,何振梁.基一萨改革国际奥委会管理模式的实质[J].体育与科学,2008,29(2):20-23.

自20世纪70年代末以来,社会公共组织的管理模式发生了一个重大的变化:由原来比较保守的组织管理模式逐渐转向更灵活,以市场为基础的企业管理方式。这种"新公共管理"(New Public Management)的国际思潮更强调商业管理的理论、方法、技术及模式在公共组织管理中的应用。伴随着这种管理方式的变化,体育赛事组织的管理模式也发生了重大调整。这种模式也更适合体育赛事产品的商品化、运动员的职业化、资源运作的全球化新趋势。伴随竞技体育从业余娱乐转为职业化产业的特征,国际体育组

图8　不断推进奥运会改革的原国际奥委会主席萨马兰奇

织在业余时代所形成的业余模式,已经无法适应体育赛事的组织管理,以市场机制来运作大规模的体育赛事及其相关的各种文化附加值,毫无疑问需要更专门的知识、技能与方式。"于是自20世纪末期以来,国际体育组织的一个重大变化就是在管理方面实施公共组织的企业化管理。由原有的业余社团型向现代企业的公司型转化。"①

　　在体育领域,国际奥委会一直被认为是"联合国组织"或"世界政府"。"随着体育产业的逐步发展,这一在半个世纪前还被人们普遍认为是娱乐项目的领域,目前甚至可以在一定程度上影响相关国家的经济走势、社会心理等重大事项。"可见在这一有着独立的秩序领域,国际奥委会这个处于主导地位的非政府组织,事实上掌握着极大的权力。尽管奥林匹克组织是一个为了实现奥林匹克人文价值而存在的公益性社会组织,不是以获取利润为目的的企业组织,但从职业化的角度来看,国际奥委会是当今世界最为职业化的组织之一。这种公益性社会组织在西方工业社会向后工业社会或信息社会的转变的过程中,也开始了自己的组织转型。市场机制在公共部门中发挥着越来越重要的作用,传统的公共行政学理论及实践模式越

---

① 任海.论国际奥委会的改革[J].体育科学,2008,28(7):3-25.

来越不适应社会的发展。事实上，奥运会本身就是按照商业化的模式来组织和运作的。为了解决奥林匹克组织的内部管理与体育社会发展实践之间的冲突，从20世纪后期开始，国际奥委会及其他一些国家体育组织自发开始组织转型。1981年西班牙银行家萨马兰奇担任国际奥委会主席，面对奥林匹克运动的发展困境，萨马兰奇对奥林匹克运动的组织管理进行了大刀阔斧的改革，奥运组织的企业化转型才得以实现。在萨马兰奇任职的21年中，国际奥委会采取了以下措施实现了自我的组织转型：第一，1981年取得法人资格，结束国际奥委会长达87年的法律真空状态；第二，首次有了专职的主席，并建立起较为专业的行政管理团队；第三，走出业余主义的禁区，将奥运会向职业运动开放，加入市场竞争。此外，在体育营销上进行了大胆改革："第一，开发出独特而有效的奥林匹克营销模式，通过出售电视版权和品牌营销，在激烈的全球化市场竞争中站稳脚跟；第二，以国际奥委会为核心形成了覆盖五大洲的全球体育网络。"[①]

图9　1964年首届全电子化奥运会

　　萌芽于19世纪末至20世纪初期的国际奥委会和其他国际体育组织，都是在现代体育尚处于业余阶段发展起来的，这一时期的体育组织有以下基本特点：组织结构松散、运作机制非市场、组织成分不规范，组织行为多基于道德而非法治，其运作是非专业的业余人士操控。由于奥林匹克的发展规模和影响日益增大，奥林匹克组织管理也日益规范。1908年伦敦奥运会实施了标准化规范管理；1913年顾拜

---

① 任海.奥林匹克改革与国际奥委会的组织转型[J].体育文化导刊,2007(12):39-41.

且为国际奥委会设计了会徽、会旗,进一步丰富了现代奥林匹克运动的理念,其核心内容是蓝、黄、黑、绿、红五个环环相扣的彩色圆环。现在国际奥委会作为一个有着巨大影响的超级规模的组织,尽管没有营利的需要,但在其内部治理中,必须借助源自企业领域的成功管理方法和手段,如理事会制度、财务管理制度、绩效评估制度、独立签约人制度以及激励机制等,只有这样才能改善非营利组织的内部治理,才能保证这个超规模组织系统正常运转。现在国际奥委会已经建立起"以理事会制度为核心的内部制衡机制,完善非营利组织法人治理结构;健全和规范财务管理制度,提高财务运行透明度和有效性;实行严格绩效评估管理,提高人、财、物等资源投入效益"①。同时,通过加强人力资源开发与管理,组建一支高素质有活力的工作团队,来提升组织管理的效率。

在奥运知识产权价值开发的时候,需要考虑公共物品的外部性特征。如同在一个联盟球队中,虽然一个球队的营销努力有可能增加其他球队的福利,但是,这类外溢效果的可能还是很小的。联盟层面的营销提高了所有球队的福利,因此它是某种公共物品。公共物品的标志是消费的非竞争性。某个球队从联盟层面的营销活动中获得的收益不会降低其他任何球队从同一活动中获得的收益。所有球队获得等量的公共物品,尽管他们对其评价不一。公共物品还有一个标志是非排他性,一个球队无法阻止另一个球队从活动中获利。虽然等量贡献是不平等的,因为一些球队比其他球队受益更大,但是要求球队自愿贡献却产生了免费搭车者问题。免费搭车是指一个人试图支付的比他从公共物品中获得的边际收益更少,以及剥削他人的产品。于是,在试图确定这样一种公共物品的供应时存在两个挑战,第一个是确定它对社会的边际收益,第二个是确保每个消费者(这里是球队)为其得到的份额付费。

在整个历史长河中,人们都把体育当作某种形式的公众娱乐。不管怎样,体育从未像今日这样被如此盛大地包装、推广、展现、操办为一种商业产品。以前,有关体育的决策以及与体育相关的社会关系从未如此明显地受到商业因素的影响;对于体育如何界定和组织,经济组织和大公司的利益从未有过如此大的权力和影响力;以前,运动员和主办者从未下过如此高的经济赌注。人们根据门票收入和特许

---

① 张玉磊.困境与治理:非营利组织的市场化运作研究[J].中国农业大学学报(社会科学版),2008,25(4):170-180.

权收入、许可费、商品和媒体转播权的收益来评估体育;根据市场的份额、收视率和广告潜力来评估运动会和体育赛事;根据签约潜能和上镜形象来评估运动员。① 商业体育已经成为当代社会中可见的一部分。这一发展与城市化、工业化、交通的进步和通信技术、资本资源的可取得性、阶级关系有关。人们掏钱去观看体育运动的兴趣受到强调个人成功的文化、可广泛接触到的青年体育项目、媒体对体育的广泛报道的激发。近年来商业体育的扩张同样得到寻求全球市场的体育组织和以体育为工具实现全球扩张的跨国公司的推动。商业化已经影响到某些体育运动的结构和目标方面的变化,以及那些卷入体育的人和对体育实施控制的各种组织的取向。这些和商业体育相关的变化倾向于强调英雄取向,超过强调审美取向。除非观众对特定体育运动有深厚的知识,似乎风格化和戏剧化的表现方式给广大观众留下了深刻印象,而杰出的能力往往被忽视了。②

---

① 科克利.体育社会学:议题与争议[M].管兵,刘穗琴,刘仲翔,等译.6版.北京:清华大学出版社,2003:410-411.
② 科克利.体育社会学:议题与争议[M].管兵,刘穗琴,刘仲翔,等译.6版.北京:清华大学出版社,2003:458.

第三章

奥运传播知识产权的运行模式

世界经济发展史和经济学理论都表明,产权保护对于一个国家生产力的增长和经济发展的可持续性至关重要。诺斯认为:近代西方世界的兴起源于有效产权制度的建立和实施。产权制度的确立和产权的有效保护机制成为近代西方国家经济迅速发展的主要动力。知识产权是产权的重要组成部分,对于知识的生产、传播和消费,进而对经济的发展有着重要的决定性意义。① 产权是西方经济学研究的一项基本范畴,产权制度也是市场经济运行的基础制度。对于产权,一般认为是对产权权利的简称,又被称为财产权,是指法律确定的人们对财产的行为权利总和,包括财产所有权和财产使用权两个方面,但这样的解释并不足以揭示产权的丰富内涵。在众多产权定义中,为数不少的经济学家反对把产权归结为人对物的权利,认为应该把它归结为由于物而发生的人与人的社会关系,而真正将产权理论引入现代经济学研究的是制度经济学派,制度主义从外部性内在化的角度阐释市场制度变迁以及国家、社会变革的路径选择,进一步确立了产权问题在现代市场经济和社会发展中的重要性。随着现代社会的发展,虽然产权理论本身还有不少争论之处,但产权对市场经济及社会发展的重要性已不再受到怀疑,产权研究的范围也不断拓延,而产权中的知识产权正日益成为经济学、法学、管理学等多领域的研究重点。② 奥林匹克名称和五环标志等都是为世人皆知的名牌标志,反映的恰是奥林匹克运动在全世界人民心目中的崇高地位,商家为使用这些知名度高、美誉度高的奥林匹克知识产权慷慨解囊,正是借助其提高自己的知名度和社会影响,获取更大的

---

① 胡峰.论创新和技术传播冲突中的知识产权保护制度[J].科技进步与对策,2008,25(3):1-3.
② 张颢瀚,徐浩然,朱建波.知识产权是第一产权[J].江苏社会科学,2011(4):41-45.

利益。① 因此对奥林匹克知识产权的研究,是对奥林匹克知识产权开发的基础。

知识产权法的经济功能主要体现在知识产权促进社会经济效益的可持续增长方面。对于知识产权法律制度而言,经济功能是其核心功能。从知识产权法律制度诞生的动因来看,有两种基本的社会目标:一是因为给了发明创造者一定时期的技术方案或设计方案的垄断使用权,激励其保有进一步进行发明创造的积极性,也使其他发明创造者因可期待垄断使用权而具有发明创造的热情;二是因为给了发明创造者一定时期的技术方案或设计方案的垄断使用权,发明创造者有义务将其技术方案或设计方案的技术实质按照法律的要求公之于众,以使本领域的一般技术人员能够加以实施,从而使社会公众能够依法对这一技术方案或设计方案进行无偿或有偿地利用,以使社会智力资源能够充分发挥其资源效力。② 产权的一般特征包括:所有权、使用权、收益权和转让权。体育赛事转播权是基于体育赛事的组织、举办而产生的一种特殊的产权,它包括了所有权、使用权、收益权、让渡权等一系列的产权项。参加奥运会的运动员是为极其稀缺的,他们是具有极高生产力的劳动力出卖者,这类运动员因此具有很高的议价能力,能向公众提供独特的产品。

第一节　奥运传播知识产权所有权变迁

属于上帝的当归于上帝,属于凯撒的当归于凯撒。人本规律的一般生产原理:劳动是财富的源泉,投资是归属的依据,这种剥夺性的危机将使问题复杂性降低,导致原创动力不足。对这个经济学问题,一般的补救措施是通过保护性的社会契约建立财产权。商业体育是一种独特的生意,在高水平职业体育上的运动队所有者都是成功的商业人士或大公司,它们联合起来使它们的联盟成为有效的垄断机构,几乎对自己的体育项目实现了完全的控制。这些所有者与赞助者和主办者一起进入商业体育时,不仅希望体育有娱乐价值,能够为自己和自己的其他非体育产品树立良好的公众形象,而且还要挣钱。在职业运动的体育中,他们已经能够使用垄断性商业的做法使成本降低而使利润提高。业余商业体育的管理和控制掌握在

---

① 张玉超,栗丽.中国奥林匹克知识产权的若干问题[J].体育学刊,2003,10(3):7-10.
② 何敏.知识产权法总论[M].上海:上海人民出版社,2011:58.

数量繁多的体育组织手中,虽然这些组织的存在是为了给业余运动员提供支持和指导,但许多控制这些组织的人已经变得主要关心权力、控制和创造投入。① 最初媒体与体育的结合是一场你情我愿的结合,然后就变成出于便利的结合,而到了今天,变成了一种基于金钱的结合。金钱的魅力已经改变了体育,并将继续使其变得面目全非,而竞技也将越来越多地被重新包装变成电视节目。过去,我们习惯于将比赛作为一种竞争来呈现,而现在,我们往往将比赛作为对抗来播出,对抗的强度就是比赛的卖点。② 在媒体不断与体育赛事结合的过程中,体育知识产权价值不断得以开发。

一、奥运传播知识产权的市场主体

奥运会市场开发体系是分层次的,包含了国际奥委会、奥组委和国家奥委会三个层次的开发组织主体,在时间、空间以及权限的划分上形成了相互促进、相互补充的组织体系,有效地促进了奥运会的发展。③ 不管是夏季奥运会还是冬季奥运会,在众多奥林匹克知识产权开发品类中,电视转播权一直是最为倚重的。电视转播权受益方都是奥林匹克大家庭的全体成员,其中包括直接受益方和间接受益方。直接受益方是指通过电视转播权的出售能够直接获得经济收入的受益方,间接受益方是指在电视转播权出售过程中虽然没有获得直接的经济收入,但是也能够获得观看赛事便利的受益方。下面主要从奥运会电视转播方面分析奥运知识产权的市场主体。

(一) 垄断集中的国际奥委会

国际奥委会的协调作用是奥林匹克运动繁荣并达到如今地位的根本原因之一。国际奥委会的稳定性及其成员的独立性,保证了它不仅在世界历史的历次复杂社会变化中生存下来,同时轻松地调整了奥林匹克运动以适应这些变化。它联合所有地区、各个社会阶层的成员,把重心放在确保奥林匹克运动的目标至高无

---

① 科克利.体育社会学:议题与争议[M].管兵,刘穗琴,刘仲翔,等译.6版.北京:清华大学出版社,2003:458-459.
② 科克利.体育社会学:议题与争议[M].管兵,刘穗琴,刘仲翔,等译.6版.北京:清华大学出版社,2003:462-463.
③ 刘清早,吴爱君,刘漾,等.奥林匹克运动会与全国运动会市场开发比较研究[J].上海体育学院学报,2009,33(5):1-6.

上,以及追求奥林匹克运动最高利益,有能力完成这一任务的核心就是国际奥委会这个独一无二的机构。国际奥委会的作用是指引奥林匹克运动的总方向,协调基层奥林匹克运动组织。国际奥委会创始于1894年6月23日巴黎索邦国际体育代表大会,由顾拜旦亲手挑选了来自12个国家的14名成员,加上他自己共15人组成了最初的国际奥委会。为了防止政治对奥委会的干扰,维护竞技运动的独立性,顾拜旦采用了"逆向代表"的组织原则,国际奥委会委员是国际奥委会在他们各自国家的代表,而不是他们国家在国际奥委会内的代表。国际奥委会从世界各国挑选从事奥林匹克运动的人,选出他们认为合格的人士进入国际奥委会,任何政府无权对之进行干涉。一个国家或地区的委员不得超过一名,但举办过奥运会或积极推动奥林匹克运动的国家可拥有两名委员,委员必须讲法语或英语。截止到2018年,经过一百多年的发展,国际奥委会已经成为由35个国际体育联合会、28个国际单项体育联合会,206个国家和地区奥委会、5个大洲奥运会联合组织组成的"奥林匹克大家庭"的核心;国际奥委会委员由自然人组成,人数总数不得超过115人,其中15人必须来自国际奥委会运动员委员会的代表,15人为国际单项体育联合会的主席或其领导成员,15人为国家(地区)奥委会的主席或其领导成员。

1981年9月17日,瑞士联邦理事会的法令承认国际奥委会法人团体身份,国际奥委会从此成为一个"个人委员制的法人团体组织"。国际奥委会作为一个非政府、非营利、无限期存在的国际组织,是奥林匹克运动的最高权力机构,决定与奥林匹克运动有关的一切重大问题。除国际奥委会外,奥林匹克成员包括国际单项体育联合会(ISF)、国家(地区)奥委会(NOC)、奥林匹克运动会组织委员会(OCOG)等。此外,国际奥委会除承认国家奥委会和国际单项体育联合会以外,还承认一批区域性或世界性的总会,这一规定说明奥林匹克运动的广泛性。奥林匹克运动内部的"代表"机构众多,形成国际奥委会、国际单项体育联合会及国家奥委会之间相互制约的关系,由此形成的协商、探讨和承让是奥林匹克运动健康发展的根本原因。在世界范围内,国际单项体育联合会代表单项运动的特殊利益,国家奥委会则在国家及洲的基础上代表地区性团体,无须担心各方利益未能被充分体现。奥林匹克市场开发组织体系有专门、长期的管理机构,国际奥委会作为奥运会的所有者,负责统筹管理奥林匹克的市场开发整体工作,国际奥委会的长期性和稳定性保证了奥运整个周期市场开发的控制,同时也有效地掌握了奥运会市场开发的整体方向。① 尽管国际奥委会增选不代表任何组织成员的制度会被指责,但正是因为其成员不代表任何特殊利益集团,才使得奥林匹克运动生存下来。奥林匹克运动作为一个整体,使国际奥委会避免了代表不同利益而导致对某一奥林匹克事务产生不同意见,这比其完全独立的地位可能产生的副作用要重要得多,因此,奥林匹克运动内部的代表机构可谓是比较健全和实效的。

尽管如此,并不是所有的垄断都来自于市场本身的自然作用或者外部的政府政策。某些垄断组织的存在,应该归因于它们自己所设置的壁垒。在设置进入壁垒方面,以及在壁垒不能阻止竞争对手进入时马上将对方吸收进本联盟方面,体育联盟已成了专家。② 虽然垄断组织能够制定更高的价格,但它们并不总是滥用这种权力。有些垄断组织是在进入门槛相对较低的市场上经营运作的。如果潜在竞争对手看到垄断者获利丰厚,那么他们进入,从而压低价格和利润。通过制定低于垄断权所允许的价格,垄断者能够使潜在竞争者放弃进入的念头。这种有限定价的策略尽管在短期内使垄断者获利较低,但却能维持公司长期的垄断权力和利润。③ 垄断通过提高价格和降低产出来最大化利润。经济学家将高价格看作是不影响总体社会福利的、从消费者到生产者的转移。但低产出就产生净损失,降低了社会福利。垄断者依赖所掌握的消费者信息的多少,能够通过实施不同的价格歧视来部分占有或者全部占有消费者剩余。④ 国际奥委会(IOC)也许是最终极的特许经营的垄断者。四年一度的夏季奥运会和冬季奥运会使主办城市有机会吸引大量游客,而且能产生国际影响。尽管它可能来自于自然垄断,但IOC并不仅依靠市场力量来保护其垄断地位。比如,它不断地为保护"奥林匹克"这四个字的商标权而打官司。另外,人们也可以认为,交替举办而不是在同一年举办冬季和夏季奥运会,其目的就是垄断市场,阻止其他竞争者进入。

电视转播费用收入在20世纪80年代初曾经占到国际奥委会总收入的95%,90年代这一比例虽然有所下降,但其数额却不断增加,成为现代奥林匹克运动重

---

① 刘清早,吴爱君,刘漾,等.奥林匹克运动会与全国运动会市场开发比较研究[J].上海体育学院学报,2009,33(5):1-6.
② 利兹,阿尔门.体育经济学[M].杨玉明,蒋建平,王琳予,译.北京:清华大学出版社,2003:119.
③ 利兹,阿尔门.体育经济学[M].杨玉明,蒋建平,王琳予,译.北京:清华大学出版社,2003:120.
④ 同③.

要的经济支柱。一般来说,奥运会转播权的销售大致遵循两个准则:第一是最大覆盖原则。根据《奥林匹克宪章》第51条规定,获得电视转播的机构应该覆盖到世界上最广泛的、可能的电视观众。第二,垄断和排他性原则。除少数国家和地区有联合体形式(如韩国),一般一个国家和地区只有一个广播电视机构能够获得本国奥运会的独家转播权。在电视转播权的收入分配上,IOC所获得的比例不断发生变化,1993年IOC将电视转播权收入的75%给OCOG,剩余25%由NOC、ISF和IOC均分;1998—2002年其中60%的电视转播权收入将被分配给OCOG,另外40%被分配给奥林匹克大家庭里其余的成员;2004年以后,OCOG只能得到电视转播权收入的49%,而51%将被分配给奥林匹克大家庭里其余的成员,OCOG得到电视转播权收入的比例不断下降,其余组织得到的比例在上升。不过,由于奥运会的电视转播权收入增加很快,OCOG实际得到的数目一直是上升的;IOC对IF的投入,促进了体育的全球化;IOC对国际体育事务的经济投入,树立了IOC的世界形象。① 不过,从奥运会电视转播权分配也可以看出国际奥委会垄断集中的特点。

(二) 收益最大的奥运组委会

当奥运会主办城市获得国际奥委会全会通过,国际奥委会就会委托相应国家奥委会和主办城市在当年内成立奥运会组委会,由主办国家的国际奥委会成员、国家奥委会主席和秘书长,主办城市代表、所辖城市领导和其他相应成员组成。奥组委根据国际奥委会的相关规定和要求成立,组委会主席由举办城市的市长或主办国奥委会主席担任。奥运会组委会负责奥运会的管理,从成立之日起,就直接和国际奥委会联系,并接受它的指示;同时还负责就奥运会的各项事宜,同各国家奥委会指派的联络员保持联系。组委会具有法人身份,可以独立享有法律权利和承担法律义务。从成立到结束,组委会进行的一切活动都应符合《奥林匹克宪章》,符合国际奥委会、国家奥委会和主办城市签订的协议以及国际奥委会执委会的指示。相对于国际奥委会一方面需要资金来保证奥林匹克运动发展,一方面还必须考虑其他更多的因素不同,奥组委总是将自身奥运收益最大化,对奥运会电视转播在全球覆盖和全球范围内持续推广都很少关注。事实上,奥运会变成了一种IOC可以

---

① 陈立基.当代奥林匹克运动的发展模式[J].体育科技,2005,26(4):1-6.

将它拍卖给出价最高的竞买者的资产。随着竞价者的增加,这项资产的价格开始上扬。其极限状况就是资产的价格趋近于该项资产所能带来的期望利润(或效用)。正如垄断者能通过"非有即无"需求曲线来攫取所有的消费者剩余一样,资产最初所有人的IOC得到了资产的全部价值。① 作为比赛的主办单位,奥林匹克组织委员会希望所得的钱能支付所有的花销,而国际奥委会则将所能接受的总额分为3份:一份分给每一项奥运会项目的国际单项联盟;第二份用于增强各国奥林匹克委员会(NOCS)的联合,第三份由IOC保留,用于自身的管理。IOC的垄断地位仅仅说明了它对奥运举办城市施加的所有权中的一部分。

奥组委主要负责在筹举办奥运会期间、在国际奥委会的指导下,根据《奥林匹克宪章》和国际奥委会签订的一系列契约合同的约定,在举办国(地区)进行奥运会相关的市场开发活动。奥运会组委会从成立之时起就在国际奥委会的指导下,管理奥运会的市场开发活动,包括奥运会赞助和在举办国进行的供应商计划、奥运会门票计划、奥运会特许计划。② 奥运会组委会营销收入的5%分配给国际奥委会,作为使用奥林匹克知识产权和在奥运会组委会营销活动的管理上得到国际奥委会支持的回报;其余95%留做奥运会组委会和举办国国家奥委会举办奥运会使用。国际奥委会则将TOP计划收入的50%,奥林匹克电视转播收入的49%(2004年之前为60%)提供给奥组委,用以支持奥运会的举办。③ 奥运会的一个根本原则是电视信号必须免费向大众传播,这与为奥运会举办提供充足资金的财政要求形成了矛盾关系。在国际奥委会和奥运会组委会之间,为了控制奥运电视转播权谈判,也存在着一定程度的紧张关系。国际奥委会并没有被出价更高的私人电视机构引诱,相反,它坚持奥运会电视信号通过电视台免费播出的原则,这保证全世界每一个人能够看得起奥运会,经济上不存在任何门槛和壁垒阻碍人们追随这一盛事。新闻集团默多克曾提出要以20亿美元获得2004年、2006年(冬奥会)一直到2008年奥运会的欧洲电视转播权,但时任国际奥委会主席的萨马兰奇还是支持国际奥委会和欧洲广播联盟(EBU)达成的14亿美元的协议,外加一半利润分成。国际奥

---

① 利兹,阿尔门.体育经济学[M].杨玉明,蒋建平,王琳予,译.北京:清华大学出版社,2003:164.
② 刘清早,吴爱君,刘漾,等.奥林匹克运动会与全国运动会市场开发比较研究[J].上海体育学院学报,2009,33(5):1-6.
③ 钟秉枢,邱招义,于静.奥林匹克品牌营销的组织管理及中、美、澳三国间的比较[J].广州体育学院学报,2006,26(2):1-5.

委会接受欧洲广播联盟少于默多克新闻集团报价的原因就在于国际奥委会能够通过地区电视台接触到更多的受众,尤其是年轻人。这一直是国际奥委会优先考虑的事情,而非简单地接受更高报价。

奥运会的商业原则,现代奥林匹克哲学,以及为这一世界上最大规模的体育和媒体盛事提供资金的需求,三者之间形成共鸣,这种紧张状态不再是一种冲突的表现,而更应该是一种动态的平衡。很多年以来,不少私人电视机构曾爆出更高的价码,想要购得奥运会的电视转播权,但是由于它们无法保证向大众免费播放,在传播面上无法达到最大化,与国际奥委会电视转播政策原则相违背而被拒绝。1992年之前,奥运会的转播权由该届奥运会组委会进行销售,组委会对电视转播权的销售首先考虑价格,而较少考虑与电视媒体的长期合作关系。例如1980年莫斯科奥运会虽然有60多个国家和地区进行抵制,但是组委会巧妙地同美国三大电视网美国广播公司(ABC)、美国全国广播公司(NBC)、哥伦比亚广播公司(CBS)周旋,最终将奥运会转播权收入比上一届提高了很多。① 为实现对电视转播权销售的完全控制,国际奥委会从1995年开始,收回组委会参与电视转播权谈判的资格,改由国际奥委会广播和电视委员会全权负责与各广播公司进行谈判。IOC历史表明出售电视转播权所得的金钱建立了IOC的合法性和权力,刺激了世界范围内奥运会的组织和发展,并将奥运会变为世界上最大的单一电视赛事。

(三) 共享利益的国家奥委会与单项体育组织

国家奥委会是奥林匹克运动的基本功能单位,担负着依据奥林匹克宪章在各自国家和地区发展和维护奥林匹克运动的重任。它是各国和地区在奥林匹克运动中的唯一合法代表,是该国与国际奥委会发生工作联系的枢纽。由国际奥委会和国际单项体育联合会组织的一切奥林匹克活动,最终都要由国家奥委会来执行和完成。选派参加奥运会的运动员是该机构最重要的工作之一。国家奥委会虽然是奥林匹克运动的基本功能单位,但长期以来,他们对奥林匹克事务的决策权却较小,从而引起了不少国家奥委会的不满。1986年,国家奥委会联合起来,成立了奥林匹克委员会总会(ANOC),要求国际奥委会分权。1991年,时任国际奥委会主席的萨马兰奇为改善与国家奥委会的关系,直接提名各国奥林匹克委员会总会主

---

① 陈国强.NBC的北京奥运营销[J].环球体育市场,2008(4):32-34.

席马里奥为国际奥委会委员。近年来,国际奥委会认真考虑各国奥林匹克委员会总会的要求,采取了一系列措施改善与国家奥委会的关系,使它们在处理奥林匹克事务中享有一定权利。国家奥委会进行的奥林匹克市场开发活动,包括在国家奥委会本国进行的国家奥林匹克赞助和供应商计划及国家奥林匹克特许计划,国家奥委会100%的保留其市场开发收入,用来支持奥林匹克代表团和体育发展计划。①

国际单项体育联合会指的是在世界范围内管辖一项或几项运动项目,并接纳若干管辖这些项目的国家和地区级团体的非官方的、国际性的组织。根据《奥林匹克宪章》的规定,该组织在奥林匹克运动中的主要任务是负责它所管辖的运动项目的技术和行政管理方面的工作,制定本运动项目的规则、制定本项目的奥运会参赛标准并负责技术监督和指导。国际奥委会要求该组织的规章和一切活动都与奥林匹克宪章一致,但在管辖其运动项目方面保持独立性和自主性,因此,它在奥运会各项竞赛工作中拥有较高权力。与国家奥委会一样,国际单项体育联合会与国际奥委会在经济利益上也有冲突,在分配出售电视转播权所得的利润中,国际单项体育联合会就认为它们没有得到自己应有的份额,要求扩大自己的分配比例。而且不同的运动项目社会影响力不一,要求分配的数目也不同,单项体育组织的不同要求是摆在国际奥委会面前的难题,国际奥委会将视其合理性给予解决。

国际奥委会、各国家奥委会和国际单项运动联合会是奥林匹克运动的三大支柱,三者之间并无组织上的从属关系,但相互承认。国家奥委会是各国按照奥林匹克章程和奥林匹克运动的崇高理想而建立起来的国家体育运动的组织。国际单项运动联合会是各单项运动的世界性的体育组织,每个单项运动都有独立的章程和竞赛规则,其项目要参加奥运会必须事先向国际奥委会提出申请,只有得到"竞赛项目审批委员会"的确认后才有可能被列为奥运会的竞赛项目。各部门所获得的经济利益将国际奥委会、国际单项体育联合会和国家奥委会连成了一个协商互惠的整体。虽然它们可能在经济利益上有矛盾,但经济利益也是它们团结合作的重要因素。国际奥委会将举办奥运会中获得的收入分配给国际单项体育联合会和国家奥委会,支持他们的发展。国家奥委会通过国际奥委会的 TOP 计划和奥林匹克

---

① 钟秉枢,邱招义,于静.奥林匹克品牌营销的组织管理及中、美、澳三国间的比较[J].广州体育学院学报,2006,26(2):1-5.

团结基金获得经济援助,这对那些没有政府补贴的国家奥委会来说尤为重要,但这种援助是有条件的,不参加 TOP 计划和抵制奥运会的国家奥委会将得不到这些援助,这也反映了奥林匹克运动内部团结协作的重要性。国际单项体育联合会从奥运会电视转播权收入中获得较大利益,这是它们与奥林匹克大家庭紧密相连的重要原因。在 20 世纪 80 年代早期,世界上只有 10 个国家的奥委会(NOC)通过赞助或其他商业支持得到了经济上的独立,绝大多数国家的奥委会完全依赖于政府支持和公众捐助,当时世界经济衰退导致很多国家减少了对国家奥委会的拨款,这样就使穷国和富国之间的差距进一步加大。庆幸的是当人们对 NOC 依赖于电视转播收入这一现象倾注越来越多关注的时候,萨马兰奇主席发起了 TOP 计划,它帮助不少国家奥委会实现了经济上的独立,使它们从遵从政府或依赖于个人慷慨解囊的状况中摆脱出来。

(四)自我突破的电视媒体组织

以电视为主的现代媒体对奥林匹克运动起到了不可替代的普及和推广作用,已成为奥运会不可或缺的重要组成部分,不仅对奥运会起着巨大的宣传作用,更成为国际奥委会与奥林匹克运动的主要资金来源及营销市场。电视媒体不仅增加了奥运会电视转播的时间和观众人数,扩大了奥林匹克运动影响;也增加了奥运会电视转播权收入,促进世界体育的迅猛发展。电视转播权的商业化运作迫使电视转播商的资金投入越来越高,这为国际奥委会和奥组委带来了丰厚的收入,为奥运会摆脱财政危机做出了巨大贡献。奥运会电视转播权收入迅速提高为国际奥委会在世界范围推广体育运动打下了坚实的经济基础;国际奥委会对奥运会电视转播权收入进行分配,有利于在全世界范围推广奥林匹克运动。① 从 1964 年东京奥运会首次实现全球卫星电视现场直播开始,奥运会进入了新的电视媒体时代。从电视与奥林匹克运动的合作过程来看,奥运会与电视的合作是一个渐进式的过程。从开始的从属地位逐步向主导地位发展,向整体、长期的销售模式转变。从合作的性质来看,国际奥委会通过出售转让电视转播权,获得巨大经济回报;从合作模式来看,国际奥委会与电视机构实施整体的、长期的销售模式;从合作的意义来看,电视媒体组织保证了奥林匹克运动长期的财政稳定,保证了转播的水平与质量,保证了

---

① 陈立基.当代奥林匹克运动的发展模式[J].体育科技,2005,26(4):1-6.

国际奥委会与电视转播商的长期合作,有利于奥运品牌和电视品牌的构筑和创造。①

在奥林匹克电视转播史上,美国全国广播公司可谓风光无限。全国广播公司(National Broadcasting Company,简称NBC)是美国最早成立的全国性广播电视网,是美国最著名的全国性电视网之一,为美国三大传统电视网之一。NBC是美国最早出现的广播公司,也是第一个将电视引入美国的公司。NBC电视网的台标是一只开屏的孔雀,因此孔雀成了

图10 屡创奥运会电视转播奇迹的美国的全国广播公司

NBC的代表标识。1941年NBC就建立了美国第一个商业电视台;1952年第一家在美国播放早间新闻;1953年NBC第一次进行彩色电视广播;1989年NBC首次进行了美国制式的高清晰度电视实验;1995年第一家在网上(NBC.COM)提供全方位内容服务。NBC体育频道签订了转播众多世界顶级体育赛事的长期协议,拥有温布尔顿网球公开赛、NASCAR汽车赛、XFL橄榄球联赛及奥运会等著名赛事的独家转播权。② 在美国电视体育市场上,ESPN(Entertainment and Sports Programming Network)是专业体育频道,主要转播国内的MLB(美国职业棒球联赛)、NBA(美国职业篮球联赛)、NFL(美国橄榄球联盟)、NHL(美国冰球联赛)以及国际赛事,尤其是欧洲足球赛事。CBS对美国网球公开赛情有独钟,转播的年份已超过40年。福克斯(FOX)体育频道则对棒球联赛投入重金。

奥运会电视转播权一向是神奇的点金棒,NBC是最近40年报道奥运会最核心的电视机构,自1964年开始转播东京奥运会之后,NBC就加入到奥运会转播权的争夺之中,是电视转播和奥运经济的开创者,在建立、改善和密切赛事与公众的关系,自我营销方面具有典型的示范意义。NBC在体育赛事报道上的定位是以报道综合赛事为主,其体育报道对象定位为美国和北美其他地区,注重当地赛事和综合

---

① 陈立基.当代奥林匹克运动的发展模式[J].体育科技,2005,26(4):1-6.
② 刘笑盈.奥运赢家:美国全国广播公司[J].对外传播,2009(2):58-60.

运动会,奥运会一直是NBC体育报道的重点。最近20年,美国市场的夏季奥运会转播权一直由NBC垄断。1995年NBC以15亿美元的竞价取得了2006年冬奥会和2008年奥运会的转播权;2003年NBC又以22亿美元的费用赢得2010年冬奥会和2012年奥运会在美国的电视转播权。1992年巴塞罗那奥运会,美国NBC首推奥运会付费点播业务;2000年NBC派3 000人到悉尼进行报道。NBC和国际奥委会建立起了战略伙伴关系。① 与此同时,奥运会给NBC带来巨大的利益。2000年有1.85亿美国人收看了NBC对第27届悉尼奥运会的转播,使全国消费者新闻与商业频道(Consumer News and Business Channel,简称CNBC)与微软全国有线广播电视公司(MSNBC)的平均收视率分别上升80%和115%,吸引黄金时段的观众量是普通网络节目观众量的两倍。2004年雅典奥运会报道,NBC第一次启用了七个平台对每项体育赛事进行24小时全程播报。2008年的北京奥运会更成了NBC大展身手的舞台,NBC同样派3 000名记者前往北京,旗下的附属电视台和网站转播了3 600个小时的北京赛事,平均每天有212个小时的奥运会节目。《纽约时报》2008年8月17日发表《北京奥运会的大赢家:NBC》,称NBC完全不必担心为获得在美独家转播权而付出的巨资得不到回报,NBC平均每晚的收视人口近300万,还有好几百万有线用户,再加上300万奥运网站的受众,收视率大大超乎NBC的预料。菲尔普斯夺取个人第八枚金牌的比赛吸引了390万观众,创下了18年来的纪录。有报道说,NBC的"积累受众数目"不但远远超过雅典和悉尼奥运会,甚至也超过了1996年的亚特兰大奥运会。在美国,收视群超过亚特兰大奥运会曾被认为是不可能的,因为亚特兰大奥运会是在美国本土举办的,而且当时还没有像今天这样先进的新媒体技术。②

2012年伦敦奥运会期间,NBC动用了NBC商业电视网、5个高覆盖率的有线电视频道(NBC Sports Network、MSNBC、CNBC、Bravo、Telemundo)、足球和篮球两个专业频道、3D频道和NBC Olympics.com网络电视进行奥运会赛事转播。同时NBC还与Facebook和Twitter建立了互补合作关系,为非持权转播商与分销商的纯商业关系。Facebook参与NBC Olympics.com网络流媒体视频直播,提供视频优化技术支持;Twitter则与NBC建立了伦敦奥运报道联盟,并负责建设奥运报道

---

① 陈国强.NBC的北京奥运营销[J].环球体育市场,2008(4):32-34.
② 刘笑盈.奥运赢家:美国全国广播公司[J].对外传播,2009(2):58-60.

专题页面,美国体育明星、粉丝可以就奥运比赛在 Twitter 上发表评论,吸引更多的用户参与评论,增强用户对奥运赛事的关注。这是 NBC 一个新的策略,通过社交网络扩大观众的讨论规模和参与程度,为黄金时段造势。不过,NBC 奥运会电视转播策略也有不足,它忽视了美国观众对奥运会重要赛事电视直播的收视需求,尽管 NBC 黄金时段的高收视率在一定程度上掩盖了这一不足,但它还是引起了美国观众的诸多不满和抗议。NBC 奥运会电视转播策略中的不足归根到底是由其自身性质决定的。NBC 作为一家私营商业电视机构,商业性是其第一属性,当商业利益和奥运直播发生矛盾时,它注定会选择前者。相比之下,公共性质的电视机构则能为观众提供更好的收视服务,不仅对重要赛事提供电视直播,还为错过直播的观众适时提供赛事录像,同时还制作多档新闻节目对奥运赛事进行即时播报,并且新媒体应用也非常丰富。[①]

2008 年北京奥运会创造了一些奥运收视纪录。根据尼尔森公司(Nielsen Company)的数据,北京奥运会是收看人数最多的一届奥运会,也极有可能是此前人类历史上收看人数最多的活动。大约 70% 的世界人口(即 47 亿观众)收看了北京奥运会的电视报道。在美国,北京奥运会成为史上收看最多的电视节目。由各国电视网络支付给国际奥委会的 2006—2008 年度电视转播权(包括都灵冬奥会和北京夏奥会)的收入总数创造了历史新高 25.7 亿美元。由国际奥委会收纳的 2006—2008 年度全球赞助收入(TOP 计划)也达到了创纪录的 8.66 亿美元。由北京奥委会收纳的国内企业赞助收入创造了 15.55 亿美元的纪录。[②] 尽管如此,四年后伦敦奥运会几乎在各个方面都超出了北京。据估计,48 亿人,或者说 70% 的世界人口,通过电视、收音机、网络和移动设备接收了 2012 伦敦奥运会的报道。美国转播商 NBC 的观众人数超过了北京创下的纪录,70% 的人口在某一时刻收看(2.19 亿人),比北京的观众多五百万人。在美国,伦敦开幕式的转播获得了美国本土以外奥运会开幕式的当晚最高收视率,据尼尔森公司数据,当晚收视率和观众比例比北京还要高出 7%。国际奥委会的电视转播权收入增长了 52%,达到了 39 亿美元。尽管由于 2008 年全球金融危机,国际奥委会只卖出了 12 个 TOP 赞助席中

---

① 刘新阳.奥运直播与商业利益的博弈:NBC 伦敦奥运会电视转播策略分析[J].电视研究,2013(1):57-59.
② 包苏珊,董进霞.我们为何要用社会理论来解读大型体育赛事[J].体育与科学,2014,35(4):110-115.

的11个,但其2010—2012年度TOP全球赞助收入增长了11%,达到了9.57亿美元。奥运增长曲线似乎在本周期(2014年索契冬奥会和2016年里约热内卢奥运会)有所平缓,但仍在往上走:超过10亿美元的全球赞助收入和41亿美元的转播收入。另外,NBC为2014年到2020年的电视转播权支付了令人咋舌的43.8亿美元,显然,未来的费用笃定还将继续上涨。① 数字化、信息化的需求将带动信息、传媒产业的高速发展。从举办过奥运会的各城市来看,出售电视转播权的收入每届都有大的增长。

在奥林匹克大家庭的诸多成员中起支撑作用的是国际奥委会、国家奥委会和国际单项体育联合会。由于这三个组织系统对奥林匹克运动的生存与发展起着至关重要的作用,缺一不可,故被称之为"奥林匹克三大支柱"。三大支柱在奥林匹克运动中承担着不同的任务,国际奥委会负责领导和协调;国际单项体育联合会负责各种技术性事务,如组织比赛、制定竞赛规则等;国家奥委会则负责在本地区开展各种活动,组队参加奥运会等。国际奥委会十分重视这种团结合作的关系,采取各种措施加强三者之间的联系。奥林匹克各组织间的关系主要依靠《奥林匹克宪章》规定的规章制度实施调控,在这种高层次的管理与调控方法之下,形成一个相对稳定的结构,系统内部的各子系统互相配合,各司其职,协调有序。在这样一个巨大的系统中,奥林匹克品牌营销的组织分别是国际奥委会、奥运会组委会和国家奥委会。国际奥委会直接组织实施的奥林匹克营销计划包括奥运会电视转播计划,TOP(奥林匹克合作伙伴)计划,全球赞助商计划,国际奥委会特许计划,国际奥委会供应商计划,其营销收入的大约92%分给了国家奥委会(NOC)、国际单项体育联合会(ISF)和奥运会组委会(OCOG),以支持奥运会的举办和推动全世界体育运动的发展。剩下大约8%的营销收入用于奥林匹克运动的运转与管理和行政开支。②

二、奥运传播知识产权的经营模式

从体育产业投资的发展来看,世界各国竞技体育投资体系不外乎四种:市场导

---

① 包苏珊,董进霞.我们为何要用社会理论来解读大型体育赛事[J].体育与科学,2014,35(4):110-115.
② 钟秉枢,邱招义,于静.奥林匹克品牌营销的组织管理及中、美、澳三国间的比较[J].广州体育学院学报,2006,26(2):1-5.

向型、政策导向型、政府扶持型、综合型,这四种类型各有利弊,主要与各国的政治经济制度存在很大的相关性。① 回顾以往历届奥运会组织管理模式,大致可以分为三种方式:

(一) 官方主导的政府组织管理模式

在第23届美国洛杉矶奥运会之前举办的所有奥运会,基本上都是政府组织管理模式,尤其以1980年第22届莫斯科奥运会为典型代表,政府所投入的总费用为全部费用的80%。从1948年伦敦奥运会到1980年苏联的莫斯科奥运会,都沿用二战前的模式,以政府行政手段为主要运作方式。各国申办奥运的目的仅是希望借助奥运提升民族自豪感,增强国家和民族的国际影响力和地位,弘扬平等、进步的奥林匹克精神。奥运会被视为纯公共产品,而由政府直接举办。政府充当了重大赛事中的生产者、需求者、供给者和管理者等多重角色。随着奥运会参赛规模扩张,举办成本增加,奥运的"政府直接供给模式"给举办国政府带来沉重的财政负担,不仅赛事所需资金由政府提供,同时政府还直接操办比赛项目。从1896年第1届现代奥林匹克运动会起,政府作用就关系着奥运的成败。二战以前的奥运会比赛规模小,虽然赛事大都是由政府供给,但是政府并不给予足够重视。第1、2届奥运会甚至与世界博览会同时举办,作为博览会的一部分。二战以后,1948年的英国伦敦奥运会完成了承前启后的过渡,翻开了和平年代奥运会史上新的一页。这种模式以政府投入为主,对于举办国而言,都是比较大的负担。庞大的资金规模、赛事管理所需的大量专业管理人才缺乏等问题,不仅使政府供给低效率,同时也给政府带来巨大经济亏损。1976年加拿大蒙特利尔奥运会的巨大亏损就是这种供给模式失灵的典型。政府直接运作模式,导致政府失灵,组委会组织工作上的懈怠和腐败问题使蒙特利尔为奥运会支付了令人瞠目结舌的账单——10亿加拿大元,一个长达20年的债务负担。

(二) 私人举办市场组织管理模式

以1984年第23届美国洛杉矶奥运会以及1996年美国亚特兰大奥运会为典型代表,这种模式的最大特点就是商业化、市场化,适用于市场高度发达且经济发达的国家。在奥运历史上,首次由民间举办的奥运会是1984年的美国洛杉矶奥运

---

① 董杰.奥运会对举办城市经济的影响[D].北京:北京体育大学,2002:9.

会。1984年奥运会的组织委员会建立在一个非常脆弱的基础上。实际上,83%的洛杉矶市民投票反对为奥运会提供任何经济支持。有史以来第一次,奥运会不是由一个城市或一个国家的政府来组织和运作,而是由一些个人组成的私人商业组织来运作。1979年,尤伯罗斯被洛杉矶奥委会筹备小组选中,正式成为第23届奥运会组委会主席,继而以私人企业筹资承办的方式开始了洛杉矶奥运会的运作。国际奥委会通过"奥林匹克营销计划"(The Olympic Marketing Programme)保护奥林匹克知识产权和市场营销的权益回报以及出售奥运会电视转播权获取收益,为整个奥林匹克运动提供资金支持,再以奥林匹克团结基金等方式,给国际单项体育联合会和国家奥委会越来越多的经济支持。[1] 1984年的洛杉矶奥运会是奥运史上的里程碑,就像萨马兰奇指出的"洛杉矶奥运会是奥运发展史上的转折点,开创了体育界与商业界有序合作的新途径",使奥运会由一个举办国家的财政负担变为促进举办国家和城市经济增长的重要因素。但是,在这个商业化的运作过程中,市场运作的分量日益加重,政府由以前包办奥运的主角退居幕后,政府作用微乎其微,政府在奥运赛事中的作用又走向了另一个极端,仅扮演委托人甚至旁观者角色。1984年的奥运会中,洛杉矶是唯一的申办城市,美国政府出于财政方面的考虑,将第23届奥运会承包给了商人彼得·尤伯罗斯,并由他担任组委会主席。1984年的洛杉矶奥运会的营销成功成为历史的转折点。在美国政府和市政府声明不拨款的情况下,组委会提出由私人承办,走商业化道路。这届奥运会也是第一次完全由民间承办的奥运会。组委会主席尤伯罗斯的大胆设想,突破了奥运会原有的模式,充分借助了市场经济的规律,创造性地提出了排他性的赞助原则,给奥运会带来了巨额的经济效益,仅赞助一项就高达1.5亿美元。这也给企业提供了充分的展示舞台,体现了企业的尊贵地位。[2] 在既无政府补贴又不能增加纳税人负担,加之美国法律还禁止发行彩票,一切资金都得自行筹措的情况下,尤伯罗斯在美国高度发达的市场经济体制下,运用复杂的市场运作机制对奥运中的商业合作机制进行了改革。将过去政府的少量所谓"合作伙伴"直接转变为"赞助商""供应商",按照市场竞争机制提供赛事产品,将奥运的电视转播权、奥运圣火传递权进行出售,高价

---

[1] 陈彬,胡峰.论奥林匹克知识产权保护的法律依据:国际法和国内法的双重视角[M]//中国法学会体育法学研究会.追寻法治的精神:中国法学会体育法学研究会2005—2010.北京:人民体育出版社,2011:262.
[2] 徐建华,程丽平.奥运赞助回顾及前景展望[J].体育文化导刊,2010(12):50-53.

出售门票,通过此类精心的市场化运作,这一届奥运会不但跳出了亏损的陷阱,而且获得了2.2亿美元的收益。1980年萨马兰奇担任国际奥委会主席后,国际奥委会提出了"把五环标志在一定条件下商业化以增加奥委会收入"的商业化尝试,奥运会向市场化运作转折。市场化运作是把双刃剑,1996年亚特兰大奥运会组委会把奥运看作是千载难逢的赚钱机会,继承洛杉矶奥运会模式,由私人机构承办,政府并没有给予足够重视,成功的商业模式导致利益最大化,但也出现了过度商业运作,大型广告及商品宣传遍布比赛场地,市中心每一寸土地都明码标价,纪念品销售市场出现了商业泛滥,假货充斥市场。

(三) 政府和市场混合组织管理模式

政府和市场混合组织管理模式即伙伴关系,是在公众代表和私人企业之间的组成一个合伙性公司来运作。在这种模式中,又可以分为政府主导型、政府和市场均衡型以及市场主导型三种。其中政府主导型典型代表为1988年第24届汉城奥运会,政府和市场均衡型代表为2000年第27届悉尼奥运会以及2004年第28届雅典奥运会,市场主导型典型代表为1992年第25届巴塞罗那奥运会。① 巴塞罗那奥运会由HOLSA公司来运作,这个公司51%是由联邦政府所拥有,其余49%则属于城市和投资者及赞助商等许多商业伙伴。不论是哪种组织模式,问题的关键在于奥委会对于奥运会商业开发"度"的把握。② 以往政府包办和私人市场运作奥运会的两种组织模式各有利弊,单纯一种力量不足以提供高效优质的现代奥运产品。实践证明,政府与市场相结合是成功举办奥运会的双翼,这种模式正在被更多的奥运会举办国家和城市运用。政府在奥运会的组织和筹办过程中的作用是任何一个非政府组织都替代不了的,这也是赛事的准公共产品性质所决定的。政府的参与不仅在于承担像场馆建设这样的硬任务,还在于协调政府相关部门,动员社会力量等。政府是奥运会的承办主体,组委会只是小部分任务的承担者,这也就是奥运赛事这一公共产品供给中政府的主导性。政府举办奥运赛事的主导性,市场运作的必要性,动员全社会的广泛性,是成功办奥运的重要因素。采用政府与市场相结合的模式,政府作为主导者,管理、协调整个赛事的举办过程,这是成功奥运会中政府重要角色的定位。

---

① 王庆伟.北京奥运会组织管理特征分析[J].西安体育学院学报,2010,27(3):293-296.
② 孙玉胜.奥林匹克文化传播的经济学分析[D].长春:吉林大学,2008:20.

成功的奥运会离不开政府支持,尽管支持的程度、作用的方式和影响效果不同,但纵观历届奥运,政府在筹办奥运会的过程中有不同的特点和模式。1988年韩国汉城奥运会当时是由韩国中央政府一手操办的,汉城市政府并没有直接参与,当时的韩国总统卢泰愚当过体育部长,韩国当时采取的战略是政府产业政策辅助的财团扩展。从经济上,主要在资金方面督促银行予以支持,国家在政策上再给予诸多优惠,从效果上看,确实达到了韩国政府预期的目标。现代、三星、大宇、LG等几家多元化大财团迅速地向海外扩展了业务。其中不可忽视的一个因素是这些大财团都在此某一方面拥有自主知识产权的关键技术。今后的奥运会出资形式将既不完全由政府出资也不完全由私有部门出资。反对由政府完全出资的原因有二:一方面除了私有部门的投资者以外,奥运会组委会中来自私有部门的收入(出售电视转播权、赞助)占越来越重要的地位。另一方面,由于奥运会主办成本越来越高,如果经费完全出自税收的话,会遭到奥运会反对者更为激烈的反对。但是根据《奥林匹克宪章》,完全由私有部门出资的奥运会也是有机可乘的,这不能成为今后奥运会的筹资模式。一方面,完全由私有部门出资的奥运会具备机动性、对环境变化的快速反应能力,以及政治上的独立性等特点,有利于快速推进准备过程。另一方面,取得城市和政府的支持与合作同样重要。这一点可以从亚特兰大奥运会组委会的运作中看出来,由政府参与准备的奥运会优势远远多于弊端。另外,国际奥委会也明确表示,反对完全由私有部门来出资举办奥运会,并在《主办城市合同》中明确列出了这一项。因此,今后的奥运会将主要采取混合式的筹资模式。

三、奥运传播知识产权的委托—代理模式

委托—代理理论是经济学中研究公司治理问题时所广泛采用的分析模式。在这一模型中,作为委托方的公司所有者和作为代理方的经理人员都是追求自身利益最大化的理性行为体,委托方的利益是通过代理方所取得的公司经营来实现的,而公司经营业绩则是由经理人的能力和努力程度、公司治理结构和市场环境等多种因素综合作用的结果。① 新制度经济学家普遍认为,不存在固定的公共产品供给模式。公共产品是由政府供给,还是私人供给,或者政府与市场混合供给,采取何种供给模式供给,都应根据技术和制度的变化,在具体的约束条件下选择最佳的供

---

① 刘宏松.国际组织的自主性行为:两种理论视角及其比较[J].外交评论,2006(6):104-111.

给模式。在大多数情况下,纯私人产品由私人部门供给,纯公共产品由公共部门供给,而准公共产品单独实行政府部门供给与私人部门供给都不是最理想的供给方式。重大体育赛事是由大量具有不同的准公共产品性质的要素组成的极端复杂的准公共产品。在不同的赛事要素供给中,各种供给所占的比例不同,结合具体情况,所采取的供给模式各异。为了满足公共需求而生产的公共产品,既包括有形的实物产品,也包括无形的公共服务,由于具有非排他性、非竞争性和不可分割性等特征,消费者并不总是显示其真实偏好,也不会按照其收益支付成本,出现所谓的"搭便车"和囚徒困境。对于公共产品的消费者,每个消费者面对的消费数量是相同的,但不同的消费者从公共产品中获得的满意程度不同,这也就意味着它们愿意支付的价格不同。

  与能够通过市场供求机制的调节达到均衡、实现帕累托最优的私人产品相比,公共产品通过市场生产不能满足帕累托最优的条件。公共产品的非竞争性使增加任何一个消费者的边际成本为零,这样就有消费者不愿花任何代价而选择搭便车,使得私人生产厂商得不到相应费用补偿而不愿提供公共产品。所以通过市场机制往往使公共产品供给效率低下而且产量必然不足,出现市场失灵,不能实现社会福利最大化。美国经济学家斯蒂格利茨认为,公共产品有时可以由私人部门供给,但是它更适合由公共部门供给,因为在公共产品供给商看来公共部门比私人部门更有效率。这也就是说,如果让私人不供给并不意味着供给量等于零,但是靠的是社会道德机制而不是市场竞争机制,其供给与生产必然是低效率的。美国学者罗宾·鲍德威和大卫·威迪逊指出私人市场有效配置资源的失灵,为考虑其他直接配置资源的辅助机制(如供给公共产品和服务)及纠正手段干预价格机制(如通过税收或补贴),诱导市场更有效运作提供了理由。市场失灵的存在无疑成为政府供给公共产品的决定因素。因为政府可以解决市场无法解决的供给成本困难。但公共选择理论认为,政府供给公共产品,提供公共服务,也存在效率低下的问题,存在"政府失灵"现象。第一,政府官僚为了追求自身利益最大化,会创造"引致需求"而使公共产品供给过多;第二,政府部门会存在机构臃肿等现象而浪费预算经费;第三,政府作为公共产品的直接提供者往往缺乏动力激励创新、降低供给成本和改进公共产品的质量,造成成本过高、价格居高而质量低劣;第四,公共产品供给成本过高造成政府巨大的财政压力;第五,腐败的增加和政府规模的扩大,会引起社会公众的不满。

重大体育赛事是由大量具有不同的准公共产品性质的要素组成的极端复杂的准公共产品。在不同的赛事供给中,公私供给所占的比例不同,结合具体情况,所采取的模式各异。供给重大体育赛事,与一般公私合作供给的准公共产品不同,重大体育赛事的成败对国家形象和举办城市的发展具有重大意义。因此必须得到政府的极大重视,所以在公司合作供给时政府的参与程度和监管力度应有所加强。赛事要素的关键程度也决定了政府在公私合作中所占的比重,越是关键的环节越应得到政府的重视。从世界各国知识产权制度发展来看,政府介入因素在不断增强,其制度本身就充当了知识产权人与社会公众之间的利益的调节器。① 由于供给公共产品"政府失灵"的存在,公共产品的供给主体应当是多元的,政府并非是公共产品的唯一供给主体。在由跨国企业出于盈利目的而操办的传统型赛事中,政府通常扮演旁观者的角色,不做过多干预。重大体育赛事对城市经济、社会文化、城市环境等的促进和提升作用所产生的积极效应,是所有国民都能够享有的,这种产品一旦提供出来,就无法在消费上排除他人消费和使用,具有非排他性;一个人享有重大体育赛事所带来的价值也不会影响他人享有这种价值,因而具有非竞争性。

奥林匹克的文化传播是有成本的,个人捐赠和政府资助都是曾经被使用过的方式,但都不是最有效率的方式。一方面资金规模会影响和限制传播的效果;另一方面对两者的依赖,使得奥委会丧失了独立性,奥林匹克运动会被个人利益和政治团体利益左右。如何实现奥林匹克文化传播效益最大化的问题,在很大程度上就演变成了如何能让国际奥委会财务独立,有能力为奥林匹克运动发展持续提供稳定资金来源的问题。解决这个问题的办法只有国际奥委会通过经营自有资产来获得足够的经济实力。奥林匹克文化的秉持是国际奥委会最大的自由资产,其重要的物化形式就是奥运会。② 而其中最有效的方式就是知识产权的价值开发。

第二节 奥运传播知识产权交易模式

对权利人而言,知识产权产权人实现经济收益的方式包括自己使用、许可与转

---

① 冯晓青,刘淑华.试论知识产权的私权属性及其公权化趋向[J].中国法学,2004(1):61-68.
② 孙玉胜.奥林匹克文化传播的经济学分析[D].长春:吉林大学,2008:4-6.

让、质押和出资等,而许可与转让是实现知识产权经济价值的主要方式;对国家和社会而言,未来社会的竞争归根结底是知识产权的竞争,只有完全掌握自主知识产权并有完善的激励创造制度作为保障,才能立于不败之地。许可和转让是运用知识产权最为重要的两种方式,是激励创造最重要的制度,知识产权只有通过许可、转让等方式转化为现实生产力,才能真正实现其推动经济社会发展进步的价值和功能。① 知识产权许可是指知识产权人在不转让所有权的情况下转移知识产权的财产权行为。知识产权的许可使用,是以知识产权运用为核心的特殊经营模式,即一种包括专利、商标等知识产权在内的无形资产由特许人有偿转让给被特许人的经营模式,即特许经营。按照特许权授予与行使方式分类,特许经营可分为:一般特许经营、委托特许经营、发展特许经营、复合特许经营四种形式;也可以将其分为:单体特许经营、区域开发特许经营、代理特许经营和二级特许经营四种形式。按照特许经营权的内容分类,特许经营可分为商品、商号特许经营(Product and Trade-name Franchising)与经营模式特许经营(Business Formal Franchising)。②

一、奥运传播中的特许商品许可经营

奥林匹克运动市场开发运行模式是一种典型知识产权专有权的授权许可经营。以奥林匹克标志使用许可为核心的市场开发和以奥运会广播电视信号许可使用为重点的电视转播,成为奥运会财政收入的两大主要来源。奥运特许经营是指奥运特许经营的特许人与被特许人缔结合同,将其所拥有的奥运会版权及相关

图 11　2012 年伦敦奥运会特许商品

权、专利权、商标权、商业秘密权、信息数据权等知识产权授予被特许人,允许其在一定期限内以奥林匹克形象生产或销售奥运特许商品。被特许人需支付一定的特许费给特许人,接受统一指导开展经营活动。奥运特许经营由国际奥委会和奥运

---

① 刘远山,余秀宝.知识产权许可与转让研究现状综论[J].郑州轻工业学院学报(社会科学版),2013,14(3):13-18.
② 张国元.特许经营法律与实务问题研究[M].北京:法律出版社,2009:40-47.

会组委会发放给商家,准许其在产品上使用奥林匹克标识的证明文件。获得该许可的商家将其产品10%～15%的营销额上交国际奥委会和奥运会组委会。① 奥运特许经营始于1984年的第23届洛杉矶奥运会,目前已成为奥运会的一项重要收入来源,与奥运门票销售、奥运赛事直播、奥运广告赞助并称为国际奥委会四大商业开发计划。② 奥运特许经营本质上是一种以知识产权授权为核心,以契约规则为依据的商业化行为,奥运特许经营授权关系所指向的对象是与奥运会有关的知识产权,特许人基于对奥运知识产权的控制,实现对特许人的市场准入。奥运知识产权保护始终是贯穿所有奥运特许规则的一条逻辑主线,知识产权授权是奥运特许经营的核心,而特许契约规则是奥运特许经营的法律依据;明晰奥运特许经营的授权逻辑与特许规则的本质,对于规范和开发我国体育赛事市场、促进体育消费、助推创意经济,具有重要的现实意义。③

奥运会营销是指国际奥委会等奥林匹克组织在确保奥林匹克大家庭独立的同时,为了获得用于奥林匹克运动发展的各种资金,利用奥运会及奥林匹克品牌所进行的各种商业营销活动。从其具体实施过程看,其核心是通过对奥林匹克知识产权的特许转让使用实现奥运会的市场化运作,属于广义的特许经营。特许经营(Franchise)本意为"特别的权利",其本质是特许权的持有人通过契约,将其所持有的商标、商号、成熟的经营模式等无形资产作为经营资源授予被特许人使用,被特许人按照契约规定在统一经营体系下从事经营活动,并向特许人支付经营费用。由于这一经营模式以规模化、低成本、智慧型的商业扩张方式,能够充分调动一切有利资本并实现最优化组合,而呈现出强大的生命力,被誉为21世纪最有发展前途商业模式。④ 根据内容的不同,财产关系可分为财产权属关系和财产流转关系。前者为静态的财产关系,而后者为动态的财产关系。由此可知,财产法的主要任务有确定财产的权属和保护财产的流转两种。确定财产的权属主要是保护所有者对其财产的占有、使用、收益和处分;保护财产的流转是通过对当事人之间商品交换的调整,保护权利人的权利,促进市场经济的发展。作为财产法下位法的知识产权法应当围绕上述两种财产关系展开。当今世界各国的知识产权立法大多集中在静

---

① 陈立基.当代奥林匹克运动的发展模式[J].体育科技,2005,26(4):1-6.
② 李劼.破解奥运特许经营的奥秘[J].中国版权,2016(4):49-52.
③ 同②.
④ 葛建华.奥运会营销中的知识产权保护与特许权运用[J].商业研究,2012(2):27-30.

态的知识产权关系,而对于知识产权的动态关系却不太留意。① 知识产权作为一项知识产权人所专有的一种垄断性权利,使得社会中某些群体或者组织可以凭借其垄断地位获取超额租金,而其他群体或组织却不拥有这一获取财富的特定权利。1912年举办的斯德哥尔摩奥运会上,开始有体育特许经营权的萌芽,在这次奥运会上,大约有10家瑞典公司购买了在奥运会上拍照片的权利,并有出售奥运会纪念品的专有权。1984年洛杉矶奥运会成功的市场化运行方式开启了大型体育赛事组织运营模式的新纪元,以奥林匹克知识产权这种专有权的占有、使用、收益和处分为核心的授权许可经营模式,使奥运会的组织机构可以凭借奥林匹克知识产权特别法所赋予的垄断地位获取超额垄断租金。②

奥运会营销方案主要包括特许赞助商计划、电视广播权、特许授权和门票收入四个方面。其中,知识产权的授权使用是现代奥运营销的重要组成部分,以上四个方面都包含了将奥林匹克知识产权特许个别或部分企业有偿使用,特许权的核心是与奥林匹克知识产权相关的诸多权利的集合,实际上也是广泛意义上的特许经营在奥运会营销中的应用。奥运会营销的实质是奥林匹克知识产权的权利人许可他人使用奥林匹克知识产权如会徽、标记等进行商业使用并获得收益的行为。另外一种非常重要的奥林匹克识别形式是与奥林匹克相关的授权称谓。奥组委有权许可第三方使用"[相关城市名称]奥运会官方赞助商(或供应商)"等称谓,国家奥委会无权就与奥运会有关的称谓做出对外授权,国家奥委会可以授权第三方使用"[国家奥委会所在国家名称]奥林匹克体育代表团官方赞助商(或供应商)"等称谓。奥运会营销中首先需要特许人——国际奥委会和举办国奥委会确立一整套完整的、可以依法保护的奥林匹克知识产权体系,这是奥运会营销中的重中之重。奥运会营销的成功在很大程度上依赖于对奥林匹克知识产权的保护,只有通过法律制止对以奥运标志等为代表的奥运知识产权的非法滥用,才能有效维护市场秩序,保护经过合法授权、按合同缴纳特许费用的企业获得良好的收益。与此相关,国家体育协会无权许可第三方使用任何指向"奥林匹克"一词的称谓。③

奥运特许经营中的被特许人须为独立的法人民事主体,具有包括奥运指定商

---

① 苏平.知识产权变动模式研究[J].法商研究,2011,28(2):96-103.
② 周玲,张家贞.澳大利亚奥林匹克知识产权立法研究[J].法学家,2008(2):149-152.
③ 斯图普.国际奥委会知识产权概览[J].周玲,译.知识产权,2006,16(5):92-94.

品的特许生产商与特许零售商两类主体。特许生产商专指与主办城市奥组委签订特许生产合同并在其指导下生产指定奥运特许商品的厂商;特许零售商是指那些与主办城市奥组委签订特许(互联网)零售合同,以购买、销售、宣传与推广指定奥运特许商品的厂商。被特许人必须利用自有资金对其经营进行实质性投资。所有参与厂商都应获得特许人的授权,未获授权生产或销售含有奥运标识的商品属于非法经营,一经发现将受到主办国执法部门的严肃处理。① 根据《奥林匹克宪章》与《主办城市合同》有关规定,特许人包括国际奥委会、主办国奥委会与主办城市奥组委三类主体。国际奥委会是奥林匹克运动的最高权力机构,也是奥运会及奥运会知识产权的唯一控制者,授权主办国奥委会开展特许经营;主办国奥委会是主办国的常设奥运组织,平时主持奥运事务,成功申奥后成立主办城市奥组委,将特许经营权交其负责;主办城市奥组委为该国非常设奥运组织,以独立名义与被特许人签订特许经营协议,是奥运特许经营实际意义上的特许人。② 大多数体育特许经营团队都具有一定程度的市场支配力。像竞争厂商一样,当边际收入等于其他边际支出时,垄断厂商获得的利润最大。与竞争厂商不同的是,垄断厂商不是被动地接受供给与需求相交而决定的价格和数量。垄断厂商能够将价格和产出定在其利润最大的水平上。③

二、奥运传播中的授权转让经营

虽然国际奥委会对奥林匹克知识产权的转让由来已久,但真正大规模、成体系地得到充分应用是在1984年洛杉矶奥运会上。经过百年发展,奥运会虽然已经树立了良好的社会形象和独特品牌,但由于"蒙特利尔陷阱"使奥运会的非商业化原则失败,加上1980年莫斯科奥运会受政治抵制、亏损巨大,以至于不太有国家愿意申办奥运会。为使奥运会走出困境,国际奥委会开始考虑奥运知识产权的商业价值,并通过不同层次的特许授权,细化、分解奥运知识产权的使用。1983年国际奥委会首次对赞助商分类管理,设立官方赞助商、官方供应商和特许授权商三个不同层次,给不同层次的企业参与奥运会赞助提供了可能,同时也使赞助收入大幅增

---

① 李劼.破解奥运特许经营的奥秘[J].中国版权,2016(4):49-52.
② 同①.
③ 利兹,阿尔门.体育经济学[M].杨玉明,蒋建平,王琳予,译.北京:清华大学出版社,2003:31.

长。1984年洛杉矶奥组委主席尤伯罗斯充分应用特许经营运作奥运会,第一次将奥林匹克知识产权的特许使用发挥到了极致。从1984年以后,奥林匹克知识产权的特许使用建立起了日趋完整的体系。该体系由奥林匹克知识产权的无形商品(电视转播权、在线转播权)与有形商品(吉祥物、徽章等)的开发销售共同组成了庞大的奥运特许产品群,涉及包括传媒、广告、金融业、航空运输、制造业、餐饮、零售商业、物流配送等在内的众多行业;多层次的特许权划分既满足了不同行业和规模的企业参与奥运的商业目的,也满足了全球不同人群对奥运赛事的关注和由此带来的消费需求。

版权转让(包括狭义转让与专有许可)是版权人实现经济收益的最主要手段。转让经营与许可经营不同,体育特许经营许可行为是体育运动中一项非常重要的商业行为,为体育事业的发展提供物质与资金支持。体育特许经营权是指体育组织(或体育运动的主办方)许可他人使用商标、标志、专利技术、著作权等在内的完整知识产权。它主要有以下特征:第一,体育特许经营的特许人是体育组织或体育运动的主办者,它拥有体育商标、标志等体育知识产权,是体育知识产权的所有权人;第二,体育特许经营权是一整套工业产权或知识产权的组合权,如具有体育商标、标志、专利、专利技术等结合在一起的体育知识产权组合;第三,被特许人根据协议维护体育知识产权的安全并支付特许经营权使用费。① 在某种意义上,商标权、专利权、著作权、商业秘密等转让、许可使用构成奥运传播特许经营模式的核心,其中商标权许可最为核心,甚至是奥运传播特许经营体系的基石。② 在美国职业体育联盟实施的转播权转让的制度中,集中出售和独家许可被认为是合法行为。

奥运电视转播需要取得国际奥委会的正式授权。持权转播商有权利为报道奥运或宣传媒体的奥运报道而使用奥林匹克标志,比如直接使用奥运标志作为某档节目的名称;以及有权使用奥林匹克标志和自身标志进行组合,设计出一个组合标志并进行使用。但持权转播商无权许可他人使用奥运标志或组合标志,尤其是非奥运赞助商。另外,非持权转播商也没有权利去创设一档直接使用奥林匹克标志作为名称的节目。③ 奥林匹克标志的使用,其基本规则为使用许可规则,即任何对

---

① 汪全胜.体育特许经营权许可的法律关系考察[J].成都体育学院学报,2011,37(6):10-14.
② 林小爱,计华.奥林匹克运动会特许商品知识产权的特殊性[J].北京理工大学学报(社会科学版),2012,14(5):103-108.
③ 徐明.从中央电台奥运报道看相关法律及风险防范[J].中国广播,2008(10):9-11.

奥林匹克标志的使用必须取得奥林匹克权利人的许可,并按其许可使用的方式,在许可地域和期限范围内使用。持权转播商就是获得一定条件下奥林匹克标志许可使用的商业主体。①

就算奥运会在中国北京举办,中国(不含港澳台)也只有中央三台,即中央人民广播电台、中央电视台、中国国际广播电台是持权转播商。经三台合法授权的地方广播电台、电视台或网站,也有在授权范围内转播的权利。没有经过授权的转播机构,在奥运节目报道上有种种限制。首先,这些机构和工作人员不允许携带转播设备进奥运场馆和新闻中心,也不能擅自拍摄和播出任何奥运赛事或相关事件。其次,只能使用国际奥委会和北京奥组委提供的新闻素材,并且还需要遵循严格的使用限制规则,如报道必须遵循3×2×3规则(即每天最多使用3个素材,素材在任一节目中不超2分钟,节目之间间隔至少3小时)或6×1×2规则等。这些规则使得非持权转播商奥运报道的空间极小,而这也是国际奥委会对合法取得转播权利的持权转播商进行的重要保护措施。② 在授权方面分为商业性授权和公益性授权。奥运转播权的持权转播商可以利用奥运报道进行商业开发。具体包括在奥运报道节目中,以及节目的前后邻近时间段,向广告主和赞助商提供广告和赞助机会。这也是持权转播商乐意向国际奥委会支付价格不菲的转播费用的重要原因。事实上持权转播商往往通过奥运报道的商业使用获得远远高于转播费用的收入回报。③ 奥运节目的版权归属于国际奥委会,这包括奥运会的摄影、录音、录像,通过广播、电视或其他方式传播的、由北京奥林匹克转播有限公司(BOB)提供的公共信号内容,转播商自制的节目内容等。这些节目的版权归属于国际奥委会所有,但根据转播协议授权,持权转播商拥有对奥运节目的使用权。根据我国著作权第四十四条规定,广播电视转播机构对所播放的奥运节目还享有邻接权,有权依法禁止其他机构未经许可的转播行为。因此,如有盗播行为,不仅是对国际奥委会版权的侵犯,也是对持权转播商邻接权的侵犯。④

三、隐性营销与奥运场馆清洁原则

国际奥委会对奥运会广告、展示和宣传进行了详细的规定。国际奥委会执行

---

① 徐明.从中央电台奥运报道看相关法律及风险防范[J].中国广播,2008(10):9-11.
② 同①.
③ 同①.
④ 同①.

委员会决定可以授权进行的任何形式的广告或其他宣传活动的原则和条件。在体育场、场馆和其他被视为奥林匹克场所一部分的比赛区域内及其上空,不准进行任何形式的广告或其他宣传活动。在体育场、场馆或其他比赛场地不准有商业装置和广告牌。在奥林匹克场所、场馆和其他区域内不准进行任何形式的展示或政治、宗教或种族性宣传。《奥林匹克宪章》中对奥林匹克运动会的媒体报道也有明确的规定。国际奥委会采取一切必要措施,以确保奥林匹克运动会得到各种媒体最充分的报道,并在全球获得最广泛的受众。有关奥林匹克运动会媒体报道的所有决定权属国际奥委会。只有以媒体身份注册的人员才能以记者或其他媒体身份进行活动。在整个奥林匹克运动会期间,任何运动员、教练、官员、新闻随员或其他已注册的参加者,在任何情况下都不能以记者或者其他媒体身份进行活动。

在奥运会赛场上,国际奥委会对运动员着装等有严格的规定,任何违反国际奥委会相关规定的行为将导致有关人员丧失比赛资格或被撤销注册。国际奥委会执行委员会对有关这方面的问题有最终的决定权。运动员穿戴的号码布不得显示任何形式的宣传,并且必须带有奥运会组委会的奥林匹克徽记。任何形式的宣传,不论是商业性或非商业性的,均不可出现在人体、运动服装和配饰上,即不可出现在运动员或参加奥林匹克运动会的其他人员穿着的或使用的任何衣物或器材上,对有关物品或器材厂商的标识,尽管这种标识不带有突出的广告目的,也有特殊规定,"标识"一词指物品上正常显示的厂商的名称、字号、商标、图标或任何其他特有符号,在每件物品上不得出现1次以上。(一)厂商标识在每件衣物和器材上不得出现1次以上。(二)器材:任何厂商标识如大于该器材比赛时暴露面积的10%,即被视为有突出广告目的的标记。任何厂商标识都不得大于60平方厘米。(三)头部用品(例如帽子、头盔、太阳镜、护目镜)和手套:任何厂商标识如大于6平方厘米,即被视为有突出广告目的的标记。(四)衣服(例如T恤衫、短裤、运动衣和运动裤):任何厂商标识如大于20平方厘米,即被视为有突出广告目的的标记。(五)鞋:鞋上出现厂商正常的特有设计图案是可以接受的。厂商的名称和(或)图标也可出现,最大到6平方厘米,可作为正常的特有设计图案的一部分,也可独立于正常的特有设计图案。(六)如国际单项体育联合会有特殊规定,国际奥委会执行委员会可以批准有别于上述条款的规则。①

---

① 参见国际奥林匹克委员会《奥林匹克宪章》(2007年版).

奥运会组委会签订的含有任何广告成分的所有合同,包括使用奥林匹克运动会会徽或吉祥物的权利或特许,必须符合《奥林匹克宪章》并且必须遵循国际奥委会执行委员会的指示,才有效。同样规定也适用于有关计时器、记分牌以及在电视节目中插入的任何标识信号的合同。对违反这些规定进行处理是国际奥委会执行委员会的权利。为奥林匹克运动会制作的任何吉祥物须被视为奥林匹克徽记,其设计必须由奥运会组委会提交国际奥委会执行委员会批准。上述吉祥物未经国际奥委会事先书面批准,不得在该国家奥委会所在国用于商业目的。奥运会组委会须为了国际奥委会的利益,在国内和国际上确保奥林匹克运动会会徽和吉祥物的产权受到保护。同时,只有奥运会组委会以及奥运会组委会解散后的主办国国家奥委会,可以在奥林匹克运动会的筹备、举行期间以及在举办当年的年底以前这段时间,利用上述会徽和吉祥物以及其他与奥林匹克运动会有联系的标记、图案、纪念章、招贴、物品和文献。这一时期结束后,所有对上述会徽、吉祥物以及其他标记、图案、纪念章、招贴、物品和文献的相关权利将全部归国际奥委会。奥运会组委会和(或)国家奥委会,视情况需要并在必要的限度内,应当为了国际奥委会的专有利益担任这方面的托管人(以受托人的身份)。另外,《奥林匹克宪章》对国际奥委会执行委员会批准的国际单项体育联合会的建议中也提出,国际单项体育联合会利用各种媒介制作奥运会比赛的影像或视听记录材料,禁止将这些记录材料用于商业目的。[1]

在运动员和所有担任正式职务的人员的制服上,可以有其国家奥委会的会旗图案或奥林匹克徽记,或经奥运会组委会同意,有奥运会组委会的奥林匹克徽记。国际单项体育联合会的官员可以穿戴其联合会的制服,佩带其徽记。在奥林匹克运动会上不属运动员或其他参加者穿戴、使用的一切技术装备、设施和其他器械,包括计时器和记分牌,上面的标识在任何情况下都不得大于该设备、设施或器械高度的十分之一,并不得高于 10 厘米。奥运会组委会,所有参加奥林匹克运动会的人员和所有其他奥运会注册人员,以及所有其他有关人员或各方,都必须按照国际奥委会关于"广告、展示和宣传"规则及其细则规定的事项,遵守国际奥委会执行委员会的手册、指南或方针和其他各项指示。[2]

---

[1] 参见国际奥林匹克委员会《奥林匹克宪章》(2007 年版).
[2] 同[1].

国际奥委会早已意识到埋伏营销对奥运会产生的不利影响，所以现在要求申办城市实施清洁场馆政策，即申办城市必须提交相关政府部门做出的书面保证，确保以下立法能在奥运会召开前两年的1月1日之前通过，即能有效地减少和惩处埋伏营销(比如阻止奥运会官方赞助商的竞争者从事不正当竞争)的法律；在奥运会开幕式召开之前两个星期到闭幕式结束期间，清除街道的自动贩卖机，阻止未经授权的门票销售，管理控制广告空间(比如广告牌、公共交通工具上的广告等)，以及进行空中管制(以确保不出现未经允许的空中宣传)的立法。奥运会的比赛场馆以及运动员村，都不允许有任何形式的广告出现，烟草和烈酒生产商的赞助也被禁止。保持奥林匹克理想的价值和道德标准，不把它出卖给贪婪的欲望，这是一种完美和持续平衡的艺术。随着北京申办2022年冬季奥运会的成功，各项冬奥会的筹备工作也开始紧锣密鼓地展开。因为在申办期间，IOC并不要求申办城市提交反埋伏营销立法的详细方案，因此，今后反埋伏营销立法具体该如何制定，是我国在筹备冬奥会期间必须考虑的问题。2008年，北京夏季奥运会的反埋伏营销工作都是根据政府的临时通知、政策来开展的，并未留下太多的法律遗产。借助本次冬奥会的契机，我国有必要就反埋伏营销问题进行全面的立法，这样不仅是履行我国的申办承诺，也能为今后大赛的举办提供法律依据。①《奥林匹克宪章》第6条中就规定了清场政策，该条规定，在举办奥运会和残奥会期间，只有获得国际奥委会及其授权机构的许可，才能在奥运会设施、比赛和庆祝仪式举办地点的1 000米范围内投放和发广告。

第三节 奥运传播知识产权的垄断销售

虽然说垄断的实质是一种扭曲的市场价格和竞争关系。就某个垄断企业而言，它可能会赚取巨额的利润，但从全社会的角度看，它是以相关企业的高成本，行业低效率为代价，不能产生新的社会资源，只是利用垄断权重新转移了社会财富。② 但奥运会天生具有自然的垄断性，国际奥委会也许是最终极的特许经营的垄

---

① 宋彬龄,童丹.反埋伏营销特别立法的类型化研究[J].体育科学,2016,36(3):25-32.
② 胡鞍钢,过勇.从垄断市场到竞争市场:深刻的社会变革[J].改革,2002(1):17-28.

断者。尽管垄断常常凭借价格歧视而给社会带来净损失,但要制止它却并不总是像看上去那样容易。奥林匹克的垄断力来自市场的自然作用,而不是其本身的任何不道德或者违法行为。奥林匹克市场垄断权是为公共物品服务的,与作为竞争性产业相比,它的市场垄断权及其带来的利润更能使它将更多的资源用于研究和开发,而其研究和开发能够促进产品创新,也能够降低消费者成本,从而为消费者带来收益。奥运会为公司提供了一个

图 12　1992年,巴塞罗那夏季奥运会会徽

与其他任何赛事都不同的营销机会,很多奥运会的赞助商和供应商表示16天的奥运赛事,为它们实验新产品、新点子、新概念和新计划提供了独一无二的机会。奥林匹克能够实现巨大的历史逆转是建立在两项财务战略的基础上。如果说电视转播权中获得收入是第一项,也是最重要的一项财务战略,那么第二项就是通过吸引商业赞助来开发和挖掘奥林匹克品牌的价值。

传统意义上,体育赞助是建立在体育场内以及运动服装上的广告,目的是借助电视转播最大限度提高品牌的认知度。品牌曝光是所有体育赞助中一个传统意义上最基本的回报模式。奥运会则不是这样,奥运会赛场和运动员服装上不允许出现广告,没有任何商业性标志,也没有巨型的品牌 LOGO,没有广告牌和广告旗帜。投入奥运赞助并不是为了品牌的曝光,而是为了和消费者之间建立一种亲和的纽带。这与其他的体育赞助行为最核心的经常是"赛场、运动员服装上的品牌曝光"不同,这一点在奥运赞助中是永远无法获得的,因为整个奥运会的所有比赛场馆,所有运动员服装上,都不得带有广告标志。

一、体育赞助中的 TOP 营销

TOP 是"奥林匹克全球伙伴赞助商计划"的英文缩写,开始叫 The Olympic Programme,1997年后改为 The Olympic Partners。在英语中,TOP 作为一个词语还有"顶级"的意思,这正切合了 TOP 计划的赞助商是奥林匹克运动的顶级赞助商的意

味。TOP计划每4年为一个运作周期。TOP计划自1985年推出已成功运作了多个周期,目前正在实施2017—2020年的第9期。这一计划被给予了一个神秘的代号"TOP"。这个词当时绝对没有包含什么特殊的意义。在后来的操作过程中,要把所有不同元素整合到一起所面临的极大复杂性,让这个词至少对于参与者来说代表着"奥林匹克之谜"(The Olympic Puzzle),直到这一计划终于建立,TOP这个代号才被赋予"奥林匹克计划"(The Olympic Programme)的名称。再往后,正式将其命名为"奥林匹克伙伴"(The Olympic Partners),来强化一个"伙伴"的概念。在营销界,TOP已经变成一个具有自己独特内涵的品牌。[①] TOP计划已成为世界上最成功的全球营销计划,赞助行业的基准。它通过引进了世界上一些最大公司的财务和推广力量,革命性地改变了国际奥委会的财政命运。

  TOP计划把国际奥委会,冬季奥运会、夏季奥运会组委会,还有200多个国家和地区的奥委会所有权利捆绑在一起,形成一个单一的四年独家营销一揽子方案,为商业公司介入全球奥运舞台提供一个"一站式购物"的便利条件。它要让各个国家和地区的奥委会,签署一个统一协调的营销计划,同时在选定的赞助领域放弃自己所有的营销权利。尽管当时没有几个国家奥委有自己真正成型的营销计划,但这个提议还是被认为威胁到了他们对自己商业权利的控制。在国际奥委会的强力推行下,TOP计划的实施把奥林匹克运动和商业结合在一起,标志着现代奥林匹克运动进入了商业时代。首先,当此计划完善成熟之后,TOP源源不断的收入成为每个国家奥委会重要的经济来源,即使是最有经验的国家奥委会也曾经历过许多次国内赞助者减少赞助或国内长期资助者由于其本身的经济困难取消赞助合约的事;其次,TOP计划全面提高了各国奥委会和各国奥委会所在国的商业界对奥运会赞助的兴趣。当TOP完成了它的总体目标,同时也为各国奥委会赢得了显著的经济利益。与开始只有10多个国家奥委会得到赞助的情况相比,今天大多数国家奥委会都享受到了某种形式的地方赞助收入。这项收入部分来自由国际奥委会赞助商组织的附加地方活动,同时也来自各国家奥委会自己发起的市场,这些市场很多都是按TOP市场原理建立的。国际奥委会在新经济资源委员会(New Sources of Finance Commission)的作用下已经使许多国家奥委会获得了经济上更大的独立,为它们提供了稳定的收入,为建立地方赞助事业提供了坚定基础,减少了国家奥委会

---

① 佩恩.奥林匹克大逆转[M].郭先春,译.北京:中信出版社,2008:65.

对电视转播收入的依赖,这是 TOP 计划实行最为重要的成绩。

商业社会对于支持奥运会有足够的潜在兴趣,TOP 赞助计划有效改变了奥林匹克运动的架构使得支持奥运会变得非常困难,有时候甚至不可能的情形。TOP 赞助模式以前,尽管奥运会的组委会可以批准奥运会的营销权利,但是这些权利却不能在奥运会主办国之外使用,除非得到其他国家奥委会的批准。每个国家和地区的奥委会都掌握自己所在地区的所有和奥林匹克运动有关的商业权利,并有权否决奥运会赞助商的任何计划。要想进入一个国家或地区市场,从一项简单的许可申请变成了耗日持久又代价高昂的谈判。奥运会赞助商必须同时再成为自己目标国家、地区奥委会的赞助商。这实际意味着任何一个想利用奥运会开展全球营销计划的公司,必须和当时 160 多个国家和地区的奥委会分别签署协议,而奥运组委会经常会"忘记"在谈判中告诉赞助商:他们获取的市场权利仅在奥运主办国有效。不但如此,还经常会出现一个奥运会赞助商在开始与另一个国家的奥委会进行谈判时,却发现自己的竞争对手已经捷足先登,直接和奥运代表团签订了赞助协议的情况,这样就把自己阻挡在这个国家奥运会相关市场大门之外了。①

国际奥委会最大化财富的最重要并且隐蔽的途径之一是建立一套可接受的规则。四年一届的 TOP 计划,国际奥委会通过限制赞助商的数量成为奥运会的垄断经营者。它不仅限定赞助商进入的数量,还规定在什么时候进入。国际奥委会并不急于在有限的市场中再增加一个竞争对手来冲淡市场,在市场上增添竞争对手会驱散现存垄断力量。为了拥有有效的垄断,厂商必须生产一种没有相似的替代品的产品。随着可替代品的数量的增加,现有厂商面临的需求曲线变得更有弹性。② 成员起着为了最大化联盟消费(或利润)而共事的半自治单位的作用。联盟需要一定程度的竞争平衡以获得和维持财政稳定。独家权利是奥林匹克市场营销计划的一块重要基石。一家公司投资奥林匹克运动,确信它获取的权利不会因为最后一分钟竞争对手令人吃惊的推广攻势而受到损害和贬低,这是保证奥运会赞助价值的关键。TOP 计划就是为了尽可能防止隐性市场侵权行为而设计的,力求为赞助商提供和其他任何一项大型体育产业相比最高级别的权利保护。参与的公

---

① 佩恩.奥林匹克大逆转[M].郭先春,译.北京:中信出版社,2008:64.
② 利兹,阿尔门.体育经济学[M].杨玉明,蒋建平,王琳予,译.北京:清华大学出版社,2003:92.

司不仅仅赞助赛会,还支持所有参加比赛的队伍,成为主管机构国际奥委会的合作伙伴。① 整个奥运会举办过程中最基本的原则之一就是确保比赛在没有任何广告的竞技场内举行。类似地,运动员们的运动服商也禁止出现任何体现商业赞助的标志,除了一块小小的运动服商标。在这方面奥运会绝对是独一无二的,世界上没有任何一项其他体育赛事,能够把"清洁场馆"做到这种程度。考虑到全球观看奥运会电视转播的观众,以及持续升高的财政压力,国际奥委会能够一直守住这样一条底线,这一成就难能可贵。②

二、电视转播权垄断销售

奥运会是免疫于转播权贬值的唯一产业。似乎国际奥委会有足够能力去抵制建立在电视利益基础上的重要变化。尽管国际奥委会和奥运会遭受了为了金钱将他们的集体灵魂卖给了电视的质疑,但毫无疑问是电视改变了奥运会的命运。虽然变化已经发生,但是所有的婚姻都包含一方或双方的妥协。对奥运会进行的部分妥协赢得了比赛权力、资源和地位。③

(一) 横向限制竞争协议

横向限制竞争协议是指在生产或销售过程中处于同一行为阶段人之间的协议,或者是生产者或销售链条中同一环节经营者之间的限制竞争协议。当企业仅凭自身力量不足以控制市场时,往往采用横向限制竞争协议即卡特尔形式的方式联合起来消除彼此之间的竞争。在职业体育赛事转播权营销中,横向限制竞争协议一般包括集中出售和联合购买。集中出售是一种横向协议的行为,职业联赛电视转播权销售采取集中销售的方式是一种普遍的做法,赛事转播权集中销售往往是联盟对其俱乐部规定的条件之一。④ 1995年12月12日,当时体育史上最大的一笔电视转播权交易向全世界宣布。美国广播公司再以23亿美元的价格获得了2004年、2006年(冬奥会)和2008年三届奥运会的美国电视转播权。在不到5个

---

① 佩恩.奥林匹克大逆转[M].郭先春,译.北京:中信出版社,2008:114.
② 佩恩.奥林匹克大逆转[M].郭先春,译.北京:中信出版社,2008:114-115.
③ 科克利.体育社会学:议题与争议[M].管兵,刘穗琴,刘仲翔,等译.6版.北京:清华大学出版社,2003:480.
④ 向会英,谭小勇,姜熙.反垄断法视野下职业体育电视转播权的营销[J].天津体育学院学报 2011,26(1):62-67.

月的时间里,全国广播公司为奥运会电视转播承诺支付35亿美元,奥运会市场的面貌被彻底改变了。多届赛事转播权捆绑销售的精灵被放出了瓶子。世界其他地区很快也跟进这股新潮流。一直延续到2008年的长期电视转播权在南美、亚洲以及加拿大和日本都分别售出了。签下长期合约之后,电视机构可以不必担心他们要操作的只是一次性的一项赛事,而可以放心地投资,把奥运会的节目办得质量更高。长期的合约也让电视机构对于打造奥林匹克品牌有了绝对的兴趣,他们可以专心于整体的策划和制作,用不着每两年还要竞标一次。奥运会节目总是能够引来高水平的制作人才,而电视机构也可以借此机会用延续合约来留住最好的人员。

电视转播权买方垄断是造成体育赛事承办方和实施广告策略的商家收益损失的根本因素。过度反垄断而导致的媒体(或承包商)对体育赛事转播权的过度竞争会出现不利于媒体的局面。这种现象的发生不仅会影响媒体(或承包商)的生存,也会影响大型国际体育赛事的健康发展。所以,电视转播权如何引进竞争机制以及之后的合理定位关系到媒体的生存、赛事的发展以及社会整体福利。第一个提出多届奥运会捆绑购买提议的,并不是人们一直以为的美国全国广播公司,而是澳大利亚的电视七台。电视七台以7 500万美元的报价锁定了亚特兰大和悉尼奥运会两届赛事的澳大利亚电视转播权,电视转播权谈判的一个新时代由此开始。全国广播公司完成了一次漂亮的突袭,以12.5亿美元的价格,获得了悉尼奥运会和盐湖城冬奥会的美国电视转播权。全国广播公司这个新的长期转播权协议,改变了国际奥委会和电视机构之间的关系,从仅仅16天的赛事的合作,发展到一个持续的战略合作关系。电视机构也认识到,在很快就发展为500个频道的电视世界里,他们只有通过获取重大赛事电视转播权才能够鹤立鸡群。这是获取庞大广告受众的唯一保证。而这种保证,也使得电视机构能够在他们的附属电视台中赢得更高的忠诚度——尤其是在附属电视台转换门庭变成家常便饭的年代里。同样,电视机构也可以借此和最顶尖的广告商建立起更加稳固的合作伙伴关系。

(二)纵向限制竞争协议

纵向限制竞争协议被界定为两个或两个以上处于不同经济层次的市场主体间的联合,是经营中的上游企业和下游企业之间限制其经营活动的协议。世界经合组织将其定义为制造商或者供应商有其商品转售的特定类型的行为。独家协议就属于一种纵向协议,是指职业体育联盟、协会或俱乐部同某家电视台签订独家合同,将其比赛授权给该电视台转播,而其他电视台无权转播。排他性销售与集中销售密不可分,只有通过集中出售才能实现独家协议的排他性销售。纵向协议是贸易领域中的常态,买卖双方交易就是一种纵向协议,它有利于该领域的竞争。没有排他性转播,转播商也不会投入巨资去发展转播技术,而广大消费者是转播技术发展的最终受益者,因此其"附属限制"也是合法的。纵向合并采用两种基本形式:第一,下游一体化,即并购其客户;第二,上游一体化,即并购其供应商。多种效率原理可以激发纵向合并。合资是指双方或者多方共同出资成立一个新企业的行为。合资是企业扩张、扩大市场份额的有效途径,可以提高企业的竞争力和带来规模效应,同时可能造成对现有竞争秩序的破坏,给市场经济带来危害。①

买方垄断本质上是卖方垄断的镜像。买方垄断行为属于纵向控制,买方后向控制产业链上游的卖方,也是销售方,包括制作机构与发行公司等。其控制主要有两点:一是降低价格;二是交易条件。卖方垄断者通过成为唯一的卖者而得到他们的权力,然后运用这种权力来抬高卖价。买方垄断者通过成为唯一的买者而得到他们的权力,然后运用这种权力来压低买价。②职业体育联盟层面的营销提高了所有成员的福利,像奥运会这种体育赛事是某种公共物品。公共物品的标志是消费的非竞争性,某个成员从联盟层面的营销活动中获得收益不会减少其

图 13 拥有中国大陆、澳门地区奥运会独家转播权的中央电视台北京奥运会转播塔

---

① 向会英,谭小勇,姜熙.反垄断法视野下职业体育电视转播权的营销[J].天津体育学院学报,2011,26(1):62-67.
② 利兹,阿尔门.体育经济学[M].杨玉明,蒋建平,王琳予,译.北京:清华大学出版社,2003:116.

他任何成员从同一活动中获得的收益。所有成员获得等量的公共物品。公共物品还有一个标志是非排他性,一个成员无法阻止另一个成员从活动中获利。虽然等量贡献是不平等的,因为一些成员比其他成员受益更大,但是要求成员自愿贡献却产生了免费搭车者问题。免费搭车是指一个人试图支付的比他从公共物品中获得的边际收益更少,以及剥削他人的产品。于是,在试图确定这样一种公共物品的供应量时存在两个挑战:第一个是确定它对社会的边际收益;第二个是确保每个消费者(这里是运动队)为其得到的份额付费。①

具有上游垄断性质的体育赛事承办方与具有下游垄断特征的电视媒体相联合组成一体化垄断与其各自为战独自垄断相比会实现体育赛事承办方、电视媒体、实施广告策略的厂商以及整体社会福利四者共赢的结果。② 体育赛事承办方与电视媒体联合一体化垄断条件下进行反垄断实现福利最大化时的反垄断成本,小于双方独立垄断条件下进行反垄断实现社会福利最大化时的反垄断成本;实施一体化垄断继而在此条件下进行反垄断实现福利最大化时的总福利增加,大于独立垄断条件下进行反垄断实现福利最大化时所实现的总福利的增加;实施一体化垄断继而在此条件下进行反垄断实现福利最大化时的净福利增加,也大于独立垄断条件下进行反垄断所实现的净福利的增加。③

(三) 新媒体版权的特殊模式

对于奥运会的"新媒体权利"(包括互联网、宽带、电讯服务)能够提供的潜在资金量,还不足以使得这一块权利从电视转播权上剥离,单独销售。国际奥委会对选择新媒体视频合作伙伴非常谨慎,对于奥运会在中国大陆地区的新媒体版权的销售,国际奥委会必须要限定在中国大陆地区进行合作,对所有的视频信息进行保护,所以要有版权保护能力,防止奥运视频二次传播。另外,要有传播的实力,具备视频直播、点播等方面的技术优势,具有相应的市场影响力。对于获得央视国际网络有限公司授权的互联网和移动平台,还必须严格遵守相关协议并坚持以下原则:一是转授权机构除了必须具有版权保护能力,还必须提供DRM数字版权管理技术及IP过滤技术方案;二是转授权机构无权以任何形式使用奥运相关标识,包括中

---

① 利兹,阿尔门.体育经济学[M].杨玉明,蒋建平,王琳予,译.北京:清华大学出版社,2003:98.
② 王平远.大型体育赛事电视转播权有效开发探讨:基于福利经济学和博弈论的视角[J].体育科学,2010,30(10):23-29.
③ 同②.

央电视台新媒体的奥运复合标识;三是转授权机构无权向其他机构进行再授权、转让、转移分配;四是转授权机构必须将优先赞助和广告资格授予国际奥委会及北京奥组委的赞助商。①

为了保证持权转播商的利益,国际奥委会采取的措施是将新媒体的转播权益尽可能同时出售给持权电视转播商。也有一些国家和地区的新媒体被授权进行独立转播。新媒体的转播权益是获得者也可以在授权区域内对互联网的转播权进行再授权。② 特许电视和新媒体转播商具有再授权力与它是否一定运用这个权力由他们自己决定。从经济的角度分析,持权转播商进行再授权虽然可以获得再授权收入,但再授权将导致广告业务的分流,使他本身获得的广告等收入下降。而且,除了经济因素以外,可能更重要的是垄断性恰恰可以展现特许转播商的实力,提高品牌知名度和美誉度。因此,持权转播商需要权衡多重利弊。需要特别指出的是,关于电视及新媒体的转播权益是区域排他性的,如持权转播商中央电视台的特权范围仅限于中国内地和澳门地区,因此,其国际频道——中央四套不能播放奥运节目。同样,鉴于互联网的无国界性,欧美各国都屏蔽了央视网以及央视再授权网站的奥运视频,以保障自己在特许范围的唯一特许权。③

三、运动员形象权的控制经营

奥运会作为奥运赛事的唯一提供者具有市场力量,有着强大的垄断力,并且依靠着垄断力获得最大利益。国际奥委会的垄断力来自于它天生具有的四年一届的非"有"即"无"的选择。在不确定的条件下,垄断者能够诱导消费者支付高于商品或劳务价值的价格,所以在奥林匹克营销市场上,申办城市出现"赢家诅咒"的现象也就不足为奇。奥运会变成了一种国际奥委会可以将它拍卖给出高价格竞买者的资产。随着竞价者的增加,这项资产的价格开始上扬。其极限状况就是资产的价格趋近于该项资产所能带来的期望利润(或效用)。④ 为了保护这些交了钱的赞助商,奥组委自然要限制其他没交钱商家对奥运 IP 的使用。奥组委规定:禁止品牌

---

① 王相飞.北京奥运会网络视频传播状况的回顾与分析[J].体育学刊,2009,16(2):29-32.
② 王朋,张仁寿,王晛.奥运会转播权营销创新对 2010 年广州亚运会的启示[J].广州大学学报(社会科学版),2008,7(10):48-53.
③ 同②.
④ 利兹,阿尔门.体育经济学[M].杨玉明,蒋建平,王琳予,译.北京:清华大学出版社,2003:98.

赞助商和合作伙伴之外的品牌使用奥运元素进行商业宣传。也就是说，奥运LOGO、吉祥物、五环都不能用，甚至连明显的带有指向性的宣传语也不能使用。2015年6月，国际奥委会还专门修改了《奥林匹克宪章》的第40条（Rule 40），对非赞助商的营销行为进行了种种限制，语言方面也禁止使用"奥林匹克"（Olympic）、"奥运"（The Summer Games）、"冲击金牌"（Go For The Gold）等指向性十分明确的词汇，甚至"里约"（Rio）、"比赛"（Games）、"夏季"（Summer）、"冠军"（Champion）等词汇也会造成侵权。

有关条款规定，除非获得国际奥委会执委会许可，否则参加奥运会的运动员、教练员、训练员官员，不允许在奥运会期间将他们的名字、图片或者竞技表现用于推广展示非国际奥委会官方赞助商的形象和广告。上面提到的"奥运会期间"是指奥运会开幕式之前9天以及闭幕式之后5天，对于里约奥运会就是指7月27号到8月24号这一段时间。也就是说，运动员的个人赞助商在此期间内不能与国际奥委会的赞助商发生冲突。"Rule 40"保护了奥组委赞助商的利益，却一定程度上惹恼了那些有代言在身的运动员，因此多次遭到抵制。也有人发现，其实与之前相关规定相比，这次的规定还稍稍放松了一些：如果你只是选手或者某支参赛队伍的赞助商，并非奥林匹克赞助商，想要用参加奥运会人员的名字、照片或者运动表现，在7月27日到8月24日期间做宣传的话，则需要提前向国际奥委会或者国家奥委会申请。如果申请在21天内没有被回复，就可以认为被批准。

奥运传播中的知识产权体系本身是一个包括了各种知识产权类型的包容性体系，且不同种类的知识产权的权利变动模式差异较大。不同层级的赞助商与合作伙伴所享有的权限不同。Top合作伙伴与奥运会特许经营就不同，奥运会特许经营主要是特许商品、商标的销售许可，同时，不能让市场主体通过使用奥林匹克标志而直接与奥林匹克运动相关联。有些项目虽然没有冠以特许经营的字样，但就其实质和运行的方式来看，也属于特许经营——即通过对特许权的转让和使用，为特许权的所有人和受许者创造价值并服务于社会。而电视转播权、在线转播权等富有时代特征的新特许权形式以及各届奥运会深入人心的吉祥物、会歌等，在为奥运会营销开辟新市场的同时，也极大地丰富了人们对特许经营内涵的认识，即从对有形商品的商标、商号的认识，深化为对包括无形商品的商标、商号在内的知识产权体系的认识。这使得人们对特许经营的认识回归其本质，特许经营是对以知识产权为核心的特许权的营销,特许经营是无形资产的输出,特许人必须拥有注册商标、企业标志、专利、专有技术等知识产权作为经营资源。这对于中国特许经营强化知识产权保护将产生深远的影响。①

---

① 葛建华.奥运会营销中的知识产权保护与特许权运用[J].商业研究,2012(2):27-30.

第四章

奥运传播知识产权的技术权威

促进社会科技进步是知识产权法必然的功能之一。知识产权法的科技功能主要表现在以下三个方面:一是知识产权法具有科学技术研究与开发的导向功能;二是知识产权法具有科学技术研究与开发的创造功能;三是知识产权法具有科学技术研究与开发的信息功能。① 版权制度是随着印刷术的发展而产生的。而且,版权制度自产生以来,就注定要随着科学技术的发展而不断发展。现代奥林匹克运动体现的是工业文明时期人类的生存方式和生活方式,体现了工业文明时期的文化特性。从现代奥运的兴起上看,科技带动下的生产力提高为其提供了必要的物质条件。文艺复兴、宗教改革和启蒙运动三大文化思想变革,为其扫清了思想障碍;资产阶级的教育改革实践为其奠定了现实基础。百年奥运史也是一部科技发展史。从1896年顾拜旦先生倡导举办的第1届奥运会至今,奥林匹克运动与科学技术实现了完美的结合,使一届届奥运盛会更加精彩纷呈,创造了奥运史上的灿烂文明。科学技术是支撑工业文明最重要的支柱,也是工业文明的象征。科学技术在生产和生活领域的广泛运用给人类带来了福音,也打造出了现代体育运动五彩斑斓的形象。从现代奥林匹克的发展上看,科技使奥运获得了巨大的托升力;商业使奥运获得了雄厚的经济支撑;文化使奥运成为文化传播和生产的重要主体。现代奥运会的产生与发展离不开科技、经济、思想等其他社会文化的支撑,正是借助于它们的力量,现代奥运会才逐步走向繁荣。② 总之,在现代奥运会的发展过程中,无论是比赛场馆、运动器材、运动服装、通讯设备,还是交通条件、训练条件、安全保卫系统等各种要素,都打上了现代科技的印记,借助于科技的力量,现代奥运成为

---

① 何敏.知识产权法总论[M].上海:上海人民出版社,2011:61-63.
② 李宏斌.现代奥运会的伦理困境及其化解[D].长沙:湖南师范大学,2008:1.

现代文明体系的一道最引人瞩目的风景。体育竞赛的巨大需求反过来成为科学发展的重要引擎。

知识产权制度是伴随着科学技术和商品经济发展而出现的一种法律制度。与传统的财产权制度相比，知识产权法律制度的历史并不长，只有几百年的历史。版权的产生与发展，与人类科技的发展紧密联系，事实上，版权制度本身就是科技发展的产物。印刷术的发明，对作品的大量而节省费用的复制成为了可能，也就产生了版权保护的必要。版权作为知识产权体系的重要组成部分，其产生和发展都和人类科学技术的进步密切相关。在版权法发展的早期，印刷术的发展直接导致了"复制权"的产生，而这样一个控制他人复制行为的版权法专有权利，在版权法后来的发展历程中，被证明是最重要的权利。公众"接触"作品的途径和形式的多样化，直接导致了权利人采取"技术措施"来保护其版权作品。①

技术是推动近代社会发展和革命的力量，对于社会发展是如此，对于现代奥林匹克运动的兴起也是如此。在现代奥林匹克运动发展史上，第一次将"High-tech"与奥运联系在一起使用是1972年慕尼黑奥运会，当时广泛地采用了最先进的自动控制、信息传播和统计以及光电子计时测距技术。通过对不同时期奥运专利的热点技术领域及其演进的知识图谱分析，奥运与科技的关系密切。从1975年第一项奥运专利至今，科技在奥运会中的应用范围不断扩大，技术全面地渗透到奥运中，从最开始的多限于奥运会竞赛相关的训练、场地、器材等方面，逐级扩展到奥运建筑、奥运火炬、奥运通讯、奥运比赛信息传输、奥运商务等众多领域。此外，奥运传播应用的现代技术种类越来越丰富，尤其是当今世界上最先进的数字信息技术、通讯技术成为现代奥运会协调、管理、运行和成功举办的基础和保障。正是由于先进信息通讯技术的推动，才使得奥运传播的范围大大提升，使奥运成为一个真正意义最为广泛的人类体育盛会。②

奥运会已经成为全球范围内展示最新科技的一个重要舞台，对于奥林匹克来说，科技的重要意义不仅仅在于确保奥运会的举行，传播科技对奥运会的财务健康也产生重要影响。对于科技公司来说，奥运会提供了一个独一无二的平台，成为科技界至高无上的展览窗口，向全世界展示已臻化境的精密技术和创新远景。奥运

---

① 徐聪.版权法体系下的"接触权"研究[D].上海:华东政法大学,2011:1.
② 王琪.科技奥运的实证解读：以奥运技术相关专利为例[J].沈阳体育学院学报,2013,32(1):26-31.

会变得越来越依赖科技,用于科技方面的支出目前差不多占到奥运会整体预算的30%。1964年精工公司采用的石英计时系统在东京奥运会上第一次亮相,1984年洛杉矶奥运会上电子邮件被更广阔的世界所知,1988年汉城奥运会松下公司打入专业电视转播设备市场……2018平昌冬奥会组委会和科学技术信息部将平昌冬奥会当作一个"展示高新科技的舞台",准备了各种相关服务,包括5G移动通信、物联网、超高清画质转播、人工智能和虚拟现实等五大部分。平昌冬奥会利用增强现实技术推出了可以为用户提供最优化路径导航,利用3D图片为用户指示座席位置的智能手机应用。平昌冬奥会高科技服务大大降低了对志愿者的依赖。得益于超高速无线网络的发展,作为一项体育盛会的冬奥会开始逐渐变成东道主展示高新科技的舞台。本届冬奥会引进理论上比4G网络快20倍以上的5G无线网络技术,使大容量数据的瞬间传输成为可能。在此基础上,赛事拍摄和转播技术也迎来了一场革命。以往赛事都是通过电视台或组委会提供的单方向摄影进行转播,而平昌冬奥会的转播为观众提供各种不同的视角。花样滑冰赛场将应用"时间片"(Time Slice)技术,观众席上端整圈设置了100台摄像机,使观众可以从360度不同角度观看同一个场景,旨在最大限度向观众展现出素有"冬奥会之花"称号的花样滑冰的优雅美感。越野滑雪的比赛中心使用了"Omni-point View"技术,利用设在赛场各处的摄像头和运动员身上的GPS设备,观众可以通过专用平板电脑实时确认参赛运动员的位置、排名和国籍等主要信息。

第一节 奥运传播知识产权技术性革命

战争年代里,人类总会把最先进科技成果用于军事,并把战场当作高科技武器的试验场。体育作为"没有硝烟的战争",无疑也会优先使用最新的科技成果,而每届奥运会也真的成了先进技术和尖端装备的展示橱窗。百年奥运发展历史证明,科学技术作为现代奥林匹克运动存在方式,是现代奥林匹克运动发展最重要的驱动力之一。如奥运转播权的产生以及体育转播产品价格的上升,主要由于体育转播权的商品化以及其作为商品所具有稀缺性的特点,而这两者又都源于转播技术的发展。从第二次世界大战之后,尤其是进入20世纪80年代,奥林匹克发展迅猛,规模空前,已成为世界各国竞相展示实力的重要窗口。"世界一致公认,奥林匹克运动场上的竞争,实质上是各国科学技术的较量。"现代奥运会也成为现代科技的实验室和展示橱窗,"科技奥运""知识奥运"的时代已经到来。

一、技术创新:知识产权制度变革的推进剂

技术创新理论(Innovation Theory)首次由熊彼特的《经济发展理论》系统地提出。他从论述技术变革对经济非均衡增长以及社会发展非稳定的影响出发,于1912年在其著作《经济发展理论》中首次提出"创新"概念。后又在《经济周期》这本专著中系统阐述了他的创新理论。"创新"就是"一种新的生产函数的建立,即实现生产要素和生产条件的一种从未有过的新结合"。熊彼特的创新概念主要属于技术创新范畴。随着技术创新的出现而出现的知识产权制度,必定会随着技术创新的发展而发展。作为一种对技术创新的激励机制、保护机制、引导机制和加速机制,知识产权制度反过来也会促进技术创新的蓬勃发展。技术创新理论从技术变革和技术推广的角度来解释经济的发展。随着工业革命的兴起,尤其是人类社会进入近代以来,科学技术的作用日益显现,科技的发展决定了人类社会的发展,其作为"第一生产力"的价值和意义已经无可辩驳。

"知识产权总是随着技术进步不断的动摇。"[①]在知识产权起源的历史叙述中,资本主义与印刷媒介被强调为决定力量。著作权应印刷技术的广泛应用而诞生,并伴随传播技术的进步而扩张。著作权法是被技术变革推着前行的。虽然不能否认文化及其相关的意识形态,尤其是社会经济条件对著作权形成所起的作用,但传媒技术的发展无论如何都是著作权形成与演变的物质前提。随着英国出版特权的废除,书商发动以保护作者权利为名义的"一场保护其垄断地位的无情运动",最终促成了英国1710年第一部现代著作权法《安妮女王法》的诞生,有期限地将唯一印刷的权利授予作者和手稿的受让者。至此,依附于出版审查制度的出版特权演化为以作者为核心主体的著作权。虽然由出版者发起的这场运动所产生的结果是建立作者权利的著作权,而不是出版者权利,但是出版社对复印权的诉求显然比作者要大得多,作者作品获取报酬的主要方式是出售手稿而不是现代意义上的版税。

---

① Cornish W R. Intellectual Property: Patents, Copyright, Trademarks and Allied Rights [M]. 4th ed. Sweet&Maxwell,1999:32.

这也说明著作权从其起源就是传播技术推动的结果,而这种推动贯穿了整个著作权的演变历史。邻接权制度确立的历程表明也是传播技术发展与推动的结果。知识产权的创造和运用既离不开科技传播的推动,也有助于科技传播事业的发展。现代信息技术带来了传播权的勃兴。随着科学技术的成熟和发展,传播者和受众都渴望新的有价值的信息和知识,因此传播知识产权的需求和依赖也与日俱增。科技传播的各种媒介载体以及传播的信息也应当得到相应保护。信息的内容本身,受技术发展影响并不大,而信息的处理与传输,则极大地受到技术发展的影响。相对于保护物质(能量)的归属和流转为主干的各种传统私权而言,保护特定智力创造成果这种信息的知识产权是极特殊的一类私权,即使在以判例法为特征的普通法系国家,也为知识产权制订了大量的成文法,而在其他的私权领域,判例则仍是主要的法律渊源。[①]

在知识经济时代,虽然知识已经或者必将取代土地和资本等成为最重要的生产要素,但在有关经济活动的制度安排中,仍然与工业时代一样,产权制度是为制度安排的核心。产权制度是创新行为的保障和激励功能的源泉。知识产权制度作为产权制度的有机整体中的一部分,对技术进步和技术创新的反映和调整是最为密切和及时的。知识产权法律制度的规范总是随着新技术的产生而发展,技术的新发展必然在法律概念中引起变革或增加内容。在版权保护中的相关权利中,复制权与改编权等都以传播为依托,在鼓励作品的创作和传播的同时如何保护传播本身的知识产权,尊重他人的知识产权就成了科技传播工作者必须关注的问题。知识产权是技术创新成果权利化的体现,是保护科技优势和开拓市场的重要法律手段,拥有更多的自主知识产权与推动和保障技术创新,具有不可分割的内在联系。知识产权是一种无形资产,也是经过法律确认的产权,是技术创新的重要衡量指标。知识产权制度是促进技术创新,增强经济和科技竞争力的重要激励机制之一。随着国际知识产权制度的不断完善,知识产权制度对技术创新活动产生了全方位、多层次的深远影响。科学技术的每一次重大创新总是能带来社会生产力的一次重大发展。随着技术的进步,技术创新所提供的推动力日益成为一个企业生存和发展的关键,成为推动生产力发展的最活跃因素。

---

① 郑成思,朱谢群.信息与知识产权[J].西南科技大学学报(哲学社会科学版),2006,23(1):1-14.

二、技术引领:奥运传播的现代化革命

自 18 世纪以来,人类先后经历的三次技术革命,对人类社会发展产生了巨大影响。回顾作为人类社会主要现象的奥林匹克运动史,不管是从古奥林匹克到现代奥林匹克,从"和平、友谊、公平竞争、人体健美、奋进向上"的奥运精神到"更快、更高、更强"的奥运格言,奥林匹克运动每一次前进的脚步无不是站在科技进步的台阶上,人类三次科学技术革命同奥林匹克的勃兴有着千丝万缕的联系。每次科技革命都给奥林匹克运动的发展带来了重大影响。现代奥运会的光彩夺目和影响力,主要来自科学技术在奥运会中的应用。现代奥林匹克运动的兴起绝不是一个简单的偶然历史事件。从它产生于技术进步所推动的工业化大生产时代可以推断出,其兴起必然与工业化大生产存在着千丝万缕的联系,与技术存在着内在关系的逻辑统一性。可以说,正是在技术所提供的物质基础上,现代奥林匹克运动的兴起才具备了可能性。例如,工业化大生产为现代奥林匹克运动提供了兴起所必需的各种物质条件;社会物质财富的丰富,大量闲暇时间的存在,传媒和交通技术使世界各地的体育活动逐渐地连成为一个整体并呈现出国际化发展趋势,世界各地复兴奥运会的消息和古代奥林匹克精神在技术的帮助下得到了广泛的传播等等。①

图 14 平昌冬奥会上北京八分钟展示科技的力量与美

从科技传播史看,第一次科学技术革命开始于 18 世纪 30 年代,以牛顿经典力

---

① 董传升."科技奥运"的困境与消解[D].沈阳:东北大学,2004:1.

学的建立为契机,以蒸汽机发明和广泛使用为标志。第一次科技革命的科技成果使奥林匹克运动的复活成为可能。冶金工业、机器制造业的发展,使得竞技体育所需的各种器材、设备得以发明和改进;物理学、生理学等科学的进步使得竞技运动的技术动作得以设计和科学化;交通运输业的变革,使得国内、国际间各种体育竞赛成为可能;生活都市化、人口集中化使得开展竞技体育拥有了广泛的社会基础。以上种种因素都为奥林匹克运动的复活奠定了坚实基础。实际上,从18世纪末就不断有人建议恢复奥运会,19世纪下半叶还举行了不同形式的奥运会,但都没有多大影响,且自生自灭了。① 第一次科技革命为奥林匹克运动的复活埋下伏笔。

19世纪70年代第二次科技革命,以电磁学理论及电力技术为科学技术基础,以电力和内燃机广泛使用为标志,其结果是引起当时欧洲主要资本主义国家生产关系的显著变化,自由资本主义过渡到垄断资本主义,农业社会基本完全过渡到工业社会,人类进入了电气化时代。从1896年创办第1届奥运会(雅典)到1936年在柏林举行第11届奥运会,是现代奥林匹克运动从诞生到逐步完善的发展阶段,这一阶段也正是人类历史上的第二次科技革命发生和发展时代。电力技术的发明和广泛使用,为竞技运动的开展不受或少受自然因素和时间因素的干扰扫清了障碍,而且实践证明,有些比赛在夜晚进行还有利于运动员提高兴奋性,提高运动的技术水平和比赛成绩。电影和电视技术的发明和应用,对奥林匹克运动的传播和全球化起到了决定性的作用,使现代奥林匹克运动家喻户晓。1912年在瑞典斯德哥尔摩举行的奥运会上首次使用了电动计时和终点摄影设备。1936年,闭路电视第一次被用来转播奥运会,约有370多万人观看了比赛的实况。现代奥林匹克运动在第二次科技革命的推动下,技术不断进步,项目不断增多,地位不断提高,向着科学、先进、完善的方向蓬勃发展,成为人类社会生活中一项重要的文化现象。电的利用与室内比赛场(馆)的结合,使得体育竞赛更具规律性、参与性与观赏性。电力和内燃机的发明和使用,导致一些高科技竞技体育项目如汽车和摩托车等的出现。② 特别值得一提的是,在第二次科技革命的时期,垄断的资本主义促进了世界市场的形成,加速了体育的国际化趋势。1892年法国社会活动家、教育家顾拜旦

---

① 方媛.论科学技术革命与现代奥林匹克运动的发展[J].中国体育科技,2003,39(1):15-17.
② 同①.

倡议恢复古代奥运会,举行现代奥运会。1894年在巴黎成立了国际奥林匹克委员会,并于1896年在古奥运发源地——雅典举行首届现代奥林匹克运动会,中断了近1500年的奥运会得以恢复。① 第二次科技革命促进了现代奥林匹克的诞生与兴起。

第三次科技革命,又称现代科技革命,始于20世纪40年代,指一系列新兴工业代替传统工业的过程,其科学技术基础主要是现代物理学及各种新技术。第三次科技革命在20世纪60年代不断高涨,70年代一度转入低潮,继而80年代初进一步向广度和深度发展,酝酿新的突破,即新科技革命的到来。第三次科技革命对人类社会发展史产生了巨大影响,实现的是人脑的解放和思维空间的极大扩展,其中,最为引人瞩目的是核能、太阳能为主的能源的更新,计算机和网络的应用和普及带来的信息传递的便捷,空间技术导致的人类生存空间的大拓展,以及生物工程技术带来的关乎未来人类发展的新境界。这次科技革命在发展的后期带来了知识产业的兴起,从而使得物质经济时代被知识经济时代取代。现代科技革命导致现代社会国与国之间的竞争已变成了各国之间科学技术与知识的较量。与前二次科学技术相比,此次科技革命具有以下几个方面的特点:全球性、广泛性、科技成果具有新的性质、技术门类日益增多、信息技术成为主导技术。② 第三次科技革命的影响渗透到人类社会实践的各个领域,现代奥林匹克运动也不例外。第三次科技革命所带来的信息技术的飞速发展,正在使全球的经济增长方式发生根本性的变化,信息产生的全面发展,对奥林匹克运动产业化起到了非常重要的推动作用。在第三次科技革命推动下,当代奥林匹克运动所面对的新闻传播媒介,正向着报刊、电视、因特网等多种传播媒介相互补充、相互促进的多元化方向发展。在这个阶段,现代奥林匹克运动已经与技术整合为一体。技术不再仅仅是奥林匹克运动发展的一种支持力量,而逐步地形成了自己的"奥运科技体系",由辅助、支持转变为自主行动的力量,并依据自身的逻辑自主地发展着,从而最终成为一种统治。实际上,现在好的运动成绩的取得就完全依赖于技术的创新,因此没有人可以拒绝技术所带来的巨大效益。③

---

① 方媛.论科学技术革命与现代奥林匹克运动的发展[J].中国体育科技,2003,39(1):15-17.
② 茹秀英.国际奥委会组织变革与发展的研究[M].北京:北京体育大学出版社,2006:132.
③ 董传升."科技奥运"的困境与消解[D].沈阳:东北大学,2004:36.

三、技术依赖:奥运传播与科技互动

奥运会是巨大的系统工程,科技在这个巨大而复杂的系统工程的方方面面都发挥极其重要的作用。从奥运场馆的总体规划与建设、城市智能交通管理系统的建立,到运动成绩的突破、安全保障、后期服务系统以及生态环境建设等各个方面,奥运会成为向世界展示高科技成就的巨大舞台。如北京奥运会,主要科技"亮点"体现在奥运村和体育场馆建设中采用纳米技术、利用太阳能等;依靠以电子技术和网络技术为基础的现代管理手段;依靠科学训练方法、科研与体育相结合的方法提高运动员成绩这三个方面。据统计,为筹办和举办北京奥运会而实施、应用的高新技术有1200多项。1964年首次在亚洲举行的东京奥运会,明确提出了东京奥运会的主题——"科技奥运"(Scientific Olympics)。通过对奥运专利技术的研究发现,在对代表整个奥运相关专利技术研发的2005—2010年的奥运专利研究发现,主要涉及的技术领域有仪器、测量和测试、计算与控制、通信、电力工程、教育、密码学、广告等众多学科或专业领域。而这些技术领域相关联系、相互交叉形成了一个密集的技术群。在该技术群中,专利技术又主要集中在"通信"和"计算与控制"这两大领域。上述两个核心的技术领域形成了一个庞大的信息技术群,表明目前奥运会相关科技的研发创新主要在基于计算机数字技术的信息、通讯技术领域。①

回顾现代奥林匹克运动100多年的发展历史,可以发现,奥林匹克运动的发展与现代科学技术的进步密切相连。作为世界上迄今为止规模最大的人际交流活动,现代奥运会迅速发展,其巨大的组织规模和激烈的竞争程度增加了对科学技术的依赖程度,历届奥运会举办国都非常注重发挥科技的力量,广泛应用世界一流的科技成果,为奥运会的成功举办提供智力支持与技术保障;同时,也从奥运需求出发,把奥运对科技提出的需求转变为科技发展的新动力,推动本国科技的发展和科技水平的提高。现在,围绕奥运会而从事的每一项活动,都包含着高科技成果的影子,从赛事的组织管理到信息传递,从运动员的食宿条件到交通保障,从奥运建筑的设计到声、光、电技术的应用,从比赛装置的革新到裁判器材的改进,从运动员的安全保障到违禁药物的检测分析,都涉及诸多领域的科学技术,奥运会已成为展示现代科学技术最新成果的橱窗。可以说,没有现代科学技术的发展和介入,也就没

---

① 王琪.科技奥运的实证解读:以奥运技术相关专利为例[J].沈阳体育学院学报,2013,32(1):26-31.

有今天遍及全球的现代奥林匹克运动,也绝没有今天规模宏大的奥运盛会。①

技术进步在现代奥林匹克运动兴起过程中的作用是巨大的。技术的世界性扩展使体育在世界范围内得到广泛的传播,而交通运输技术和传媒技术,又促进了体育国际化发展以及国际体育组织的形成,更为重要的是使古代奥林匹克精神得到了充分的传播,甚至现在有学者认为,"正是由于新闻界坚决的支持和热情的报道,第1届希腊奥运会才得以成功地举行。"奥林匹克运动不仅是现代科技发展的被动受益者之一,同时也是促进现代科技发展的一种动力。奥林匹克运动已成为科技展示的窗口。新的建筑材料、可移动的屋顶结构、大型照明、通风设备等等,都是在大型体育比赛的刺激下产生和完善的。从一定意义上说,现代体育赛场是现代科技的一个绝大的实验室,所有相关的理论和假说,有关的发明制造都必须在运动会上得到验证。奥林匹克运动不再仅仅是人类挖掘身体最大潜能的竞技场,也是高、精、尖科技的集散地。

每一次新技术的开发和应用都会提升和改变奥运会的传播。传播技术的发展,它在不同时期的特点,对信息传播时空的影响,以及所产生的巨大的社会和经济效应等,无疑应是新闻研究的重要组成部分。在探寻奥运与科技的关系时,需要双向思维。首先,奥运与科技在精神上是相通的。"更高、更快、更强"的奥运精神已成为全人类的财富,人们渴望在奥运会上展示自己,不断超越自我,实现梦想。科技已经帮助人们使许多幻想成为现实,像奥运一样,科技不断追求创新,不断超越前人的成果。其次,科技与奥运又是互动的。一方面是科技利用使奥运更成功,水平更高,包括的内容有:用科技帮助运动员提高训练水平与比赛成绩;用科技协助申办与组织奥运会;用科技使观众更好地了解赛况。另一方面是利用奥运带动科技发展,特别是通过科技促进举办地(国)社会的发展。② 奥林匹克运动是现代科技的一个巨大的实验室,也是高科技产品的一个巨大的橱窗和展台。奥林匹克运动是以现代科技为依托发展起来的,没有工业革命的一系列科学技术革命,奥林匹克运动不可能发生;没有二战后科学技术的飞速发展,奥林匹克运动就不会有今天的规模和影响。百年奥运庆典也向世人展示了奥林匹克运动走向高科技化的发展趋势。人们正期待着信息科学、生物遗传工程和分子生物学、激光技术、新型材

---

① 杜利军.北京奥运会的科技需求[J].中外科技信息,2002(8):18-19.
② 闫虹.北京奥运会科技奥运理念的理性思考[J].四川体育科学,2005,24(1):4-5.

料科学、生物物理学等高科技的发展,在未来能为奥林匹克运动的发展做出更大的贡献。

第二节 奥运传播技术的媒介构建

媒介技术构建社会"共同体",麦克卢汉认为一种新媒介的出现总会带来传播内容(讯息)的变化,一种媒体的兴起也意味着人的能力获得一次新的延伸。麦克卢汉的媒介即讯息理论,强调媒介对信息传播的重要影响,波兹曼进一步认为,媒介也不等于信息,而是对信息的重构,媒介不仅影响而且决定了信息传播。在波兹曼看来,媒介不能被简单地理解为媒介技术,但根源于媒介技术,是以它为核心的某种环境或生态。媒介发展中每一次大的突破和变革,几乎都是在新的媒介技术推动下得以实现和完成的。媒介技术使得信息传播突破了时空限制,并以更加直观、丰富的符号方式加以展现,为大众提供了远比现实世界更精彩的信息世界,让人置身其中并心甘情愿地依赖其中,这种对媒介的依赖是媒介技术发挥其强大的工具价值的基础。① 从1964年东京奥运会首次使用一枚名为"辛科姆"的通信卫星向全球转播奥运会盛况,到1984年洛杉矶的"计算机奥运会",再到2000年的"首届因特网奥运会",传播技术的一次次飞跃为实现这个崇高的信念和目标提供了坚实的技术支持。

一、语态变革:奥运电视转播的技术革新

语言、文字、报纸与印刷技术共同形成著作权诞生的必备物质前提,而印刷技术则是最后一个物质条件。由于印刷技术与著作权意识诞生在时间上的接近,无论东、西方知识产权法学者,都无例外地认为著作权是随着印刷术的采用而出现的。② 一个世纪以来,奥运会一直是各种通信技术的试验场,它见证了从电报、广播、电视、卫星、互联网一直到最新的融合多媒体通信等现代通信技术发展的全过

---

① 王爱玲.媒介技术:赋权与重新赋权[J].文化学刊,2011(3):70-73.
② 郑成思.中外印刷出版与版权概念的沿革[M]//中国版权研究会.版权研究文选.北京:商务印书馆,1995:111.

程,它实现了电报传播到新媒体传播的华丽转身。传播技术是新闻事业发展必不可少的物质条件,两千年来新闻事业的发展本身就是包括传播技术的发展史。现代奥林匹克运动的发展与电视的传播密切相关,奥运会的电视转播也打上了电视产业发展逻辑的烙印,媒介组织的商业化和新媒体技术变革已经或正在给奥运会的传播带来深远的影响。

有什么样的影像技术就会有什么样的电视节目形态、电视传播方式,技术的改变甚至能够带来整个电视语态的变化。影响电视传播发展的影像技术包括两个方面:一方面是影像摄录技术的改变;另一方面则是影像传播技术的改变。① 体育是电视技术最先运用的领域之一,也是电视技术发展的一个风向标。自 1936 年柏林奥运会进行了首次奥运电视转播后,电视转播就与奥运会结下了不解之缘。国际奥委会名誉主席萨马兰奇先生曾说过:"是电视让奥运会生存下来,并繁荣发展下去。"可以说,奥运会的历史既是一部人类文明发展史,又是一部电视技术进步史。② 随着科技的进步,体育转播的标准也日益提高。在体育赛事转播领域,赛事主办方、技术商、转播商等基本形成了一个商业链条,各取所需。其中技术商通过技术的产品化,获取相应的利润。

从电视摄录技术的发展来看,电视转播经历了胶片拍摄时代、电子影像时代、数字影像时代。1930 年,英国开始在伦敦试播有声电视图像。1936 年 11 月 2 日,BBC 在伦敦郊外亚历山大宫以一场规模盛大的歌舞开始了电视的正式播出。这一天被认为是世界电视事业的诞生日。③ 电视首次报道体育赛事时,用来工作的只有 3 台庞大而笨重的摄像机,当时的转播也只能制作质量很差的电视图像,画面很不清晰。1936 年柏林奥运会,在媒体利用上采取了不少里程碑式的举措:第一次使用电视转播技术,在 41 个国家赢得了 4 亿观众;首次采用电传播报,用 14 种语言向近 3 700 家传媒发出消息;第一次摄制了大型电影纪录片《奥林匹亚》,用纪录片的形式对奥运进行了完整的纪录。其中还有一部电子摄像机,这台机器体积庞大,它的一个 1.6 米焦距的镜头就重 45 公斤,长 2.2 米,被人们戏称为电视大炮。首次电视现场直播,25 个大屏幕被架设在柏林各处,供当地人免费观看比赛,并且同时

---

① 孙振虎.技术革新背景下的电视传播革命[J].中国电视,2008(12):22-27.
② 卢群,赵兴玉.奥运电视转播发展历程及技术发展现状(上)[J].广播与电视技术,2008,35(3):44-48.
③ 郭镇之.中外广播电视史[M].上海:复旦大学出版社,2005:22.

对许多国家转播实况。为了满足体育迷的需求,在1956年的墨尔本奥运会上,奥组委就借助英国国家广播公司的技术,每天拍摄大量的黑白纪录片。这些纪录片要被空运到英国进行剪辑和后期制作后,欧洲其他国家电视台才能使用,这个过程非常漫长,不能满足铁杆粉丝们第一时间获取赛场信息的需求。20世纪60年代,科学技术和资讯工业飞速发展,黑白电视逐渐在欧美百姓家中得到普及,为现场转播比赛提供根本性技术支持的通信卫星也及时地出现了,电视直播在罗马奥运会闪亮登场。1960年初,美国哥伦比亚广播公司派了代表团到罗马,他们想要跟奥组委商讨利用电视和卫星通信技术实况转播奥运会的可能性。经过谈判,美国哥伦比亚广播公司以39.4万美元买下了罗马奥运会的转播权。之后,奥运会比赛正式迈进了满足欧美观众同步观看需要的新纪元。1960年,第17届罗马奥运会上,首次向全世界电视转播了奥运会的比赛实况,因为没有同步卫星,录像带通过飞机运送到世界各地,可供播放前先对录像磁带进行剪辑,并实现了精彩镜头的重放。1984年,第23届洛杉矶奥运会上,首次采用大型电子信息服务系统。该届奥运会上首次出现了现在叫"高清摄像机"或者"超级慢动作"的设备,当时用的摄像管摄像机,它拍摄的速度是普通摄像机的3倍,为了实现这个目的专门研发了特殊的高头摄像机,以及专门的1英寸开盘录像机,这是在世界首次实现3倍速拍摄的电视转播。

1992年巴塞罗那奥运会上,菲利浦公司派出300名技术人员,首次使用高清晰度电视,通过卫星向欧洲地区观众转播奥运会盛况。此届奥运会之后,国际奥委会决定成立一个国际化的专业电视团队,专门制作奥运会的公共信号,然后再把这些信号传送给各国电视台,这种做法既可保证电视信号的高质量,也可保证电视画面的相对公正。这些新技术在奥运会上运用,大大促进了奥运会的信息传播。拥有先进技术的Panasonic(松下)是数字化技术领域的领军人物,Panasonic意识到奥运会转播是展示数字成熟技术的绝好机会。1989年,Panasonic参加了三年后的巴塞罗那奥运会用的正式指定转播设备的竞标活动,由于加入转播业比较晚,没有能够得到预期的评价。Panasonic并没有放弃,他们再三向奥委会成员强调并演示,数字化系统,无论是编辑还是存储的时候都不会使画质衰减,数据加工简单,保管精巧方便,画质清晰,最重要的是,它一定代表着未来奥运转播的发展趋势。Panasonic成功地说服奥组委,竞标成功,实现了奥运史上最初的数字化全新节目制作。早在北京奥运会开幕的前两年，Panasonic就与北京奥林匹克转播有限公司（BOB）正式签约。在签约仪式上，Panasonic承诺向本届夏季奥运会提供各种最先进的高清广播电视设备，包括最新型号AJ-HPX2100的P2高清摄录产品、新型P2移动编辑机AJ-HPM100等各种高清电视转播设备。DVCPRO HD的记录格式也成为北京奥运会的正式指定记录格式，北京奥林匹克转播有限公司依靠DVCPRO HD磁带记录媒体和P2 HD半导体记录媒体相结合，配置在各体育竞赛场馆，进行各项体育赛事的现场转播。从而，在奥运会历史上，北京奥运史首次实现全部采用高清晰、5.1声道环绕立体声实施全球电视转播。在北京奥运会期间，BOB为奥运持权转播商提供5 400小时直播信号。

从传输的发展来看，电视转播先后经历了微波传输阶段、卫星和有线电视传输阶段以及数字传输阶段。1936年，第11届柏林奥运会上，组委会安装了闭路电视系统，首次通过广场大屏幕向聚集在公共场所的柏林市民做了实况转播，这是奥运历史上第一电视转播。尽管这次使用的摄像机只有3台，收视范围的半径只有15公里，观众也只有16.2万人，175项比赛中总共只进行了138小时的电视播出，但它却是电视与奥运会联姻的开端。[①] 之后的第二次世界大战，奥运会中断了12年，但是体育与电视的密切合作却没有因此而停止：1947年，开始有类似于重量级拳击比赛等世界体育运动比赛时，电视机的销售率也同步兴旺起来。1948年战后首届奥运会在伦敦举行，作为东道主的英国BBC转播了这届奥运会。当时英国广播公司（BBC）使用一个带有三镜旋转台和电子取景器的摄影机记录了比赛的过程，用电视转播了奥运会。当时，英国全国仅有4千多台电视机。50年代，随着欧洲黑白电视的产生与普及，有线直播体育比赛得以实现，1956年的科尔蒂纳丹佩佐冬奥会上比赛首次现场直播。但是由于电视转播还只是停留在有线阶段，现场直播只能对本国的观众，其他国家的观众想要收看体育比赛，只能在比赛结束之后收看比赛中录制的录像。随着第一条从罗马到巴黎机场永久性电视电缆以及应用于1964年东京奥运会上的电视卫星转播的出现，体育比赛转播开始跨越国家的界限，转播技术开始了新的阶段。国外转播商开始加入体育比赛的现场转播中，增加了电视转播权的竞争。1964年日本东京奥运会上，第一次使用卫星向全世界各地转播运动会比赛实况。奥运会之所以成为全人类普天同庆的"盛大节日"，首先要

---

① 庹继光.奥林匹克传播论[M].成都：巴蜀书社，2007：274.

归功于电视的发明,而卫星转播则是早期奥运和现代奥运的分水岭。从东京奥运会开始,奥运会进入了现代科技奥运的阶段。东京奥运会可以说是一届高科技的盛会。为了办好这一届奥运会,日本使用了所有传媒工具,包括广播、电视、报纸、杂志等各种公共传播媒介进行宣传。同时还修建了一个高达331.36米的电视发射塔,使媒介及记者可以快速得到最新消息。日本甚至特意请美国发射了一颗"辛康3号"通信卫星,在运动场地内装置了特殊电视,选手们可以由此知道比赛项目进行的结果,通过人造卫星及时向全世界传送比赛结果和比赛的各种细节。其中,20%的赛事转播使用了彩色信号。除此以外,NHK(日本放送协会)还首次通过卫星信号传输,实现了洲际间的电视直播,使全球范围的人实时感受到奥运会的热烈气氛。1972年慕尼黑奥运会组委会第一次提供了专用的新闻中心、电视大楼和广播大楼,并首次实施了记者配额制度。而且,随着奥运会电视转播权出让逐步深入,本届奥运会还第一次将电视机构区分为电视转播权持有者和非转播权持有者,这是根据电视机构是否购买转播权而确定的。1976年加拿大蒙特利尔举行的第21届奥运会上,主办方完成了卫星传递圣火的壮举,他们将奥林匹亚点燃的圣火转化为电子包裹,通过卫星传播到加拿大,地面接收器把信号接收下来,转换器把它变为激光,再用激光枪将火炬点燃。

图15 伦敦奥运会中的体育摄影新技术

二、服务体验:奥运新媒体传播技术发展

世界经济正经历从产品经济到服务经济,再到体验经济的转变,置身于"体验

世界"里的人们,信息利用方式递增了新的消费需求。首先,信息环境从区域传播转向全球流动。奥运媒介事件最具有全球影响力,而数字技术下的新媒体最具有全球扩张力,二者之间从信息发布范围上找到了契合点。其次,消费模式从接受选择到选择接受。新媒体形式多属民间力量、非主流渠道,奥运传播则需要多元文化和多种视点的支撑,奥运传播和新媒体在消费选择上再次合流。再次,消费需求从特定时空存在转向全时空存在。奥运传播效力与新媒体的增长更是告诉人们以信息消费为核心的综合服务正在成为消费主流,并占据消费者"碎片化"的信息接收时空。① 可以说20世纪90年代以前,奥运会的信息系统主要是以广播、电视以及报刊为基础的,在信息的储存、传播等方面还不是很完善。20世纪90年代以来,奥运会的信息系统在计算机技术和网络技术等高科技的推动下,进入了一个崭新的发展阶段。1995年12月1日,国际奥委会在因特网上建立了自己的网站,介绍奥林匹克运动组织、活动、新闻以及设在洛桑的奥林匹克博物馆的各种活动。1996年亚特兰大奥委会推出了先进的"网络奥运会",将奥运信息上网。1998年长野冬奥会的信息系统info'98采用了功能强大的RS/6000SP服务器,世界各地的人可通过该系统1 300个工作站和接口获得各种奥运信息。组委会还通过计算机系统与因特网技术,与国际奥委会、各国单项体育联合会以及各国奥委会保持密切联系,把奥运会的赛事以最快的速度发送出去。第27届悉尼奥运会又采用了IBM公司的info'2000信息系统,可储存3亿条信息,出售1 100万张门票,提供10 000多名运动员的简历,以及全部比赛的赛程和成绩。这是一个新媒体时代,任何以计算机信息处理技术为基础,通过宽带无线、有线、卫星网络等各种现代传播手段,传播数字化文字、声音、图像信息的媒体,包括当时出现的网络媒体、有线数字媒体、无线数字媒体、卫星数字媒体、无线移动媒体等,其典型特征是在数字化基础上各种媒介形态的融合和创新,具有互动性,在具体的形式上是超媒体系统。

任何一种媒介的产生都会对社会造成冲击,尽管国际奥委会承认互联网是推动奥林匹克运动的一种巨大的潜在力量,但是国际奥委会对待网络转播一直采取消极甚至是抵制的态度,就如同广播介入奥运报道一样。1924年巴黎奥运会由1 000名新闻记者参与了大会的报道,盛况空前,最重要的是本届奥运会首次引入商业无线广播。随着电台广播技术的发展,美国向欧洲各国销售了大量的收音机,

---

① 陆虹.新媒体·新奥运·新传播:数字技术背景下的北京奥运传播初探[J].新闻记者,2006(9):32-35.

外加巴黎奥组委秘书长富朗特兹·雷歇尔(Frantz Reichel)特别注重媒体报道,这使得电台直播奥运会赛况成为现实。然而第一次电台实况转播却不顺利。当时巴黎报界得知电台要直播,向奥组委提出抗议,因为电台直播会给当地报纸造成冲击。迫于压力,巴黎奥组委阻止电台记者进入赛场。但英勇并且智慧的电台记者不甘被排挤在外,他们将广播设备安装在热气球上,让气球飘在科隆布体育馆上空,自己坐在热气球的吊篮里为听众进行现场直播足球赛事。无奈天公不作美,大风将飘在体育场上空的热气球吹跑了。经过不懈努力,电台记者争取到直播权,第一时间向听众播报了美国游泳选手约翰尼·魏斯穆勒夺得了100米、400米、4×200米接力3项冠军,他的100米自由泳仅用了59秒,是世界上第一个打破1分钟大关的运动员。经由电台的大力报道,不久后,约翰尼·魏斯穆勒被好莱坞导演看中,在12部影片中出演了"人猿泰山",名声大振。

虽然1992年的巴塞罗那奥运会引进和应用了局域网技术,但互联网开始应用于传播领域是1996年的亚特兰大奥运会,这届奥运会建立了奥运官方网站。事实上,1996年的互联网仍处于初期发展阶段,许多人对互联网还一无所知。1996年亚特兰大奥运会既是百年奥运,又是首次网络奥运年。在这次奥运会上,计算机及其网络系统在奥运会的准备阶段、运动设施的设计、运动项目的计划安排、信息传递方面发挥着重要作用。除此之外,本届奥运会在通信与交通等领域也采用了大量高科技手段;高技术不仅使现场的运动员、教练员、工作人员和媒体记者受益,而且惠及了场外许多观众,使他们如身临其境感受到奥运会的精彩魅力。[1] 尽管如此,对大众来说,他们还是更习惯使用传统媒介来观看奥运会,但亚特兰大将互联网引入了奥运会,为奥林匹克发展打开了一扇光明之窗。1995年4月11日,奥运会主办单位同蓝色巨人IBM合作推出了奥运网站,提供播放软件、与奥运相关的影音文件,37个比赛场馆的介绍和立体图像、赛程以及亚特兰大的旅游信息。据统计,奥运会期间亚特兰大站点的访问量达到1.87亿人次。相对于30亿观众通过电视观看亚特兰大奥运会来说,不到2亿的人次显得微不足道。即便这样,亚特兰大奥组委在互联网上的硬件投入上开销不少。联合奥运技术中心共监控管理7 000台电脑、9 000部无线电话、6 000部传呼机、1 000条传真线路和8 000条有线线路,总投资在3亿美元左右。这个通信网络在26个比赛场馆中连接的光纤数

---

[1] 黄鲁成,娄岩,吴菲菲."科技奥运"理念及其实施[J].中国科技论坛,2007(5):90-93.

量与整个佐治亚州铺设的光纤总量一样多。按照相关方面的说法,该网络可以抵抗风力、太阳耀斑和间谍卫星影响,上网的速度可以达到 100 Gbit/s。同时,亚特兰大奥运会上,卓越的通信性能有力地支持了 861 万余张门票的出售,创下奥运会历史上观众人数最多的纪录。紧接着,众多美国高科技企业也争相在 IT、通信等领域展现尖端技术,并提供完善服务。拥有奥运独家转播权的美国全国广播公司(NBC),不惜投入重金利用互联网转播比赛。NBC 将奥运的视频、文字等信息发布到互联网上,使奥运迷们首次可以不受时间及空间等因素的限制,随心所欲地观看比赛;与电脑芯片龙头英特尔及软件巨擘微软联手,将传统的电视转播扩大到互联网,使观众可以通过电脑收看竞赛赛事的实况转播,同时还可检索地方局域网内的资料。体育迷们首次可以不受时空等因素限制,反复观看比赛情况。

2000 年悉尼奥运会的通信服务保障堪称经典,2000 年悉尼奥运会被誉为最"e"化的奥运会。Telstra(澳大利亚电讯)不仅建设了由基础传输网、内部电话网、移动通信网、视像传送网以及数据传送网五大部分组成的奥林匹克专网,为奥运赛事组织、比赛数据统计发布、媒体新闻采集以及奥运节目向全世界发布提供了可靠、快速、便捷的信息平台,还通过一个呼叫中心和多个信息网站为公众提供了获得信息、表达观点和处理与运动会有关的商务活动的途径,使得外界与奥运会互动大大增加,直接调动了人们参与奥运会的热情。奥林匹克专网的光纤长度达 4 800 公里,传递运动场馆之间的视频、音频和数据信号;新装电话线 3 万条,供组织者、官方人员、运动员和其他有关人员使用;移动电话容量 30 万线,奥林匹克公园的 GSM 和 CDMA 容量足以满足 30 万用户的需求;视频连接 280 线,负责体育场馆和转播中心的通信连接;音频连接 3 200 线,大部分为播音员使用,部分用来应付突发事件或为安保服务;数据连接 250 线,即时提供比赛分数和时间,速度达到 155 Mbit/s;有线电视频道 60 个,供运动员和记者观看所有比赛;内部电缆 12 万公里,为场馆之间提供内部通信服务;卫星 11 颗,通过悉尼和佩斯的地面卫星观测站以及这里的卫星把来自国际广播中心的信号送往世界各地。如果没有奥林匹克专网,今天如此大规模的奥运会,200 多个代表队,1 万多名参赛运动员,2 万多名媒体记者,5 万名服务人员,数 10 万观众信息数据传播将难以实现。奥运会的竞赛管理和信息发布是世界上规模最浩大、技术最复杂的信息系统工程,数千台电脑终端成为连接每个竞赛点、记分台、显示屏、数据库的神经末梢,互联网系统必须在大容量、高密度的用户访问中"游刃有余"。

2004年3G只处于起步阶段,在雅典奥运会上作为不大。2004年,3G商用服务在一些国家面市不久,在众多通信公司的眼里,雅典奥运会是一个大力发展移动数据业务的大好机会,雅典奥组委也在2004年4月宣布,雅典奥运会将成为首次使用手机接入互联网的奥运会。2004年5月,雅典奥运会通信合作伙伴Cosmote移动通信公司在希腊推出了3G服务,并投资逾5 000万欧元升级位于雅典周边以及其他5个奥运协办城市的移动网络。在奥运会主体育场内,Cosmote的网络容量扩容将近15倍,此外还增加了5个基站控制中心,1个移动电话中心以及1个GPRS客户中心。国外的TeliaSonera、和记电讯3G公司对雅典奥运会期间的3G业务销量给予厚望。他们认为,体育内容向来是推动数据业务增长的强大引擎。然而,因为希腊的通信服务并不是很发达,这种对移动数据服务需求的激增在雅典奥运会上并没有得到很好体现。

北京奥运会上除了高清,TD-SCDMA(时分同步码分多址)也是一个亮点。为了使奥运更精彩,2008年7月,中国移动充分利用TD无线带宽的优势,推出无线宽带上网、奥运手机电视、奥运视频点播、奥运快讯、奥运多媒体彩铃、手机对讲POC六项奥运亮点业务。其中,奥运手机电视业务是很多用户都喜欢的一项,它是利用TD-SCDMA网络,直接通过手机观看直播或下载视频片段,收看所关心的奥运热点新闻,观赏精彩的奥运赛事。以互联网和手机为平台,以音视频为主要方式,新媒体能够在北京奥运会作为单独序列首次纳入奥运会转播体系,这对奥运会赛事和奥林匹克精神传播而言具有划时代的意义。根据国际奥委会的相关授权要求,在取得独家新媒体转播权收益的同时也需承诺版权保护责任。为此,央视网建立了一套完整的涵盖内容保护及监查手段的版权保护技术体系,包括:用户访问地域保护技术、数字版权管理平台(DRM)、流媒体播放平台、视频指纹识别保护技术平台等。在地域保护方面,互联网传播中采用网络层和应用层的双重保护模式。手机平台上依靠运营对网络的覆盖和网关控制,保证由于国际漫游导致的手机版权保护问题。如今每届奥运会都要像移交五环旗一样,把本届的大型信息服务成果移交给下一届组委会,这里没有商业秘密可言,如果失去信息系统总体架构的完整性和延续性,奥运会将无法顺利进行。

三、规范标准：奥运转播公共信号统一制作

参与奥运会电视转播活动、制作和对外提供电视播出信号，有着具体而严格的规范，这是从1992年巴塞罗那奥运会开始实行的"公用信号"标准。奥运会公用信号制作是一个标准化的操作流程，除了力求"让所有电视观众都能看明白"这一基本要求之外，公共信号制作的另一条要求是：每一个镜头都要完全符合更高、更快、更强的奥林匹克精神，不许展现任何颓废的东西，要充分展现运动员的风采。信号制作的核心理念，第一个是公正和平等；第二个是运动和情感。标准是工业文明的产物，它起源于工业时代，并随着商品经济的发展而发挥越来越重要的作用。标准的作用在于，它不是商品但却能加速商品生产和流通，显著地提高劳动生产率和资源的转化率，实现商品生产的合理化、高效率化和低成本，并给企业带来丰厚的利润。随着商品经济的发展和市场的扩大，特别是专业化生产和协作的出现，给标准的应用创造了广阔的空间，对标准提出客观性要求。于是，行业标准、国家标准、国际标准相继出现，并得到空前的发展，这些标准作为工业文明的助推器，记载着工业化进程和发展的轨迹，并为世界经济一体化提供了一套保证公平贸易的准则。标准化是人类社会实践活动的一部分，它的基本功能是总结实践经验，把这些经验规范化、普及化。今天，标准化活动几乎渗透到人类社会实践活动的一切领域，成为人类社会实践活动不可缺少的内容。[1] 传统观点把知识产权看成是"私权利"，体现个体利益，而标准由于其适用的统一性需要将知识产权纳入其中以实现公共利益。高新技术标准化有效地促进了高新技术的发展，是高新技术实施产业化的重要环节。在信息时代，奥运的概念就是数字奥运，数字奥运是科技奥运的重要组成部分，也是科技奥运的时代特征。从奥运会各种赛事的信息传递到电子商务服务都离不开信息技术领域，而支撑信息服务的数字网络、远程音像传输及图像显示等技术的开发和设施建设则需要大量的国内外先进标准。[2] 由于广播电视是实现奥林匹克在全球范围得到广泛关注度的主要手段。因此，历届奥运会的主播机构对各个赛事电视转播公平性、高质量、标准化格外重视。为此，主播机构会在全球范围内寻找对各项赛事有制作经验的电视机构，组成奥运赛事国际性的公共信号

---

[1] 张昊,陈雪玲.标准、标准化与体育[J].体育文化导刊,2004(7):6-8.
[2] 宋寅平.筹办北京奥运会中的标准化问题[J].中国标准化,2002(11):20-22.

制作队伍,共同完成奥运全部赛事的转播,并应持权转播商的要求,在各个赛场提供单边及其他个性化服务。

在2012年伦敦奥运会上,OBS(奥林匹克广播服务公司)共邀请了18个国家、13个电视机构完成此次奥运26个大项、38个单项、302个小项的赛事公共信号。[①] 目前,奥运广播电视公共信号的制作已经有了成熟的统一制作理念和运作体系,突出表现在赛场电视组织机构的标准化、技术设施组成及规格的标准化、技术制作方案的标准化等方面。同时,对各比赛项目的制作人员组成、摄像讯道和话筒机位、镜头画面构成、信号流程、字幕、慢动作等也有着标准化要求。总之,广播电视公共信号的制作是在统一的标准框架平台上,展示着各个国家电视制作的实力和电视制作人员的综合素质。[②] 伦敦奥运会主播机构职责包括:承担IBC的设计、建设和服务(总面积62 000平方米);对奥运赛事进行5 600小时广播和电视公共信号制作。在信号制作中引用世界最先进技术,制定奥运制作标准和规范,合理布局设备资源,在全球范围内组建具备经验能力的信号制作队伍;对全球147个持权转播商提供全方位服务;建立奥运新闻频道(ONC),在奥运期间提供全天24小时播出;在34个场馆中建立1 275个评论席及1 470观察员席;52辆转播车,15套音频制作系统;共有1 000台摄影机讯道;赛事期间共有5 600名工作人员(含1 088名志愿者)。[③]

奥运会电视转播创造了三个"最":全球收视率最高、电视转播机构收益最高、最能体现电视转播技术和艺术水准。全球观众的关注和转播商的巨额投入极大地提高了对电视转播质量的要求,这就促使奥运会转播商必须保证提供高质量的电视信号。不管奥运会在世界什么地方举行,转播采取的标准要一致,整个电视信号的质量要求要一致。然而,单一的东道主国家独立承担转播的方式难以完成如此重任,迫切需要一个专门的组织来对转播进行统筹规划,制定统一的标准。提供足够的技术支持,以完成奥运转播,如此就直接催生了奥林匹克广播服务公司的出现。为了确保奥运会电视信号的质量,从2000年底国际奥委会就开始酝酿一个决定:今后申办奥运会的城市均要同意一个条件,电视信号提供由国际奥委会的电视

---

① 姜柏宁.奥运会赛事转播的再次实践:中央电视台承担2012伦敦奥运会公共信号制作任务的介绍[J].现代电视技术,2012(10):24-30.
② 卢群,赵兴玉.奥运电视转播发展历程及技术发展现状(上)[J].广播与电视技术,2008,35(3):44-48.
③ 同①.

服务公司(OBS)负责,并由当届奥组委与OBS出资成立合资公司,联合国内外富有经验的电视转播专业人员具体从事赛事及相关活动的广播和电视转播工作。①2001年5月,国际奥委会在西班牙成立OBS,并认为OBS的诞生"开创了奥运转播的新纪元"。OBS的职责主要是制作今后历届奥运会的电视和广播信号,以及设计、安装和运作奥运会国际新闻中心(IBC)。自1992年巴塞罗那奥运会以来,随着电视转播技术飞速发展和收视需求的提高,奥运广播电视公共信号的制作从"主办国模式"发展成为"多国部队模式",即由原来主办国自己组织转播机构,自己承担公共信号的制作,变成了由多个国家的电视媒体团队组成国际性的电视转播组织,合作完成广播电视公共信号的制作;整个奥运会的电视转播由多个国家电视人员共同参与制作,从多个国家租用电视转播设备,同时向全球征集电视管理人才组成团队制作信号。②奥运广播电视公共信号是国际奥委会提供给各国的"原生"信号,然后再由持有转播权的电视台根据自己的需要对公共信号进行加工播出。奥运公共电视信号制作有严格的规定,比如,拍摄所有镜头都必须平视,仰拍不尊重运动员,俯拍更不容许;镜头不能切换太快,要让观众看清楚;要考虑到伊斯兰国家观众的感受,不要给袒胸露背的现场观众以镜头;给观众的镜头不少于5秒;字幕使用要规范,字幕不能叠在运动的画面上;运动员近景叠字幕时,不能把字幕放置在运动员脸上或卡在脖子上等等。③

第三节 奥运传播知识产权的技术管理

从1896年4月第1届希腊雅典奥运会算起,现代奥运会和奥运组织已经走过了110多年,横跨三个世纪。今天它的发展规模越来越大,发展水平越来越高。奥运组织的强大生命力一方面源于社会需要,另一方面源于其自身的动态发展。奥运组织能够适应时代的变化和环境的要求而不断调整,甚至改革,从而使自己的适应能力和组织能力不断得到提升。随着每一届奥运会竞赛项目的充实与调整,竞

---

① 卢群,赵兴玉.奥运电视转播发展历程及技术发展现状(上)[J].广播与电视技术,2008,35(3):44-48.
② 同①.
③ 同①.

赛规则的修订和改革,以及竞赛水平的不断提高,奥运科技也不断推陈出新。① 在知识经济时代,信息化建设和技术化发展是知识产权的本质要求。

一、技术平台:奥运传播管理的组织系统建设

信息处理技术与信息传输技术的快速发展,把人们带入了信息时代。人们现在讲起"信息化",也主要指积极利用信息处理技术与信息传输技术,至于信息本身或者信息的内容,似乎反倒被忽视了。信息的内容本身,受技术发展影响并不大,而信息的处理与传输,却极大地受到技术发展的影响。② 信息技术是指扩展人的信息器官功能(感觉、传导、思维、效应)的一类技术,即获取、传递、处理、再生和利用信息的技术。它包括感测技术、通信技术、计算机技术、控制技术以及由它们导出的其他各种相关技术。信息技术在奥林匹克传播中的应用是非常广泛和深入的,比如计时计分系统,现场成绩系统,信息发布系统,运动会管理系统,奥组委的管理系统,官方网站的一些应用,信息安全,固定通讯,移动通讯,数字集群通讯,无线电频率协调,广播电视系统,场馆的音视频系统,安保的技术系统,运营指挥系统等。

针对奥运会组织工作的复杂局面,洛杉矶奥运会第一次建立使用了大型信息系统,标志着现代信息技术开始大规模介入到奥运会中。信息系统在完成对竞赛的组织编排、数据处理、资料存储、报表打印等工作中,取得了良好的效果。③ 1982年,美国队就将中国女排历次比赛的影像资料输入计算机并分析战术弱点,使中国姑娘一度受挫。而运动员对自己的技术动作往往当局者迷,教练员也很难用肉眼辨别清楚。计算机诊断却能定量分析出技战术的缺陷。计算机远程监控可以根据赛场采集的数据在万里之外运筹帷幄;新动作的设计往往先在计算机上构思和演算,充分论证可行性和必要条件。至于科学制定训练负荷,查阅世界优秀选手和经典赛事的档案资料,更是计算机的优势所在。奥林匹克运动会是由国际奥林匹克委员会主办的包含多种体育项目的国际性大型运动会,每四年举行一次。这就是奥运活动的周期性。奥运活动的周期性决定了奥运科技创新的周期性。每一届奥运会主办城市拿到主办权以后,新一轮的奥运科技创新便开始了,到奥运会举办前

---

① 方福前,李新祯.奥运科技群特征与系统循环[J].北京社会科学,2008(3):10-13.
② 郑成思.知识产权:应用法学与基本理论[M].北京:人民出版社,2005:81.
③ 张立,张宇航,陈晓龙,等.奥运史中的信息技术应用及其技术特点和发展特征[J].北京体育大学学报,2006,29(12):1606-1608.

后,奥运科技创新达到高潮。每一届奥运会以后,一批新技术、新产品、新组织融入社会经济生活。随着科学技术的发展,新科技逐渐应用到奥运会中的例子不胜枚举。奥运会采用和展示这些新技术、新产品、新组织做了一个大广告、大宣传和大推介,这种宣传推介的影响范围和影响力是任何广告形式所无法比拟的。① 1928年的阿姆斯特丹奥运会采用了大型成绩显示板、高速摄影系统和广播电视,1964年东京奥运会首次应用美国发射的"辛科姆"通信卫星,向全世界进行大会实况直播。

1896年4月,第1届现代奥运会在希腊雅典举行。受当时条件的限制,游泳比赛没有游泳池,比赛是在公海举行的,起点和终点是用浮艇拉着的缆绳,泳道则是用水面上漂浮的南瓜作为标记,游泳的距离也未经过仔细测量,只是凭感觉进行估计。然而,科技的发展是迅速的,到了1912年第5届瑞典斯德哥尔摩奥运会上,计时设备就已经有了重大的突破。当时的工业设计师设计出了能精确到1/10秒的电动计时器,并且在终点还设计安装了能够摄影的设备。这样的举措大大提高了比赛成绩计算的精确性,斯德哥尔摩奥运会可以说是现代设计和科技结合与奥运会的"第一次亲密接触"。到了1968年的墨西哥城奥运会,先进的电子计时设备已经得以普遍使用,这使得田径比赛尤其是短距离项目的竞争异彩纷呈。当时设计的最新的电子计时器已经能够将时间精确到百分之一秒。1972年的德国慕尼黑奥运会被誉为"技术的奥运会",本届奥运会上最大的亮点在于最新设计的电子设备全面应用于测量比赛成绩。广电测距仪和精度可达1/1 000秒的电子计时器使得任何对比赛成绩的疑虑都成为多余,而自动测试和显示时间、速度及距离的电子装置则代替了人的眼和手。用皮尺和人眼测量全面退出了奥运会的历史舞台,高速摄影摄像设备、激光装置、计算机等,已经成为奥运赛场裁判员们不可缺少的工具。这标志着一个时代的完结,也预示着另一个更加先进、更加精确的时代的到来。到1992年西班牙巴塞罗那奥运会,工业设计师与工程师已经充分合作,利用计算机和网络技术,将原来分散在各个赛事的电视计时器、光电测距仪和自动计分装置等,由计算机网络联结在一起形成"全能运动操作系统",从而满足了赛场上一切项目的计时、测速和计分需要。科技与设计进步在确保奥运会公平竞争上发挥

---

① 方福前,李新祯.奥运科技群特征与系统循环[J].北京社会科学,2008(3):10-13.

了越来越重要的作用,成为推动奥林匹克运动发展的重要动力源泉。① 不管是计时信息技术的突破还是设备革新都是知识创新的结果,无不凝结着知识产权特征。

图 16　悉尼奥运会举行前,国际击剑联合会向外界宣布,击剑比赛将首次使用无线频率探测器计算有效点击数,以此取代流行了半个世纪的电子仪器

二、技术规则:奥运传播知识产权标准化构建

随着现代科学技术日新月异,奥运会将成为展示国家综合实力、科技最高水平的大舞台。随着奥林匹克运动的不断发展,围绕奥运从事的每一项活动都包含着高科技成果的影子,从赛事的组织管理到信息传递,从运动员的食宿条件到交通保障,从赛事建筑的设计到声、光、电技术的应用,从比赛装备的革新到裁判器材的改进,从运动员的安全保障到违禁药物的检测、分析,都涉及诸多领域的科学与技术,奥运竞技场已成为现代科学技术的试验田。技术规则是一种理性的规则,也是一种社会行为模式。技术化是技术哲学领域中的一个基本概念,意指某主体的技术建构过程。现代奥林匹克运动技术化就是奥林匹克运动的技术建构过程,或者更为具体地说是现代奥林匹克运动根据技术规则进行的自我重新建构的客观过程。② 技术标准化比技术本身重要,知识产权比知识本身更重要,技术标准是技术成果的规范化和规则化,知识产权是知识价值的权力化和资本化,由卖力气、卖产品、卖服

---

① 李江.温故以求新:科技发展与设计创新推动奥林匹克运动向更高层次迈进[J].装饰,2008(8):22-25.
② 蔡宏秋.论"科技奥运"的实质:现代奥林匹克运动技术化[J].体育文化导刊,2004(10):28-30.

务到卖技术,再到卖规则和标准,是一个志在高远的企业不断追求的目标,是成为世界级领先企业的必由之路。通过奥林匹克精神与科学技术的融合使奥运会成为传播科学知识,提供公众科学素质,提升自主创新能力,促进产业发展,并惠及社会的平台。在社会行为的选择中,技术由于能够判断或评估合理性和效率,因此被人们确认为最佳的或高效的社会行动优化模式的规则系统,特定的活动要用技术来进行确定、加以选择,以便排除不合适的行动模式,依照技术原则行事可以优化行为,保证行为的合理性。技术理性在现代奥林匹克运动确立了普遍的权威,技术规则也成为奥林匹克运动的基本规则,即量化、标准化和精确测量性。而同时,就在技术理性确立权威的时候,现代奥林匹克运动也开始了技术化的转变,开始由感性向理性转移,并依据技术规则建构起了奥运会科技体系:组织管理科技系统、运动训练科技系统、器材装备科技系统、信息服务科技系统、气象预报科技系统、药物检测科技系统、交通运输科技系统,从而使自身转变成为一种技术的过程。

从技术经济学的角度来看,可将奥运新技术大致划分为共性技术与专有技术两大类。共性技术(Generic Technology)是能够在一个或多个行业具有广泛应用前景、处于竞争全阶段的那一类技术。专有技术(Know-how Technology)是指为制造某一特定产品的工艺流程,或产品设计、图纸、技术资料、配方、技术规范等秘密的技术知识。① 现代奥运技术是和现代奥运发展相伴而生的,它是整个人类科学技术系统的一个亚系统,它除了具备一般技术的价值特征外,还具有自身的特殊价值规定性。奥运技术可分为三大类型:一是应用型技术。所谓应用型技术是指社会科技领域已有的技术,直接地或稍加改造后运用到奥运会中的技术,如电视转播、通讯、交通、建筑等。二是研发型技术,或称创新型技术,主要是指专门为奥运会或竞技运动而研发出来的新技术,如特殊的运动服装、运动器材等。三是规则型技术,主要是指竞技运动中规则、技战术、运动员的能力等。② 百年奥运发展历史证明,科学技术作为现代奥林匹克运动的存在方式,是现代奥林匹克运动发展最重要的驱动力之一。

技术使体育发展具有了国际化。在这种以技术体系建构的社会中,体育伴随着技术的转移而转移是必然结果。正是这种技术世界性扩展的内在规律要求,促

---

① 方福前.论奥运科技如何产业化[J].北京社会科学,2008(6):25-29.
② 李宏斌.现代奥运会的伦理困境及其化解[D].长沙:湖南师范大学,2008:115.

进了世界向一体化方向发展,从而也深刻地影响了体育的发展。体育伴随着技术的转移,超出了国界,从欧洲或者更确切地说是从英国向世界范围内扩展。于是体育国际化发展态势出现了。兴起于英国的竞技运动,作为一种人类新兴的文化现象,伴随着英国的扩张和技术的不断输出,借助于现代交通运输工具,越过大洋,远传美国、加拿大和其他殖民地国家。在欧洲受到非议和排斥的竞技运动,在世界各地,尤其是在美国迅速发展和繁荣起来,使世界体操和竞技运动并存的体育结构发生了根本性的变化,竞技运动逐渐成为主流,从而为奥林匹克运动的兴起奠定了坚实的基础。① 交通运输技术和传媒技术的发达,使得世界各地的体育交流成为现实。国际间的体育比赛也逐渐开展起来,人们通过电话或电报等信息传播媒介,相互沟通体育活动信息,通过交通运输工具,体育比赛的组织者、运动员、裁判员等聚集在世界的某个地方,进行国际间的体育交流和比赛,例如1858年澳大利亚的国际游泳锦标赛、1871年布德的国际射箭比赛以及1889年阿姆斯特丹的世界速滑冠军赛。这些国家性的比赛催生了国际单项体育组织,使各个单项运动有了国际性规范的统一领导,有了统一的比赛规则。体育比赛开始摆脱了原来的地方传统,具有了真正的国际性,从而为奥林匹克运动的兴起做好了内容上的准备。② 1972年慕尼黑奥运会之所以被称为"技术奥运会",并不仅仅是因为光电技术、电子测距技术的广泛使用,更重要的是这些技术完全地替代了在比赛中裁判一直使用的皮尺、手动秒表等人工色彩较浓的人工工具,也就是说电子的东西代替了人工的东西,换言之,技术替代了人。③ 历届奥运会上,运动员们不断打破纪录,各种新技术、新产品也在不断地打破纪录,对于通信和信息技术来说更是如此。

现代技术在现代奥林匹克运动领域应用过程中,从一开始被借用的角色逐步转变为支持者的角色,然后再转化为被依赖者的角色,最终成为最主要角色,即现代技术的角色发生了根本性的变化,技术不再仅仅是一种引进的东西,而是转变为决定现代奥林匹克运动发展方向和速度的内在的逻辑,使奥林匹克运动转变为一种"运动——技术系统"。所以,技术在带给人们巨大效益的过程中逐渐地摆脱了

---

① 董传升.科技奥运的困境与消解[D].沈阳:东北大学,2004:23.
② 同①.
③ 蔡宏秋.论"科技奥运"的实质:现代奥林匹克运动技术化[J].体育文化导刊,2004(10):28-30.

被动的从属地位,并且逐步地确立了权威,成为主动的力量。

三、技术需求:奥运传播知识产权自我发展与完善

除两次世界大战外,体育赛事在全球的广泛传播及在政治经济领域的特殊作用,被认为是20世纪对人类社会影响最深远的第三件大事。大型体育赛事更以其巨大的观赏性和影响的广泛性而成为人们瞩目的焦点。在此过程,新闻传媒对大型体育赛事进行了充分的报道,承担了制造社会新闻焦点的任务,成为传播赛事信息的推广平台。① 一个毋庸置疑的事实是,科技创新不仅是大型体育赛事举办的巨大支撑力,也越来越成为促进科技创新的有效载体。奥运会的举办蕴含了十个方面的科技需求:奥运交通运输科技需求、奥运环境保护科技需求、奥运场馆设施科技需求、奥运信息通讯科技需求、奥运安全保卫科技需求、奥运组织管理科技需求、奥运竞技能力科技需求、奥运体育器材科技需求、奥运公共卫生科技需求、奥运开闭幕式创意科技需求。②

今天,科学技术与现代设计相结合,已成为推动奥林匹克运动发展的重要力量,科学技术与现代设计的融合将是未来人类奥运事业前进的必由之路。科技融合设计为奥运公平竞争保驾护航。竞赛结果公平性体现的一个法则是竞赛成绩测量的精确性,在这一方面的研究上,奥运会的组织者和世界各大计时设备制造商可谓不遗余力。传播技术和手段影响奥林匹克文化传播效果。各个历史时期,人类掌控的传播技术和手段在不断丰富和完善中,每个时代奥林匹克文化传播的状况直接受到当时传播手段和技术的限制。"科技奥运"之路经历了一个从无到有、从小到大、从弱到强的发展历程。现代奥运会虽然兴起于技术占统治地位的现代社会中,但是一开始却几乎看不到技术的影子,技术与奥林匹克运动的关系一直处于相对平淡的状态之中。奥林匹克运动中表现出来的技术一般都是其他领域的一般性技术的借用,如借用建筑技术修建体育场、修建游泳池等。总体而言,技术在奥林匹克运动发展的初期所起的作用大多是辅助性的。随着科学技术的发展,奥林匹克运动逐渐地引进了各种技术成果来促进自身的发展,突出表现在场地、设施和运动装备等方面。

---

① 吴玉新.基于大型体育赛事的公共科技发展战略研究[J].沈阳体育学院学报,2011,30(3):26-29.
② 同①.

奥林匹克的历史就是一部传播史,仔细研究现代奥林匹克一百多年的发展历史可以发现,大众传播凭借其强大的威力,一直是奥林匹克传播的主流。特别是电视传播,其对现代奥林匹克运动的影响是全方位的:电视转播权的拍卖成为国际奥林匹克运动最主要的收入来源,其直接扩大了现代奥林匹克的规模和影响。① 体育是电视技术最先运用的领域之一。随着科技的进步,体育转播的标准也日益提高。应该说,在世界电视发展过程中,技术总是与商业结合在一起的,技术先进的公司和国家经常选择体育和足球作为最新技术展示的橱窗,高清信号是让信号更清晰,立体电视则是在平面的基础上增加立体的维度,其原理是"利用人眼中的立体视觉特征产生立体图像"。3D技术的摄像机其实是"仿生"了人类的眼睛。媒介技术正处于下一次人机交互革命的前夜,从身体姿势到触控、手势、语言,到全息投影、脑电波,虚拟现实将变得真正像现实那样可以感受和触摸。如今,虚拟现实技术对真实社会的构建已经远远不再局限于互联网的虚拟空间中。

现代奥运100多年的历史,正是现代科学技术突飞猛进的历史,也是现代科技与现代奥运日益密切地结合的历史,现代科技为奥林匹克的发展插上了腾飞的翅膀,奥林匹克运动也以其特有的形式为现代科技的发展做出贡献。"科技奥运"的内涵主要包括两个方面:一方面奥林匹克运动的发展对科学技术的发展有推动作用;另一方面科学技术的进步也对奥林匹克运动的发展有促进作用。奥林匹克运动对科学技术的促进作用主要表现在以下方面:第一,奥林匹克主义关于人的身心和谐、均衡发展的主张,为体育科技确立了"以人为本"的原则,促使现代科技发展更加注重"以人为本"的精神。第二,奥林匹克精神在激励着广大科技知识分子勇于拼搏、奋力进取、不断追求,在科技领域实现"更快、更高、更强"的目标;尤其是对于体育科技工作者来说,他们在奥林匹克精神的鼓舞下,不断研究与体育运动有关的生理学、心理学、教育学等学科,把提高运动员的运动能力和运动成绩作为自己奋斗的明确目标。第三,奥林匹克运动的发展也为现代科学技术的发展提供了理想的试验场地,为现代科学技术成果的交流提供了良好的展示场所,使奥运会上所运用的先进科技得以迅速传播;同时奥林匹克运动的发展也为科学技术提出了许多要解决的难题,使科学技术在研究问题和解决问题的过程中得到进一步发展。

从现代奥运发展的百年史中可以看出,现代科学技术在奥运发展中的作用越

---

① 肖鸿波.网络传播与北京奥运新闻传播的新格局[J].上海体育学院学报,2006,30(6):74-76.

来越明显。第一,如果没有计算机技术、运筹学、系统论、控制论、管理学等构成的奥运会组织管理系统的支撑,奥运会的规模就不可能不断扩大,就不会发展成为超大型的国际综合性的体育盛会。现代传媒技术和计算机技术的发展和普及,使世界各地的人们足不出户就可以在瞬息之间欣赏到精彩的奥运比赛。人们借助现代科技可以较为准确地预报奥运会期间的天气状况,建立起严密的奥运会安全保障系统、违禁药物检测系统和快捷高效的交通、通讯系统等。第二,现代体育已发展到了"体育知识"时代,运动员要不断提高运动成绩,仅靠苦练是不够的,必须要有一套科学的训练方法,必须要有先进的科技条件来帮助。20世纪70年代末至90年代中期,美国国家奥委会在加利福尼亚等地建立了三个综合性的奥林匹克训练中心,配备了先进的仪器和器械,集中了一批运动训练专家、心理学专家、计算机专家和其他相关学科的专家,他们结合运动员的训练实践,开展体育科学研究,提供咨询服务,配合教练员选拔优秀选手,并对这些优秀选手进行长期的科学训练和技术诊断,为美国成为奥运金牌大国奠定了科技基础。可以说,奥运会新纪录中,现代体育科技功不可没。第三,现代科学技术使奥运会上使用的体育器材和设备不断更新,以此不断提高运动员的运动能力。现代计算机和网络技术为奥运会建立了越来越发达的信息服务系统。计算机从1964年日本东京奥运会开始登上奥运殿堂,为奥运管理的现代化带来了一次巨大的飞跃。此后计算机技术与奥林匹克运动的联系越来越密切,以致人们把1984年美国洛杉矶奥运会称为"计算机奥运会",把1988年韩国汉城奥运会称为"信息奥运会",把1996年亚特兰大奥运会称为"网络奥运会"。

　　古代奥运会时,严格意义上的大众传媒工具还没有出现,人类的传播方式处于口口相传的人际传播阶段,传播的范围和广度都具有非常大的局限性。现代奥运会复兴之时,随着印刷术的普及,作为大众传媒手段的报纸已经广泛出现。第1届现代奥运会上就出现了11名记者的身影。奥林匹克文化不仅在欧洲内实现了传播,通过美国的报纸,奥林匹克文化传播的范围还扩展到了欧洲之外的地方。1920年出现的商业广播、1936年出现的商业电视,奥林匹克文化随广播电视技术的进步推广到了几乎世界每一个角落,目前全球收看奥运节目的电视观众已经超过了40亿。[①] 奥运科技创新随着奥运影响的扩散而外溢到社会经济生活的各个方面。

---

　　① 孙玉胜.奥林匹克文化传播的经济学分析[D].长春:吉林大学,2008:17.

奥运会对举办城市乃至举办国的经济、社会、文化、科技与环境等方面都会产生重大的影响。奥运会已经成为举办国向全世界展示本国文化、科技和经济等综合实力的重要窗口。

第五章

奥运传播中的电视转播权

在现代奥林匹克运动的发展过程中,大众传媒起着不可替代的重要作用。在现代奥林匹克运动初创时期,顾拜旦主要利用演讲和报纸媒体作为宣传手段与工具。20世纪上半叶,虽然报纸、广播、电视系统成为传播奥林匹克讯息的主要媒介,但总体来说,奥林匹克的革命是与电视紧密相连的。奥运会为电视机构奉献了一些最为震撼心灵的转播瞬间,奥运会的电视转播刷新观众收视纪录是家常便饭。无论是悲剧场面,还是最为崇高的表现,奥运会一直能够塑造出超凡的和激励人心的形象。这些令人震撼的时刻,转化为庞大的收视数字,还有庞大的电视广告销售额。对于很多电视机构来说,奥运会是一个标尺般的节目,其他任何体育节目都要根据这个标尺来判断其价值。[①] 自20世纪后期以来,奥运会已经成为一个全球观赏的文化产品,它的消费者群体已突破赛场观众的范围,奥运会将遍布世界各地的电视观众作为主要服务对象,因此,电视转播的质量成为国际奥委会和奥运会组织者的首要考虑因素。

体育赛事转播已经展示出其自身巨大的经济价值,同时,其所涉及法律问题的特殊性和复杂性也越来越引人关注。体育赛事电视转播权一般是指体育组织或赛事的承办单位在举办比赛时,许可他人进行电视现场直播、转播、录像,并从中获取报酬的权利。适合实行电视转播权有偿转让的赛事有大规模综合性运动会、热门项目的职业联赛以及各项目的商业性比赛。体育赛事转播权是基于体育赛事的组织、举办而产生的一种特殊的产权,它包含了所有权、使用权、让渡权等一系列的产权项。除了具有产权的基本特征以外,体育赛事转播权还具有特殊的产权的特征:分割权和重组权。产权的分割包括其可以将某一个具体权能项的细分,从而实现

---

① 佩恩.奥林匹克大逆转[M].郭先春,译.北京:中信出版社,2008:22.

更大的收益。体育转播权主体将其拥有的体育赛事转播权的使用权出售给电视等媒介机构,从而获得收益;电视等媒体机构通过体育赛事转播权的使用,将体育赛事转化为传媒内容产品来吸引广告商获益或直接销售给受众获益;为了获得更大的收益,体育组织还将体育赛事转播权细分为独家转播、直播、录播、采访报道、赛事集锦等不同使用权,同时将转播权的使用权分地区进行划分、销售。产权的可分割性随着人们的需求、创造性和技术创新的不断增进并且逐步的细化。这不仅增加了体育赛事转播权的市场细分,同时也提升了体育转播权的经济价值。①

体育赛事转播权的概念是在广播电视技术得以飞速发展的前提下才出现的,即使在体育赛事转播权非常规范的欧美国家,对其的法律地位和性质仍没有统一的认识。虽然在国内有专家认为体育赛事转播权不是智力成果,不具有知识产权的"独创性"和"可复制性"等特点,尽管对体育赛事电视转播权是否是一项知识产权仍存在着争议,但体育转播权具有知识产权特征是不容置疑的。赛事转播权与表演者权利十分相似,但性质完全不同,不能认可它是著作权中的邻接权,对电视转播权的学理研究还需进一步加强。根据原国际足联主席布拉特的说法,在巴西世界杯周期里,国际足联获得了超过40亿美元的收入,其中约有60%都是来自于巴西世界杯的赛事转播权售卖。甚至有消息说,这个比例可能高达65%~70%。在日本,2010年世界杯和2014年世界杯的独家转播权最终卖了3亿美元,韩国的售价为1.8亿美元。相比之下央视获得中国(不含港台)世界杯电视转播权的"守门人"资格的付出费用仅为1.2亿美元。这其中的原因要对转播权市场交易模式和特点仔细分析。电视对于体育运动的商业化、职业化和娱乐化都产生了至关重要的影响。加汉姆分析了媒介商品化的两个方向:直接生产媒介产品和运用媒介广告完成整个经济的商品化过程。从这个角度来看,电视产业介入体育产业的形式主要有:生产有关体育的电视节目,同时进行体育运动及其相关产品的广告活动。前者在发展当中衍生出电视转播权这一重要概念,由此大大推动了体育运动的大发展。

---

① 雷晶晶,金雪涛.体育赛事转播权发展与营销的产权模式[J].哈尔滨体育学院学报,2010,28(1):23-27.

第一节 奥运电视转播权的学理分析

早在1956年墨尔本奥运会前,国际奥委会已经认识到了电视转播收入对奥林匹克运动具有巨大的经济潜能。1955年,时任国际奥委会主席的布伦戴奇指出:"电视存在着开发公众对奥林匹克运动的兴趣的巨大机会。"1958年,处在经济困境中的国际奥委会将奥运会的电视版权写进了《奥林匹克宪章》,明确规定"电视转播权在国际奥委会的批准下,由奥运会组委会出售,收入按照有关规定分配"。奥运会电视转播权的谈判,长久以来就一直是由谋略和巨额赌注混合而成。然而最终的结果却经常是为国际奥委会以及电视机构的未来奠定基业。国际上,尤其是国际奥委会和美国,其有关市场运行的法律规则的建立,对世界电视转播市场的形成、发育和完善产生了重要影响。20世纪20年代人类发明了电视,30年代建立了电视台,1936年首次将电视转播技术应用于柏林奥运,1958年国际奥委会在《奥林匹克宪章》中首次提出了电视转播权问题,并且明确划分出体育比赛与新闻、娱乐节目的区别,为以后出售奥运会转播权合法性提供了准备。巧合的是在1958年5月1日,中央电视台的前身北京电视台试验播出成功,体育节目作为当时北京电视台播出的重要内容成了记录中国体育发展的重要载体。1968年第19届墨西哥夏奥会和第10届法国格勒诺布冬奥会共同采用了彩色电视信号转播情况,电视与体育的关系结合越来越紧密,奥运会的电视转播权随着奥林匹克运动的发展也越来越受到重视,价格也一路走高。在媒介技术革新和体育商业化进程中,体育电视转播权犹如一只看不见的手,助推体育媒介和体育事业发展。新的媒介技术不断推进体育赛事报道的变革,也为日益流行的体育赛事交易提供了可能,电视转播权必将随着电视媒介的流行而出现。

一、发展与流变:奥运电视转播权历史回顾

从1936年小范围的闭路电视,再到1964年卫星实现全球直播,再到北京奥运首次采用高清技术,奥运会赛事转播伴随技术革新不断突破。尽管对奥运会电视转播权的争议一直不断,但经过国际奥委会运筹帷幄,奥运会赛事转播权被界定为财产权得到有效开发与保护。从经济学角度分析,奥林匹克电视转播的发展可以

分为以下几大阶段。

（一）1896—1932年：奥运电视转播的酝酿阶段

在奥林匹克早期的发展过程中，印刷媒体对奥运会一直怀有浓厚的兴趣，报纸和杂志向消费者发起了首轮奥运宣传，担负起了奥林匹克运动早期宣传的主要任务。从1912年瑞典斯德哥尔摩奥运会开始，奥运会图片和影片记录就已经开始被出售，组委会把1912年瑞典斯德哥尔摩奥运会的图片和影片记录卖给了十家瑞典公司，因此获得了94 218美元的收入；1928年阿姆斯特丹组委会在奥运影像上的收入达到172 835美元。在1917年，英国上诉法院就在一个判决中认定，购买了所谓赛事独家拍摄权者无权组织他人拍摄并发表作品。随着广播技术的发展，广播电台积极参与奥运会传播，1928年葡萄牙旅游局获得了独家无线传送奥运会新闻的权利；1932年洛杉矶奥运会的时候，美国全国广播公司的广播频道在深夜新闻节目中，播出了简短的奥运会当天比赛新闻综述。洛杉矶奥组委担心广播报道会对他们最主要的经济来源门票销售带来影响，当时对这种报道方式还存在争议。但在媒介技术和奥林匹克自身的营销发展中，奥运会的电视转播权如箭在弦上。

（二）1936—1956年：奥运会电视转播权创立与扩散阶段

1936年柏林奥运会的组织者们将电视这种新的媒介形式引进了奥运会，首次运用了电视技术转播比赛，175项比赛总共进行了138个小时的电视播出。当年，德国国家电视台用三部摄像机记录了那届奥运会，每个摄像机重200公斤，光是更换镜头就需要四名工作人员。在直播时，只有一台摄像机能用，而且必须在光线足够强烈的情况下，另两台摄像机在转播时有65秒的延迟。电视信号被传送到距柏林市中心15公里之内一些特定的观赛场所，162 228人观看了历史上第一次奥运会闭路电视直播。[①] 组织者能够数清楚每一位电视观众，这也许是有史以来第一次也是唯一一次对电视观众收视率统计完全正确的奥运会电视转播。由于当时各大赛事组织者并不注重体育赛事转播权，体育赛事被当作一种公共资源被各个电视台免费转播。

12年后当奥运会再次在伦敦举行的时候，正值第二次世界大战刚刚结束，经过多项技术创新的电视媒体成为现代奥林匹克运动最重要的媒介传播平台，奥运会

[①] 佩恩.奥林匹克大逆转[M].郭先春，译.北京：中信出版社，2008：254.

比赛实况第一次被传送到电视观众的家中。奥运会的组织者面临举办赛事的巨大经济压力,开始把电视转播这一新的传播方式看作潜在的资金来源。① 不过,电视业当时还处在婴儿期,整个英国仅有 80 000 户家庭能够收到电视转播,电视直播信号发送仅限伦敦周围的 80 公里区域,英国广播公司(BBC)为伦敦奥运会进行了总计 64 小时 27 分钟的节目播出。尽管如此,这届奥运会比赛还是吸引了近 50 万名观众每天收看(在英国以外没有转播)。1948 年伦敦奥运会诞生了多项第一,在比赛场上第一次使用起跑器以及终点线的照片记录;电视转播权第一次正式出售。电视媒体需要为转播奥运会付费,而印刷媒体的记者和摄影师们却不需要付费,英国广播公司将此视为非常危险的先例,非常认真地要避免这一局面的出现。经过漫长的争论之后,伦敦奥组委终于说服了 BBC 支付 1 000 几尼(旧英国金币,1 几尼等于 1.05 英镑)获得奥运会的转播权。由于门票销售超过预期,伦敦奥组委最终稍有盈余,他们选择不去兑现 BBC 的支票。尽管如此,付费购买奥运赛事电视转播的先河却被创下了。

对于必须付费才能获得奥运会的采访权,电视机构以及制作电影纪录片的公司非常不满。1952 年赫尔辛基、1956 年墨尔本奥运会,其他电视媒体机构都不愿意追随 BBC 开创为奥运会电视转播权付费的先河,为奥运会电视转播而付费的谈判严重影响了奥运会的传播,争议的最终结果导致这两届奥运会都受到了电视机构的

图 17　镜头中的奥运会别样风采

抵制,墨尔本奥运会没有进行任何国际电视转播。虽然电视没有转播奥运会有技术方面的原因,但无法解决转播权费用、独家权利方面存在争议也是其重要原因。尽管墨尔本奥运会没有实行向全球进行电视转播计划,但就在墨尔本奥运会之前不久,在意大利科蒂纳举行的冬季奥运会却是有史以来第一个向摄像机开放的冬奥会,首次实现了冬奥会的电视实况转播。1956 年墨尔本奥运会组委会认识到需要为照顾当地发展中的电视转播业,寻找一种解决方案,澳大利亚电视九台获得了

---

① 佩恩.奥林匹克大逆转[M].郭先春,译.北京:中信出版社,2008:254.

也许是奥运会有史以来第一个体育电视转播赞助协议，Ampol公司支付了1 000英镑给奥组委，另支付了8 000英镑给电视九台，换取在该台奥运会报道节目的广告权利，这相当于将电视转播权收费以及独家转播的先例再往前推动了一步，因此引起了国际电视机构的强烈反应。但是，在这届奥运会上一个重要的里程碑树立起来，体育赛事尤其是奥运会的电视转播权将不再免费派发。

在此阶段，媒体对奥林匹克的传播作用大大提高。尽管1936年柏林奥运会实现了首次现场直播，但电视媒体在这一阶段的作用还是以宣传比赛结果和扩大实况转播覆盖为主要目的。由于这一阶段转播的内容很少涉及娱乐而主要集中于比赛结果和比赛情况，所以除了1948年伦敦奥运会BBC支付了约合3 000美元为奥运会提供直播和录播服务，电视转播都是免费的。国际奥委会没有出台对组委会销售电视转播权的有关规定。直到1958年，体育电视转播权被写进了《奥林匹克宪章》前言第49条，"出售电视转播权必须得到国际奥委会的许可，由组委会执行，所得资金的分配也应该根据国际奥委会的指导进行。"[1]

(三) 1957—1968年：奥运电视转播权建立法律依据阶段

1960年奥林匹克回到美国，冬奥会在位于加利福尼亚州和内华达州交界处太浩湖边的斯阔谷举行，哥伦比亚广播公司顶替临时变卦的美国广播公司转播这届冬奥会。哥伦比亚广播公司(CBS)以39.8万美元的金额获得转播权，这是奥运转播史上的第一次真正意义上的电视转播权销售。当年，国际奥委会以100万美元的价格把罗马夏季奥运会的转播权转让给哥伦比亚广播公司，哥伦比亚广播公司首次向欧洲、北美及日本等国进行跨国性电视现场直播，夏季奥运会电视有偿转播正式问世。罗马奥运会真正标志着电视业和奥运会爱情的开端。罗马奥运会是第1届在欧洲18个国家电视直播的奥运会，也记录了录像机的问世，美国电视机构也180度大转弯地改变了自己拒绝向奥运组织者支付电视转播权费用的固有态度，哥伦比亚广播公司用40万美元购得了美国地区的电视转播权。电视转播权的崛起势头在1964年东京奥运会上得到延续，卫星传送技术开始被采用。

1964年东京奥运会第一次通过卫星向全球进行实况转播，首次使各个国家奥运会和国际单项体育联合会从电视收入中分得一杯羹，1964年东京奥运会共有

---

[1] 曾静平,曾曦.中国体育电视发展沿革研究[J].天津体育学院学报,2009,24(5):375-378.

156个国家获得了电视或广播转播权,全世界约20亿人通过电视收看了本届奥运会比赛。① 虽然奥运会的电视转播在世界范围内有了长足发展,但在美国电视界奥运会仍然没有确立自己的压倒性优势。1968年墨西哥奥运会上,首次进行了彩色电视现场直播和慢动作的电影技术,美国广播公司(ABC)就此付出了450万美元的转播费,是1960年冬奥会上哥伦比亚广播公司拿出的转播费的8倍多。这一时期,从1960年开始,奥运会组委会开始独家出售电视转播权,但是没有提供任何如广播中心等设施服务,国际奥委会从出售电视转播权中取得的净收入也只是很小的一部分,大概只获得电视转播权收入的1%~4%。不过,从这一时期开始,国际奥委会为以后电视转播权的营销建立法律依据。

(四) 1969—1980年:电视转播权扩张阶段

随着电视转播技术的提高,电视转播市场竞争越来越激烈,电视转播收入分配就成为一个问题。为了促进奥运会的发展,国际奥委会对电视转播权收入分配有明确的规定,国际奥委会明确了电视转播权的商业价值,主导了销售电视转播权费用的分成,并且收回了转播权主办城市进行销售的权利,为以后奥运会"竞买"销售奠定了基础。由于电视转播权收入要在国际奥委会和组委会之间进行分配,组委会把它等同技术服务的收入进行了区分以增加自己所占的份额。因为技术服务,如建设与组织电视转播中心的费用经常要超过出售电视转播权的收入,国际奥委会同意了这种做法,那时出售电视转播权的收入在组委会总收入中已经上升到了10%左右。尽管美国广播公司为获取美国的奥运电视转播权付出了750万美元,但奥运会的电视转播节目还是只能吸引较少的观众群。奥运会的电视转播多样化创新、电视观众实现重大突破的奥运会是1972年的慕尼黑奥运会。电视转播权收入为17 792 000美元。慕尼黑奥运会之后,美国的电视机构开始慢慢地认识到,奥运会对于收视率的刺激强度超越任何一个其他节目,各大电视机构之间对于奥运会电视转播权的争夺开始升温。美国广播公司向1976年加拿大蒙特利尔奥运会组委会开出了2 500万美元的报价,这是美国广播公司为慕尼黑奥运会支付的电视转播权费用的三倍。美国广播公司用1 000万美元获得了1976年因斯布鲁克冬奥会的美国电视转播权,后来报告盈利为100万美元。

---

① 郝勤.奥林匹克传播:历程、要素、特征:兼论奥林匹克传播对北京奥运会的启迪[J].体育科学,2007,27(12):3-9.

1980年普莱西德湖冬奥会期间,奥运会遇到了有史以来最大的困局,国际奥委会经历更为令人担忧的变动。当时唯一有潜力挖掘的资金来源是美国的奥运会电视转播权。1980年普莱西德湖冬奥会以及莫斯科奥运会的总转播权收入是1.22亿美元,其中83%来自美国,几乎都打给了组委会,以帮助承担他们的一些开销。1980年莫斯科奥运会电视转播权收入为87 984 117美元。总体来说,奥林匹克运动进入现代媒体时代是经由慕尼黑奥运会的那场奥运会开始的。这一时期,由于美国职业体育发展迅速带动了美国体育电视观众的增加,奥运会影响力的扩大和世界经济国际化发展的趋势,使得跨国公司全球营销的需求扩大,美国三大电视集团对奥运会转播权的竞争有力推动了奥运会电视转播费用的持续攀升。电视媒体在世界范围内的进一步普及也有利于奥运会电视转播权的营销。

(五) 1981—1996年:电视转播权增长阶段

在卡尔加里冬奥会的电视转播权售出之前,美国广播公司以创纪录的2.25亿美元的价格,赢得了1984年洛杉矶奥运会以及萨拉热窝冬奥会的电视转播权(外加作为东道主负责夏季奥运会的电视转播费用7 500万美元)。激烈的转播权竞争让转播费打破了以往不足一亿美元的历史记录,这一数字是1976年美国转播权价格的10倍。美国广播公司还以9 150万元的价格赢得了1984年萨拉热窝冬奥会的转播权。第23届洛杉矶奥运会通过出售电视广播权获得了3.6亿美元的资金,从此广播电视台免费转播体育比赛的惯例被打破。与此同时,洛杉矶组委会强硬地让欧洲广播联盟掏1 920万美元购买电视转播权以及以850万美元向意大利第五频道出售转播权的做法,给后来各国奥委会销售转播权树立了很大的信心。为了获得更多的收益,在尤伯罗斯的领导下,第23届洛杉矶奥运会组委会第一次将转播权当作拍卖品进行了"集中竞拍",以电视转播权开发带动以赞助商开发为主要内容的奥运营销"TOP计划",开创了商业经营奥运会的先例。到1988年汉城奥运会时,申办的城市一下增加到了13个,而转播权也被当时还处于亏损状态的NBC以3.09亿美元买下。

1988年卡尔加里冬奥会的欧洲电视转播权仅仅上涨了100万美元,以700万美元成交,而美国的电视转播权上涨了300%,达到了3.09亿美元。冬季奥运会欧洲电视转播权价格只是美国价格的2.5%,夏季奥运会的比例也比这高不了多少。当1992年法国阿尔贝维尔冬奥会的电视转播权上市后,有史以来第一次,其价值大为缩水。哥伦比亚广播公司获得了美国市场的转播权,价格是2.43亿美元,与美国广播公司为卡尔加里冬奥会付出的转播权费用相比,下降了6 600万美元。卡尔加里冬奥会转播权最终让美国广播公司亏损了6 500万美元。这是该公司历史上转播奥运会第一次出现亏损。过了很多年,美国广播公司才终于原谅了国际奥委会在卡尔加里冬奥会电视转播权竞标过程中采用的手段,重新回到奥运会电视转播权的竞标场上。1992年巴塞罗那奥运会尝试多层次电视营销策略,各国主要广播公司在购买了奥运会在相关国家的转播权后,可以许可本国有线电视公司和卫星广播公司使用。这一系列的商业运作,使奥运会的传播范围更大,影响更广。1992年巴塞罗那奥运会电视转播权收入为63 556万美元。

　　洛杉矶奥运会后,受到美国广播公司独家转播奥运会取得巨大成功的影响,以后几届奥运会各家电视台都积极地参与竞争;同时国际奥委会又对奥运会体育转播权进行了一系列市场化改革,其中包括:多届奥运会"集中竞买"、打包销售以及独家转播权等。在国际奥委会对转播权的市场化改革后,原来奥运会转播权的公共性质被彻底改变,奥运会转播权完全市场化进行,促进了奥运会转播权价格的攀升。① 随着电视台对奥运会转播权的争夺持续"高烧"不退,时任国际奥委会主席的萨马兰奇加大了对奥运转播的干预力度,从而极大地促进了电视在奥运会中的作用。这一时期每届奥运会的电视转播收入都有大幅度的增长,出售电视转播权的收入在组委会的总收入中已超过30%。同时,奥运会的市场营销利润也有相当大的增长,进一步增加了国际奥委会和组委会对电视转播的收费,补偿了组委会为建立日益复杂的电视中心所付的开支(电视中心的开支是独立于电视台的)。事实证明,国际奥委会提前明确转播权的策略不仅保证了奥运会稳定的资金支持,同时各被授权的电视台为了能让自己的付出得到更好、更多的回报,也竭尽全力地改建转播技术,扩大电视在一般民众中的影响。与此同时,洛杉矶奥运会的电视信号由当时美国的版权拥有者美国广播公司(ABC)提供,但ABC在转播中过分突出本国运动员的做法引起了其他国家电视台的不满。1984年之后,国际奥委会(IOC)出

---

① 雷晶晶,金雪涛.体育赛事转播权发展与营销的产权模式[J].哈尔滨体育学院学报,2010,28(1):23-27.

台了电视信号提供规定,各主办城市必须遵守。①

(六) 1997—2004 年:电视转播权控制阶段

在 1996 年亚特兰大奥运会之前,电视转播都是一届一届地授权的,但 1995 年 6 月后,国际奥委会实施了一项长期的电视版权销售计划,其先后与美国、澳大利亚、日本以及中美、南美、中东、欧洲等地区的国家级电视机构签署协议,将 1996 年到 2008 年之间的奥运会转播权以 51 亿美元集中卖出。2003 年 5 月,距离国际奥委会正式确定 2010 年冬奥会举办城市还有一个月的时间,距离确定 2012 年夏奥会举办地还有两年多时间,体育史上最大的一次电视转播权谈判就已经搭好舞台,国际奥委会继续出售 2010 年冬奥会和 2012 年夏奥会的电视转播权。国际奥委会将美国选作第一站,最终美国全国广播公司以 20.01 亿元中标。NBC 除了以 20.01 亿美元的竞价获得美国电视转播权,还提出要大幅度提高奥运会电视转播时间,用多语种语言播出,达到 3 000 小时之多。这与 1980 年美国全国广播公司转播莫斯科奥运会只有 120 个小时,1996 年亚特兰大奥运会实际只有 172 个小时的节目时间相比,简直是天壤之别。另外,美国全国广播公司还承诺了一项为期多年、投入数以亿计美元的奥林匹克品牌推广计划,还给国际奥委会电视史料局赠送一套价值 1 000 万美元的交互式图书馆管理系统。2004 年雅典奥运会,电视转播创造了奥运历史上频道最多、转播时间最长和覆盖面最广的三项历史。据后来的统计,雅典奥运会召开时,全球有超过 300 个电视频道对比赛进行总计 3.5 万小时的转播,约有 390 亿人次收看了比赛,较 4 年前的 361 亿人次多出 29 亿,电视转播权的销售收入高达 14.985 亿美元,占国际奥委会总收入将近一半,比 2000 年悉尼奥运会电视转播权的销售收入 13.32 亿美元高出 12.5%。国际奥委会表示,将把其中的 7.8 亿美元支付给雅典奥组委。

这一时期国际奥委会成立了自己的电视广播组织。随着奥运会的影响力越来越大,奥运会电视转播权营销策略缺乏整合的弊端越来越明显。其中,突出表现在转播权谈判的主导地位换位频繁,国际奥委会在转播权收益的分配上比例缩小,与奥运会组委会的关系有待协调,转播质量不稳定、转播素材不全面,奥运会电视转播价格在低端徘徊等诸多方面。为了控制电视转播的制作过程,保证转播质量,国

---

① 卢群,赵兴玉.奥运电视转播发展历程及技术发展现状(上)[J].广播与电视技术,2008,35(3):44-48.

际奥委会于2003年成立了"奥林匹克广播服务"公司(Olympic Broadcasting Services,简称OBS)以监控奥运会的转播,保证奥运会的转播既有质量,又有连续性。① OBS以与组委会合作的方式运作,控制了奥运会信号。国际奥委会则通过继续加强其在电视转播权谈判中的主导地位;增加奥林匹克运动在电视转播权交易所获资金分配中所占的比例;协调好与奥运会组委会之间的关系;努力提高转播质量;增加奥运会电视转播素材,扩展产品线;继续提高电视转播权的价格;开发更强有力的电视营销网络;与广播公司签订长期的合同,促进TOP赞助商与广播公司之间的关系;整合新技术,努力降低奥运会转播成本;开展奥运会电视转播促销等10项措施来整合其营销策略。②

(七) 2004年至今:新媒体电视转播权

2007年12月18日,央视网(CCTV.COM)在北京与国际奥委会正式签约,成为北京2008奥运会官方互联网、移动平台转播机构,拥有在中国内地和澳门地区的独家新媒体转播权。这是国际奥委会在百年奥运会的历史上首次将互联网、手机等新媒体作为独立转播机构,与传统媒体一起列入奥运会的转播体系,肩负起奥运传播的神圣使命。③ 2000年悉尼奥运会,国际奥委会规定除美国全国广播公司(NBC)网站外,其他网站一律不得播放奥运会比赛录像,而且NBC网站播放的不是直播信号。然而,未经授权、侵犯知识产权的奥运会网络视频并未绝迹。随着新媒体的普及,自2008年以来,网络媒体购买奥运转播权的力度空前增加。Youtube购买了伦敦奥运会的版权,将向亚洲和非洲的64个国家和地区提供直播。这是奥运会第一次通过Youtube视频网站,向观众提供免费直播,Youtube预计全球将有4.5亿网民受益。

国际奥委会对新媒体视频转播权合作伙伴的选择非常谨慎,前提包括具备视频直播、点播等方面的技术优势,以及具有在互联网视频版权保护上的特别方式。根据国际奥委会关于2008年北京奥运会新媒体视频转播权授权的要求,有两条不可逾越的底线:"一个是地域的控制,给我们的授权在中国内地和澳门地区,不可以越界传播;另外必须有受版权保护的技术,所有的内容必须经过加密。"按照通常的

---

① 任海.论国际奥委会的改革[J].体育科学,2008,28(7):3-25.
② 赵长杰.奥运会营销策略[M].北京:北京体育大学出版社,2009:170-171.
③ 卢群,赵兴玉.奥运电视转播发展历程及技术发展现状(下)[J].广播与电视技术,2008,35(4):36-43.

惯例,国际奥委会将赛场内的视频、图片资源视作国际奥委会的私有财产,其对于这些资源的版权保护要求也极为严格。赛场内所有的视频信息,都是由国际奥委会的合作伙伴奥运会官方转播商(BOB)独家拍摄,即使是进行新闻报道的媒体,也不允许在赛场内拍摄比赛信息。即使是网民个人在赛场内用 DV、手机拍摄的视频发布到网络上,都被认为是侵权。在 2008 年北京奥运会上,央视网面向公益性网站和商业性网站提供不同的视频资料包,视频资料的呈现方式则包括直播、点播加直播等。其中,针对商业性网站视频资料包除了搜狐获得授权的 3 800 小时类型外,还有另一个等级约为 1 300 小时。

在这一时期,2004 年以来,国际奥委会开辟了网络转播奥运会的权利,将奥运转播权出售给各个网站,这促使奥运转播权市场进一步扩大,收益进一步增加,但是,受到网络自身缺陷的影响,"奥运会转播权"版权受到严重的侵害。国际奥委会最初只允许网络媒体以文字和图片的形式报道奥运会。这不但有利于传播奥运会,也不会损害奥运会电视转播权交易。电视和新媒体捆绑销售的奥运会版权价格在这一时期不断攀升。为 2006 年都灵和 2008 年北京奥运会的转播权付出了 15.08 亿美元的 NBC,又以超过 20 亿的价码将 2010 年冬奥会(8.2 亿美元)和 2012 年夏奥会(11.8 亿美元)的美国本土转播权(包括电视广播,有线广播,视频点播和互联网)揽入怀中。在 2014 年,美国的全国广播公司电视台与国际奥委会以 77.5 亿美元的天价续约,持有的奥运会电视转播权可以延至 2032 年,这将对体育产业造成重大冲击,甚至使得电视台可能影响国际奥委会对奥运会东道国的选择。

二、突破与创新:体育赛事电视转播权在中国

我国电视事业起步较晚,直到 1958 年 5 月才开始试播电视节目。此时,世界体育电视已经跨越了 5 届奥运会和世界杯,经历了很多与之相关的重要时刻。竞争性的电视产业结构是电视转播权成为体育产业收入重要来源的基础条件,而市场主体地位和可持续发展的电视产业经营模式则是电视媒体转播权购买力的保障。在中国,电视媒体市场化改革和发展滞后带来的垄断,以及体制和角色错位带来的资金问题,成为电视媒体制约国内体育赛事电视转播权市场开发的两个核心因素。

图18 不断突破创新的中央电视台体育频道

（一）有转播但无转播权时代

1958年6月19日，新中国在开办电视台的第一年，北京电视台（现在的中央电视台）利用日本在北京举办展览时留下的一辆二讯道转播车实况转播了八一男女篮球队和北京男女篮球队的表演，这是中国体育电视史上第一次体育电视实况转播。由于技术原因限制，在我国体育电视早期，主要是制作一些体育节目、转播部分同城体育赛事。1959年9月，北京电视台第一次实况转播了中华人民共和国第1届全国运动会，这是中国电视第一次转播综合体育赛事，转播内容包括运动会开幕式及足球、篮球、排球等重要场次的比赛实况，在新闻节目中报道了比赛的消息。1961年4月4日至14日，北京电视台第一次转播世界性的国际赛事——第26届世界乒乓球锦标赛。北京电视台集中全台力量对在我国举办的第一次世界性大赛进行了大规模报道，在10天时间里转播了14场比赛，共计35个小时，拍摄了71条新闻片，编辑了46个专题片，还制作播出了4次关于乒乓球的专题节目，并安排庄则栋、李富荣等优秀运动员与观众见面。在北京电视台创办的相当长时间内，由于没有远距离传输设备，无法对在北京以外举办的体育赛事进行实况转播。直到20世纪70年代以后，由于电视技术的进步，北京电视台才开始对国内外重大体育赛事进行实况转播。1973年10月，北京电视台和湖北电视台合作，第一次成功利用微波干线把全国乒乓球锦标赛的视频、音频信号从湖北传到北京，进行全国实况播出，这是我国第一次远距离实况转播。

(二) 赛事转播的国际合作与转播权兴起的阶段

1978年6月,第11届世界杯足球赛在阿根廷举行,中央电视台通过国际通讯卫星将图像和声音接收回来,配音播出。6月25日、26日,中央电视台向全国观众现场直播了半决赛和决赛,这是中央电视台第一次通过国际通信卫星回传信号到北京,现场直播海外体育比赛,也是中国观众第一次通过电视屏幕看到高水平国际足球比赛实况。这次直播成为中国电视体育史上的一个转折点。1978年12月4日至22日,第8届亚洲运动会在泰国曼谷举行。中央电视台派出记者与中国代表团同行,除了拍摄新闻片的编辑记者之外,宋世雄还作为体育电视节目解说员随队前往,直播了开幕式和女排、男篮的决赛。这是中央电视台第一次派人员在海外进行现场直播。① 1982年6—7月,中央电视台通过"亚广联"购买了在西班牙举行的第12届世界杯足球赛的报道权,派出四人报道组到香港,通过卫星收录了52场比赛,根据电视画面在香港配加解说。1984年,我国为洛杉矶奥运会电视转播权支出了10万美元,而同期ABC购买费用达到了2.25亿元。20世纪90年代以前,体育与电视同为传统计划经济条件下事业体系的组成部分,没有经济上的联系,不存在转播权的转让问题。不过,从80年代中期开始,我国的经济体制逐步由计划经济向市场经济转变,而市场经济的重要表征就是企业的营销、广告行为。这个时期,电视虽然还被大多数人认为是一种宣传工具,但这种赞助给中国的"体育电视产业"链条注了原始动力,从此电视与体育之间开始有了微妙的经济联系。

国内体育赛事转播权的有偿转让始于1994年。当时,中央电视台以广告时段(每场2 min)换取全国足球甲级联赛转播权,中国足协通过广告时段取得56万元收入。1997年上海八运会,央视以广告时段置换电视转播权,10天的赛事共给予组委会140 min的广告时段,这是我国电视转播权在综合性运动会上的首次营销突破。1999年在天津举行的世界体操锦标赛上,中国体操协会获得了中国(不含港台)电视转播权,中国体操协会委托中介公司将电视转播权以广告时段转让方式出售。当时28家地方有线电视台购买了23场比赛转播权(每场给2.5 min广告时段)和8集专题节目的报道权(每集给2 min广告时段),中央电视台购买了11场比赛转播权(每场给1.5 min广告时段)。这是我国首次开发在中国举办的世界性

---

① 曾静平,曾曦.中国体育电视发展沿革研究[J].天津体育学院学报,2009,24(5):375-378.

比赛的电视转播权。①

1999年,甲A的电视转播权首次以货币化的形式进行开发,尽管体育部门与广电部门在谈判过程中屡发碰撞,最终根据足协与中央电视台的协议,1999—2001年的3年间,中央电视台获得甲A联赛的全国独家首播权,直播78场联赛,共支付电视转播权费用1 100万元,平均每场14.1万。CBA联赛(中国男子篮球职业联赛)是我国国内单项体育赛事转播权开发体现市场化特征,并且引入国际惯例的最初典范。2001年底,中国篮协与承担中介的中广网公司签订了转播权转让协议,一切投入与风险由中介公司承担。成立了CBA制作中心,所有赛事承办地制作的公用信号均传到制作中心,由制作中心提供给非主办地所有购买了赛事转播权的电视媒体。这样一来,体育赛事的内容产品制作权和版权均由赛事主办方掌握,为规范转播权经营打下了基础。在转播权交易过程中,中央电视台用货币化形式以280万元购买了60场比赛的转播权,地方台用广告时段受让转播权(每场给予广告时段4 min)。规范化的运作使CBA联赛在2002年一个赛季的转播权收入超过1 000万元人民币。2003年,上海文广新闻传媒集团以1.5亿元人民币买下中超3年的转播权,创下了单项体育赛事转播权价格之冠。2005年中国足协和中央电视台签订五年合作计划,中央电视台承诺为"中国之队"项目的投资不低于2 000万人民币。2008年北京奥运会的电视转播权收入达到25亿美元。②

在传统的体育事业体制向协会制转型的过程中,1994年足球项目最先实现了专业化向职业化的过渡,此后篮球、排球、乒羽也相继有了自己的联赛。中国职业体育开始走上了以电视转播为"敲门砖"的市场化之路。在体育市场的开发初期,为了宣传赛事获得企业赞助支持,体育组织甚至还有过向中央电视台付费转播体育赛事的先例,这种做法的后遗症便是以后中央电视台和体育组织之间就开发赛事转播权"谁付谁钱"的问题,存在认识上的差异。中央电视台用每场甲A联赛给中国足协2分钟广告时段的代价,获得了足球甲A第一个5年的电视转播权。由于各种原因,足协兑现到手的广告难以转让出去,5年内实际上只获得了56万元的广告收入。1999年中国足协与中央电视台的甲A联赛转播5年到期,足协对新

---

① 李竹荣,金雪涛.传媒产业融合时代体育赛事转播权经营[J].北京体育大学学报,2008,31(9):1194-1196.

② 同①.

的联赛转播开出每场比赛 15 万元的价码,希望在已经逐步做大的"蛋糕"上,中央电视台能够给足协多分一块。虽然谈判几经反复,最终双方在联赛开始的最后时刻就甲 A 的电视转播权问题达成了协议。虽然磕磕碰碰,但毕竟是国内首次以货币形式开发单项比赛的电视转播权。

2001 年 11 月在广东举行的第 9 届全运会上,电视转播权开发工作实现了历史性突破,赛事组委会授权粤兴公司对九运会电视、广播的转播权,现场采访报道权全部实行有偿转让,进账 1 000 万元,其中付费最多的是中央电视台(450 万元)。2002 年 3 月,经过马拉松式的多轮谈判,最终央视在离韩日世界杯赛不到两个月时才与世界杯电视转播权的代理销售商德国基尔希集团达成协议,以近 2 亿元人民币的价格买断了 2002 年和 2006 年世界杯在中国境内的独家电视转播权。这也是央视转播史上最大的一笔付出。2003 年上海文广集团以 1.5 亿美元获得中国超级联赛(简称,中超)三年电视转播权合作伙伴资格。这被体育业内人士视为"打破中国体育赛事电视转播权市场的坚冰"。经过两年无中央台转播时期之后,尴尬的是中超的市场价值不升反降。

(三)中国奥运的电视转播

我国于 1979 年 10 月恢复了奥运会的合法席位,随即在 1980 年就参加了普莱西德湖冬奥会,但中央电视台参与奥运会报道始于 1984 年第 23 届美国洛杉矶夏季奥运会。当时中央电视台派了 6 人在香港转播洛杉矶奥运会,先后通过卫星直播了开幕式、闭幕式和女排决赛等十场实况,总共转播 10 场比赛实况,播出奥运专题 30 集(1 小时)、新闻 53 条、短评 3 条,共计播出 70 小时。这是中国电视观众第一次通过国际通信卫星看到奥运会实况。在当时的《新闻联播》节目中,中央电视台播放了记者发自前方的对中国体育有着重大影响的新闻,在这之后,中央电视台承担了历届奥运会的电视报道工作,积累了宝贵的报道经验。1984 年、1988 年和 1992 年中央电视台转播洛杉矶、汉城、巴塞罗那奥运会时,中央电视台采用的都是亚广联(亚洲、太平洋地区所属国家和地区的广播电视联盟)集体购买报道权及租用的卫星线路。1988 年转播汉城奥运会时,中央电视台只有 19 人,共报道了总时数为 181 小时的体育比赛,其中现场直播 72 场,实况录像播出 35 场。

由于 1984 洛杉矶奥运会、1988 年汉城奥运会,中央电视台都是与香港电视广播(TVB)联合购买报道权,香港 TVB 多年来一直以亚洲电视业界老大自居,尽管中国运动员成绩好,但转播时中央电视台必须按照TVB制订的规则进行。当时,中央电视台奥运会赛事转播的最大困难来自奥运赛事的报道权。中央电视台的体育频道因频率分配所限,只能通过卫星传送到各地有线电视台播出,因此,需要国际比赛在中国(不含港台)的有线播出权,而出于市场垄断的目的,中国观众有兴趣的许多国际赛事有线播出权,早在中央电视台体育频道建立几年前,就被美国体育电视网(ESPN)、香港卫视体育台买走了,这也是中央电视台的体育频道很少直播世界羽毛球和乒乓球比赛的原因。① 不过,1992年巴塞罗那奥运会是中央电视台体育报道走向成熟的一个转折点,1992年中央电视台派了27人去报道巴塞罗那奥运会,并建立后方演播室来重新包装专题节目,创造了中央电视台历史上连续播出90小时的纪录,总共播出了250小时的节目。虽然中央电视台第一次独立购买了报道权,但工作机房还必须和TVB一起使用,所有关键部位的操作,都由TVB的工作人员来执行。

1996年亚特兰大第26届奥运会,中央电视台实现了奥运会大规模赛事报道的一次腾飞,中央电视台派出了59人的报道团,全方位地转播报道了本届奥运会;拥有了独立的奥运报道制作中心,配备了世界先进的数字化设备,所有节目都直播传回北京,播出时间为创纪录的602小时;采用单边注入点(单机拍摄)的报道形式在场边直播采访,让运动员能立刻宣泄他们的情绪,讲述他们的故事。据日本广播协会(NHK)研究所的统计,中央电视台的奥运会播出总量为世界第一。300平方米的规模和先进的设计安装水平,在国际广播电视中心的一百多个国家中居前十位。② 如果说中央电视台的巴塞罗那奥运会实现报道量上的突破,那亚特兰大奥运会无论是报道规模、工作人员、演播室的布置,还是日常的生活条件等,都有了国际大台的气魄。这届奥运会,北京、广东、辽宁和上海东方四台联合,首次以正式奥运记者的身份组成奥运采访报道团,这是地方电视台第一次走出国门,到第一线进行奥运会的报道。③ 2000年,广电总局、体育总局下发《国家广播电影电视总局关于加强体育比赛电视报道和转播管理工作的通知》,宣布中央电视台具有在中国对奥运会(含残奥会、青奥会和冬奥会)、亚运会和世界杯(含亚洲杯和欧洲杯)的独家转

---

① 赵化勇.中央电视台发展史(1958—1997)[M].北京:中国广播电视出版社,2008:338
② 赵化勇.与你同行[M].北京:中国广播电视出版社,2008:35.
③ 陈国强.中国电视奥运会报道的历史[J].新闻与写作,2008(8):17-19.

播权,其他各电视台不得直接购买;中国各大类型运动会(如全运会、大运会和青运会)赛事及其开闭幕式等必须由中央电视台独家直播,其他各电视台不得直接直播(使用央视公共信号转播)。

图 19 曾主持和解说了多届奥运会的著名体育评论员,被美国体育广播者协会评为 1995 年度最佳国际体育节目主持人

根据国际奥运会赛事转播权的规定,1997 年中央电视台就购买了 2000 年、2004 年和 2008 年三届奥运会在中国(不含港台)的独家版权。2000 年悉尼奥运会,中央电视台派出了 126 人的报道团,比参与亚特兰大奥运会转播的人数翻了一倍。① 报道团队分工更加明确,单边注入点增加到 6 个,悉尼奥运会也被认为是中国体育报道走向成熟的一届奥运会。2004 雅典奥运会上,中央电视台派出了 164 人的报道团队,购买了整届奥运会的报道权,彻底打破了体育中心专题部、竞赛部和新闻部的界限,形成了一个大的兵团,开始团队作战。在雅典,中央电视台奥运会节目转播时间达到了创历史的 1 474 小时 28 分钟。中央电视台首次派出羽毛球(兼任现代五项)、乒乓球两个公用信号制作组参与奥运会的信号制作,完成共计 166 小时的电视信号制作任务,实现了中央电视台在奥运会公用信号制作上的历史性突破。北京奥运会期间,中央电视台派出了 6 支精英团队,在 BOB 国际制作队伍中圆满完成了篮球、排球、网球、乒乓球、羽毛球、现代五项 6 个奥运赛事以及

---

① 赵化勇.与你同行[M].北京:中国广播电视出版社,2008:112.

武术1个非奥运正式项目电视公用信号制作任务,承担了技术负责、视频切换、慢动作操作、字幕操作、音频制作以及视频保障等工作,并向BOB提供两辆大型高清转播车,分别为网球和棒球赛事的信号制作提供技术支持。在16天的奥运赛事中,中央电视台的制作团队共完成了篮球76场215小时、排球56场180小时、网球27场74小时、乒乓球115场170小时、羽毛球106场83小时、现代五项两天15小时、武术9场41小时公用信号的制作。①

  2008年8月8日至24日,第29届夏季奥运会在北京举办,作为2008年北京奥运会中国(不含港台)独家电视转播机构和唯一拥有中国内地和澳门地区新媒体转播权益的机构,中央电视台精心策划部署,设立了三个转播报道中心,先后投入七个赛事转播开路频道、两个赛事转播付费频道、一个奥运资讯频道及央视网新媒体平台,全面转播了全部28个大项比赛的实况,中央电视台的四个国际频道也进行了配合报道,在播出规模、播出总量、投入人员和设备上都刷新了奥运报道的历史纪录。在报道中,中央电视台在7个比赛场馆设立了单边综合制作系统,在37个场馆设置了混合区单边点,并设立了18个现场评论席,全方位突出奥运现场的报道理念,赛事直播录播、奥运栏目、各类新闻、专题、宣传片播出总量达2 796小时49分钟,完美呈现了精彩赛事和团结、友谊、公平的奥运精神,并通过报道有力提升了节目制播整体水平。② 在奥运报道中,中央电视台新媒体平台(央视网)充分利用奥运品牌资源和独家新媒体转播优势,对北京奥运会开幕式以及全部赛事进行了全程直播,同时提供点播、轮播服务,成为中央电视台奥运报道中的一大创新亮点,也是奥运史上首次进行的大规模新媒体传播。通过电视频道与网络、手机电视、IP电视、车载电视的多方位联动,中央电视台加速了媒体融合进程,扩大了传播效果。作为全球唯一全程转播所有奥运赛事的新媒体,央视网联合新浪、搜狐、网易等9家网站进行了奥运会转播,与合作伙伴人民网、新华网等174家网站进行公益性联合推广,实现了奥运会新媒体传播效果最大化。③

  2009年3月26日,中央电视台与国际奥委会正式签署了2010年和2012年奥运会转播协议。该协议包括了2010年温哥华冬奥会和2012年伦敦奥运会中国电

---

① 赵化勇.中央电视台品牌战略[M].北京:中国广播电视出版社,2008:302.
② 赵化勇.中央电视台品牌战略[M].北京:中国广播电视出版社,2008:300.
③ 赵化勇.中央电视台品牌战略[M].北京:中国广播电视出版社,2008:304.

视转播权、新媒体版权以及音像制品版权。该协议是自1984年洛杉矶奥运会,中国首次大规模转播夏季奥运会以来,中央电视台首次以独家转播商身份与国际奥委会签署奥运转播协议。① 2016年8月5日—21日,第31届夏季奥运会在巴西里约热内卢如期举行,中央电视台通过综合频道、体育频道(奥运频道,CCTV-5)、体育赛事频道(CCTV-5⁺)、财经频道(CCTV-2)在内的多个电视频道及央视网(奥运报道官网,IP电视、互联网电视、移动传媒等多终端),体育频道官方微博、微信和新版客户端,采用电视与新媒体联动传播模式进行全面报道。

三、新型权利:奥运电视转播权的权利性质

在一个愈发倚重高品质内容的全球化工业体系中,体育组织和专业媒体间的关系正在由"共生"走向"博弈"。作为体育版权持有方的赛事组织者和职业俱乐部凭借对稀缺体育IP的垄断,纷纷推进自身的媒介化和媒体化,通过自建内容传播平台,精准对接受众需求,摆脱对专业媒体的渠道依赖,降低组织运营成本,并与社交化媒体和平台型媒体展开更多基于版权的互动与协作。②

(一)体育赛事转播权的定义

体育赛事转播权在国外有多种称谓,如体育广播权(Sports Broadcasting Rights)、体育赛事电视权(TV Rights of Sports Events)、体育赛事广播权(Broadcasting Rights of Sports Events)等,与中文比较接近的说法是体育赛事广播电视转播权(Television Broadcasting Rights of Sports Events)。③ 体育赛事转播权虽不是一个新鲜事物,但不同国家对其法律属性的理解也不尽相同。体育赛事转播权作为一项新兴权利,关于该项权利的法律属性和权利归属在理论界尚未达成共识。目前基本上没有异议的是体育赛事转播权属于赛事主办单位,体育赛事转播权最初的权利来源于体育组织。体育赛事转播权就是体育组织允许电视、网络等媒体向公众传播体育比赛并由此获得报酬的权利。该权利的享有主体是体育组织或赛会主办单位,客体是体育比赛;按照播放方式可以分为电视转播权和网络转播权,按照内容可以分为实况转播权、赛事集锦权和新闻报道权等。在体育赛事转播的

---

① 邱大卫.奥运会电视转播权新动向[J].环球体育市场,2009(3):22-23.
② 张盛.生态、渠道、内容:电视体育传播的迭代与创新[J].上海体育学院学报,2019,43(6):23-28.
③ 于晗,金雪涛.基于产权理论的体育赛事转播权开发研究[J].生产力研究,2013(6):74-77.

视域范围内,应该对"体育赛事"这一概念进行扩张。换句话说,体育赛事不仅会出现在赛场之内,也可能出现在赛事之外。奥运会圣火采集就是在赛场之外的体育活动,是体育赛事的一个先导性活动,具有极强的观赏价值和较多的受众,因此也经常成为体育赛事转播权的客体。体育赛事可以是一种提供竞赛产品和相关服务产品的特殊事件。

体育赛事转播权中所使用的"转播"二字,同时包含通常意义上说的"转播"和"直播"的含义。体育比赛转播权分为直播权意义上的转播权和字面(狭义)意义上的转播权,将体育电视转播权分为直播权意义上的电视转播权和转播权意义上的电视转播权,两者性质不同。狭义的转播是一个转播机构转播另一个转播机构的节目;而广义的转播不但有转播的意思,而且还有现场直播的意思。体育赛事转播权所指的"转播"应该是广义的转播。直播权意义上的电视转播权不属于知识产权中的著作权,因为这种意义上的电视转播,客体是体育比赛,主体是体育比赛的组织者和参加者,所以电视转播权和播放者权完全不同,拥有电视转播权是媒体机构对其直播的体育比赛节目享有播放者权利的前提和基础。直播权意义上的转播权一般由体育俱乐部或者赛事主办单位最初拥有,然后制作体育赛事节目的转播机构向其购买,然后在现场摄制节目。摄像机把体育比赛的现场实况加工成电视节目,然后通过大功率的发射设备将其发送给千家万户观看。如果有非体育赛事节目的制作方机构通过有线或者无线方式接入节目,再传送给新的电视观众,这就是字面意义上的电视转播。这种字面意义上的赛事转播权属于赛事节目的制作单位,必须由他们授予或者有偿转让。由于电视转播机构在录制体育赛事节目中付出了智力劳动,所以这种意义上的转播权可以属于著作权中的邻接权,应该享受知识产权的保护。体育赛事转播权其实是两种在性质上完全不同的权利,一种是财产权,而另一种是知识产权。①

电视、新媒体通过购买获得体育赛事播放权后,通过制作赛事节目、可以获得新的衍生权利。一方面,可以预防其他传媒机构的授权盗用;另一方面,又可以将已经获得的播放权出售分销给他人。这种衍生权利的法律性质,从属于源权利意义的体育赛事转播权。不过,体育赛事转播权的重心并不是电视或网络转播的形式到底是直播还是转播,而在于体育比赛的组织方可否拥有该权利,是否可以对电

---

① 冯春.体育赛事转播权二分法之反思[J].法学论坛,2016,31(4):126-132.

视或网络传媒播放体育比赛的行为收费,从而获得经济利益,同时获得播放许可的传媒可将该种播放二次分销给其他传媒机构,由此创造出新的价值。① 体育赛事转播权的性质不是一成不变的,在静态上,它的最初表现形式是一种无形财产权,权利主体为体育赛事的主办单位。但是,通过转播权转让合同,电视等转播机构获得了体育赛事转播权,并且开始进行赛事的转播行为,此时,就产生了《著作权法》邻接权意义上的广播组织权,由此获得了《著作权法》的保护。在权利转换视角下考察体育赛事转播权更有意义,它可以在不同层面、不同视角触摸到体育赛事转播权的多元属性。体育赛事是一种静态的权利,属于财产权的一种形态,因为不具有物质实体的表现形式,所以是无形财产权。② 将静态意义上的体育赛事转播权直接界定为无形财产权,对于正确认定侵权行为非常有效。如果体育赛事转播权是静态的话,它不会产生任何价值,实际意义也不大。如果要有效利用该项权利,必须要将之进行转让和出售,由专业的转播机构获得,体育赛事转播权的潜在价值才能得到实现。体育赛事转播权通过转让合同,获得了新的生命。

转播机构通过购买赛事主办方的转播权,理论上获得了两个权利:第一个是受让而得的作为无形财产权的体育赛事转播权;第二个是作为邻接权的广播组织权。这两个权利不是分割的,前者是后者成立的基础,后者之所以得到法律的保护,又是基于对包括前者购买在内的诸种投资。在经过转播机构制作成体育赛事节目以后,体育赛事转播权的权利属性发生了本质性的转变。广播组织权属于邻接权的范围,它是"著作权法为鼓励某些不具著作权法上独创性但是依然需要鼓励的创作或投资行为而特别创设的权利"。电视转播机构基于对原始转播权的购买,加入自己制作的电视信号,使得转换后转播权成为一项新的权利——广播组织权。根据著作权法的一般原理,广播组织的投资包括了"必要的版权许可的购买、节目的制作、信号制作与传输方面的技术投入等等"。合法的转播机构可以将转播权再行分销,由此创造出新的利润。被分销的转播机构由此也成为体育赛事转播权的持权人。

(二)体育赛事电视转播权的源权利

奥运会的转播权来自于合同,未经许可转播就构成侵权;对奥运会进行新闻报

---

① 冯春.体育赛事转播权的法律属性研究[J].社会科学家,2016(3):117-121.
② 冯春.体育赛事转播权二分法之反思[J].法学论坛,2016,31(4):126-132.

道并不是一项合同权利，更不是一项商业权利，而是来自于公民所享有的新闻自由和权利。严格地讲，报道奥运会的各国和地区的媒体和记者分为两类：一类是对奥运会开幕式、赛事进行全程或者部分转播的电视、网络等媒体和记者；另一类是对奥运会开幕式、赛事等进行新闻报道的报纸、电视、网络等媒体。这两类媒体及其记者所享有的权利有很大的不同。对奥运会开幕式、赛事进行全程或者部分转播的电视、网络等媒体的转播权利，来自于媒体与国际奥委会或者与奥运会主办城市组委会签订的合同。中央电视台通过与国际奥委会签约获得中国内地和澳门地区的独家电视转播权，在中国内地和澳门地区对奥运会赛事进行传播的新媒体（互联网/移动平台）独家转播权。通常认为，奥运会比赛并不具有版权或者著作权性质，但因为《奥林匹克宪章》规定国际奥委会对奥运会的转播享有所有权和处分权，奥运会比赛由此相应地具有了著作权的某种权能。所以，针对奥运会开幕式、体育赛事等进行转播，必须得到国际奥委会、奥组委的授权，通过签订合同支付相关费用才能获取。可见，奥运会转播权更多的是一项合同权利、商业权利，其他任何未经授权许可的媒体，对奥运会开幕式、赛事进行转播都是侵权行为。①

体育赛事转播权是体育产业的重要内容，是体育赛事主办方进行市场开发、有效获得盈利的最主要手段。对于奥运会、世界杯足球赛这样的大型赛事来说，体育赛事转播权的销售收入远远超过了门票销售收入和赞助收入。所有观赏性的体育都依赖媒体。没有媒体报道，商业观赏性、体育的普及和创收潜力就会受到很大程度的限制。电视扩展了商业利益，而商业利益在许多社会里早已是观赏性体育的重要组成部分。体育涉及最低限度的产品消耗，而且体育节目有相对可测的收视率。体育节目可作为推广其他难以贴近观众的节目的途径。20 世纪 70 年代以来，全球经济因素大大地加强了体育和媒体间的共生关系，主要跨国公司需要能够拓展世界范围内知名度和产品熟悉度的工具，需要一种形象来提升建立在消费、竞争和个人成就与地位基础上的生活方式，媒体体育满足了全球化公司的需要。大型体育赛事把体育形象、可认知的符号以及令几十亿人高兴的经历联系在一起；体育与运动员通常表现的是政治中立，这样的它们可以与本地的特征相联系并可用

---

① 杨涛.必须区分奥运会转播权与新闻报道权[N].检察日报，2008-08-11(1).

于出售产品、价值和生活方式。①

在体育赛事转播权极为发达的欧洲,有关这一权利的属性存在着三种不同说法:(1)运动场准入权说。该说认为:如果电视台想要转播体育比赛,必须先从体育场的所有人或管理人处取得进入体育场所在土地的许可。一旦得到了许可,电视台就获得了"转播权"这种抽象出来的权利。总的说来,这种理解是把体育赛事转播权看成一种合同的标的,转播机构可以和赛事主办方签订合同获得对比赛转播的许可。(2)娱乐活动提供说。该说认为:观众和体育赛事主办单位签订合同,并非仅是为了进入赛场,而是为了享受观赏整个比赛的权利,转播机构同样如此。从法律的角度来看,体育赛事主办方售卖了娱乐服务,转播机构购买并播放之,这还是与运动场准入权说一样的合同关系。(3)企业权利说。该说认为:体育比赛是一种商业活动,归属于体育俱乐部,体育赛事转播权是俱乐部的一项专属权利。② 在美国,体育赛事转播权被视为财产权,早在1938年美国法院在匹兹堡体育公司诉KQV广播公司一案中就指出,匹兹堡体育公司是海盗队消息的唯一所有权人,享有与比赛信息相关的权利并由此获得经济利益。体育俱乐部的业主被视为体育赛事转播权的所有者。在本质上,体育赛事转播权可以看成一种无形财产权。最初,无形财产权是知识产权的另一个称谓,但是,随着现代商品经济的发展和社会财富形态的变化,财产已经越来越多地变为无形的和非物质的,它们成为一些新的但又不能归入传统知识产权范畴的权利。体育赛事转播权正好可以在这一新兴权利体系中找到位置。作为无形财产权的体育赛事转播权是一种绝对权,由体育赛事的组织者享有,可以通过订立赛事转播权合同进行转让,其他转播机构不得侵犯其原始持有人和继受主体的合法权益。③

我国对体育赛事转播权的争论主要集中在这种新兴权利归于传统的知识产权范畴还是应纳入著作权中的表演者权进行保护。肯定体育赛事转播权属于传统知识产权的观点认为,体育赛事转播权表现为将体育赛事进行固定、复制及转播的许

---

① 科克利.体育社会学:议题与争议[M].管兵,刘穗琴,刘仲翔,等译.6版.北京:清华大学出版社,2003:478.
② 冯春.体育赛事转播权的法律属性研究[J].社会科学家,2016(3):117-121.
③ 同②.

可和禁止,应将其定位为《著作权法》上的广播组织权。体育赛事广播权可以通过认定为电影作品进行保护,电视台既是著作权人又是邻接权人。体育赛事转播权是体育赛事主办方享有的权利,而广播组织权的行使主体是传媒机构,两者并不相同。而将其客体认定为电影作品也是不正确的,因为体育赛事转播权的客体只能是体育比赛。上述观点实际上分析的是体育赛事转播权被转让后出现的衍生的权利,而非其源权利。体育赛事转播权不能归为传统知识产权最大的理由就是,作为其客体的体育比赛不具有创造性,不属于智力劳动成果,因此不应视为知识产权进行保护。在我国《著作权法》等相关知识产权法律体系中,并未出现"体育赛事转播权"或类似的规定,所以,无论从学理还是我国实然的法律规定来看,都不应认为原生意义上的体育赛事转播权属于传统的知识产权范畴。体育赛事转播权也不是物权。

(三)持证转播商的权利

奥运会的转播产业链已高度市场化。对于每届奥运会的电视转播权,基于其专属性,并考虑到国际奥委会的奥林匹克价值,国际奥委会通过竞标的方式,将电视转播权出售给参加竞标的电视组织。竞标成功的电视组织与国际奥委会签订合同后,即成为奥林匹克运动会电视转播权在该地区的权利持有人。通过与国际奥委会的合同,权利持有人取得通过电视、卫星电视、闭路电视、有线电视和高清晰度电视在规定地区直播奥林匹克运动会的权利。后来,还发展有新媒体等传播平台。由于版权购买方与国际奥委会签订的保密条款,各家媒体在转播历届奥运会时用以购买版权的费用一直没有被官方披露。在电视市场上,奥运会完全具备商品属性,只是这种通过媒体表达出来的商业形式,不会像商业赞助那样直接,持权转播方也会尽量在报道过程中,淡化商业痕迹,这样也利于他们在奥运会期间进行广告等商业经营。

按照国际奥委会的定位,OBS仅负责奥运赛事的信号制作,而分销转播权的主体则是历届奥运会国际新闻中心(简称IBC)。奥运转播权历来被全世界各大媒体视为兵家必争。目前,购买奥运会电视转播权的机构主要采用洲际或区域联盟、国家或地区联合、单个国家或地区型三种模式。洲际或区域联盟是以大洲的形式和国际奥委会签约,然后联盟再分割转播权;国家或地区联合体形式是一个国家或地区内的几家电视台联合购买;单个国家或地区型是一个国家或地区由单一的电视机构进行购买转播。① 在奥运报道视频使用上,非持权电视机构必须严格遵守国际奥委会和组委会规定,必须在赛事结束24小时后才能使用BOB提供的1分钟画面公共信号,而且一天内使用次数不能超过6次。这种对非持权电视机构的严格约束,在商业规则上,其实和TOP以及整个奥运赞助规则非常相似,保证付费持权转播方的独家权益。在中国内地和香港,两地因为媒体业界的格局不同,从而产生了结果各异的转播权竞争模式。在内地,央视凭借垄断地位早已奠定了独家购得内地和澳门地区奥运分销的优势。

对于奥运会这样的优质稀缺资源,可以再授权的少数机构试图通过垄断甚至独家内容争取广告的做法经常被突破。与其抬高价格,不如薄利多销,更广泛的分销或许能够带来更大收益。事实上,早在2008年北京奥运会时,央视就在奥运转播权的分销生意中获得了丰厚利润。据当时报道称,央视以2 000万元获得北京奥运会新媒体版权,此后以每家3 000万~5 000万元的价格卖给国内10多家商业网站,净赚近4亿元。在伦敦奥运会版权交易中,央视并未披露购买的费用,但由于其下属CNTV(中国网络电视台)独家垄断了伦敦奥运会新媒体直播权,拥有向国内商业门户网站分销奥运报道和视频点播版权的优势,复制北京奥运会的商业模式也是主要营销策略。巧合的是,64年前的1948年伦敦奥运会,BBC出资1 000英镑购买了当年伦敦奥运会的转播权,开创媒体购买奥运会版权的先河。64年后,奥运转播权的分销已更为成熟,费用也几何级数式地增长。作为购买了奥运会转播版权,而成为"持权转播商"的央视和NBC,有权利编辑来自BOB的直播信号,这导致了不同持权转播商转播差异,会出现镜头切换不同的多个版本。

四、联合与分割:奥运电视转播权交易模式

体育赛事转播权的产权分割与重组不仅是产权安排的调整和资源的配置过程,也是参与转播权交易的各个主体博弈的结果。转播权主体将转播权分割为使用权和所有权两部分,并直接将转播权和使用权部分出售给转播机构,将奥运会举办权与电视转播权分离,奥委会将转播权直接销售给电视机构。这种模式使得电视转播权归属明确,能够保护好自己组织的利益。

---

① 邱大卫.奥运会电视转播权新动向[J].环球体育市场,2009(3):22-23.

（一）捆绑销售模式

1995年12月12日，当时体育史上最大的一笔电视转播权交易向全世界宣布，美国全国广播公司以23亿美元的价格获取了2004年、2006年(冬奥会)、2008年三届奥运会的美国电视转播权，而这三届奥运会的主办城市当时还没有确定。也就是说，在几届奥运会主办地还没有确认的情况下，转播权已经销售出去了。新千年以来，美国全国广播公司以35.5亿美元的价格一揽子买断从2000—2008年所有奥运会(包括3届夏季奥运会和2届冬季奥运会)在美国的电视转播权。第一个提出多届奥运会捆绑购买提议的是澳大利亚的电视七台，并不是人们一直认为的美国全国广播电视公司。当时电视七台的体育主管加里·芬顿正绞尽脑汁地为获得亚特兰大奥运会转播权而努力，他必须做出一个既要符合国际奥委会的要求，又要达到亚特兰大奥运组委会这个私营非营利组织期望的合理化提案。加里·芬顿对在自己家门口举办的悉尼奥运会的电视转播权的兴趣要比亚特兰大大得多，他是要通过1996年亚特兰大奥运会的电视转播权，为电视七台获得2000年悉尼奥运会的电视转播权提供筹码。芬顿向国际奥委会提交的包括两届奥运会电视转播权的提案，澳大利亚电视七台以7 500万美元的报价锁定了亚特兰大和悉尼奥运会两届赛事的澳大利亚电视转播权，电视转播权谈判的一个新时代由此开始。①

为了有效地减少或避免因世界经济动荡对奥运会带来的冲击，使奥林匹克运动经费更具有稳定性，自1995年开始，国际奥委会将若干届奥运会(包括冬奥会)电视转播权捆绑在一起，开始实施长期电视版权销售战略。再加上从20世纪90年代中期，美国媒体开始出现兼并风潮，传统的三大电视网都被更大的公司如西屋公司、迪斯尼等集团兼并，财力支持更大，竞争更为激烈。美国全国广播公司成为通用电气的下属公司，这为它在购买奥运会电视转播权提供了稳定的资金保障。正是在上述背景下，美国全国广播公司将悉尼奥运会和盐湖城冬奥会的电视转播权作为一个竞标的标的，他们利用多届奥运赛事竞标方案，在美国奥运转播权的竞争中大获全胜。这种捆绑销售是个双赢的策略，好处显而易见。对国际奥委会来说，一揽子销售获得了一笔稳定的资金，不必再为每届奥运会电视转播权的销售进行额外谈判，可以减小或避免因世界经济动荡对奥运会带来的冲击，提高转播收入

---

① 佩恩著.奥林匹克大逆转[M].郭先春,译.北京:中信出版社,2008:41.

的可靠性,国际奥委会可以有充分时间更加合理分配和使用这些收入,并对一些国家和地区奥委会进行资助,这对一些国家和地区参加奥运会起到非常大的作用。对电视媒体来说,拥有连续几届奥运会的转播权的长期合约之后,电视机构可以不用担心操作的只是一次性的赛事,可以早做准备、放心投资、配备最新的设备、组建专业的团队,进行长期规划和节目创新,把奥运会节目办得质量更高,保持奥运会转播和报道的水准和规范。

奥运会的一个根本原则是,电视信号必须免费向大众传播,这与为奥运会举办提供充足的财政要求形成了矛盾关系,而在国际奥委会和奥运会组委会之间,为了控制奥运电视转播权谈判,也存在着一定的紧张关系。奥运会组委会也经常性向国际奥委会的战略发起挑战,质询为什么国际奥委会如此重视观众数量最大化,保护免费播放电视信号的原则,而不是将商业利益最大化。对所有人开放是奥林匹克运动最核心的内容。如果曾几何时国际奥委会在这个问题上进行妥协的话,那会是一个致命的错误。奥运主办地的政府官员以及奥运会的组织者面临着相当的压力,他们考虑得更多的是平衡预算,而不是奥林匹克运动在全世界的推广,因此他们也经常性地试图从国际奥委会手中获取控制转播权谈判的权力。在这个问题上经常发生的冲突,导致了国际奥委会转而采用一种长期的协议战略,只要有可能,国际奥委会都会努力在奥运会主办地确定、奥运组委会正式成立之前,就把这届奥运会的电视转播权售出。到20世纪90年代中期,国际奥委会已经厌烦了每次都要和奥运组委会就电视转播权谈判战略进行争论。国际奥委会一次次地发现自己和奥组委因为谈判的时间、谁掌控谈判过程、决定转播权给谁等问题站到了奥组委的对立面。奥运组织者是想将转播权收益最大化,但对于奥运会电视转播在全球的覆盖却给予很少关注。

集中竞买的特征表现为:转播权主体将转播权进行重组(单届比赛的汇总、几届赛事的汇总),出售给转播机构。集中竞买包括两种形式:一种是对于单届各种体育转播权的集中竞买;另一种是对于多届比赛的集中竞买。单届转播权集中竞买,即体育比赛组织者将当届的体育赛事集中起来统一销售,由转播机构竞价购买的营销模式。组织者通过这种做法将所有体育比赛的使用权集中起来,减少了分别出售的成本,同时也强化了体育产品的稀缺性特征,使转播机构竞价购买的方式又加大了竞争,最终提高了体育产品的价格,获得了更多的利润。多届体育转播权的集中竞买,即体育比赛组织者将多届的体育比赛集中起来统一销售,由转播机构竞价购买的营销模式。与单届集中竞买相同,体育转播机构将多届体育比赛的转播权的使用权重新组合,集中成为统一的单一产权产品进行销售,其目的主要是为了减少分届出售的谈判成本以及价格降低的风险。转播机构由于不想错过连续几届的体育比赛转播,所以不得不接受购买多届的交易。将多届体育转播权集中出售的行为,降低了体育组织的出售风险,提高了他们的利润收入。在1988年的汉城奥运会上,由于时差的问题,美国各个电视台降低了竞拍价格,导致单届的奥运会转播权收入增幅降低。奥组委意识到按"单届"出售奥运会转播权具有很多的不确定性因素,于是将原有的奥运会"单届出售"改变为"集中出售"的方式,即把几届的奥运会捆绑在一起出售给转播机构。这样在没有确定下举办奥运会的国家之前,奥运会转播权已经出售了。国际奥委会的这一举措极大地减少了其在"奥运会转播权"拍卖中所承担的风险,最大化了转播权的收益。欧洲和美国知名的体育联赛也都是采取几个赛季的体育转播权集中在一起进行销售的。①

(二)分类销售模式

由转播商将体育比赛转播包装成自己的商品,并对其进行分配,对于这个拥有独家转播权的转播商,不仅扮演着转播者的角色,同时还扮演着中间商的角色,其可以将所拥有的独家转播权继续出售,从而获得利润。转播权主体将转播权的使用权授予一家或是几家转播机构,由其对转播内容产品进行加工,并且形成新的内容产品,并对其继续分割和重组。奥运会电视转播权的销售分为赛事直播、赛事集锦以及新闻报道等三部分权力。电视机构对赛事进行实况转播或录播,就必须购买转播权;集中播出15分钟以上的集锦画面,就要购买赛事集锦权;使用比赛的电视信号超过3分钟,就要购买赛事新闻报道权。这三种权力是独立的,必须分类购买。授权时按电视媒体的性质可分为有线、无线和卫星电视转播权三类;按地域可分为洲际、全国和城市及地区转播权等。② 在地域分类上,目前,奥运会电视转播权实行区域排他性的多层次电视营销策略公开招、投标的销售方式。所谓区域排他性即在一些国家或地区向唯一的对象销售,使电视转播在这些国家或地区具有

---

① 雷晶晶,金雪涛.体育赛事转播权发展与营销的产权模式[J].哈尔滨体育学院学报,2010,28(1):23-27.

② 王朋,张仁寿,王晛.奥运会转播权营销创新对2010年广州亚运会的启示[J].广州大学学报(社会科学版),2008,7(10):48-53.

排他性;所谓多层次电视营销策略是指持权转播商可以在授权区域内对电视转播权进行再授权;而公开招标、投标的销售方式除了使销售更趋公开和规范外,还大大提高了电视转播权收入。① 为了保证全球民众免费观看奥运会电视转播的广泛性,在对电视机构招、投标过程中,除了考虑价格因素外,还要考虑电视机构的信号覆盖范围。鉴于奥运会高昂的电视转播特许费用在多数区域并非一家电视公司所承担,同时考虑到电视公司的频道资源和信号覆盖面,目前持权转播商共有三种形式:(1)电视公司,一个国家的单独电视机构;(2)联合体,一个国家的多个电视台组成的转播联合体;(3)联盟,某个地区为合并转播资源而成立的转播联盟。②

国际奥委会的经营策略一般是对国家或地区的唯一对象销售转播权,区域内的电视媒体必须竞价才能获得转播权,因此可以极大地提升转播权的销售价格。电视台获得电视转播权后,获得了转播奥运会的区域垄断权,导致转播期间的电视广告价值迅猛攀升,获得丰厚的利润。美国NBC、ABC、CBS等电视台的激烈竞购,导致美国成为世界上购买奥运会电视转播权价格最高的国家。体育组织将体育赛事分为直播权、录播权以及体育报道和赛场花絮,并同时将几个赛季的联赛"集中出售"。这种行为解决了转播机构对于有限体育赛事的需求,同时也提高了体育转播权的利用率,使体育组织的收益达到最大化。在体育组织转播权出售过程中,一些赛事组织者为了解决各家电视台需求有限以及自己旗下小俱乐部比赛转播权无人问津的现象,将自己联赛季的比赛分为几个部分,转播机构可以任意选择自己感兴趣的部分进行购买。这样的出售有效地缓解各个转播机构购买所有比赛带来的经济压力,同时也将那些转播机构或是观众并不感兴趣的比赛打包销售出去,而对于大家都感兴趣的比赛转播权则以较高的价格销售出去,大大增加了联赛各组织自身的转播权收益。

(三) 联合经营模式

体育赛事组织者为了减少转播权出售的不确定性,往往选择与转播机构合作,共同开发体育转播权,即将自己的所有权同样授予转播机构,自己从中分成。这样不仅减少了自己出售转播权的收益风险,同样也节约了自己出售转播权的成本。

---

① 王朋,张仁寿,王晛.奥运会转播权营销创新对2010年广州亚运会的启示[J].广州大学学报(社会科学版),2008,7(10):48-53.
② 同①.

而对于转播机构来说,选择同体育组织共同开发体育比赛转播权,不仅可以优先获得体育转播权的使用权,同时也可以通过共同开发,来降低自己与体育组织之间的谈判成本,提高自身的收益。转播权主体和转播机构合作共同开发转播权的使用权,共同分享利益。电视媒体的垄断是影响大型国际体育赛事电视转播权收益的瓶颈。理论上,电视媒体的自由竞争既可以增加体育赛事电视转播权开发过程中的体育赛事承办方的收益,也可以增加体育赛事转播供给数量,从而使体育赛事所带来的社会福利最大化。但在反垄断成本存在的现实条件下,此目标却不能够实现。不仅如此,获得反垄断权力的机构的自身利益和反垄断目标模糊定位会激励反垄断结构加大反垄断的力度和深度,从而挤压媒体利益,增加反垄断成本"反垄断结构收益",结果反而是减少了社会福利。所以,反垄断的目标定位是反垄断能否实现福利最大化的关键。由于信息不对称会导致大型国际体育赛事电视转播权非理性开发,从而会给媒体和赛事带来负面影响,所以,反电视媒体垄断并非易事。[1]

在大型体育赛事具有天然卖方垄断属性和电视媒体具有买方垄断现状的条件下,通过福利经济学和博弈论的分析可以得出:体育赛事承办方与电视媒体的博弈产生的交易成本越多,则赛事承办方利益损害越大,电视媒体利益损害越少;体育赛事承办方与电视媒体的博弈产生的交易成本越少,则赛事承办方利益损害越小,电视媒体利益损害越大,双方合作以减少博弈成本,是有利于体育赛事承办方的策略。因此,具有上游垄断性质的体育赛事承办方与具有下游垄断特征的媒体相联合组成一体化垄断,不但能够实现体育赛事承办方、电视媒体、实施广告策略的商家以及整体社会福利四者共赢,而且,能够减少反垄断至社会福利最大化时的反垄断成本。实施一体化垄断继而在此条件下进行反垄断,实现福利最大化时的净福利增加,也大于独立垄断条件下进行反垄断所实现的净福利的增加。因此,在反电视媒体垄断成本约束所带来的反电视媒体垄断实施过程很难把握的情况下,如何在实现社会福利最大化过程的同时减少反垄断成本,才是实现体育赛事电视转播权有效开发的关键。根据中国当前的电视媒体现状,体育与媒体融合的同时采取

---

[1] 王平远.大型体育赛事电视转播权有效开发探讨:基于福利经济学和博弈论的视角[J].体育科学,2010,30(10):23-29.

合理的反垄断措施是体育赛事电视转播权有效开发的参考途径之一。①

围绕卡尔加里冬奥会电视转播权竞标所产生的狂乱局面,对于奥林匹克运动来说是一个重要的时刻。卡尔加里冬奥会电视转播权是萨马兰奇上任后出售的第一份电视合同,为准备萨马兰奇担任国际奥委会的第一次奥运会电视转播权谈判,来自美国三大电视机构美国全国广播公司、美国广播公司和哥伦比亚广播公司,他们要竞争的是1988年加拿大卡尔加里冬奥会在美国市场的独家转播权。新的以电视转播为先导的营销战略,需要一笔重量级的合同来启动。这时莫斯科奥运会之后电视转播权市场的低迷状态已经消散,电视业内部的变革,把电视转播权的价格不断抬高,电视机构才刚刚开始真正认识体育的力量。萨马兰奇决心要为奥林匹克运动赢得利益最大的合同。国际奥委会已经先期会晤卡尔加里冬奥会组委会,就理想的谈判流程以及如何为电视机构购买的转播权提供最大化的价值,进行了讨论。他们决定把比赛时间由14天延长为16天。这为电视机构多提供了一个周末的转播时间,可以让他们多销售几个小时的黄金广告时间。经过长达11个小时的高度戏剧性的跌宕情节,美国广播公司在第六轮竞价中获得了最终的胜利。美国广播公司的出价,和他们为萨拉热窝冬奥会付出的电视转播费用相比,增加了2.175亿元,是当时的337%。这是电视史上一个项目——不管是体育赛事还是其他活动,付出的最为高昂的权利代价。美国广播公司迈出的这一步,是体育赛事电视转播权最大幅度的一次飞跃。这一历史地位直到十多年后媒体大亨默多克进入全球电视转播权竞标舞台后才有些变化。对于国际奥委会来说,卡尔加里冬奥会的竞标也是个转折点。美国的电视机构非常愤怒,对国际奥委会产生了怀疑,自身的财政状况也有所下降,所以导致了汉城奥运会的美国电视转播权售价,反倒不如卡尔加里冬奥会。这是有史以来第一次夏季奥运会的电视转播权,还不如一届冬奥会的转播权值钱。卡尔加里冬奥会电视转播权竞标过程中的教训,以及随之而来在汉城奥运会上达到的最低谷,极大地影响了国际奥委会在此后20年里出售奥运会电视转播权的方向和手法。

联合购买在激烈的赛事转播权购买竞争中成了一种趋势。转播权的价格逐年攀升,超出了很多电视台的购买能力,电视台转播体育赛事的经营风险越来越高,

---

① 王平远.大型体育赛事电视转播权有效开发探讨:基于福利经济学和博弈论的视角[J].体育科学,2010,30(10):23-29.

甚至不堪重负,所以电视台希望联合起来购买转播权。这样,不仅能够增加购买能力,而且可以减少风险,更有效地利用资源。集体购买转播权的行为是联合市场中多个竞争者进行的。① 一直以来,欧洲广播联盟(简称欧广联)整体打包和国际奥委会进行电视转播权谈判。欧广联代表欧洲50多个国家和地区约70余家电视台购买奥运会在欧洲的电视转播权,然后组织欧洲各国家和地区电视制作人员报道奥运会。这种"批发"模式在面积不大、语言相近、文化背景类似、经济差异不大的欧洲屡试不爽。

国际奥委会在奥运会电视转播权谈判方面最主要的着眼点是美国市场,但是在20世纪80年代,世界其他地区电视转播销售额和美国市场的悬殊差别开始给国际奥委会造成麻烦。在1984年洛杉矶奥运会转播权谈判中,经过几个月的谈判,欧广联最终把报价提高到2 200万美元,比美国电视转播权售价的10%还要低,但是和他们为莫斯科奥运会电视转播权支付的费用相比,已经提高了三倍。在此后的20年间,国际奥委会多次介入电视转播权谈判,以保护欧广联的地位,同时把欧洲电视转播权的数额提升到与这个大洲经济水平更加匹配的高度。国际奥委会成功地让欧洲广播联盟知道,在他们之外还有其他的竞标者,最终欧洲广播联盟将1992年巴塞罗那奥运会的欧洲电视转播权价码,由1998年支付给汉城奥运会的3 000万美元,提升到9 900万美元。1992年初,欧盟委员会开始认真地审查欧洲广播联盟对于独家体育赛事转播权的垄断地位。欧盟委员会向欧洲广播联盟发出警告,如果欧洲广播联盟继续组织私营电视台获取奥运会电视转播信号,它可能颁布紧急条例,对欧洲广播联盟处以巨额罚款。随后十多年,在欧洲广播联盟和欧盟之间的这场战斗仍然没完,欧盟威胁诉诸法律,迫使欧洲电视转播权市场开放,而欧洲广播联盟则为了保护自己获得独家权利的地位,毫不相让,上诉与反诉针锋相对。来自欧盟的压力,反倒促使欧洲广播联盟一定要保住自己手中的奥林匹克电视转播权。欧洲广播联盟很快把1996年亚特兰大奥运会的报价提升到2.5亿美元,几乎是他们为1992年巴塞罗那奥运会电视转播权所付出金额的三倍,和八年前的汉城奥运会欧洲转播权价格相比,更是上升了700%。欧洲广播联盟成为全球第一家落实亚特兰大奥运会转播权的机构。

---

① 向会英,谭小勇,姜熙.反垄断法视野下职业体育电视转播权的营销[J].天津体育学院学报,2011,26(1):62-67.

(四)代理及再授权模式

转播权主体将转播权拆分,并将使用权授权中介机构,由中介机构对转播权的使用权进行谈判、出售。因为体育赛事转播商在体育转播初期只将转播权出售给国内的电视转播机构或是参与竞标的转播机构比较少,这样谈判起来就比较方便。但是随着体育赛事的不断发展,越来越多的国际转播机构加入到转播权购买中,这使得体育组织与各家转播机构进行谈判的交易成本不断上升。体育组织没有精力应对来自各个国家的转播机构,它们选择与中介合作,将所有的转播权或者部分转播权的使用权交给中介机构出售,并从中分成。已向国际奥委会购买了奥运会转播版权的持权转播商,在国际奥委会授权的区域内具有排他权,处于区域垄断地位。它使用公共信号,并结合各自的记者单边信号制作电视节目或者栏目进行电视转播,还可以在授权区域内对电视转播权进行再授权。①

从法律上讲,国际奥委会拥有奥运会各项版权权益,包括电视转播授权权益。持权转播商需通过法律协议合法地获得国际奥委会的授权,在各自授权区域内行使奥运会电视节目制作和信号转播的权利,或者在授权区域内对电视转播权进行再授权。国际奥委会直接负责同所有电视转播商进行奥运会电视转播权合同的谈判,以保护奥林匹克运动长期的利益。为了保证持权电视转播商的利益,国际奥委会采取的措施是将新媒体的转播权益尽可能同时出售给持权电视转播商。把所有的权利捆绑在一起,一个地区的转播权获得者将作为唯一的监管者,直接控制该权利的义务。新媒体转播需首先保护电视转播权者的权利。

获得奥运会电视转播权、新媒体版权以及音像制品版权的中央电视台可以独享奥运会在中国内地和澳门的版权分销权利。作为央视旗下的网络媒体品牌,CNTV负责奥运会的网络转播和版权分销。有媒体报道在伦敦奥运会中,CNTV将新媒体转播权进行三类分销:第一类包括直播、点播、央视节目,其报价为5 500万元;第二类为直播、点播类,价格为3 500万元;第三类只有点播内容,其价格也达到了2 800万元。事实上,早在北京奥运会时,央视就在奥运转播权的分销生意中获得了丰厚利润。央视并未披露购买伦敦奥运会版权的费用,但由于其下属CNTV独家垄断了伦敦奥运会新媒体直播权,并拥有向国内商业门户网站分销奥

---

① 王朋,张仁寿,王晛.奥运会转播权营销创新对2010年广州亚运会的启示[J].广州大学学报(社会科学版),2008,7(10):48-53.

运报道和视频点播版权的优势。从目前的国际奥委会政策看,不再允许中国作为特殊关照的发展中国家在亚太广播电视联盟旗下购买电视转播权,而是必须单独与国际奥委会签署协议,而且网络视频直播和集锦的权益今后还将更加严格地根据不同区域采取不同的政策。中央电视台门下的中国网络电视台拥有中国内地和澳门地区独家网络视频直播和集锦权益的情形,恐怕很难持续太长时间。

国际奥委会还有一个与多媒体相关的规定出现了新的变化。2008年北京奥运会前,国际奥委会曾规定,奥运会期间运动员不得将自己在场馆内拍的照片上传到网络,2010年温哥华冬奥会期间,运动员干脆被禁止在赛事期间使用微博。不过,随着新媒体发展迅速,国际奥委会改变了态度,媒体关系经理安德鲁·米歇尔向公众表态"社交网络的介入可以让普通观众通过网络了解到最有趣、最真实的故事。微博已经成为一股不可忽视的媒体力量,国际奥委会也需要适时紧追潮流,了解运动员的需求,满足广大体育迷的需要"。2012年伦敦奥运会,国际奥委会为运动员设置了Widget来选择出口,建立奥林匹克Instagram入口,运动员可以在奥运村实时地与体育迷交流,并能链接Twitter和Facebook上。运动员能在一定限度内使用微博和社交网络,对于已经适应融合多媒体内容的电视机构来说,不能不说是一个福音,它至少能起到拓展节目源的作用。①

从法律性质上讲,奥运会转播权实质上就是权利所有者通过合同许可他人将奥运会比赛通过电视台、电台或网络等媒体向公众直播、转播或者复制的权利。《奥林匹克宪章》中规定了国际奥委会对奥运会电视转播享有所有权和处分权,这是国际奥委会对奥运会电视转播享有权利的法律根据,但其对奥运会转播权的性质并没有明确规定。在某一地区,只有购买了本地转播权的电视台或网站才有权转播奥运会比赛,否则构成侵权。根据有关规定,奥运会转播权的持有人有权传送奥林匹克运动会的图像和声音,但是它对奥林匹克胶片却没有所有权,也不能依据版权法或者著作权法来获得保护。国际奥委会保留了奥林匹克资料的版权,并负责控制版权资料的使用。但是,奥运会不能完全拒绝非权利持有人的采访权,非权利持有人可以编排新闻节目为目的使用奥林匹克比赛的部分胶片等。②

---

① 易剑东.中央电视台的伦敦奥运营销论略[J].电视研究,2012(9):42-44.
② 黄世席.新媒体转播的法律问题[N].法制日报,2008-08-03(14).

五、权利延伸:新媒体的奥运转播权

转播体育比赛对转播商的技术要求是非常高的,因此对某一体育比赛的特定地区的转播享有专有权或者优先权几乎是大多数电视台或者网络商的最佳途径,为此付出的代价就是要向体育比赛的组织者支付大笔的转播费。体育赛事新媒体转播中,产生著作权的时间晚于转播权,转播权的权利人是赛事组织方或参赛方,著作权的权利人是购买转播权并实际进行转播、制作节目的媒体,而并非拥有新媒体转播权的赛事组织方或参赛方。拥有体育赛事的网络直播、延播及点播权,却不一定有向公众传播权/信息网络传播权。因为制作数字化节目的著作权并不一定属于持权转播商。如奥运会的转播都有国际奥委会制定机构制作信号并专门提供给转播商。遭遇网络侵权的体育赛事项目范围广泛:不仅包括全球流行的体育项目,如足球、篮球等,也包括在特定国家流行的体育项目,如橄榄球等。数据显示,全球范围内通过互联网收看未经授权的体育赛事转播的观众人数众多。如《体育广播权与欧盟竞争法》(*Sports Broadcasting Rights and EU Competition Law*,2008)一书所指出的:"仅仅是 2007 年 11 月份的一场 NBA 赛事的流媒体直播源就吸引了超过 100 万人次的观看,而其中 3/4 的观众可以确定在中国。"①

图 20 新媒体平台日益成为体育赛事转播的主要平台

购买独家赛事转播权、网络报道权以及公众关注程度很高的体育赛事版权并

---

① 参见《体育赛事网络侵权背景报告》第 10 页 Background Report on Digital Piracy of Sporting Events,由 Envisional 公司和 NetResult 公司撰写,2008 年出版。

通过移动通信报道所支付的报酬迅速蹿升。所有俱乐部都能够独立地将电视转播权出卖给有可能报价最高的出价人。原因在于：一是那些不能亲自到场看比赛受众的兴趣主要是通过实况转播来看比赛；二是对某一体育项目感兴趣的受众不可能很快就喜欢另一项目的体育赛事；三是体育赛事这种产品的卖方（体育组织或者俱乐部参与或组织的体育赛事），多数具有唯一性。① 通过出售转播权，体育赛事组织能够获取最大化的收入，使其利益达到最大化。对某一场比赛而言，俱乐部与赛事组织方之间有一个共有关系，但是这种共有关系并不涉及由比赛所产生的所有权利，即参与比赛的双方俱乐部以及有关的体育协会都对有关的比赛享有某些权利。由于俱乐部是相应协会的成员，俱乐部类似于市场上的"单独实体"而不是横向意义上的竞争对手。从这个意义上讲，在电视转播权销售方面，体育协会完全控制了俱乐部，后者不能独立地在市场上进行电视转播权的运作。②

新媒体转播权必须从"无形财产权"中寻求法律依据，并将包括电视转播权的竞技权利延伸到新媒体转播。虽然著作权对网络传播权提供了法律保护，但由于国际上大多数国家并不认可体育赛事为著作权保护中的作品，因此新媒体转播中的内容并不能用著作权进行保护，只能使用著作权中的邻接权——出版者的权利、表演中的权利、录像制品制作者的权利、录音制作者的权利、电视台对其制作的非作品电视节目的权利、广播电台的权利来保护体育赛事数字视频制作者的权利。其中，表演者的权利与体育赛事组织者权利最为接近。从法律层面来讲，体育赛事新媒体转播权就是一种通过契约约定的民事权利，是赛事组织方等权利主体对新媒体机构进行体育赛事网络转播这一行为的特别许可，以及获得由此行为带来价值的权利，其中包括行为实施等使用、处分权和获得报酬权，但这种权利并不完全是知识产权范畴内的信息网络传播权。新媒体转播权的权利主体大都是体育赛事组织机构。信息网络传播权，是指以有线或无线方式向公众提供作品，使公众可以在其个人选定的时间和地点获得作品的权利。信息网络传播权是著作权中的一种传播权，权利人可以从该项传播中获得报酬；信息网络传播权又是著作权中的一种财产权，其权利主体不局限于著作权人，还包括录音录像制作者与表演者两个邻接

---

① Toft T. Football: Joint Selling of Media Rights[J]. Competition Policy Newsletter, 2003(3):47.
② Olfers M. Team Sport and the Collective Selling of TV Rights: The Netherlands and European Law Aspects[J]. International Sports Laws Journal, 2004(1-2):66.

权人。

体育比赛电视转播权的法律性质是体育比赛电视转播权的基本理论问题。对体育赛事法律属性争议的焦点在于,体育竞赛是否属于著作权法意义上的作品,运动员是否享有表演者权。有学者认为:体育赛事的电视转播节目属于录像制品,而非以类似摄制电影的方法创作的录像作品。持这一观点的学者认为体育赛事的电视转播节目不具备受著作权保护的"以电影作品或以类似摄制电影的方法创作的作品"所要求的独特性。中国《著作权法》第四十二条规定录像制作者享有"许可他人复制、发行、出租、通过信息网络向公众传播的权利",但不包括"广播权"或"播放权";然而,我们也应当看到在制作、策划、拍摄体育赛事的过程中,尤其是制作拍摄一场巨型体育赛事的过程中,摄制队和导演的创造性是无法忽视的。因此体育赛事的转播节目如果有了独创性,那么是完全可能属于《著作权法》保护的范畴的。换句话说,若某场体育赛事转播的录制过程中包含了导演及摄制团队的独创性因素,那么该转播节目就应当被视为"以电影作品或以类似摄制电影的方法创作的作品",而非"录像制品",因此属于《著作权法》保护的范畴。① 也有学者认为体育比赛电视转播权应是著作权中邻接权的一种,它类似于邻接权中的表演者权。体育赛事中的运动员属于对非"作品"进行表演的人,可以归为著作权法意义上的"表演者"。马法超认为体育赛事电视转播权应该拆分为两种不同性质的权利,一种是不属于债权合同权;另一种是一种著作权的邻接权。对体育比赛电视转播权的国际保护也要从这两个方面进行,其保护的方式也有所不同。而在新媒体电视转播权方面,一些学者对《著作权法》中规定的"播放权"做出了非常狭义的解释,他们似乎认为《著作权法》第十条第(十一)项中的"有线"概念仅指"有线电视"而不包含互联网这一新媒体。因此,广播电视权利人或许可以制止广播或电视台所做的非法转播,但并无法制止侵权网站转播和点播赛事。上述两大原因——即把体育赛事的电视转播节目归为"录像制品"而非"以类似摄制电影的方法创作的录像作品",以及否认广播电视权利人在互联网领域所享有的邻接权,造成了中国《著作权法》中应当如何保护体育赛事的电视转播节目的无解。"通过信息网络向公众传播的权

---

① 宋海燕.中国版权新问题:网络侵权责任、Google 图书馆案、比赛转播权[M].北京:商务印书馆,2011:139.

利"只解决"点播"的问题,而并不解决"现场转播"的问题。①

图 21　体育短视频等新媒体应用在奥运传播中日益兴盛

奥运会有吸引如此众多全球观众的魔力,正是它强大营销实力的根源所在。它保证可以很有效地控制电视节目对于本国观众的到达率,而这一点在当今日益细分的媒体市场,已经变得越来越难。2000 年 1 月,国际奥委会在纽约组织重要的电视转播机构开会,谈论如何应对日益增长的来自互联网的挑战。新媒体科技正在挑战体育转播业的基准原则——明确的地区划分和每个地区的独家权利。互联网可丝毫不会尊重地区的疆界以及独家权利。他们的一致意见是,互联网也许能为扩充观众体验提供有趣的机会,但是却不可能控制原应只在某地区传播的影像被发送到更广阔的区域。如果所有的电视机构无法达成一个新的全球协议,那么悉尼奥运会期间互联网上将不会有任何奥运会的视频和音频播放。这个决定在全球其他媒体业成员间引发了震惊和沮丧。国家奥委会用 44 年前他们对待电视的同样态度,来怀疑如今的互联网。② 毫无疑问,互联网促进了我们一系列新的利益共享者实现自我,他们以前只能单一地依靠传统媒体来获取曝光机会。这个新的媒介受到体育经纪人和管理人员的热烈欢迎。拥有体育赛事知识产权的一方,和那些试图报道体育的另一方,尤以互联网上日益扩张的新闻大卖场为代表,这两

---

① 宋海燕.中国版权新问题:网络侵权责任、Google 图书馆案、比赛转播权[M].北京:商务印书馆,2011:139.
② 佩恩.奥林匹克大逆转[M].郭先春,译.北京:中信出版社,2008:166-167.

者之间的争斗,将肯定会以这届奥运会为一个分水岭。互联网开发的联姻信息与观赏快感的形式的能力,威胁了媒介体育经济结构的重新配置,这是媒介与互联网服务提供商融合的强有力的动机。①

"体育赛事网络转播权"的授权与转让成为赛事组织者收入的重要方面。虽然国内外均形成了一套相对成熟稳定的关于体育赛事网络传播商业开发惯例,但这套商业惯例的基础却没有足够的法律保障,交易双方必须承受法律并没有直接规定"体育赛事网络转播权"、受让方如何阻止第三方"盗播"的风险。② 在体育赛事网络播放的语境下,转播与直播的核心区别就在于现场画面在面向观众之前是否经过专业团队的录制加工。理论上,体育赛事也可以通过直播的方式直接在互联网上呈现。但为了保证观众们的观赛体验,通常由赛事组织者、信号制作公司或电视台的专业录制团队来录制现场画面,制作成赛事信号并实时传播。赛事信号经过进一步加工,比如添加字幕、解说等,便可以搬上屏幕,面向公众。网络服务商基于种种现实考量,一般选择播放电视台播出的画面,或对其稍加修改。因此,网络转播的画面中常出现所转播的电视台台标。不同于网络点播,网络转播不具有交互性。即便是延时转播,用户也只能在特定的时间观看特定的比赛。③

第二节 体育赛事电视转播权法律困境

体育赛事转播权在体育产业发展中的作用至关重要。无论是奥运会这样的综合性赛事还是世界杯这样的单项赛事,电视转播权都在其发展过程中扮演了重要角色。国际足联秘书长杰罗姆·瓦尔克(Jerome Valcke)透露说,2014年巴西世界杯收入约40亿美元,比2010年南非世界杯多出了66%。其中,60%~65%的收入来自电视转播权,35%~40%由营销授权许可销售贡献。④ 电视转播权其实就是体育赛事版权,在电视时代被称为电视转播权。多年来,电视转播权法律性质备受争议,且在不同国家有着不同的法律依据和处理方式。在国内,对于体育赛事电

---

① 罗 D.体育、文化与媒介:不羁的三位一体[M].吕鹏,译.北京:清华大学出版社,2013:102.
② 王磊."网络转播体育赛事"的法律保护路径探讨[J].电子知识产权,2018(10):21-32.
③ 同②.
④ 《成功营销》编辑部.搭上32亿人的顺风车[J].成功营销,2014(8):1.

视转播权的法律界定也存在争议,有些学者认为赛事电视转播权属于著作权中的邻接权,有些认为它是与著作权并列的知识产权,有学者认为其部分属于普通的无形财产权、部分属于知识产权。尽管现在一般都认为电视转播权权利归属于体育赛事主办方,但在反垄断市场竞争的语境下,电视转播权是一项什么样的权利、参赛运动队及队员们在电视转播该享受何种权利、体育赛事转播权侵权案件该如何解决,都值得深入研究。

一、权利认定:奥运电视转播权性质的法律困境

电视转播权是一种特殊的商品,虽然它最早可以追溯到1936年的柏林奥运会,但在20世纪70年代以前,世界各国还没有相关的法律来保护体育比赛电视转播权的合法利益。美国1972年颁布的《版权法》被广泛用来解释体育赛事转播权的法律基础,该法明确规定职业体育联盟的节目可以享受联邦政府的版权保护,有人据此认为联邦政府承认了赛事转播权的合法性。实际上,美国《版权法》中所涉及的转播权,指的是转播作品,也就是电视机构对一个赛事转播之后所获得的音视频作品,而不是指体育组织所拥有的电视转播权。[①]

虽然不少学者把电视转播权归属为著作权及其邻接权,但包括我国在内的大部分国家在立法上都未明确体育比赛本身存在版权或著作权的某种权利,在各国法律体系中也不承认体育比赛具有版权或著作权性质。著作权针对的是文学、艺术和科学作品,邻接权针对的是表演者的表演和演奏、录音制品的制作以及广播节目。[②] 虽然在《表演者、录音制品制作者和广播组织的国际公约》(《罗马公约》)中规定将运动员作为表演艺术家,将运动员从事的赛事作为艺术性的表演,认为其天然享有著作权和著作权保护,但如果将转播权纳入《著作权法》进行调节,不但不能凸显体育赛事转播权的资产属性,还容易将赛事本身与赛事转播的作品混淆。在众多体育项目中只有艺术体操、花样滑冰等几个特定的具有艺术表演性质的项目具有著作权中作品的特点,一般的体育竞赛表演都是运动员临场发挥,无法归属于《著作权法》保护的作品范畴。我国《著作权法》也未将体育赛事列为著作权,所以难以利用《著作权法》进行体育赛事转播权保护。尽管不少学者尝试利用艺术表演

---

① 瞿巍.体育赛事电视转播权立法建议[J].体育文化导刊,2013(5):16-19.
② 利普希克.著作权和邻接权[M].联合国,译.北京:中国对外翻译出版公司,2000:3.

的邻接权来解释转播权,但是邻接权涉及的是艺术表演的音像等类型的作品,而非艺术表演本身。需要说明的是按照《著作权法》规定,从事体育赛事公共信号制作的录像制作者和从事体育赛事转播的广播组织享有"邻接权"权利,从这个角度看,体育赛事电视转播权作为著作权的"邻接权保护说"似乎可以成立,但需要强调的是,公共信号制作者享有的是录音录像制作者权,广播电视机构享有的是广播组织者权,邻接权的含义是作品传播者享有的权利。根据惯例,体育赛事公共信号一般都由赛事主办方委托第三方专门制作,支付报酬并签订委托制作协议,主办方根据协议享有公共信号的全部所有权和经营权。① 这里说的电视转播权是指广播组织权,属于著作权(广义)中的邻接权,它属于赛事主办方授权给广播电视机构。这里并不排斥某些运动员及相关人员对其表演所享有的表演者权,之所以说以邻接权来保护转播权的力度不大,是因为《著作权法》保护的主要是创作者的利益,无论从权原、保护期限及保护程度方面来说,邻接权都要比著作权的力度小。从司法实践来看,邻接权受到侵害,法院判赔数额比例一般很小,根本无法弥补录像制作者和广播组织者巨额的制作成本和转播权费上的损失。

体育赛事电视转播权是指体育赛事或者大型活动主办方许可他人通过电视、广播或新媒体渠道现场直播、转播、录像并从中获取报酬的权利,获得转播权的广播电视台(现在也包括新媒体转播机构)可以统称为赛事持权转播机构。② 在国内外赛事转播实践中,承认赛事组织者拥有赛事转播权和专属处置权,可以采取各种形式将转播权转让给一个或者多个电视机构,目前已经基本是一种行业统一的认识和市场规则。但是,这种行业规则并没有明确的法律基础。体育赛事电视转播权包括赛事转播、赛事集锦和新闻报道三种类型,体育赛事的现场直播属于广播组织权,而赛事画面集锦及其专题节目,如果是电视台加工制作的,只要有独创性,就形成作品,其享有的是著作权而非广播组织权。在很多情况下,不少学者把体育赛事电视转播权和广播电视机构的组织权或播放权作为邻接权的一部分加以论述,这其实并不合适。广播组织权是广播电视机构对非其制作的节目所享有的一种邻接权,对于广播电视转播机构来说,体育赛事电视转播权正属于这种邻接权。当然,它属于授权转播的权利人而非转播者。保护邻接权的《罗马公约》专门规定了

---

① 严波.管窥世界杯转播权[J].电视研究,2010(10):42-46.
② 同①.

广播组织权,其主要内容是:第一,授权或禁止转播他们的广播节目;第二,授权或禁止录制他们的节目;第三,授权或禁止复制未经其同意而制作的他们的广播节目的录音录像;第四,授权或禁止向公民传播其电视节目,如果此类传播是在收门票的公共场所进行的。① 我国真正明确规定广播组织权是2001年修订的《著作权法》,该法第四十四条规定:广播电台、电视台有权禁止未经其许可的下列行为:第一,将其播放的广播、电视转播;第二,将其播放的广播、电视录制在音像载体上以及复制音像载体。前款规定的权利保护期为50年,截止于广播、电视首次播放后第50年的12月31日。事实上,如果广播电视机构自己制作节目进行播放,它首先享有节目(作品)的版权,其次才是广播组织权(邻接权)。②

在体育赛事电视转播权的实际操作中,奥运会、世界杯等国际体育赛事通过出售转播权为赛事组织机构带来巨大的收益,虽然各国对非授权直播行为的侵权性质存在争议,但对一般保护持权转播商的权益比较认可,采用合同权保护转播权是国际大型体育赛事主办方的主要做法。大多国际体育组织都不是一个经济实体,因此在电视转播权的具体操作中,它会把转播权授予举办国内的一个经济实体来执行,这个实体就是它的代理商,之后再由这个代理商与各国转播机构签订合同,在法律上这被称为许可。因此,这里围绕转播权产生的争议不是知识产权法领域的问题,而是合同法领域的问题。根据《奥林匹克宪章》的规定,国际奥委会对奥运会的电视转播享有所有权和处分权,对奥运会开闭幕式、体育赛事进行直播和转播时,必须得到国际奥委会、组委会的授权,这一般都需要经过长时间的谈判、签订合同并支付相关费用才能生效。由于电视转播权的法律性质复杂且备受争议,国际大型体育赛事的组织者经过长期经验积淀以及无数惨痛教训后,无不采用签订合同的方式同参赛队伍队员、比赛场馆、转播机构乃至现场观众约定转播权的所有权和经营权,因此,有人认为奥运会的电视转播权更多的是一项合同权利、商业权利。再加上电视转播权的权利主体一般不是法定的,而是根据协议或者章程规定约定的,权利主体不确定性也就决定了其具有合同权利的性质。但仅此就认为电视转播权归属合同权,而放弃电视转播权更为重要的本质特征,显然有些牵强。"合同"这个词使用的范畴不同,其含义也有所不同。除了民法方面的合同外,还有行政法

---

① 赵豫.关于体育竞赛电视转播著作权问题的探讨[J].体育科学,2003,23(3):6-10.
② 同①.

方面的行政合同、劳动法方面的劳动合同等。尽管赛事转播权的权利一般是通过合同方式实现,体育组织就授权范围、费用支付方式、合同有效期、违约金、争议解决方式等问题与转播机构就赛事转播签署协议合同,但这并不能排除可用更能突出赛事转播权性质的法律规范来对电视转播权进行保护,合同权只不过是使电视转播权保护多了一个路径而已。

二、权利归属:奥运电视转播权权属困境

根据国际惯例,体育竞赛的电视转播权属于赛事主办者,包括赛事新闻报道权、画面集锦权和转播权。在电视转播权的法律体系中,由于体育组织(协会)的法律地位并不明确,电视转播权的权利主体关系比较复杂,没有专门的法律来规范电视转播权侵权行为,因此,在体育赛事国际化、职业化的发展趋势下,体育赛事电视转播权的权利归属困境是不言而喻的。因为电视转播权归属赛事组织者已经成为一种国际认可,因此对体育组织法律地位的确认就成了电视转播权法律地位的前提。体育赛事电视转播权最为明确的规定是1958年的《奥林匹克宪章》第49条:"作为娱乐现场直播奥运会的权利须经国际奥委会承认,由奥运会组委会售出,所得到利润按既定方案分配。"[①]在目前实行的《奥林匹克宪章》中,国际奥委会被界定为一个国际性、非政府、非营利、无期限的组织,以协会的形式获得法人地位,并基于2000年11月1日签署的协议,得到瑞士联邦议会的承认。从性质上讲,国际奥委会是个人俱乐部式的组织,并不是政府间国际组织,它的成立并不需要缔约国的签约,严格法律意义上国际奥委会仅仅只是瑞士境内成立的一个国内法主体,只不过由于其影响广泛,才渐渐发展成为一个非政府间国际组织。同样中国奥委会等组织属于社会团体法人。不管是国际奥委会、国际单项体育联合会,还是国家奥委会,其主体地位都需要某一国国内法的确认,它们一般为协会性质的法人。

高水平赛事是体育组织营销转播权的物质基础,体育比赛实质是运动员的创造性劳动,运动员所从事的体育比赛活动属于体育劳务范畴,是体育的最终产品。《奥林匹克宪章》第1条第4款指出,运动员的利益是构成奥林匹克运动的基本因素;第6条也明确规定:"奥运会是个人或团体竞赛项目中运动员之间的比赛,不是国家之间的比赛。奥运会把各国奥委会为此目的选派的,经国际奥委会同意参赛

---

① 参见国际奥林匹克委员会《奥林匹克宪章》1958年版.

的,并在有关国际单项体育联合会的即时指导下进行的比赛中,有良好运动表现的运动员集合在一起。"①运动员作为奥运会参加者的主体地位不仅在学理上得以承认,并得到 IOC 基本法律文件的明确肯定。四年一届的奥运会和世界杯,其中顶级运动员高超的表演不可替代。《罗马公约》第9条规定:"任何缔约国均可以根据国内法律和规章,将本公约提供规定保护扩大到不是表演文学或者艺术的艺人。"②按照这样的规定,只要国内有关法规做出明确规定,表演者的范围就可以扩大到非艺术类的表演者,如运动员,运动员的活动也就可以视为表演,可用表演者权来规范。而大部分的运动项目恰恰没有"创作者",都是运动员的临场发挥。对于赛事转播权,运动员们认为转播机构播出的是他们的表演,没有经过他们允许(也就是向他们支付酬金)就好比在未经作者许可就出版发行他的书籍一样,从美国立法来看,运动员可以援引的唯一保护法律来自州立法,但 1976 年联邦的《版权法》仅仅要求一次转播是固定地记录下来并且有"最基本的"创造性,就可以成为俱乐部业主受保护的财产。在美国法院看来,体育赛事电视转播因为转播者对角度、光线等方面的考虑,并且是被录制及保存下来的,因此能够满足《版权法》的保护要求。当上述两种有效的成文法在保护对象发生冲突时,联邦法则优于州法。因此俱乐部业主丝毫不惧怕运动员对他们的起诉。体育竞赛(特别是俱乐部形式的竞赛)在专业体育组织与参赛主体之间分配电视转播权时是一种信托关系,参赛主体才是委托人,他们之间的权利义务由信托合同约定,只不过会受体育竞技纪录的规制。③

三、权性认定:体育赛事转播权法律困境的渊源

虽然名义上美国 1961 年的《电视转播权法》直接与电视转播权有关,但其实际内容只涉及包括四大联盟在内的职业体育组织转播权转让过程中的反垄断豁免。1978 年美国第 95 届国会通过的《业余体育法》(*The Amateur Sport Act of* 1978),废止了奥林匹克知识产权的刑事责任,将此类侵权行为纳入了民事法律责任框架。从现行的立法实践中看,包括体育赛事电视转播权转让市场非常发达的欧美国家在内,各国都没有对电视转播权做出过明确的法律规定。这可能与体育赛事电视

---

① 程远.奥运会参加者的法律地位研究[D].北京:中国政法大学,2009:11.
② 张志伟.体育赛事转播权法律性质研究:侵权法权益区分的视角[J].体育与科学,2013,34(2):46-50.
③ 赵豫.关于体育竞赛电视转播著作权问题的探讨[J].体育科学,2003,23(3):6-10.

转播权涉及体育产业发展、体育赛事传播特征等有关。

对体育赛事电视转播权的法律属性认识,现行的较为普遍的说法是"企业权利说"。"企业权利说"提出之后,基本上确认了转播权的产权属性,认定它就是一项企业的无形资产。① 将体育赛事看作一般民法意义上的财产权利,即体育赛事是一种娱乐产品,赛事组织者享有独有的和排他的转播权,可以任其独立和自主地选择处置方式,包括转让、赠予、折价入股等形式。由于体育赛事转播权被认定是一种财产权,因此,在转播权的具体实施过程中,就应该以其他相应的经济法而不是《著作权法》进行规范,任何音频、视频转播机构如需获得该项权利,都必须与赛事组织者协商,获得组织者的同意,具体转让方式由赛事组织与转播机构妥协。这种观点的基本内容是:"赛事是由赛事组织者负责实现的,它首先是企业组织的经济活动,因此必须以企业组织的相关准则进行规范。在赛事的执行过程中,企业组织承担了经济上的风险,也必然要求合理的经济回报。所以,任何第三方都不能因为自己的行为而损害企业组织的这一经济权利。"② 事实上,《奥林匹克宪章》也是以财产权为基点阐明国际奥委会拥有电视转播的独家专属权利。2007 年版《奥林匹克宪章》第 1 章第 7 条规定:奥林匹克运动是国际奥委会的专属财产,国际奥委会拥有与之相关的全部权利,特别地、不加限制地涉及该运动会的组织、开发、转播、录制、重播、复制、获取或者散发的全部权利,无论是以现存的以及将来出现的何种方式与何种办法和技术手段。这里强调的也是"专属财产权"的概念。③ 但在传统的无形资产理论和无形资产的实际操作过程中,只有专利权、非专利技术、商标权、著作权、土地使用权、商誉等内容,并未包括体育赛事电视转播权这一概念。因此,有人认为体育赛事转播权是一种商品化权,是随着体育活动的商品化而出现的一种新型权利,它以财产权为主要内容,既无法完全纳入传统的知识产权的范围,但仅仅通过民法的人身权来保护也显得有很大局限。不过,有学者认为无形资产的概念内涵是动态衍生的,体育赛事转播权几乎满足了传统的无形资产理论中对无形资产的全部要求和基本要件,目前,将体育赛事转播权认定为企业拥有的无形财产权较为可行,即体育赛事主办组织和机构有权决定是否给予某一电视机构对比赛进

---

① 瞿巍.体育赛事电视转播权立法建议[J].体育文化导刊,2013(5):16-19.
② 同①.
③ 同①.

行电视报道的权利,以及对于被授权进行电视报道的机构提出相应经济要求的权利,属于权利型体育无形产权中的行为权利。①

大型体育赛事运动员来自世界各国各地,具有不同的国籍,在赛事期间,他们身处同一国度、参加同一活动,必然同时受到本国法、东道国法、国际法和赛事主办方自身法律体系等多个法域管辖。虽然《奥林匹克宪章》是国际奥委会的法律性文件,是奥运会转播权转让的基础,任何成员国都必须严格遵守,但是《奥林匹克宪章》并非国际法,只能对奥运会及其组织本身进行限制,无法覆盖范围更大的其他赛事,特别是对职业赛事没有约束力。因此,《奥林匹克宪章》并不能真正解决电视转播权的法律属性问题,即便由于奥运会的国际影响力,《奥林匹克宪章》在体育赛事中对参赛国有着强大的约束力,但它究竟如何对各成员国产生约束力,宪章的规定并不明确,《奥林匹克宪章》的具体规定必须借助国内法才能真正实施。国际法在国内法上产生效力,是通过转化和并入两种方式,但《奥林匹克宪章》在国内法上的承认,并不属于这两种情况。事实上,《奥林匹克宪章》被世界各国承认,只是国家层面的立法机构对某些国际法规则的关注,从而在国内法进行立法调整,并不代表某些国际法规则在一国产生法律效力。② 国际奥委会通过与主办城市签订《主办城市合同》来明确对举办城市的立法要求,举办城市所在国家一旦通过了相关立法,国际奥委会就可以借助合同的方式,利用合同法律规则对各项权益进行保护,从而避免了国际习惯规则的不明确性,但因为国际奥委会作为非政府间的国际组织,寻求国际法上的政治途径或者是国际性司法机构解决因电视转播权引发的争议,并不可行,也没有理论依据。

第三节 电视转播权权能归属困境及渊源

2014年10月,《国务院关于加快发展体育产业促进体育消费的若干意见》中,要求放宽赛事转播权限制,规定除奥运会、亚运会、世界杯足球赛外的其他国内外

---

① 汪怡婷,罗金云.奥运会电视转播权法律属性[J].重庆科技学院学报(社会科学版),2008(7):61-62.
② 陈彬,胡峰.论奥林匹克知识产权保护的法律依据:国际法和国内法的双重视角[M]//中国法学会体育法学研究会.追寻法治的精神:中国法学会体育法学研究会2005—2010.北京:人民体育出版社,2011:259.

图 22 体育赛事转播遭遇多重法律困境

各类体育赛事,各电视台可直接购买或转让;2015 年 3 月出台的《中国足球改革发展总体方案》中,也指出要创新机制,实现足球赛事电视转播权有序竞争。近年来,除拥有大量体育赛事资源的央视国际外,快速发展的新媒体也纷纷加入体育版权抢夺中。乐视体育获得了西甲等赛事新媒体版权,腾讯获得了 NBA 新媒体版权等等。可以说,国内体育赛事节目版权开发变革正在快速调整中。与国外大型体育赛事电视转播有着严格的授权流程相比,国内体育赛事版权开发在实务操作与法律保护上还存在诸多争议。目前司法实践中,体育赛事节目到底以何种作品、以何种权利给予保护,还没有明确的法律规范,这不但给体育产业健康发展带来困扰,也无法给从业者维权带来有效帮助。"所有权能是确定物的最终归属,表明主体确定物的独占和排他性的财产权利,是同一物不依赖与其他权利而独立存在的财产权利。所有权概括和赋予了所有者能够实际拥有的占有、使用、收益和处分的权能。"[①]因此,从所有权的角度对电视转播权进行分析,这有助于厘清电视转播的属性,为有效开发电视转播权提供理论依据。

一、新闻与娱乐:奥运电视转播产品属性认识纷争

随着电视技术的发展,奥运与电视之间的关系在 1956 年发生了变革并引起了不小的争论:1956 年墨尔本奥运会开始正式收取转播费,奥运会的电视转播权第

---

① 徐兴祥.知识产权权能结构法律分析[J].法治研究,2014(7):112-119.

一次被出售。媒体认为,奥运会属于新闻事件,应当属于自由且公开报道的范围;而奥委会则坚持认为运动会的现场直播属于娱乐活动,应当付费。这一革命性的变化,在奥运组织经费保障上开辟了全新的途径,事实证明这为国际奥委会经济独立带来了希望。从20世纪60年代开始,电视成为了奥运会重要的组成部分。1964年东京奥运会,组委会第一次使用卫星向全世界各地转播了运动会比赛实况,也是在这届奥运会上,电视节目首次实现了彩色播出,这使得图像更真实、更生动,数以亿计的观众观看了开幕式。1976年,蒙特利尔奥运会是一个重要转折点:在这届奥运会上,参与报道记者人数首次超过了参赛运动员。①

奥运会的电视转播权是国际奥委会的一项重要的无形资产,理应归国际奥委会所有,这在《奥林匹克宪章》中有明确的规定。国际奥委会在1958年的宪章中,首次提出了电视转播权的问题,并且明确划分了体育比赛作为新闻和娱乐的严格区别。作为娱乐,第49条规定:现场直播奥运会比赛的权力须经国际奥委会承认,由奥委会组委会售出,所得利润按既定方案分配。作为新闻,第49条规定:无论是私人电台还是电视网络,把在电视或电影中播放奥运会新闻当成节目的重点,电视节目引用奥运会有关内容每日不得超过3分钟,电视台或电影在24小时内可以在新闻节目中插播奥运会内容三段,每段3分钟,段与段之间至少相隔4个小时。其后,国际奥委会多次对电视转播权的经营和利益分成比例等内容进行了修改,最新出版的《奥林匹克宪章》第1章第11条明确指出:"奥林匹克运动是国际奥委会的专属财产,国际奥委会拥有与之有关的全部权利,特别是,而且不加限制地涉及该运动会的组织、开发、转播、录制、重放、复制、获取和散发的全部权利,不论以何种方式或现存的或将来发展的何种手段或机制……"国际奥委会正是通过逐步地立法,确定、保护了国际奥委会的营销主体地位。②

1992年《奥林匹克宪章》阐述了国际奥委会电视转播的基本政策,即确保奥运会给世人的展示最大化。宪章第59条写道:为了保证奥林匹克运动得到各种传媒最充分的新闻报道并获得最广泛的视听群众,国际奥委会执行委员会应制定一切必要的步骤由奥运会组委会来执行。因此,奥运会电视转播只是出售给那些保证

---

① 孙玉胜.奥林匹克文化传播的经济学分析[D].长春:吉林大学,2008:49.
② 张亚辉.现代奥运会电视转播权的管理和营销[J].山西师大体育学院学报,2007,22(4):47-50.

在他们国家免费进行电视转播的转播者,奥运会是仅剩的保持该政策的一个主要赛事。① 国际奥委会电视转播协会还约定了限制条款,以防止转播商在转播奥运会体育图像时插播屏幕广告。约定该限制条款的目的是为防止奥运会电视转播的过度商业化和保护广播的完整性。② 国际奥委会电视转播协议规定,转播商拍摄的所有单边胶片的著作权,但不包括转播商的解说词,均必须转让给国际奥委会。与此相关,国际奥委会还对转播商重播奥运会的周期做出了时间限制。通过此种方式,国际奥委会不但控制了奥运会实况胶片的使用,而且能对奥运会实况胶片汇编成档,以自行使用或授权第三方使用。③

正如国际奥委会采取措施占有并控制奥运会移动视觉图像一样,国际奥委会还采取措施控制奥运会静止图像。所有奥运会注册摄影记者均须签署承诺函,以保证其将在奥运会中所拍摄的照片仅用于新闻编辑。任何其他方式的使用均须事先经国际奥委会书面同意。④ 为控制使用运动员、教练员、官员、观众等其他人员所拍摄的照片,国际奥委会通过注册程序和在奥运会门票背面明示限制性条款等手段予以解决。具体讲,作为注册的前提条件下,运动员、教练员和官员必须同意,他们在参加奥运会时所拍摄的所有照片或移动图像仅能供其个人使用或用于非商业目的,除非得到国际奥委会事先书面批准。类似的条款也印制在奥运会门票的背面,观众必须遵守该条款才能被允许进入奥运场馆。⑤《主办城市合同》中的相关条款确保了国际奥委会享有奥运会广播电视信号的著作权。当国际奥委会授权第三方转播奥运会时,国际奥委会要求观众最感兴趣的赛事能在广播商的转播区域内通过电波或免费电视进行转播。与此相关,国际奥委会制定了电视广播新闻准入规则,一方面,允许无授权的转播商在常规的新闻节目中播放奥运会的赛事片段;另一方面,使获得国际奥委会独家授权的电视转播商的权利能够得到保护。⑥

奥运会转播权归国际奥委会所有。只有持权转播商才可以直播比赛实况、使用奥运会五环标志等,而非持权转播商没有这些特权。《奥林匹克标志和组合标志

---

① 赵长杰.奥运会营销策略[M].北京:北京体育大学出版社,2009:52.
② 斯图普.国际奥委会知识产权概览[J].周玲,译.知识产权,2006,16(5):92-94.
③ 同②.
④ 同②.
⑤ 同②.
⑥ 同②.

的使用》是规范持权转播商如何使用五环标志;《奥林匹克赞助商的优先赞助和广告机会》则是要求持权转播商要给奥运会赞助商以优先的赞助机会和广告机会。在《主办城市合同》中有个十分重要的附件就是《媒体指南》,它详细规定了主办城市要给采访报道奥运会的媒体提供哪些服务以及在场馆媒体运行中的主要政策规则。早在北京申奥成功之前,国际奥委会已经同绝大部分转播商签订了转播权初步协议,确定了转播权费。如中央电视台购买了2008年奥运会转播权之后才发生北京申奥成功的幸事。在筹办过程中,国际奥委会同北京组委会一起同各持权转播商再经过谈判正式签署一个服务协议,该协议确定许多设计转播权利、运行、财务、赔偿等具体问题。通常在一个国家和地区,只有一家电视台拥有独家转播权。在中国(不含港台),只有中央电视台拥有独家转播权。以往的协议中,还通常把广播电台、新媒体的转播权一并卖给持权的电视转播商,根据我国广播电视体制,中央人民广播电台和中国国际广播电台这两家国家广播电台也就当然成为持权的广播转播商。近两年,国际奥委会看到新媒体迅速发展的趋势,开始单独出售新媒体的报道权利。协议还有几个十分重要的附件,如《电视新闻和广播新闻转入规则》就是非持权转播商报道奥运必须遵守的相关规则,细致到"每天奥林匹克素材的播出时间总长不得超过6分钟,在一个节目中不得超过2分钟",等等。国际奥委会还在电视转播协议中规定,转播商需将与奥运会电视转播有关的广告机会优先提供给奥林匹克赞助企业,确保赞助企业能够购买相应的广播播出时间。这对于保护得到国际奥委会授权的奥林匹克赞助企业的独家权利尤为重要。原因是奥运场馆内的电视镜头不得拍摄任何广告牌。①

从长远的观点来看,为了确保能够自由获得高水平体育比赛的电视转播权,付费电视所拥有的独家许可受到了一些限制。因此欧盟委员会采取了两项措施:首先,欧洲广播电视联盟不用付款就可以获得某项比赛的电视转播权;其次,颁布了"无国界限制的电视转播令"。授予欧洲广播电视联盟不用付款就可以获得某些比赛的电视转播权能够使其成员在将来播出更有吸引力的电视节目,反过来欧洲广播电视联盟也被迫制定了一些新的条例来为那些不是其成员的私人电视台和付费电视台提供更好的条件;从本质上讲,"无国界电视转播指令"成员国都应当通过国内法规定其国民可以自由观看对社会具有重大利害关系的大型体育比赛的电视转

---

① 斯图普.国际奥委会知识产权概览[J].周玲,译.知识产权,2006,16(5):92-94.

播。基于该指令,某些成员国起草了一个所谓的"保护性名单",列举了某些被认为是"对社会具有重大利害关系的大型体育比赛"的名录。新的指令指出,转播商可以独家享有具有重大公共利益的节事活动(events)的电视转播权。同时,为了保障获得资讯的基本自由以及充分恰当地保护欧盟受众的利益,那些对重大公共利益活动的电视转播享有排他专有权的转播商应当公平、合理和非歧视地允许其他转播商在新闻频道播放摘要剪辑。在必要的时候,欧盟内部的任何电视台都可以申请这种权利,并在包括体育频道在内的任何频道播放此类新闻摘要,但时间不得超过 90 秒并且不得以娱乐为目的使用。如果某些具有重大公共利益性质的节事的转播权已经被有关转播商独家获得,欧盟成员国也要确保其辖内的任何转播商公平、合理和非歧视地获得这些节事的新闻播报权。①

根据美国版权法,体育赛事本身并不受版权保护。但就体育赛事转播节目而言,只要它是在转播体育赛事时同时录制的,即以某种有形的形式(如录像带、胶卷或磁盘等)固定下来,即受美国版权保护。美国版权法认为:鉴于体育赛事节目的制作者在考虑如何录制体育赛事时,充分运用了其创造力和想象力,因此具有独创性的体育赛事节目应当属于版权保护的作品。《1976 年美国国会报告》第 94-1476 号指出:"在一场橄榄球赛中,有四台电视摄像机在拍摄,一位导演同时指挥着这四位拍摄人员,由他决定挑选何种影像,以何种顺序播映并呈现给观众。毫无疑问,导演和拍摄人员所做的工作(具有足够的创造性),他们应当获得作者资格。"②

在海外,以体育联盟为首的权利人已开始通过民事诉讼的方式来捍卫自己的权利。对于打击网络盗版现象,有趣的是,体育联盟选择起诉的并不是直接侵权人(如作为个人的终端用户或下载者),而是网络服务提供商。正如迈克·梅里斯在其文章《现场体育赛事的盗版问题》(*Piracy of Live Sports Telecasts*)中所述:"著作权人针对数量众多的个人侵权者提起诉讼是不切实际且徒劳无功的。"③

二、电视转播权所有权权能困境的表现

在体育赛事直播节目的制作过程,包括了物权、信息财产权、知识产权等多种

---

① 黄世席.欧洲体育法研究[M].武汉:武汉大学出版社,2010:122.
② 参见《1976 年美国国会报告》第 94-1476 号第 52 页.
③ 宋海燕.中国版权新问题:网络侵权责任、Google 图书馆案、比赛转播权[M].北京:商务印书馆,2011:114.

民事权利。而且从体育赛事组织机构授权到主播机构制作、持权转播商转播,电视转播权形成了一条授权链,涉及享有不同权利的多个权利主体。

(一)体育赛事电视转播权占有权能的困境

占有权是指行为人对财产直接加以控制的可能性。这是所有者与他人之间因对财产进行实际控制而产生的权利义务关系。体育赛事转播权作为一种垄断性权利,具体表现为赛事的组织者以授权的方式让某些特定的媒体去现场进行直播、录播,包括单机拍摄等,而体育赛事直播节目的制作概括起来一般包括以下几种情况:"由赛事组织者自行统一制作赛事直播节目;由赛事组织者委托第三方的赛事节目制作方统一制作;赛事组织者提供信号和画面(通常由赛事组织者的固定机位拍摄),由赛事播出方编排制作;赛事组织者授权赛事播出方进入赛场,提供必要的物质、技术支持,由赛事播出方自行架设拍摄机位,制作直播节目。"①对体育赛事电视转播权最为明确的规定是1958年的《奥林匹克宪章》,在其第49条中规定"作为娱乐现场直播奥运会的权利须经国际奥委会承认,由奥运会组委会售出,所得到利润按既定方案分配"②。作为一种在体育赛事传播过程中衍生出来的新权利,现在体育赛事的转播权权利类似于《奥林匹克宪章》中所规定的内容,所有权不是来源广播组织本身,而是来源于国际奥委会,所有权被奥运组织所垄断,所有权利都需要通过奥运组织进行分销。因为电视转播权归属赛事组织者已经成为一种国际认可,因此对体育组织法律地位的确认就成了电视转播权法律地位的前提,而根据我国现有的司法案例,体育赛事电视转播权并不能作为一项排他性财产权利得以保护。按照我国《著作权法》,只有摄制人才能成为著作权人或邻接权人,因此体育组织并不能天然成为权利人。因为绝对控制权必须是法定的,而不能由公民或组织自行设定。体育组织如果想成为体育赛事转播权的权利人,可以通过制播分离的方式,自己掌握摄制权,而广播组织仅拥有转播权。

由于体育赛事版权因其规定于体育组织的章程中,所以它只能约束该组织的会员单位,并不能约束和对抗第三方。如果体育赛事组织者与赛事节目制作方不存在版权归属的协议,就并不当然地认为能依据此类章程将电视转播权权利归属于赛事组织者,而且该类章程的规定也不能与被请求保护国的法律(主要是版权法

---

① 丛立先.体育赛事直播节目的版权问题析论[J].中国版权,2015(4):9-12.
② 参见国际奥林匹克委员会《奥林匹克宪章》1958年版.

或知识产权法)相冲突。体育组织特别是国际和国家层级的体育组织制定的章程、规则、原则等规范,均被认为是体育法的软法渊源。虽然在现代社会,由于经济全球化、信息化、市场化与民主化的发展,非国家制定和非由国家强制力保障实施的超国家法和次国家法的现象已越来越普遍,就算是在知识产权保护上有着严格要求的奥林匹克法律体系,也只能属于软法范围的并非真正意义上的"法",仅是整个奥林匹克大家庭的自治规则体系。作为一种体育自治规则,奥林匹克法律体系不属于任何国家法律体系,更不属于国际法律体系的组成部分。这就意味着,所谓奥林匹克法律体系不具有真正意义的法律约束力,只对奥林匹克运动参加者在各种奥林匹克活动中关系具有契约意义上的约束力。它无法通过国家强制力保障实施,也不具有类似国际法的执行机制。虽然说大型体育赛事电视转播权彼此间的合同约定因涉及高额的经济利益,完全可以按照国际私法的合同纠纷管辖原则,接受某一国法院的管辖,但体育组织本身法律地位的局限必然影响电视转播权侵权纠纷的解决。

(二)体育赛事电视转播权的使用权能困境

使用权是指不改变财产的所有和占有的性质,依其用途而加以利用的可能性,是人与人之间因利用财产而产生的权利义务关系。使用权是直接于所有物之上行使的权利,因而使用权的存在首先以占有物为前提。因为单纯的体育赛事转播不构成作品,不受著作权保护,但要转播必须获得权利人许可;同时如果将体育赛事制作成节目就可能产生著作权,赛事节目由于在制作过程中,会涉及人的智力投入,例如解说、剪辑、回访、采访、特写,就很有可能具有独创性受到《著作权法》的保护。在中国有关电视转播权的司法实践中,一般也是根据转播权具体包括的权利(直播、延迟播出、点播等)和《著作权法》中的相应权利来对应的。至于节目著作权的归属,如前文所述,要看体育赛事主办方与制作节目(信号)的主播机构之间的约定。按照我国《著作权法》规定,如果属于委托创作合同,著作权由双方来约定归属;如果没有明确约定的,著作权归受委托方,而委托方可以依照合同享有使用权、对外许可权等。对于自行购买机位进行拍摄的持权转播商,其作品著作权的归属,同样要根据双方的合同约定。

按照国际体育惯例,重大的体育赛事活动者垄断了现场直播活动的权利,其他个人或者组织不得进入比赛场地现场拍摄并转播实况画面的信号。因此,其他个人或组织要想转播比赛实况信号,只能向该组织缴费以获得将组织者或者自己摄录的信号传播到目的地域的许可,未经赛事组织者同意进入场地转播赛事画面的信号侵害了组织者对赛事活动转播权利的控制,构成了一种财产权意义上的侵害。虽然说这种权利仅仅是一种对比赛实况信号的输出机会,是与著作权无关的一种"信号输出权",但持证转播商也应当根据授权合同获得著作权许可。2013年7月,上海市中院在体奥动力公司诉土豆网一案中认定,获得赛事转播权的体奥动力只是取得了依据合同对抗主办方的权利,而不能排除特定第三方的使用;在央视国际诉世纪龙公司转播德国对巴西女足赛一案中,法院认定体育赛事节目构成录像制品,通过信息网络传播权给予保护;在央视国际起诉PPTV奥运开幕式一案中,法院以体育赛事节目构成作品,以《著作权法》第十条第(十七)项"应当由著作权人享有的其他权利"这一兜底条款给予保护。涉及同类体育赛事转播权的侵权案例采用不同的法律条款也说明了体育赛事转播权的使用权能的困境。

(三)体育赛事电视转播权的收益权能困境

收益权能是指获取基于所有者财产而产生的经济利益的可能性,人们拥有财产的目的就是为了通过一定的手段获取能够满足自己需要的某种经济利益,即收益是所有权在经济上的实现形式。体育赛事转播的重要特点之一是在直播的过程中实现价值,但这也成为反盗版时遇到的最大瓶颈。在体育赛事直播节目中,体育赛事组织者、赛事节目制作方和赛事节目播出方是核心利益方,尽管高水平赛事是体育组织营销转播权的物质基础,但体育比赛实质是运动员的创造性劳动,运动员所从事的体育比赛活动属于体育劳务范畴,是体育的最终产品。国际上之所以不将体育竞赛中运动员的表演列入知识产权法中表演者权的对象,主要原因有以下几点:第一,体育运动的自成一体性、专业性、竞技性,这使运动员的表演可以通过工资、奖金等形式得到补偿,而通过电视转播权等形式可将投资一并收回;第二,体育竞赛就其宗旨而言是非商业性的,报酬权仅是其考虑的一项因素;第三,传统的体育道德观念并非认可体育竞赛的表演可以获得商业利益;第四,体育运动重视普及,这在现实中必然涉及重公益而牺牲一些私益的情况,如国际奥委会基于普及体育的宗旨拒绝分拆转让电视转播权而获取高额转播费,以便使广大观众能够支出少量费用即可观赏奥运会实况;最后,传统知识产权法的范畴也在发生变革,在体育竞赛与知识产权法之间除了经营性标记外,尚未有很强的结合。

三、体育赛事转播权各种法律困境的渊源

从现行的立法实践中看,包括体育赛事电视转播权转让市场非常发达的欧美国家在内,各国都没有对电视转播权做出过明确的法律规定。虽然美国 1961 年通过了《电视转播权法》,这部法律只涉及四大联盟职业体育组织转播权转让中的反垄断豁免问题。1978 年美国《业余体育法》(*The Amateur Sport Act of* 1978),废止了奥林匹克知识产权的刑事责任,将电视转播权权等涉及体育知识产权的侵权行为纳入了民事法律责任框架。

(一)体育赛事电视转播信号运用与独创的判定

在体育界,体育赛事转播权和赛事版权往往被划上等号。对于体育赛事的版权性质,大多数国家目前都已达成共识,即体育竞技原则上不构成作品,展示身体力量和竞技技巧的体育活动不涉及表现艺术美感和表达思想等创造活动,除了一些艺术性、表演性元素非常强的项目(如体育舞蹈、花样滑冰、艺术体操、花样游泳等),一般体育赛事并非著作权法意义上的作品。尽管一场体育比赛是创作过程与比赛过程的结合,作品创作和发表过程的同步,但体育赛事是一个影像化的创作,而不是一个文本的创作。对于不做任何编辑加工的自然呈现的体育比赛画面,仅仅属于赛事组织者的一般性财产权益的客体,并不构成作品,自然也不存在相应的著作权人。电视转播权的客体是广播信号,体育赛事公共信号的制作方法完全不同于电影作品和以类似设计的内容方法。所有体育赛事长久以来,都是展示对抗性、观赏性特点的转播方法;转播手册或者信号制作、委托制作合同里面对具体比赛有具体的要求,这其实是工业化生产的程序;体育赛事的精彩程度并不是由信号团队决定的,而是由赛事一方或多方精彩表现决定的;大型的综合性体育赛事或者单项赛事的信号会有专门部门确保它的一致性;公共信号的创新主要是技术上的创新。

虽然受众欣赏到的体育赛事直播节目或者延播节目,大多是对体育赛事公共信号同步或者再加工的工作,可以看成是对公共信号的来料加工,但问题关键是体育赛事节目往往会在拍摄前就设定转播的故事主线,对历史数据、球队和运动员的信息进行搜罗和统计,设计比分栏模板,随时以字幕的形式提示给观众等,整个节目制作过程贯穿着导演、摄影师、字幕设计者、音响师、灯光等整个制作团队的创作

性活动,应当作为作品给予保护。经过编辑后录制的比赛画面,可以构成视听作品或者录像制品。而对于《版权法》保护的作品的独创性要求,《版权法》的要求标准很低,既包括低度创新性的独创,也包括低度编排整理上的独创。尽管自然呈现的体育比赛的画面不构成作品,但如果对比赛画面在转播前进行了个性化的剪辑、选择、汇编,并且加入了其他独创元素从而录制成片,根据独创性的高低可能构成类似摄制电影的方法创作的作品和或者录像制品。

(二)体育赛事电视转播垄断与豁免的较量

不论赛事转播权的法律表述如何,法律所赋予它的独占性和排他性在实践中一直被遵循,转播权可以认定为一种通过约定出售或流转的排他性权利,是对排他性转播行为的保护,持权转播商出资购买的是一种许可,若有传播机构不出资购买转播权而实施转播,就侵犯了持权转播商的赛事转播特许权。换句话说,电视转播权是一种垄断权益,除法律另有规定外,未经所有者许可,任何人不得以营利为目的实施其权利。在很多方面,职业体育的特殊运作方式不同于普通的商业部门,因而职业体育在反垄断法的适用上享有某些豁免的权利,即反垄断豁免,亦称反垄断适用除外制度,它是指在某些特定行业的领域中,法律允许一定的垄断及垄断行为存在,反垄断法不予追求的一项法律制度。① 对体育产业实施反垄断豁免是美国体育产业政策的重要内容。近几十年来,美国职业体育联盟制度的不少规则制度都逐一被指控违反了《谢尔曼法》②第1条而受到法院的审查,其中就包括比赛电视转播权转让制度。美国《体育广播法》规定,职业体育联盟在签订电视转播合同时可以视为一个"单一实体",并批准了四大体育联盟在电视转播权谈判方面的豁免。这样,职业体育联盟就可以利用卖方垄断优势,在电视转播谈判中占据主动,并以整个联盟的名义取得电视收益。而在反对者看来,职业体育联盟的转播权转让制度应被看作是在各支球队间达成的具有反竞争性的协议,因而应受到《谢尔曼法》的制裁。据此,职业体育联盟集中出售转播权的行为应受到反垄断法的约束。③ 在体育产业垄断与豁免之间,电视转播权涉及的法律纠纷就会更加多样。

---

① 王伟臣.NBA的反垄断豁免探析[J].体育学刊,2011,18(4):84-87.
② 《谢尔曼法》是美国第一部系统的、由国家权力保证其实施的现代反托拉斯法,是美国开展职业体育反托拉斯的主要法案。
③ 裴洋.论谢尔曼法在体育比赛电视转播权转让中的适用[J].武汉大学学报(哲学社会科学版),2008,61(4):513-518.

(三)体育赛事电视转播商业与公益的平衡

一般来说,体育转播权是法律概念和商业概念的集合。首先,法律概念方面,体育转播权是一种体育法定财产权利。这在世界范围内已经得到公认,在成文法国家,如法国、德国、意大利和日本已经有了相关法律规定;在判例法国家,如美国和英格兰法院已经在判例中承认体育转播权的法律性质。其次,商业概念方面,体育转播权的价值来源于赛事本身,体育赛事的组织者和参与者通过销售赛事本身获得收入,这本身就是一种商业行为。① 现代竞技体育比赛虽然不以商业营利为目的,但它从开始就与商业活动联系在一起。体育与媒介事件的牵手过程就是典型的商业逻辑的运作过程,组织者拥有的转播权——转播商——电视台,此环节上每一步都是市场力量发挥着巨大的作用。国际足联虽然是所谓的"非营利组织",但对商业化开发却很有一套。从1984年洛杉矶奥运会开始,国际奥委会作为一个非营利性的非政府间国际组织,通过运用市场化手段"奥林匹克营销计划"保护奥林匹克知识产权与市场营销的权益回报、出售奥运会电视转播权获取的收益,为整个奥林匹克运动提供资金支持,再以奥林匹克团结基金等方式,给国际单项体育联合会和国家奥委会以越来越多的经济支持。尽管如此,但体育竞赛首先是一项公益事业,有着其较强的自我封闭性和专业性,一般强调行业自律,并得到各国法律的认可,尽管职业体育需要遵循很多普通的商业规则,但它并不能从根本上摆脱竞技体育的规律和要求。在体育商业与公益的平衡过程中,体育赛事电视转播权的法律问题必然更加复杂。

(四)体育赛事电视转播竞争与合作的协调

对于职业体育的转播权营销来说,企业之间的协议、企业联合的决议与联合行动有着重要的意义。体育市场上的竞争者之间要形成一种相互依存的关系,一方的存活和强大不能以另一方的衰落和退出为代价,这和普通产业市场上你死我活的竞争关系截然不同。拿职业球赛来说,职业联盟必须最大限度地减少赛场外的竞争,联盟中的球队必须在很多事情上进行合作,比如制定统一的比赛规则、安排每个赛季的具体比赛日程、提供内部争议解决机制及运动员分配制度。正是由于这些合作的存在,使得职业体育联盟同其他单独经济实体的联合区别开来,而应被

---

① 康均心,刘水庆.欧盟体育转播权营销中的反垄断审查[J].武汉体育学院学报,2014,48(4):5-10.

看作是单一实体,但无法否认各球队不仅在球场内进行着激烈的比赛,同时在赛场外同样对电视转播收益、球迷以及优秀运动员展开激烈的竞争。因此,职业体育联盟最合理的定位应是联营,联营的特点就在于它融合了竞争与合作,这既符合事实情况又能体现既合作又竞争的职业体育联盟的二元特性,职业体育联盟常常采取某些从表面上看来带有限制竞争效果,但能防止各球队间经济实力过分悬殊的措施,这些措施能起到维持竞争平衡的效果而具有合法性的因素。① 联营的成员为了完成某种特定目的而进行合作,但这种在联营事项上的合作并不妨碍它们相互之间在其他方面开展竞争。如果比赛双方实力相差悬殊,比赛毫无悬念,那么久而久之球迷们就会感到厌倦,从而导致比赛上座率和电视收视率下降、赞助商撤资、转播合同贬值等连锁反应,最终影响整个体育产业的利润,甚至危及其存亡。毫无疑问,这种竞争又合作的产业发展模式,给体育赛事转播权的保护和利用带来更难的解决办法。

图 23　奥运新媒体版权保护日益受到重视

第四节　体育赛事新媒体转播权的三大关键议题

2016 年被称为中国互联网体育爆发之年,不但互联网商业巨头纷纷涉足体育产业,如阿里巴巴以 12 亿元入股恒大足球俱乐部,苏宁下属的体育产业集团以约

---

① 裴洋.论谢尔曼法在体育比赛电视转播权转让中的适用[J].武汉大学学报(哲学社会科学版),2008,61(4):513-518.

2.7亿欧元的总价获得国际米兰约70%的股权,更有乐视等互联网视频公司以体育赛事作为其产业布局的重头戏。通过掌控体育赛事资源入股体育产业,腾讯以5亿美元拿下NBA中国地区5年独家网络版权,乐视体育通过与2015年以80亿元获得中超联赛2016—2020年赛季全部比赛信号制作、包装和传输以及中超联赛视频版权销售权后的体奥动力的全面战略合作,以27亿元获得2016、2017赛季中超联赛在中国大陆、港澳台、美国、印度、新加坡、泰国、东南亚、加拿大等国家与地区的独家新媒体转播权。① 伴随中国体育产业发展以及各大互联网公司纷纷抢滩体育赛事,有关体育赛事新媒体转播权的研究也成为焦点。从电视转播权衍生出来的新媒体转播权是一种什么性质的权利?它的发展会对传统电视体育赛事转播产生什么样的影响?视频互联网公司高价布局体育赛事的真正用意是什么?对体育赛事新媒体转播权三大重要议题进行分析,对体育赛事新媒体转播权的性质做一个明晰的解释,对与体育赛事新媒体转播权有关的纠纷与争议进行理论分析,无疑有助于体育赛事新媒体研究的深入。

一、新媒体赛事转播权突破垄断的逻辑与规则

在我国,最早基于互联网络成功的新媒体要追溯到利方在线(新浪的前身),正是借助1998年的世界杯,新浪一举奠定了中国互联网第一门户网站的地位,但就媒体转播权来说,2006年世界杯上是一个公认的分水岭。在这届世界杯上,国际足联第一次出售网络数字转播版权,正式宣告体育赛事版权新的里程碑。尽管当时新媒体赛事转播影响并不大,但它宣告了转播权的商业价值进入电视与新媒体并存的时代。在随后的北京奥运会上,国际奥委会第一次将互联网、手机电视等新媒体作为独立的转播机构,与传统广播电视媒体一起列入奥运会的转播体系。如果说当时新媒体公司对体育赛事进行转播是为了拓展受众主动出击的话,那体育组织对新媒体赛事转播的态度只是为了适应媒体变革的被动调整。不过,随着近十年体育赛事传播方式的变化,新媒体已经成了受众接受信息的一种主要渠道,通过新媒体进行赛事直(转)播收看业已成为受众的一种普遍方式,不管是新媒体公司还是体育组织,都认识到体育赛事新媒体转播权的意义。2015年中国互联网体

---

① 李淼.乐视独揽中超新媒体版权 体育产业进入多金时代[J].中国战略新兴产业.2016(6):59-61.

育用户达到2.9亿,体育行业规模增加4 000亿元。① 有数据显示,全球范围内通过互联网收看未经授权的体育赛事转播的受众规模很大。

电视和视频新媒体网站都以向受众提供视听节目服务为主,由于网络视频在提供服务时拥有更多的自主性和私密性,这会导致部分电视受众的分流,在体育赛事转播中,视频网站无疑会逐渐成为电视媒体强有力的竞争者。在新媒体出现之前,以电视为主的流程模式是赛事转播的主导模式,但传播技术的变革促进了媒体的变革。2006年世界杯,由于流媒体技术的成熟与中国宽带用户的增长,网络视频内容成为商业化的主要试验对象,网络数字转播版权将这种影响纳入到世界杯的商业体系当中。最近这两年,互联网公司之所以砸重金购买体育赛事版权,主要是因为在国家体育产业政策的激励下,体育产业被视为是一个巨大潜能的IP。数据显示,当人均GDP超过5 000美元时,体育产业就会迎来井喷式增长,而中国早在2011年就已经突破这一指标,2015年全国人均GDP突破了8 000美元,按照产业发展规律,中国体育产业应该有爆发式增长,但实际情况并非如此。原因就在于传统的体育IP商业化模式已经过时,目前中国体育产业正经历从老平台向新平台的转换,新的平台尚未完全形成的阶段。因此,在新的产业环境与传播市场中,新媒体转播权的应用与开发对体育组织、传播媒介、体育赛事的意义都显得尤为重要。

新媒体带来的新理念和规则体系正逐渐影响甚至颠覆所熟悉的传播体系。新媒体市场更像是完全竞争意义上的市场,在这样的市场体系中,市场逻辑占据主导地位,在统一的竞争性市场环境中,新媒体行业已经在一定程度上具备了竞争性的资本与劳动等要素市场,从而形成新媒体企业较好的外部治理结构。制度结构的改变意味着规则的改革,在传播的历史不乏因相关法律改进和机构改革推动产业发展的先例。在一个日益开放的全球市场格局中,受到公认的市场化规则将逐渐占据主流,一些基于特殊利益的规则体系可能会受到不断挑战。在技术融合的趋势下,选择加强规制还是放开规制,是以解放生产力和最大限度增进受众福利为依据的。尽管在体育赛事转播中,新媒体不断挑战传统电视媒体的垄断地位,但在转播权获得方面,新媒体(网络数字转播版权)市场并没有先发传统电视媒体的优势,

---

① 陈树琛.互联网+体育 展现诱人前景[N].安徽日报,2016-08-02(10).

这主要是因为新媒体传播市场中,企业数量众多而且分散,没有垄断的力量;同时,非市场力量的介入比较少。由于市场进入门槛较低,潜在竞争者直接进入,产业数量较多,从市场份额或市场集中化程度来看,也没有一家服务或内容提供商具有明显的规模优势足以形成较高的市场壁垒。① 在这样的市场结构下,市场力量分散,要素能够自由流动,容易通过市场发现价格,在市场主体之间既可能产生激烈的竞争行为,也可能出现因市场信息不完全,技术优势互补等因素而带来双赢的合作行为。当然,与电视转播权的竞争相似,新媒体转播权的出售面临着反垄断法和竞争法的双重审核,持权转播商可以任意选择网站进行合作。从市场方面考虑,电视转播机构可能没有能力将所有的权益一手包揽,所以也可能会选择一家新媒体合作者。

二、新媒体赛事转播权本质是电视转播权的延伸

尽管理论界对体育赛事的电视转播权性质及归属还存在着一定的争议,但体育赛事转播权是赛事主办方和参赛者享有的民事权利,其权能在于禁止他人进驻比赛现场进行转播与拍摄。与电视转播权一样,新媒体转播权的权利主体大都是体育赛事组织机构,也必须从"无形财产权"中寻求法律依据,并将包括电视转播权的经济权利延伸到新媒体转播权中。从法律层面来讲,体育赛事新媒体转播权就是一种通过契约约定的民事权利,是赛事组织方等权利主体对新媒体机构进行体育赛事网络转播这一行为的特别许可,以及获得由此行为带来价值的权利,其中包括行为实施等使用、处分权和获得报酬权。虽然新媒体赛事转播权与网络传播有关,但这种权利并不完全是知识产权范畴内的信息网络传播权。由于国际上大多数国家并不认可体育赛事是被著作权保护中的作品,因此著作权无法对网络传播权提供法律保护。2001年我国《著作权法》修改时,信息网络传播权作为一种新权利类型被正式提出。信息网络传播权是指以有线或无线方式向公众提供作品,使公众可以在其个人选定的时间和地点获得作品的权利。

信息网络传播权是著作权中的一种转播权,权利人可以从该项传播中获得报酬,是著作权中的一种财产权,其权利主体不局限于著作权人,还包括录音录像制

---

① 李兆丰.垄断权益的差别及其逻辑:我国世界杯版权格局中的新媒体和电视[J].现代传播,2006,28(5):66-69.

作者与表演者两个邻接权人。《著作权法》第四十二条规定录像制作者享有"许可他人复制、发行、出租、通过信息网络向公众传播的权利",但不包括"广播权"或"播放权"。在分析体育赛事新媒体转播权时,还是需要考虑在制作、策划、拍摄体育赛事过程中,尤其是在制作拍摄一场大型体育赛事时,摄制团队或导演的创造性。体育赛事转播节目内容如果有独创性,在其转播的录制过程包含了导演及摄制团队的独创性因素,那么该转播节目就应当被视为"以电影作品或以类似摄制电影的方法创作的作品",而非"录像制品",因此属于《著作权法》保护的范畴。① 不过,体育赛事新媒体转播中,产生著作权的时间要晚于转播权,转播权的权利人是赛事组织方或参赛方,著作权的权利人是购买转播权并实际进行转播、制作节目的媒体,而并非拥有新媒体转播权的赛事组织方或参赛方。因此,新媒体赛事转播权与转播过程中产生的转播内容著作权是两种不同的权利,在体育赛事的网络直播、延播及点播中,不涉及公众传播权或信息网络传播权,因为制作数字化节目的著作权并不一定属于持权转播商。

在信息网络传播权中,一些学者对《著作权法》中规定的"播放权"做出非常狭义的解释,认为《著作权法》第十条第(十一)项中的"有线"概念仅指"有线电视"而不包含互联网这一新媒体。因此,广播电视权利人可以制止广播或电视台所做的非法转播,但并无法制止侵权网站转播和点播赛事。"通过信息网络向公众传播的权利"只解决"点播"的问题,而并不解决"现场转播"的问题。因此,新媒体转播中的内容并不能用著作权进行保护,只能使用著作权中的邻接权——出版者的权利、表演中的权利、录像制品制作者的权利、录音制作者的权利、电视台对其制作的非作品电视节目的权利、广播电台的权利来保护体育赛事数字视频制作者的权利。由于体育赛事的电视转播节目归为"录像制品",而非"以类似摄制电影的方法创作的录像作品",以及否认广播电视权利人在互联网领域所享有的邻接权,造成了国内《著作权法》中应当如何保护体育赛事的电视转播节目的无解。②

三、新媒体赛事转播权是用户体育多元消费的引导者

在与传统的电视媒体竞争体育赛事转播权时,新媒体公司多以高价支付(over-

---

① 宋海燕.中国版权新问题:网络侵权责任、Google 图书馆案、比赛转播权[M].北京:商务印书馆,2011:225.

② 宋海燕.中国版权新问题:网络侵权责任、Google 图书馆案、比赛转播权[M].北京:商务印书馆,2011:228.

pay），这其中的原因是新媒体公司把体育赛事视为一个"亏本的引导者"。体育赛事转播本身可能无法盈利，但如果它能吸引受众浏览网络其他节目，这与利润最大化的整体目标仍然一致。一般来说，市场的新进入者会借助大型体育赛事平台，给予赞助商及潜在会员一种信任感。国际奥委会电视和新媒体权益委员会执行主管蒂莫·拉姆在接受媒体采访时就表示，国际奥委会主要从三个角度考虑奥运会新媒体转播权的交易。第一，是否有能力在新媒体上展示节目，能否达到IOC满意的覆盖率水平；第二是价格的高低；第三，保护知识产权的能力。[1] 新媒体的赛事转播需求是一种引导性需求，这种需求从其他商品或服务中引导出来，是当大量消费者依赖于另一种产品市场，愿意并有能力购买此类商品或服务时出现的。虽然传统媒体经营主要依赖于赞助商对广告时间的需求，但互联网媒体公司知道他们经营并不完全依赖对广告时间的经营，他们会借助赛事资源进行整合营销传播。

对于新媒体而言，一旦获得赛事的转播权，未来的变现不仅仅是广告、内容与品牌的互动，它们还可以利用赛事转播更好地融入场景，其背后可以利用的空间巨大。在移动互联网时代，如果仅依靠封闭的闭环生态，互联网公司一定会遭遇发展的困境。互联网企业一般都需要有国际化的发展理念，为用户创造更健康更美好的生活，努力从中寻找突破口。体育节目和服务对用户具有强黏合性，最近这些年不断布局体育视频产业的乐视，就是想利用体育赛事视频服务的强黏性，引导用户从观看视频发展到互联产品的多元消费，逐步建立一站式资讯服务平台。业务平台的建立不是简单的物理叠加，更重要的是多个平台之间形成的"化学反应"，依靠几何式的协同效应带动，实现业务与资本双赢。利用"平台＋内容＋终端＋应用"的生态体系来打破科技、艺术与互联网的边界，实现长远的产品价值。乐视网从成立开始，就在视频内容版权方面进行大量投入，除自制节目外，还大量购买热门影视剧版权，网络赛事版权资源，为用户提供更多的影视与赛事直播视频服务。乐视采取"点面"结合的赛事版权购买策略，"点"是针对NBA、英超、中超等拥有广泛受众基础的重大赛事资源；"面"是针对F1、高尔夫、网球等小众化的市场资源。市场运作中，针对"点"的版权价格高、购买成本高的问题，主要采取集中攻坚的战术，依靠价格战的竞争模式；而针对"面"的需要解决不同受众繁多需求的问题，采取的是

---

[1] 袁雪.中国转播商要做出更大贡献：专访IOC电视和新媒体权益委员会执行主管蒂莫·拉姆[N].21世纪经济报道，2008-01-28(37).

细分不同受众市场,为他们提供相应的服务策略。①

体育竞赛表演业的快速发展需要将上游体育资源进行产品化,通过中介机构专业化的营销,包装和市场化的运营,挖掘明星运动员,提升赛事的上座率和关注度,提升体育赛事的价值,带动包括赛事转播、场馆运营、健身娱乐、中介、培训、博彩、媒体等行业的发展进而促进整个产业的繁荣。在买家一家独大的格局中,体育赛事转播权被严重低估,这也成为制约障碍体育产业化的瓶颈。由于缺乏有竞争力的买家,大多数体育赛事转播权在国内市场上很难卖出价钱。随着新媒体加入体育转播,这无疑会极大促进中国体育产业市场的发展。体育赛事新媒体转播权交易中,同传统电视转播权交易会形成竞争关系,与此同时,有意购买新媒体转播权的机构之间也会存在竞争。这也会给权利人提供了艰难抉择,一方面,新媒体平台承诺新的商业机会和更广泛的内容传播;另一方面,新媒体平台可能会危及传统媒体转播权的价值,但其自身又不能提供可行的、足够的风险补偿。不过,这只是体育赛事新媒体转播权快速发展中出现的"成长的烦恼"。

国务院确定 2025 年体育产业总规模超过 5 万亿元。随着产业链上游的体育资源逐渐放开,商业性体育赛事和群众性体育赛事率先放开审批,未来围绕体育竞赛表演业为核心的体育产业链将逐渐展开。英国体育营销机构 SPORTCAL 通过对 2007—2018 年间举办的 700 个国际主要体育赛事研究后发现,中国已经成为了全球体育赛事的中心国,不仅赛事举办次数多,影响力也越大。该机构根据体育赛事的重要程度,通过社会、经济、媒体影响力计算出了全球体育影响力指数,中国以 55.709 分列第一,英国、俄罗斯分列第二、三名,公认的全球体育强国美国仅位列第九名。② 可以预见,随着国内体育赛事的大发展,国内传统媒体与新媒体之间的体育赛事转播权之争将会更加激烈。深层次地看,要实现包括互联网在内的中国体育传媒业的发展,除了要解决好体育产业链上游的体育资源和内容(包括赛事、运动明星、转播权)的市场化程度,还要建立起在举国体制中掌握国家级别赛事、运动员资源的国家体育或相关运动项目主管部门或协会,对体育赛事转播权、运动员形象权开发与利用的有效运行机制。在转播权方面,继续强化海外引进单项赛事转播权市场化竞争外,有效地处理国际大型综合赛事,国内大型综合赛事的电视转

---

① 李骏.乐视网:瞄准赛事热点,拓展海内外用户的"布道者"[J].传媒评论,2015(12):76-78.
② 宏源证券,方正证券.2015 年中国体育产业投资报告[J].资本市场,2015(1):50-69.

播权、新媒体转播权的垄断与授权利用问题外,还要进一步加强体育赛事新媒体的知识产权保护,获得权益的新媒体应该具备优秀的IP保护技术,是知识产权保护的典范。

第五节　奥运电视转播权垄断逻辑

由于受众对转播市场需求的爆炸性增长以及真正有吸引力节目的稀缺与垄断,以实况直播和激烈竞争画面著称的体育转播对受众产生了巨大吸引力。受众所需求的就是媒体所关注的,因此,为了迎合受众,体育赛事转播成为各种媒体争夺的核心。特别是像奥运会这样大型的综合性体育赛事,更是大众媒体重点关注的。大众媒体通过获得进入赛场拍摄的机会来对赛事进行报道和直播,这种进入体育赛场进行拍摄的机会就是获得转播权的过程。在产权结构可变的情况下,市场竞争越充分,则可通过优胜劣汰的方式调整产权结构,从而使得企业目标偏离最优的程度越小。滥用市场支配地位的行为是指市场经济力量过于集中,导致占有市场支配地位的实体控制市场,提高价格、降低产品质量并阻碍新的企业进入相关市场,从而造成对竞争的限制。但是奥运赛事知识产权有自己独特的性质,显示出强烈的垄断性,从理论上解释转播权的垄断性质是分析体育赛事电视转播权所必需。

一、垄断与竞争:奥运赛事知识产权独家垄断争议

关于垄断与反垄断目前仍然存在着广泛而深刻的分歧,主要体现在哈佛学派与芝加哥学派之争上。哈佛学派则认为,垄断主要是通过勾结与排斥两种手段获得,从而损害了竞争、降低了效率与福利,因而主张对垄断严厉打击。哈佛学派强调市场结构的作用,认为过高的产业集中度和高度的市场进入障碍能够使企业获得垄断势力并导致市场绩效下降,进而对经济福利产生不利影响。芝加哥学派对哈佛学派提出的结构决定绩效的理论提出了批评,芝加哥学派认为,垄断能够很好地利用规模经济和组织创新实现降低成本、提高效率和福利的目的,从而主张宽松的反垄断政策,如果过分重视市场势力而忽视效率方面的因素,实际上并不是保护

竞争,而是保护了竞争者,使得低效率的竞争者仍然能够在法律的保护下继续生存,从而损害了社会价值。芝加哥学派以"效率"为中心,被称为"效率学派",并逐渐取代哈佛学派占据了主流地位。

利益至上是知识产权垄断性的一大争议焦点。垄断及其背后的经济利益诱使或刺激社会为了追逐更多的利益而从事创新性活动,而这种创新性活动恰恰是立法者所构想的能够极大地发挥人类的潜能,开发出更多的智慧成果,不断地为全人类创造更多物质产品和精神产品,但在实践中,结果往往超越或偏离了立法者的构想,资本追逐利益的迫切往往背离知识产权法律精神的初衷。垄断性、无形性以及地域性等是一般知识产权的共性。大型体育赛事知识产权的垄断性是由它的显著性、独创性以及商业性决定的。独家授权是体育比赛电视转播权营销的一个必然机制。以专有权为基础而分配体育比赛电视转播权所附带发生的一个比较严重的限制来自于对重大公共利益的知情权。高水平比赛的电视转播权比较易于以独家转让的形式出售,但是同时这样比赛也具有特殊的文化和国家利益的性质。在德国,宪法法院曾经指出重要的体育比赛不仅具有高度的欣赏性,而且还具有重要的社会价值以及拓展公共交流的一个重要连接因素。[①] 投资到电视转播权转让的费用数额最近几年一直在成倍地增长。这种不寻常的巨额花销通过电视广告得到了一部分补偿,而电视广告的收入数额取决于转播商在电视台播出的频率,后者又取决于以下三个要素:公共利益需要、实况转播的地区范围以及转播的排他性。

知识产权独占权的合法性成为知识产品垄断的正当性支撑。知识产权作为一种私权,并不具有行政权那种"超经济"的强制力量,因此不会导致类似于地方保护主义那样的行政性垄断。大多数国家反垄断法并不认为单纯的垄断状态或者市场支配地位本身违法,而只将对这种垄断状态或者市场支配地位的滥用规定为违法。[②] 垄断成为知识产权之善,也成为知识产权之恶。[③] 没有合法垄断就不会有足够的信息生产出来,但是有了合法垄断又不会有太多信息被利用。[④] 在知识产权天平的两端是信息生产与信息使用、信息分享与信息专有、私人利益与公共利益的平

[①] 黄世席.欧洲体育法研究[M].武汉:武汉大学出版社,2010:121.
[②] 王先林.知识产权法与反垄断法:知识产权滥用的反垄断问题研究[M].北京:法律出版社,2001:57.
[③] 邹彩霞.中国知识产权发展的困境与出路:法理学视角的理论反思与现实研究[D].长春:吉林大学,2008:34.
[④] 考特,尤伦.法和经济学[M].张军,等译.上海:上海三联书店,1994:185.

衡。而大多数知识产权本身几乎不可能为其权利人带来市场支配地位。体育电视转播领域的专有性是一种被公认的商业做法。它保障了有关节目在体育运动中的价值，因为一场体育比赛的电视转播仅仅在非常短的时间才是有价值的。在固定期限内，独家转播本身并不引起竞争法问题。只有一个较长时间的独家转播才会导致某种程度的卡特尔，因为这可能导致对市场的排斥。当然，知识产权作为一种排他权，不是没有任何可能为其所属主体带来市场支配地位，这种可能性在技术领域有时还会比较明显。但应该注意，即使知识产权人凭借其知识产权取得了市场支配地位，按照当前反垄断法的普遍思路，只要该权利人并未滥用其市场支配地位，仍然不构成法律意义上的垄断。[1]

转播机构自行拍摄的单边信号、新闻素材和评论声等版权归属问题也是电视转播权争议的一个焦点。作为广播电视机构，一般坚持自采自制的赛事相关内容的版权应该归属于广播电视机构，防止日后制作赛事相关节目时遭遇版权纠纷，但作为强势一方的国际体育组织，往往会提出与赛事相关的一切节目内容版权都归属国际体育组织所有。虽然转播机构斥巨资购买体育赛事转播权获取的主要权利之一是广告经营权利，但体育组织为了防止过度商业化而限制持权转播机构从事广告经营，关于广告经营权利与限制的谈判主要集中在两个方面：第一，如何实现赛事赞助商与广播组织广告经营之间的利益平衡；二是如何实现体育赛事公益性与商业性之间的平衡。原则上，体育赛事赞助商会要求通过电视转播最大限度地展示自身品牌，同时，体育组织会在谈判中要求持权转播机构保证在赛事转播中不得带有、出现或含有任何非赞助商的商业标识，需要保证赞助商的优先谈判权，并有义务防止非赞助商将其品牌同赛事联系在一起的"隐性市场"行为。国际奥委会在防止过度商业化上有着十分严格几近苛刻的限制原则，比如，历届奥运会都遵循的"清洁赛场"原则，即奥运会期间所有比赛场馆除了国际奥委会的五环标志和当届奥运会会徽、吉祥物、口号等相关景观标识外，不能见到一则广告，包括国际奥委会的顶级合作伙伴。这条原则同样适用于奥运会的电视转播，即在一场奥运会赛事转播的过程中是不允许插播任何商业广告的，演播室也同样需要"清洁"。

在这里需要区分因转播比赛而产生的播放权与知识产权领域里的播放权。电视转播传输的是比赛信息，体育竞赛本身不是知识产权法意义上的表演，也不是文

---

[1] 郑成思.知识产权：应用法学与基本理论[M].北京：人民出版社，2005：23.

艺创作，因此不是著作权意义上的作品，充其量是一种新闻或娱乐节目。节目的范围比作品范围更大，显然，并非所有节目都是著作权意义上的作品。知识产权保护领域内的转播权，以《伯尔尼公约》为例，是指作品的作者和其他版权人有权许可和禁止将有关作品通过广播形式进行传播，是权利人享有的专利。学界并不普遍赞同体育赛事转播权是一种新的知识产权。对体育赛事而言，电视现场直播的权利属于"畅销商品"，也是主流产品，由于播出平台分化等原因，电视体育赛事的总体收视需求在下降，但各类小项权利和新兴媒介经营反而变得活跃。比如公共场所播放权，飞机、火车、公交、地铁内的播放权，付费电视播放权，按次付费业务开发权，互动业务经营权，静态影像使用权等。如2006年德国世界杯期间，上海的某家影院首创影院"公映"世界杯，在放映一场收费电影之后免费直播八场重要赛事，并通过先进的数字放映设备进行播放。根据国际惯例，在公共汽车、酒吧等公共场所播放世界杯给大家看，要获得国际足联的授权，否则就侵犯了国际足联的权益。而如果影院公映世界杯用的是中央电视台的信号，那就涉嫌侵犯央视的邻接权。尽管影院负责人表示，他们公映世界杯是完全免费，所以不存在侵权的问题。但随着收视终端的多元化，在奥运传播过程中肯定会产生像世界杯一样的侵权现象。需要强调的是，随着分屏收视时间的延长，这些小项权利累积的经营效果完全可以和主流电视转播权经营效果相媲美，因此赛事主办方越来越重视转播权独家授权之后的小项经营，期望在作为拳头产品独家转播权销售与非独家小项权利经营之间找到一个平衡点，是情有可原的。作为持权转播机构，应根据自身多种媒体经营开发的实际能力和可能的多种经营业绩及效果，合理地同赛事主办方讨论独家期间的时间长短问题，最大限度挖掘经营潜力，降低巨额转播权所承担的风险。

二、集中与排他：奥运赛事电视转播权垄断形式

近年来，随着体育转播权纠纷的不断增多，体育转播权营销模式即集体销售和联合购买可能构成垄断行为。而从反垄断法主要规制的两种限制竞争行为来看，反垄断主要限制的也是多个主体实施的协同行为和单一主体实施的滥用市场支配地位的行为。从美国体育职业联赛来看，整体谈判、平均分配的市场运作模式保证了联盟的整体利益，所以美国各职业联盟严格限制各个球队单独与地方电视台特别是独立电视台进行合作。美国《体育转播法》一大作用就是使市场份额较小的球

队在联盟中也可以获得与其他球队同样的转播收入,获得更多宣传和推广的机会,从而与那些享有更大电视市场的球队进行竞争。从电视转播销售的角度来看,大型体育赛事电视转播权垄断主要表现为集中销售和排他购买两个方面。

集中销售转播权是指体育联盟或赛事组织者代表所属俱乐部销售比赛的转播权,在一定程度上剥夺了体育俱乐部单独出售赛事产品的权利,限制了竞争。如果大型比赛的电视转播权集中在组织者手中,该组织者再将转播权与一家转播商签约,这将会限制竞争,对消费者带来不利影响。多家俱乐部的转播权由体育联盟集中销售,构成限制竞争的横向协同,特别按这种方式销售重大比赛的转播权造成的问题更严重,因为重大比赛的转播对转播领域技术的发展至关重要。这种多个行为主体以合同、协议、明示的或暗示的默契等方式共同决定、维持或提高商品或服务的价格、数量、生产、技术标准、销售地区、交易客户等,从某种角度看,确实对竞争构成限制。1995年开始,国际奥委会将若干届奥运会(包括冬季奥运会)电视转播权捆绑在一起,开始实施长期电视版权销售战略,将奥运会电视版权的出售时间范围扩大到若干届。鉴于体育运动越来越趋向专业化,国际体育制度的自治性也受到挤压。但是,国际奥委会制定的制度却没有受到任何影响。为了保持联盟内所有俱乐部在经济上的健康,NBA将比赛的全国电视网络和有线电视转播权统一起来集中出售,而所得的收入则在所有俱乐部间平均分配比赛数量。由于联合销售协议可能阻止俱乐部单独销售比赛的权利,其阻碍了体育俱乐部个体在购买体育媒体权中的竞争,影响俱乐部市场开发。

图24　体育赛事转播需要强化版权保护

为了防止混乱和使市场开发收入最大化,体育组织下辖的运动队通过协议实施联合市场开发,这种行为是否构成反垄断法所要规制的协同行为需要好好分析。第一,体育联盟下辖的运动队通过协议方式进行联合市场开发,从表面上看是一种以水平协议的形式实施的协同行为,但实际上与水平协议有很大区别。水平协议的各方独自有能力生产出自己的产品,而体育组织下辖的运动队必须与其他队进行合作才能生产出自己的产品。第二,就比赛而言,法院会将体育联盟看作是单一实体,但对许可他人使用这些知识产权进行营销宣传或制作产品的市场开发活动来说,性质可能有所不同。各运动队可以开发自己的标志,拥有自己的知识产权,即使没有比赛,他们也可以通过许可他人使用这些知识产权获得收入。在知识产权许可使用的市场上,这些运动队之间是竞争对手,他们都试图销售更多的特许产品或与更多的企业签订赞助协议,这就会使特许使用费和赞助费减低,使被许可人从中受益,最终惠及其产品的使用者。因此,在这种情况下,如所有运动队联合进行市场开会,应看作是一种联营行为,会受到《谢尔曼法》的审查。① 如果由职业体育联盟下属的各家俱乐部分别与电视转播机构进行交易谈判,不仅会造成总收入的减少,而且会使各家俱乐部在电视转播权转让收入上存在巨大的差异。若由代表各家俱乐部的职业体育联盟出面与电视转播机构进行电视转播权的谈判和交易,就能够使电视转播转让最大化。但是这种集中谈判的形式,实际上是一种电视转播权定价上的串谋,具有图谋垄断的嫌疑,是要受到反垄断调查和指控的。根据《谢尔曼法》的精神,体育比赛与表演活动的电视转播权定价上的集体谈判行为,属于反垄断法规禁止的行为。为了支持职业体育发展,1961年美国国会通过了《体育反托拉斯转播法案》,这个法案批准职业体育联盟在这一问题上享受反垄断豁免的优惠,这样体育比赛与表演活动的电视转播权定价上的集体谈判行为就避开了反垄断法规的约束,职业体育联盟在电视转播权收益上就能够实现最大化。

如果说集中销售是一种横向性协议,而排他性销售则是一种纵向性协议,即授予一家转播商排他性的赛事转播权,在某一地区其他转播商不再有转播赛事的权利,从某种意义上讲,具有限制竞争的因素。但排他性销售在很多地方并没有受到限制,如欧盟并不反对这种销售模式,其原因主要是这种方式有很大促进竞争的作用。没有排他性转播权,转播商不会投巨资去发展转播技术,而广大消费者是转播

---

① 陈锋.美国与欧盟法下的体育市场开发与反垄断[J].北京体育大学学报,2006,29(4):436-440.

技术发展的最终受益者。体育转播权作为一种特殊的商品,其价值和价格很难界定,加之国际性体育赛事在各个国家和地区的影响和收视情况差别很大,赛事主办方和转播机构围绕转播权价格产生的分歧很大,经常争吵不休。区域垄断是保障转播商利益的有效手段,即在一些国家或地区向唯一的对象销售,使电视转播在这些国家或地区具有排他性。大型体育赛事的转播权往往按区域或国家销售,在欧盟有可能按成员国销售,以不同国家为区域销售转播权有利于满足不同国家体育爱好者的需求。国际奥委会的经营策略一般是对国家或地区的唯一对象销售转播权,区域内的电视媒体必须竞价才能获得转播权。电视台获得转播权后,获得了转播奥运会的区域垄断权,导致转播期间的电视广告价值迅猛攀升,利润丰厚。因为转播权都是按照国家和区域销售的,从转播权价格谈判角度,为了制定合理价格,理性的讲,谈判双方需要围绕授权国家或者区域的广告市场总量、占全球的广告市场份额、赛事历程收视数据及经营状况、预期广告营业额增长幅度等几个角度去分析。有的甚至关系到国家利益,因此相比转播权价格有时需要考虑国家经济发展的总体情况,比如GDP总量增长情况、人均GDP情况、最终消费率变化趋势等等。

  虽然联合销售协议和长期的排他性合同有其自身的优点,但是它们都有限制竞争的问题存在。联合购买方面,昂贵的销售价格将一些小的转播企业排除在竞争的队伍之外,与小企业相比,资金充足的转播企业更有购买力,更容易获得转播权,这就可能存在垄断行为的嫌疑。体育社团的垄断行为中较为常见的是联合抵制的行为。1992年初,欧盟委员会开始认真地审查欧洲广播联盟对于独家体育赛事转播权的垄断地位。欧盟对这样的情况很重视,即欧洲体育这样的电视台可以获得播放奥运会节目的权利,而非欧洲广播联盟成员像体育荧屏这样的电视台就被排除在外。欧盟委员会向欧洲广播联盟发出警告,如果欧洲广播联盟继续阻止私营电视台获取奥运会电视转播信号,它可能颁布紧急条例,对欧洲广播联盟处以巨额的罚款。一场旷日持久的战斗开始了。十多年之后,在欧洲广播联盟和欧盟之间的这场战斗仍然没完,欧盟威胁诉诸法律,迫使欧洲电视转播权市场开放,而欧洲广播联盟则为了保护自己获得独家权利的地位,毫不相让,上诉与反诉针锋相对。[①] 在审查中,欧盟委员会认为,联合购买协议存在的问题有两个:第一,联合购买协议限制了协议以外的组织活动转播权利,这种做法可能会导致市场圈定或者

---

① 佩恩.奥林匹克大逆转[M].郭先春,译.北京:中信出版社,2008:33.

输出限制的问题。第二,联合收购协议将会影响第三方的购买权利,欧委会采取的补救措施是,通过合并和体育转播权分销的方式保证第三方得到足球比赛转播权利。尽管排他性的体育转播权并不一定意味着将产生反竞争的效果,在一定程度上,还可能对转播权利起到保护的作用,但是长期的排他性就可能会导致市场圈定。如果所有的转播权利都是被排他地卖给单一的买家,其他在下游市场或周边市场的零售商将会被阻止取得这些权利,进一步限制会引发市场圈定现象;一种商品只有一个买主就被称之为买方垄断或者下游垄断,如果只有一家电视媒体可以购买某一体育赛事的电视转播权,就可以认为该电视媒体是具有买方垄断性质的电视媒体,如中国电视媒体既具有买方垄断的特征,同时又面临着竞争的买方市场。

三、协作与豁免:奥运电视转播权的专属权利

反垄断法以制止和限制垄断、最大可能地促进竞争为立法目标,而大型体育赛事知识产权则以确认垄断为特征。美国在相当长的时间内,都一直实施强有力的反垄断政策,美国反垄断法包括法规,也包括法院对这些法规的解决决定。《谢尔曼法》(Sherman Act)、《克莱顿法》(Clayton Act, 1914)、《联邦贸易委员会法》(The Federal Trade Commission Act, 1914)共同构建了反垄断法的立法基础,与这些法律相配套和相关联的特别法律与大量的、反托拉斯判例构成了反垄断法律体系。美国反垄断法的基础是《谢尔曼法》,该法的出台标志着美国正式将反垄断问题纳入法律问题。按照《谢尔曼法》的最初看法,棒球运动不是商业活动,所以不能受反托拉斯法规的约束,事实上,在各种职业体育联盟成立以后,为了促进职业体育的发展,保证职业运动队的相对稳定性,最高法院做出了许多有利于职业体育联盟的判决,许多竞技体育项目都受到反垄断豁免优惠。[①] 美国学者认为,在最高法院看来,构成在正常情况下应该被适用本身违法原则的联合抵制的自律行为在满足三种条件的情况下可以不受《谢尔曼法》的约束:第一,必须有立法或者其他的授权才能进行自我管理;第二,集体抵制行为一定为了实现与促成授权的立法政策相一致的目的而被合理地使用;第三,必须提供保障程序,确保程序的正当性。另外,有理由的自

---

① 卢嘉鑫.美国对体育产业的反垄断豁免政策及其启示[J].商场现代化,2010(6):55-56.

律行为也能构成对集体抵制违法的有效抗辩。①

对体育产业实施反垄断豁免是美国体育产业政策的重要内容。反垄断豁免在体育运动中的实施开始于棒球运动。1922年,美国最高法院认为棒球运动不属于州际之间的商业关系,可以不受反托拉斯法限制。一般来说,职业体育反垄断豁免主要包括两大领域:转播豁免和劳资豁免。给予职业体育联盟反垄断豁免的优惠,主要是给予职业体育联盟市场独占和各种规则独立制定的权利,从而形成在各种竞技项目和市场运作上巨大的权力。由于拥有反垄断豁免所赋予的权力,各种职业体育联盟就能够完全控制球员转会市场,使职业运动员成为联盟的巨大资产,任何球员都无法在不同运动队之间自由流动。而按照美国的反垄断法规,如果企业要限制生产要素的自由流动,都被认为限制市场竞争的行为,是要受到反垄断指控的。职业体育联盟在这方面就成为极少数例外的领域。对职业体育联盟反垄断豁免的优惠,在应用过程中造成了职业体育联盟的权力被不断放大,这引起了各方面的不满,特别是来自于球员工会的压力,到1970年最高法院取消了部分职业体育项目的反垄断豁免优惠,这些项目的运动员才享有了自由转会的权利。而对电视转播的垄断豁免,美国《体育广播法》规定,职业体育联盟在签订电视转播合同时可以视为一个"单一实体",并批准美国四大体育联盟在电视转播权谈判方面的豁免。这样,职业体育联盟就可以利用卖方垄断优势,在电视转播谈判中占据主动,并以整个联盟的名义取得电视收益。《体育广播法》另一个作用就是使市场份额较小的球队在联盟中也可以获得与其他球队同样的转播收入,获得更多宣传和推广的机会,从而与那些享有更大电视市场的球队进行竞争。1976年,国会又通过了《版权法》,对电视现场直播进行版权保护。这实际上是在电视转播权问题上给予职业体育特殊的优待。② 美国把电视转播权列入版权保护的范围,从而使电视转播营销收入成为俱乐部和职业球队的主要财政来源,极大地开发了体育的商业价值。

美国学者Pellman认为,社会团体在先天上即具有反托拉斯法的"爆发力"。美国司法实践较早地注意到了企业界通过商会等形式所实施的反竞争行为,但对像律师协会、医师协会、各种运动协会等职业性的社团组织所存在的反竞争行为一直

---

① 陈晓军.经济法视野下的体育社团组织[M]//中国法学会体育法学研究会.追寻法治的精神:中国法学会体育法学研究会2005—2010[M].北京:人民体育出版社,2011:172.
② 王伟臣.NBA的反垄断豁免探析[J].体育学刊,2011,18(4):84-87.

没有纳入反垄断法的视野。而在法院看来,特殊的职业对于道德规范和职业能力有特殊的要求,通过自律性的规范比反垄断法的适用能够更好地实现这些要求。①

体育社团组织一般实行会员制,会员制下的体育组织实行自愿性的原则。国际奥委会被认为是在业余体育领域拥有最高权威的非政府间国际组织。实践表明国际奥委会大家庭成员已经接受了奥委会搭建并执行的法律框架,并承认奥委会的相对自治。如国际奥委会对于申办奥运会的城市都有筛选的决定,这些决定虽然可能触犯各国主权,但没有任何一个国家法院对奥委会这种违法行为提起法律诉讼,因为这种禁令等同于对自由择业这类基本权利的否定。在一定程度上,国际奥委会被认为是联合国或者体育领域的世界政府。美国在司法实践中并没有将职业体育作为普通的商业竞争部门来看待,虽然职业体育需要遵循很多普通的商业规则,但它并不能从根本上摆脱竞技体育的规律和要求。职业体育的特殊运作方式在很多方面都不同于普通的商业部门,就某个具体运动项目来说,其在特定地域范围内的球队数量及所提供的相关比赛、运动产品等必然是有限的,有时甚至是唯一的,几乎具有天然的垄断性。

体育社团作为一类特殊的非营利性的组织,一般而言在各国的税法和反垄断法上都享有一定的特权。在我国经济法学理论上,对于某一经济或社会组织主要依靠反垄断法和税法的规则进行调整。作为非营利性组织,体育社团大多处于免税制度的保护之下,同时受到体育运动娱乐性、健身性的良好社会形象影响,体育社团组织在反垄断法上往往也处于有利位置,一般情况下体育社团组织都会免于受到反垄断法指控。这使得体育社团组织在竞争中处于十分有利地位。然而,随着体育社团组织通过各种手段逐渐形成较大的社会影响力和雄厚的财富积累,并逐步演化为商业组织,体育社团在税法和反垄断法上的地位就成为一个非常复杂的法律问题。实现体育社团的法律调整,必须从经济法的视野对体育社团组织进行重新审视。② 有美国学者总结了税法的规定,认为非营利组织要想获得免税的地位必须满足四项标准:第一,一个组织必须是为了实现宗教性、慈善性、科学的、公共安全的、文学、教育、资助业余体育的开展、保护儿童或动物等八项免税目的之一

---

① 陈晓军.经济法视野下的体育社团组织[M]//中国法学会体育法学研究会.追寻法治的精神:中国法学会体育法学研究会 2005—2010[M].北京:人民体育出版社,2011:171.

② 同①.

而设立和运行;第二,组织的净收入不得使私人股东或个人受益;第三,一个组织不得从事实质性的政治活动;第四,组织不得违反已有的公共政策。

当一个体育社团组织并不从事营利性活动时,其在税法上获得免税地位是理所当然。但是体育社团组织介入营利性业务越来越普遍,体育运动的联盟、协会、俱乐部等都逐渐实现商业化运营,变成了营利性特征极其明显的组织,针对这种情况,各国也纷纷制定了相应的税法规范,力求对非营利性组织的营利性活动进行适当的调整。1950年之前,美国非营利组织的任何收入都是免税的,对非营利组织从事商业投机和得到免税的收入的唯一惩戒方式是剥夺其免税的地位。1950年,美国国会通过了不相关业务收入税法(Unrelated Business Income Tax Law),适用于所有的非宗教性的非营利性组织。这样的相关性是指通过商业或贸易活动获得的收入必须用以促进非营利性组织的免税目的。① 欧盟委员会对豁免具有唯一的管辖权,具体的豁免程序是,当事人根据协议向欧盟委员会提出申请,欧盟委员会根据申请进行相关审查,在审查结果的基础上,欧盟委员会根据程序对其进行豁免。豁免需要满足四个标准:第一,这个安排必须有助于改善商品的生产或分布,有助于促进科技与竞技的增长;第二,消费者必须获得合理的好处;第三,协议所固有的限制性是不可或缺的;第四,竞争并未被消除。②

---

① 陈晓军.经济法视野下的体育社团组织[M]//中国法学会体育法学研究会.追寻法治的精神:中国法学会体育法学研究会 2005—2010[M].北京:人民体育出版社,2011:174-175.
② 康均心,刘水庆.欧盟体育转播权营销中的反垄断审查[J].武汉体育学院学报,2014,48(4):5-10.

第六章

奥运传播知识产权中的运动员形象

形象权发源于美国,创设的目的是为了保护自然人因其形象的商业性利用所享有的经济利益。1953年著名的海兰诉托普斯(Haelan Laboratories Inc. v. Topps Chewing Gum, Inc.)案件,被美国大部分学者认为是形象权确认的起点。形象权成为一种独立的权利并与已存在的隐私权区分,此前肖像等人格要素在美国一直是通过隐私权进行保护的。分析形象权产生的原因,可以看出两个因素在形象权的产生过程中起了至关重要的作用,一是对名人人格要素商业利用的实践;二是法律保护的障碍。[①] 知识产权作为无形财产权的一种,或者说作为无形财产权相类似的概念决定了它具有私有财产权的属性。知识产权人身权的属性决定了知识产权具有人权的本质,"意味着现代知识产权制度不仅要符合国家知识产权公约的规定,而且不应与国际人权标准冲突。立法者在知识产权提供法律保护时,应符合其必须遵守的国际人权义务。"知识产权的人权蕴意,是对知识产权属性的一种理论假设。在学术界,关于知识产权本身是否为一项人权存有广泛争议,但并不否认知识产权具有人权意义。在人权理论的语境中解释知识产权,体现了尊重知识产权创造活动和智力成果价值的人文主义精神。随着国际体育运动和奥林匹克运动的快速发展,奥林匹克运动中体育权问题已经逐渐受到人们关注。根据《世界人权宣言》《经济、社会、文化权利国际公约》《体育运动国际宪章》《奥林匹克宪章》等国际法律文件条款,体育权是指公民享有的一项经济社会文化的具体权利。它已被确认为人的一项基本权利,是人权的具体体现。然而,奥运体育权又是体育权的一项具体内容,是其重要组成部分。因此,随着国际奥林匹克运动的开展和全球化的传播,奥运体育权已成为人权的重要内容。

---

① 姜新东,徐清霜.美国形象权的司法保护[J].法律适用,2008(3):89-92.

图 25　独具商业价值的运动员形象权

在过去的 30 年中,法学界一直在探讨形象权的合理性。赞同者提出了"激励机制合理论"(Incentive Justification),这一理论也是知识产权理论的基础:应该在经济上激励每个人都从事对社会有利的工作,最终成为社会舞台上的一员。赋予人们身份中商业性权利并使其有能力支配这种权利的商业性使用,有利于鼓励人们从事有利于社会的工作。根据英美法的第一法理原则,每一个人都有权支配自己的劳动果实,除非这种支配行为与公共利益产生冲突。以上的理论成为形象权产生的基础。① 随着大众传媒的迅速发展,以隐私权保护个人对其姓名、肖像或嗓音的商业利用的方法日益凸显不足,因此美国司法界和学术界人士构想出了替代性的责任基础——形象权。② 形象权是法律顺应社会发展的一种权利,是在人格权与知识产权这两大私权制度之间创设的一种新型的边缘化的权利。充分认识形象权的特征对我们正确把握形象权的内涵至关重要。形象权是典型的美国法律实践的产物,它来源于美国法关于隐私权问题的探讨。根据现行的通常理解,它是指自然人对自己的身份进行商业性使用的权利。形象价值商业利用活动与隐私权制度构建上的不协调一直是推动形象权研究的动力。关于形象权的范围、侵权的认定标准、权利的限制和例外等等,还都在发展之中,与专利权、版权和商标权等知识产权相比,保护形象权的法律制度还远远不够成熟,许多问题都值得立法上、司法上和

---

① 陈锋.论美国法下对运动员形象权的保护[J].北京体育大学学报,2007,30(5):586-588.
② 史密斯.人格的商业利用[M].李志刚,缪因知,译.北京:北京大学出版社,2007:172.

学理上的进一步探讨。①

人权定义、人权标准及国际人权公约规定，是分析知识产权人权问题的理论工具和法律依据。有学者认为，启蒙思想家关于财产权与人权关系的阐述，是知识产权蕴含人权寓意的重要思想渊源。根据劳动财产权理论，作为人权的知识产权是"不可剥夺的普遍权利要求"，从而将资本主义式的财产权与封建特许权区别开来。这种人权观构成了近代知识产权制度正当性的基础。也有学者认为，对知识产权的人权属性，应该切入财产权的视角，只要《世界人权宣言》第十七条没有被废除，将知识产权作为人权保护，完全是天经地义的事，但是作为人权看待的知识产权完全是与表现自由有关的著作权，而不包含具有强烈经济色彩的专利权、商标权。还有学者进一步认为，"与其说知识产权是私权、财产权，毋宁说知识产权是一项人权，具有'发展权'的属性。""知识产权制度终极目的应当是'发展'——个人的发展、社会的发展、国家的发展以及全人类社会的共同发展。"知识产权表述为包含财产权和人身权两种属性，这就使得知识产权具有私权和人权两种性质。世界贸易组织的《知识产权协定》(TRIPS)在其序言中宣称"知识产权为私权"。在诸多知识产权国际公约中，《知识产权协定》第一次明确界定了知识产权的本质属性，即以私权名义强调知识产权的法律形式。②

第一节 运动员形象权的商业逻辑

权利是利益法律化的表现形式，社会利益形态的发展、变化会导致私权体系发生相应的变化。当现有私权体系的价值理论和制度结构不能满足现实利益需求时，便会发生法律漏洞。法律漏洞的出现将使法律无法为这种正当利益采取有效的法律保护措施，而弥补这种制度缺失的法律技术手段之一便是创设新型权利，形象权出现的原因正在于此。③ 形象权来源于知识产权法上对别人姓名的盗用和以宪法第一修正案为基础的隐私权。④ 弗兰克(Jerome Frank)法官在 1953 年 Haelan

---

① 李明德.美国形象权法研究[J].环球法律评论,2003,25(4):474-491.
② 吴汉东.知识产权多维度解读[M].北京:北京大学出版社,2008:19.
③ 马波.尼莫形象权法律思想评析[J].内蒙古大学学报(哲学社会科学版),2010,42(1):36-40.
④ 陈锋.论美国法下对运动员形象权的保护[J].北京体育大学学报,2007,30(5):586-588.

Laboratories Inc. V. Topps Chewing Gum, Inc.一案中,首次提出了"形象权"概念,创设的目的是为了保护自然人因其形象的商业性利用所享有的经济利益。形象权(Right of Publicity),又称"公开权"或"真实人物的商品化权",是指真实人物的姓名、肖像或其他表明身份的个性特征被付诸商业使用的权利。作为经济生活中出现的一种新型权利,虽然在我国没有形象权的法律规定,现实中形象权是通过视为肖像权来保护的,但国外司法界从20世纪50年代甚至更早就已开始探讨这一问题并逐渐影响立法。①

一、形象公开:肖像的商品化权

18世纪美国建国之初,肖像的商业利用现象就出现了,当时美国开国元勋者如华盛顿、亚当斯、杰弗逊等的肖像都曾在美国被商用过。他们认为,他们的肖像广泛传播后有利于新生的共和国,他们把自己的肖像看成是共和国的公共财产,他们肖像的利用有助于美国的建立。美国社会历史学家瑞尔·亨瑞斯(Neil Harris)认为,19世纪对名人肖像的利用是普遍的现象,而且在早期这种普遍的商业利用现象并未受到公开反对或起诉。亨瑞斯认为,名人的肖像是公共财产已成为一种不言而喻的假设。②但随着摄影技术的产生发展,印刷业获得空前进步,那些过去仅能被公众知悉姓名的社会名人,发现他们的图片开始四处传播,而且随着电影的引入和无线广播的发展,美国产生了一种强有力的、崭新的"声誉机器",电影和无线广播使得名声迅速地与伟大的成就相脱离。无线电广播、电影、电视的出现,使社会名人能够声情并茂地出现在社会大众面前。名人们对社会公众的生活产生了多方面的影响。有些人认为他们的正常生活受到了侵犯,向法院提起了诉讼。实际上,美国在1920—1930年间,名人与消费时尚已经建立了系统的联系……好莱坞的消费方式已成为大众消费的"参考标准"(Standard of Reference)。③美国电影工厂好莱坞发现了开发利用明星所蕴含的巨大商机,开始了"造星工程"。可以说,好莱坞的加入,不仅对社会大众关注知名人物私生活的发展趋势起到了推波助澜的

---

① 姜新东,孙法柏.形象权探讨[J].山东科技大学学报(社会科学版),2003,5(2):66-68.
② 孙法柏,姜新东.名人形象的商业化利用及其权利保护沿革:形象权的历史解读[J].前沿,2007(1):170-173.
③ Ewen. All Consuming Images: The Politics of Style in Contemporary Culture [J]. Contemporary Sociology, 1990: 278-279.

作用,同时还使得知名人物形象的商业价值越来越得到重视和开发。20世纪40年代,随着娱乐和体育等行业的快速发展,这些领域的明星们的实力开始加强,这为他们在获取对其自身形象的商业开发权方面提供了谈判的筹码。在随后的20年里,来自娱乐和体育两个行业的明星们开始控制对其自身形象的商业利用,他们不时提起诉讼以阻止他人在未经授权的情况下使用其肖像。由于隐私权观念的影响,在未经许可而商业性地使用他人身份的问题上,早期的判例总是局限于侵犯隐私权和由此而产生的后果上。

在19世纪后20年,上述"不言而喻"的假设开始受到来自社会与法庭的挑战。1895年,美国《案例与评论》(*Case in Comment*)杂志上一篇题为"广告强盗"(Advertising Brigands)的文章严厉地谴责了对名人肖像的商业使用行为。与此相呼应的是法庭上名人提出的诉讼。以上变化表明,19世纪末20世纪初,对待名人肖像商业使用的态度正悄悄地发生转变。起初,名人不满主要是因为他们感到尴尬和名声受损。后来,有人把肖像权和姓名权解释为财产权利。在Edison V. Edison Polyform一案中,新泽西州法院判决禁止未经授权使用托马斯·爱迪生的肖像和姓名推销药品,法院的判决理由中没有使用"隐私"或"尊严",而是使用了"财产"一词。这可能是最早的把未经授权在商业上使用他人的肖像所侵害的利益解释为经济利益的司法判决。这种观点在当时并没有引起多大的反响,只是多年以后形象权确立时人们才"回忆"起当初曾有这样一个判决。①

对于名人肖像的商业利用狂潮,当一些名人因某些未经许可的商业利用行为走上法庭诉讼时,却遇到了法律保护的障碍。其时,他们唯一可用的手段是主张隐私权损害赔偿。一些法庭主张,由于名人们所处的令人瞩目的位置,不管对于新闻报道还是商业使用,他们都放弃了隐私权。有些法庭则主张只有对名人肖像的公开具有"冒犯性"(Offensive),以至于使其以后不能将自己的肖像付诸商业使用时才是可诉的。即使有些法庭未设置这些障碍,由于隐私权所注重的是受害人心理的伤害,原告所得到的补偿也十分有限。② 面对这种法律上的不便,名人和商家不断地呼吁,要求给予名人肖像以财产权的保护。现实需求与制度供给不足之间的

---

① 孙法柏,姜新东.名人形象的商业化利用及其权利保护沿革:形象权的历史解读[J].前沿,2007(1):170-173.
② 姜新东,徐清霜.美国形象权的司法保护[J].法律适用,2008(3):89-92.

矛盾最终导致形象权的诞生。个人形象权是指知名人物对自己的可指示性形象要素进行商业性利用的权利。美国1953年的Haelan案中,个人形象权正式得到法院的确认。在该案中,一名棒球运动员与原告签署合约,授权原告排他性使用其姓名、肖像做口香糖广告。被告明知以上事由,却诱使该运动员也与其签约契约,使用其姓名、肖像,并为被告的产品——口香糖做广告。由此,原告起诉被告,诉称被告的行为使自己财产遭受损害。在该案中美国第二巡回上诉法院的法官Frank明确提出了"个人形象权"的概念,并就个人形象权的含义进行了论证。他论述道:"我们认为,除了独立的隐私权,每个人还就其肖像的形象价值享有权利,这就是允许他人独占性地使用自己肖像的权利。……这个权利可以称之为'个人形象权'。众所周知,当行为人在报纸、杂志、汽车、火车或地铁上使用知名人物的肖像做广告时,如果该知名人物没有获得肖像使用费,他们就会痛苦地感觉到被剥夺了什么。"①弗兰克法官集中了大多数法官的意见,撰写了判决书。"我们认为,除了独立的隐私权外(它是不可转让的,人格性的),一个人对他的肖像的经济价值还拥有一项权利……这项权利可以被称为'形象权'。因为众所周知的是,公众人物不会因其面容被作为商业广告出现于报纸、杂志、公共汽车、火车和地铁上而自己未得到报酬。因此,形象权必须是一种可以对第三者主张的排他性权利,否则,其经济价值难以实现。"②

对于真实人物而言,能产生形象权的只限于名人,普通人享有的是民法上的姓名权、肖像权、隐私权等,因为名人的姓名或肖像给人的印象不只是姓名、特定姿态本身,它使人想到的往往是这个人的整体形象或其好的一面,也只有这样才可能在商业性利用过程中对顾客产生吸引作用。非知名形象没有商业利用价值,所以不受形象权的保护。形象权作为一种独占权,可以分为形象利用和形象禁用权。在目前关于真实人物形象权的研究中,大部分学者认为只有部分知名人士才享有形象权。形象必然具有一定的知名度,这是形象可商品化的前提。这一特征并非是法律的设定,而往往就是市场本身的要求。非知名人物的形象要素被他人商业性使用时,可以主张侵犯其民法上的姓名权、肖像权和隐私权等人格权。在评价这个案例时,尼莫(Melville B. Nimmer)教授认为与形象公开权相比,隐私权的保护力

---

① Haelan Laboratories Inc. V. Topps Chewing Gum, Inc., 202.F.2d 866 (2d Cir.1953)
② Haelan Laboratories Inc. V. Topps Chewing Gum, Inc., 202F.2d 868.

度是不够的；因为当名人的形象被商品化利用的时候，名人们往往并不感到羞辱或不安，而美国隐私权保护的却仅仅是精神上的利益，他主张形象公开权是可转让的，并称每个人都应该拥有形象公开权。① 形象具有一定的商业价值，尤其是知名形象，与商品结合以后会产生较大的影响力。对消费者产生较强的吸引力，使商家赢取经济利益。形象权就随着形象的商品化应运而生，形象权是一项独立的无形财产权，它不同于肖像权，它维护的是可进行商业利益形象的商业价值。作为一项财产权，形象权是可以转让或许可使用的。而肖像权主要是保护自然人的人格利益，不得全部转让。如果把肖像塑造成商业性利益的"形象"，并用于各种商业活动之中，我们就可以用形象权来保护，当然这不会影响肖像权的保护。

真实人物的形象利益，最初主要是一种人格利益，一般由人格权法来调整。形象商品化的权利形态，最初也是从传统人格权项下的姓名权、肖像权、隐私权、名誉权等衍生而来的，因而具有明显的人格属性。在商品化的条件下，诸如姓名、肖像等人格利益被重塑成具有商业性利益的"形象"，并运用于各种商业活动之中。这就使得源于人格权制度的形象权，在很大的程度上脱离了原来的权利范畴，进入到非物质性财产领域。肖像权包含精神利益和物质利益，法律保护公民的肖像权，最主要的是保护肖像权所体现的这种精神利益，是人之所以作为人存在的人格。倘若自然人的肖像权归属于他人，那么自然人的人格是不完整的。人格的破碎使人不能成为真正的人，更谈不上享受其他的各种民事权利。而肖像权不具有直接的财产权内容，它所体现的物质利益只是精神利益所派生、所转化的利益。使用肖像权做广告、商标、装饰橱窗等会带来经济上的收益，这种财产利益是肖像美学价值的财产化，或者肖像本人的名气、荣誉、声誉所产生的财产效益，理应归属于肖像本人。简言之，肖像权整体，不管是精神利益还是财产利益均属于肖像本人所有。

二、商业利益：形象权与隐私权分离

在名人们把自己肖像的商业利用看作降低身份、名人的产生尚未"产业化"的背景下，1890年，律师沃伦(Samuel D. Warren)和布兰蒂斯(Louis D. Brandeis)在《美国哈佛大学法学评论》上写了一篇题为"隐私权"的文章，他们在文章中论证说，法律应当承认隐私权，禁止擅自公开他人的私生活、习惯、行为和与私人生活相关

---

① Nimmer M B. The Right of Publicity [J]. Law and Contemporary Problems 203(1954)

的一切东西。这些东西虽然是真实的,但擅自公开会干扰他人的正常生活,使他人感到窘困和不安,提出应当赋予公民私生活不受外界报道和其他干扰的权利,并认为应当考虑公民精神上是否受干扰而不仅仅是身体等外在的损害。美国20世纪初的司法审判对这篇文章的思想予以采纳,并将它演变成了一种更新的理念:未经允许,不得利用他人的姓名或图片进行商业活动。但是那个时期的判决仍然将这种权利认定为一种人身权,被害人只能获得精神损害赔偿。① 虽然隐私权提出后并没有立即得到司法界的肯定,但一般认为,这篇文章开辟了美国法律中保护个人隐私的新纪元,促使法律承认了个人的隐私权。1902年,美国纽约州上诉法院在"罗伯逊"案驳斥了沃伦和布兰蒂斯关于"隐私权"的说法,这一判决激怒了社会公众和舆论,也促使立法机关很快就做出了相应的反应。1903年春天,纽约州议会颁布法律,规定为了广告或商业的目的,未经许可而使用他人的姓名和肖像,属于侵权和轻罪。这样,纽约州就颁布了美国历史上的第一部隐私权法。直到今天,这部法律仍然是纽约州保护隐私权和形象权的主要依据。②

由于隐私权观念的影响,在未经许可而商业性地使用他人身份的问题上,早期的判例总是局限于侵犯隐私权和由此而产生的后果上。例如,未经许可而将他人的姓名或肖像广泛使用于广告上,等于将他人的姓名或肖像暴露在公众面前,伤害了他人的尊严,造成了他人的精神损害。与此相应,法院判给原告的损害赔偿也是依据原告所遭受的精神痛苦的程度来确定的。除了价值理念上的冲突,隐私权在具体制度上也不能满足现实需求,主要体现在以下三个方面:第一,名人的形象价值很难受隐私权保护。涉及名人隐私权案件中,美国法院一般都不愿用隐私权来阻止对名人形象的商业化利用。他们认为,作为社会公众人物,名人已将自身的一些信息公布于众,以吸引公众的注意,提高自己在公众心目中的地位。因此,对他们来讲,如果在其职业生活范围内,名人就不存在隐私权。反之,在其职业生活范围之外,隐私权才存在。名人很难通过隐私权来保护自身的形象价值。第二,隐私权的赔偿范围仅限于精神损害。作为一种人格权,隐私权所保护的是自然人的精神利益,因此,在隐私权案件中,权利人所获得的损害赔偿也限于精神损害。但是,在形象商业利用中,权利人所受的损害并不仅是精神损害,同时也包括财产利益的

---

① 刘丽娜.论美国形象公开权对名人姓名的保护[J].电子知识产权,2005(6):48-50.
② 李明德.美国形象权法研究[J].环球法律评论,2003,25(4):474-491.

流失,而此时,权利人却很难通过隐私权来补偿其经济损失。隐私权在保护自然人形象价值上显然存在不足。第三,隐私权不具有可转让性。依据传统隐私权观点,隐私权并不是一种财产权利,而是一项神圣的人格权,具有不可转让性。美国司法判例也坚持这一观点。由于隐私权具有不可转让性,所以,依合同授权的方式使用他人姓名和肖像,被授权人并没有获得一种排他性的权利,而仅是通过合同获得一种使用他人形象的免责承诺。在这种情况下,如果被授权人的利益被合同以外第三人侵害,被授权人就没有独立的诉讼权利。在商业实践中,隐私权的这一弊端阻碍了形象价值的最大化利用。①

在 Haelan Laboratories Inc. V.Topps Chewing Gum, Inc.一案的第二年,著名知识产权学家尼莫教授发表了一篇题为"论形象权"的文章,该文的发表立即在美国法律界引起轰动,极大地推动了"形象权"的发展。尼莫教授认为,名人需要的不是对于隐私的保护,而是对于自己身份商业价值的保护,以及控制自己身份商业性价值的权利。他说:与这些产业(广告、电影、电视和广播)相关联的知名人士,并不追逐布兰迪斯和沃伦所主张的"独处和隐私"。毫无疑问,隐私确实是他们"要求和需要"的东西,但他们更关注自己的公开形象,这可以看作是隐私这一硬币的另一面,尽管名人不愿意将自己隐藏在隐私的盾牌之后,但他们也绝对不愿意让他人未经自己的许可,或者未向自己支付报酬而使用、公开自己的姓名、肖像或形象。② 在该文中,尼莫认为,运用现存的法律理论无法保护明星们的商业价值,为此有必要设立一项类似于财产权的公开形象权,根据该项权利,如果明星的形象未经授权而被使用,则不管其是否造成精神上的侵害,均可以对被告提起诉讼,以至于损害赔偿金额,与隐私权案件中根据造成的损害进行估算不同,其应依据该形象的金钱价值进行估算。尼莫还从洛克的所有权理论出发为公开形象权寻找理论基础。他认为明星们的宣传价值系经过长期而艰辛的劳动培育而得,只有承认其公开形象权,才不至于使其劳动成果被他人窃取。随后,凯尔文教授又提出了不正当致富或不当得利理论(The Unjust Enrichment Rationale),而联邦最高法院亦在 Zachini 案中,提出了版权激励理论(The Copyright Incentive Rationale)等,这些理论学说在一定程度上为公开形象权获得承认铺平了道路。这样,在弗兰克法官和尼莫教授的共同

---

① 马波.尼莫形象权法律思想评析[J].内蒙古大学学报(哲学社会科学版),2010,42(1):36-40.
② Nimmer M B. The Right of Publicity[J]. Law and Contemporary Problems,203(1954).

努力之下,"形象权"的概念不仅得以确立,而且被定义为一种财产权。至此,形象权终于从传统的隐私权中独立出来,形成一种新的知识产权。①

自 Haelan 案判决之后,形象权逐渐由法院接受,1960 年,William 教授发表了他的著名文章《隐私权》,重新界定了隐私权的范围和类别。在文章中,William 教授将所有的侵犯他人隐私的行为归纳为四大类:第一,侵入他人的私人空间或原告的独处权;第二,公开披露他人的令人窘迫的私人生活;第三,在公众面前制造对受害人的错误认识或者将原告至于误导性的灯光之下;第四,盗取他人的姓名或肖像中的商业价值。而前三项属于隐私权范畴,第四项才属于公开形象权的范畴。这样,即使是在隐私权中,形象权也有了明确的界定和地位。由此,"形象公开权"与"隐私权"区别开来,成为一项独立的、公民与生俱来的权利;隐私权是一种人身权,故保护的是精神上的利益,而形象公开权是一种与人身有关的无形财产权,主要保护的是一种财产利益;隐私权随着公民的死亡而终结,形象公开权并不如此。② 在尼莫看来,自然人形象价值的本质属性与隐私权的价值追求背道而驰。对一些名人来讲,他们并不是寻求精神上的安宁,而更加关注隐私的相反一面,即自身的形象。尽管名人并不想通过隐私权来隐藏自己,但也不希望在未经他们允许或未给付他们应得的报酬的情况下,复制或公开他们的姓名、照片或肖像。③ 随后的数十年中,文体娱乐业的蓬勃发展也相应带来了大量与"形象权"有关的案例,1977 年在联邦最高法院的推动下,这种权利在司法界及学术界获得了广泛的支持,并最终得到了美国法学会的一致确认:美国法学会《反不正当竞争法重述》(第三版)第 46 条规定,一个人对其形象的商业价值享有形象权。未经他人同意,出于商业目的使用他人的姓名、肖像或其他人格标识即构成侵犯形象权,判其承担责任的形式包括下达禁令和金钱赔偿。④

由此,公开形象权与隐私权区别开来,成为一项独立的、公民与生俱来的权利。隐私权保护时期是形象权发展史上一个非常有意义的阶段。现在,"形象权"逐渐在普通法上得到了承认,美国现在已经有 28 个州为其公民提供了形象权保护,其中 18 个州有成文法,19 个州有判例法。从隐私权的确立到形象权的产生经过了

---

① 李明德.美国形象权法研究[J].环球法律评论,2003,25(4):474-491.
② 刘丽娜.论美国形象公开权对名人姓名的保护[J].电子知识产权,2005(6):48-50.
③ Nimmer M B. The Right of Publicity [J]. Law and Contemporary Problems.(19).
④ 参见 Restatement (Third) of the Law of Unfair Competition 46(1995).

一个漫长的过程,在这个过程中,美国电影业的迅猛发展所导致的名人的产业化,名人成为巨大的经济来源则是我们应当着重关注的。最早论述形象权的学者尼莫(Nimmer)教授曾坦率地称形象权的产生是"百老汇和好莱坞的需要"。① 形象权作为一种财产权利,其所关注的是自然人形象中所蕴含的经济价值,因此,形象权具有可转让性、可继承性。而隐私权则是一种纯粹的人格权,它所关注的是自然人基于姓名、肖像等人格特征所产生的精神价值,即私人生活不被打扰,因此,隐私权具有不可转让性和不可继承性。② 形象权规定的是个人对他(她)的身份的财产权,而隐私权保护个人免受尴尬、私人的事实被曝光或者被人虚假描述的事实所带来的情感痛苦。形象权也必须和诽谤相区别,因为诽谤包含了对虚假信息的公开,而形象权通常源自真实信息的公开。与形象权相比,隐私权对知名形象的保护是不充分的。因为,当知名人物形象被他人非法进行商业使用时,名人们通常并不会感到精神上的痛苦,隐私权所保护的仅仅是精神上的利益。

三、人格财产:形象权的经济化

近几个世纪以来,财产的构成发生了很大变化,其中突出的一点便是知识产权在财产权中所占的比例增加,学者对知识产权的深入研究,逐渐从实践层面转移到哲学层面上来。形象权作为一种新型的知识产权,更是从它产生之始便受到这种趋势的影响,其理论基础从洛克的财产权劳动论,到康德、黑格尔的财产权自由意志论(以自由为财产权理论的核心),以及与之相关的其他理论,它的哲学思路与传统知识产权是一致的。③ 形象权是随着市场经济的快速发展和社会文明的进步,传统的人格权体系不足以保护名人的利益时产生的。不论形象权作为一种具体人格权,还是作为一种新型知识产权,抑或作为一种无形财产权,目前尚存争议,但该项权利创设的旨趣是明确的,就是"为了保护名人身份中的商业利益"。"这种权利的理论依据是名人的身份在促销产品方面是有价值的,名人享有的权益应当得到保护,名人可以制止他人未经许可而商业性地利用其身份。"另从形象权的产生历史看,它从隐私权孕育而出,表明了形象权只能由自然人(包括名人与普通人)享有,

---

① 孙法柏,姜新东.名人形象的商业化利用及其权利保护沿革:形象权的历史解读[J].前沿,2007(1):170-173.
② 马波.尼莫形象权法律思想评析[J].内蒙古大学学报(哲学社会科学版),2010,42(1):36-40.
③ 赵凤梅,姜新东.形象权的哲学思考[J].云南社会科学,2004(4):33-37.

非自然人主体不能享有,虚构形象并不是形象权保护的对象。

公开形象权作为个人对其人格标识的商业性使用的控制权是从传统的隐私权中脱离出来,公开形象权的客体包括个人的人格标识,如姓名(包括别名、艺名、笔名等)、肖像、声音等,也包括个人的不能构成著作权的真实表演,它保护在对人格标识及真实表演的商业使用进行控制中的商业利益。公开形象权作为一种可转让和可继承的财产为基础的权利,其存续期间从一个人的出生持续到其死亡,甚至延及一个人的身后。① 名人的公开形象权是从人身权发展而来的。公开形象权首先表现为名人对形象的独占性控制,名人有权决定是否将自己的形象付诸商业利用,决定形象利用的方式,这些都反映了公开形象权脱胎于姓名权、肖像权、隐私权等人格权。人格权正是主体对人格利益的支配与控制。但是,公开形象权从人格权中分离出来,已不同于人格权。他不仅表现为对形象的控制和支配,而且变现为通过形象的利用获得财产利益,它已经脱离了人身权的范畴,进入了财产权的领域。"形象"的表现方式(姓名、肖像等)多也是人格利益的载体,但是形象已经商品化,被竞价、出卖、转手,用于各种商业活动。名人如果要获得商业利益,自己独占公开形象权是没有意义的,只有授权商家利用自己的形象才有可能,因此公开形象权改变了人格权一身专属的性质,非但不是与特定人身不可分离的权利,相反,其价值的实现恰恰在于权利的转移。虽然人格权的救济权能中也有禁止他人不经权利人同意将其姓名、肖像等用于商业活动的内容,但这是从保护人格权的角度消极地、一概地禁止商业利用;公开形象权则并不一概地禁止形象的非法商业利用行为,它所要禁止的是对名人形象利用收入的剥夺与损害。公开形象权正是针对名人形象商品化的现实产生的,它的出现绝不是对名人人格的贬低,更不是对名人人格权的剥夺,只是对名人现实地位的认可,甚至是对名人更优越的地位的认可。名人享有这种财产权,并不损害其享有的人格权。如果名人名誉受侵害,仍有权请求法律保护其名誉权。公开形象权虽然从人格权中分离出来,但与之仍有内在的密切的联系,它为人格利益提供迂回的保护,在某种意义上与人格权殊途同归。② 人格权中的人格标志可以商事使用的基础就在于这些人格标志具有转化为财产利益的可能性。在理论上,人人都有人格要素,都具有潜在的商业价值,普通人也有权以合法

---

① 叶小兰.论公开权保护模式的建构[J].江苏警官学院学报,2006,21(6):55-60.
② 薛红.名人的"商标权":公开形象权[J].中华商标,1996(3):10-14.

的方式使用自己的姓名、肖像，并由此获得财产利益，但人格的财产利益对于大多数人来说只是一个应然假设。有些国家认为，只有名人才具有形象权；一个人成为"名人"后就部分地丧失了他的肖像权与隐私权，而获得形象权。①

在市场环境下，社会领域里诸多事务具有潜在的经济价值和商品化的可能。商品化是经济学范畴，指把商品价值规律扩大到非商品事物上，现代社会最常见的就是知识的商品化。所谓形象权，是指主体对于其知名形象被用于商品或服务商的独占权。② 形象权起源于人格权，但又有别于人格权。"从人格权到特别财产权的变化，从其社会动因来说，是商品经济发展的结果；从法律层面而言，则是私权制度创新的产物。"③麦卡锡教授和反不正当竞争法重述中的观点，即形象权的主体为自然人；权利的客体包括个人的人格标识，如姓名、肖像及声音等，也包括个人的不能构成著作权的真实表演，它保护在对人格标识及真实表演的商业使用进行控制中的商业利益。④ 形象权是基于对自然人的姓名、肖像、形体等的商业利用而产生的，它天生就具有"营利性"，如果有了形象权来保护基于"形象商品化而产生的商业价值"，那么就不会再有肖像权的保护侧重于人格利益还是财产利益的争议了，肖像权就是保护人格利益的。两种制度各行其道，又互为补充，不失为完善我国民法制度的一种方法。⑤

民法关于财产权和非财产权的区分，是先确定那些权利属于非财产权，非财产权以外的权利，均属于财产权。⑥ 弗兰克法官在判决中指出，"形象权"不同于隐私权，它是一种与人身有关的无形财产权，可以被转让；认为形象权是一种对形象价值进行控制和利用的权利，它是一种新型的知识产权。公开形象权和商标权最为相似，可以说公开形象权就是一种名人的商标权，它是名人的才华与魅力的标志，声名显赫的名人的形象具有巨大的市场价值。公开形象权和版权、邻接权也有密切联系。由于名人形象本身就具有市场价值，因此可以脱离作品和表演独立存

---

① 马法超,于善旭.运动员形象权及其法律保护[J].北京体育大学学报,2008,31(1):14-16.
② 杨立新.人格权法专利[M].北京:高等教育出版社,2005:243.
③ 吴汉东.形象权的商品化与商品化的形象权[J].法学,2004(10):77-89.
④ 程合红.商事人格权论:人格权的经济利益内涵及其实现与保护[M].北京:中国人民大学出版社,2002:57.
⑤ 周召勇,万小丽.国家运动员肖像权的法律探析:刘翔肖像权案引发的法律思考[J].天津体育学院学报,2005,20(5):36-38.
⑥ 同①.

在。① 奥林匹克标志应该属于商品化权。商品化权是为了解决因版权、姓名权、肖像权、广告使用权及商标权等权利交叉而产生争议而被提出来的一种新型知识产权,它是指将能够产生创造大众需求的角色或角色特征用于商品上使用或许可他人使用的权利。② 虽然公开形象权由人格权发展而来,但是作为一种无形财产权,与知识产权既相似又相关。从权利特点看,与知识产权一样,公开形象权也具有独占性、地域性和时间性。从权利根本目的上看,公开形象权保护名人的经济利益,最终是为了鼓励艺术创造,促进社会文化艺术发展,这与知识产权的根本目的也是相同的。此外,由于公开形象权和知识产权都属于无形财产,因而估评方法也很相似,主要使用收益法、市场法和费用法。③

  关于公开权的保护既有人格权保护模式,以美国有些州的隐私权保护和日本的姓名肖像权保护为典型;又有商标法保护模式,以英国为代表;还有以竞争法为其保护模式的,如德国。而在学术界,有不少学者主张应创设一个新的属于广义的知识产权法项下的商品化权来总括各个法域所不能包容的所有商品化现象的权利。④ 目前美国法院和学者共为公开形象权提出了三种理论基础:第一种理论基础是劳动成果说,认为公开形象权是一个人"收获其劳动果实"的道德权利;第二种理论是经济价值说,其中最流行的是版权激励说,认为保护一个人形象的经济价值可以激励其创造性的追求;第三种理论基础是消费者保护说,认为公开形象权可以保护消费者免受虚假广告的欺骗。目前这三种理论基础均充满争议,其中有些甚至被证明是错误的或多余的。⑤ 国际公约及两大法律体系国家均对公开形象权或相关的商品权做了法律规定。对知名形象的保护散见于各个权利体系中,但保护知名形象所有者或创造者具有控制和从该形象中获取商业利益的权利,防止他人擅自利用该知名形象商业上的使用,已为国际公约和两大法系普遍认可,并成为世界各国法律发展的趋势。具体来说,从国外立法和实践来看,公开形象权的保护途径不是单一的,而是多种多样的。最基本途径就是《反不正当竞争法》《商标法》《版权

---

① 薛红.名人的"商标权":公开形象权[J].中华商标,1996(3):10-14.
② 裴洋.奥林匹克标志的法律保护[J].华东政法大学学报,2008,58(3):116-120.
③ 同①.
④ 叶小兰.论公开权保护模式的建构[J].江苏警官学院学报,2006,21(6):55-60.
⑤ 邹军华.公开形象权研究[D].北京:中国政法大学,2005:7.

法》及其他法律保护途径。①

对人自身价值的认识不能仅局限于精神领域,而需扩展至经济领域,正视自然人形象的经济价值。但从价值追求上来看,隐私权的目的在于保护私人生活不被非法干扰,其保护的是人的尊严价值,而形象价值则是一种纯粹的财产价值。隐私权的价值追求与自然人形象的本质属性之间的相左将会造成法律制度与现实需求的脱节。② 尼莫正是通过对隐私权的价值追求和具体制度内容的分析,寻找到了形象权存在的现实基础和制度根源。③ 在尼莫看来,自然人形象价值的本质属性与隐私权的价值追求背道而驰。随着广告、电影、电视和无线电产业的发展,对于姓名和肖像的商业化利用已经成为一种商业运作模式,大量名人的姓名和肖像被用于广告促销活动之中。个人形象权可用来阻止他人未经许可对知名人物形象要素进行商业性利用(商业广告),但却不能阻止他人对形象要素进行"具有新闻价值的例外"的使用。"具有新闻价值的例外是指在新闻写作、人物传记、历史、文献电视片和其他传达事实信息的传统表达模式中的利用。"如果没有大众传媒的帮助和社会大众在造星过程中的参与,一个人的名声是不可能形成的。在现实生活中,一个人想成名,仅仅劳动是不够的。这是一个集体的社会现象,在这里,社会大众作为观众创造了观念、信息和名人。再由信息娱乐媒体反馈给他们。另外,大多数人在未经授权而开发公众人物的形象时,亦加进了自己的天才和智慧,而这对公众人物的形象造就亦是有所贡献的。因此,可以肯定的一点是名人的公共形象永远都是各种复杂社会因素的共同产物。

第二节 运动员形象权的确立、实质及其争议

形象权是一个法律概念的舶来品,由美国法中的"Right of Publicity"术语转译过来。作为经济生活中出现的一种新型权利,国外司法界虽然从 20 世纪 50 年代甚至更早开始探讨这一权利并逐渐影响立法,在 1953 年的 Haelan 案上,Frank 法官

---

① 叶小兰.论公开权保护模式的建构[J].江苏警官学院学报,2006,21(6):55-60.
② 马波.尼莫形象权法律思想评析[J].内蒙古大学学报(哲学社会科学版),2010,42(1):36-40.
③ 同②.

第一次通过判例承认了形象权。随后,美国学者尼莫通过理论化、系统化的研究,最终使得形象权得以确认并被广泛接受。如果说 Frank 法官是形象权的设计者,那么尼莫就是形象权的缔造者。尼莫的研究成果对形象权制度的建立和发展起到了举足轻重的作用。[①] 目前我国对形象权的认定还没有形成统一的认识,有些学者认为形象权除了真实人物形象外还应包括虚拟人物的形象,世界知识产权组织有关文件也将形象分为"虚构角色"形象和"真实人物"形象,美国法律也认为"真实人物"形象与"虚构角色"形象在法律上有不同的权利形态。本书讨论的形象权是专指自然人控制其形象进行商业利用的专有性权利,公司、合伙组织等法人以及包括卡通形象在内的文学性虚构人物都不具有形象权。尽管学界对这种新型权利的性质、内涵还有不小的争议,甚至对该权利的名称都还有不同的观点,但应创设一种新型保护形象利益的权利模式已经被学者和社会认可。在体育成为民众生活一部分的媒介消费时代,体育明星巨大的商业价值有目共睹,国内外因运动员形象权而产生的纠纷屡见不鲜,这使得运动员形象权的理论研究不仅越来越重要,而且越来越可能成为指导司法实践的理论依据。

一、形象权确立及我国运动员形象权争议

虽然我国法律上并没有真正提出形象权,但自 20 世纪 90 年代形象权或者说形象商品化以来,形象权在我国也开始受到关注,最近十多年有关运动员形象权的纠纷时有发生,这为进行运动员形象权研究提供了重要的案例。

(一)美国形象权确定的两大案例

Haelan 案 形象权概念是 1953 年由美国第二巡回上诉法院法官杰罗姆·弗兰克(Jerome Frank)在"海兰案"[Haelan Laboratories Inc. V. Topps Chewing Gum, Inc.202F.2d 866(2d Cir.1953)]中所创设。[②] 本案诉讼的双方是两家生产口香糖的相互竞争的公司。原告与某棒球运动员签订该合同,却也与该运动员签订了一个在包装纸上利用他肖像的合同。[③] 在该案中,棒球运动员与原告签署合约,授权原告排他性使用其姓名、肖像做口香糖广告,但被告 Topps 口香糖公司明知以上事由

[①] 马波.尼莫形象权法律思想评析[J].内蒙古大学学报(哲学社会科学版),2010,42(1):36-40.
[②] 朱广新.形象权在美国的发展状况及对我国立法的启示[J].暨南学报(哲学社会科学版),2012,34(3):24-32.
[③] 刘丽娜.论美国形象公开权对名人姓名的保护[J].电子知识产权,2005(6):48-50.

却诱使该运动员也与其签约契约,使用其姓名、肖像,并为被告的口香糖产品做广告。在美国1953年的Haelen案中,个人形象权正式得到法院的确认。在该案中,美国第二巡回上诉法院的法官Frank明确提出了"个人形象权"的概念,并就个人形象权的含义进行了论证。①

萨奇尼案 在形象权的发展过程中,1977年由最高法院判决的"萨奇尼"是一个具有标志性意义的判例,它标志着形象权在全美国的范围之内获得了许可。虽然萨奇尼不是一个典型的形象权案件,但到目前为之,它是唯一由美国最高法院判决的形象权案件。作为一位杂技演员,本案中的原告萨奇尼在美国俄亥俄州的一个集市上做"人体炮弹"节目的表演,当地一家电视台在没有得到原告允许的情况下,不但拍摄了其全部表演过程,而且还在晚间的新闻中进行播出。于是,萨奇尼将当地电视台告上法庭,认为被告侵犯了其专有的财产权。在起始的初审判决中,法院做出不利于原告的判决。不过,上诉法院推翻了初审法院的裁决,裁定被告侵占了原告的财产。在单独的附属意见中,上诉法院指出原告就其表演活动来说应该享有形象权,被告的行为侵犯了原告的形象权。尽管被告对此判决表示不服,随即又上诉至俄亥俄州最高法院,但俄亥俄州最高法院也裁定,就其表演活动来说原告确实享有形象权,原告对自己的表演活动与人格的商业性利用有权进行控制;但法院同时也认为,作为被告的电视台享有报道新闻事件的自由,电视台只是报道了原告的表演,并没有利用原告身份或表演中的商业价值。②尽管本案主要涉及电视新闻节目与言论自由之间的关系,但由于该案例涉及了表演者的形象权,最高法院在判决中论述了形象权与言论自由之间的关系,产生了广泛的影响。基于判例法和州法的有关规定,1995年由美国法学会公布的《反不正当竞争法重述》(第三版)也纳入了形象权保护的内容。

(二)我国涉及形象权的重要案例

王军霞诉昆明卷烟厂案 1996年8月6日的香港《大公报》在B6版以整版的形式登载了王军霞胸挂奖牌、右手高擎鲜花的照片,而且在其右手部位印有"红山茶"牌香烟两盒,同时"忠告市民,吸烟害人害己"的字样被标注在其下。王军霞以昆明卷烟厂没有经过她的同意便利用她的肖像在《大公报》上做广告,这侵犯了她

---

① 高荣林.出版自由与个人形象权[J].国际新闻界,2012,34(2):81-86.
② 李明德.美国形象权法研究[J].环球法律评论,2003,25(4):474-491.

的肖像权,并以此为由向法院提起诉讼,要求被告赔偿她的经济与精神损失费100万元。2001年5月,王军霞诉昆明卷烟厂一案经辽宁省高级人民法院最终裁决,认定王军霞肖像权被侵犯的事实存在,要求被告赔偿王军霞80万元作为补偿,并在一个月之内登报致歉。虽然此案例一般被法学界当作肖像侵权的典型,但这是一起典型的形象权侵犯与保护案例。中国目前相关法律法规中并没有这一权利的存在。① 在此案中,王军霞要求广告企业赔偿经济损失和精神损害费,并获赔80万元,说明法院在审判过程中,也考虑到其形象的经济价值,而不是按照一般人格权的精神赔偿的标准进行判决的。

姚明诉可口可乐肖像权案 从2003年4月开始,作为中国男子篮球队签约赞助商的可口可乐(中国)饮料有限公司在其推出的一批新产品的包装罐上,印上了3名时任中国男篮现役球员姚明、巴特尔和郭士强的形象,姚明居于中间突出位置。姚明作为百事可口形象代言人,并未授权可口可乐使用其个人肖像,姚明对可口可乐未经同意将其姓名和肖像用于其产品的商业推广表示强烈的抗议。2003年5月29日,姚明起诉可口可乐(中国)饮料有限公司。

图26 著名篮球运动员可乐代言之争

但可口可乐辩称,根据该公司和中国篮球协会及其商务代理机构中体经纪管理公司所签订的合同,可口可乐公司"有权使用中国男篮三人及三人以上的整体肖像"。在起诉书中,姚明请求法院判令可口可乐公司在停止利用其肖像与姓名用于产品包装的行为外,还要在全国性的新闻媒体上公开承认其侵权行为,并以赔礼道歉的方式消除事件影响,同时请求判令可口可乐赔偿精神损害抚慰金及经济损失人民币1元。由于法院立案后,原、被告双方频频接触以寻求调解的方案,并最终在10月17日达成一致意见,原、被告分别发表了和解声明。在整个事件中,双方争论的焦点其实就在于利用的是个人的肖像权还是国家队的整体形象。

---

① 刘毅.从王军霞诉昆明卷烟厂案看名人形象权的保护[J].重庆工学院学报,2005,19(4):95-98.

刘翔诉《精品购物指南》肖像权案　在没有获得刘翔同意的情况下,《精品购物指南》第80期(总第1003期)(2004年10月21日)以刘翔在第28届奥运会上夺得110米栏奥运冠军的跨栏动作形象作为报纸封面,同时这一期报纸的封面广告是北京中友百货,卓越公司还于同日将这次千期专刊的全部内容上传至精品网和精品购物指南网,制作成网络电子版。对于这次版面安排,中国田径管理中心于2004年11月24日以侵犯刘翔肖像权为由将《精品购物指南》及其网站经营者、商标持有人与北京中友百货有限责任公司等四家单位起诉至北京市海淀区人民法院,提出索赔125万元等要求。被告辩称照片是奥委会下属官方机构摄制的新闻照片,是报社通过合法途径从一家图片公司按照新闻照片标准付费购买的。北京市第一中级人民法院于2005年12月15日做出终审判决,认定被告在使用刘翔的肖像过程中,因过错造成了刘翔人格受到商业化侵害,构成了对原告肖像权的侵犯,裁定被告除公开赔礼道歉外,还需赔偿原告精神损害抚慰金2万元。

宁泽涛牛奶代言之争　作为里约奥运会前中国最红的体坛偶像之一,宁泽涛被多数营销专家认为是超越姚明、刘翔、李娜的最为合适人选,美国著名智库宁德公司更是通过估算认为,宁泽涛商业价值将达到300亿元,但宁泽涛私自代言伊利引发了中国游泳队赞助商蒙牛不满的风波。2015年11月,蒙牛签下了国家游泳队的集体赞助和宁泽涛的个人广告代言。但很快宁泽涛改变了主意,在未请示游泳中心的情况下,个人擅自跟伊利牛奶签约,去国外拍摄了广告宣传片。按照游泳中心的销售模式,签国家队就等于签下了所有单个运动员,运动员被禁止自组经纪团队,赞助商想要签运动员,不能与运动员本人私下交易,必须跟游泳中心合作。2006年国家体育总局在《关于对国家队运动员商业活动试行合同管理的通知》中,规定"运动员商业活动中价值的核心是无形资产,包括运动员的姓名、肖像、名誉、荣誉等。对多数运动项目而言,运动员的无形资产的形成,是国家、集体大力投入、培养和保障的结果,同时也离不开运动员个人的努力",还规定了"要保障国家队训练竞赛任务的顺利完成,同时依法保障运动员的权益"。然而,游泳协会2011年出台并沿用至今的《国家游泳队在役运动员从事广告经营、社会活动的管理办法》,依然规定"国家游泳队在役运动员的无形资产属国家所有"。

二、运动员形象权产生的社会原因

虽然形象权确立于20世纪50年代,但其可以追溯到18世纪中叶。尽管国内还没有一种理论对运动员形象权的权利性质进行明确的分析,但作为一种社会现象,中国运动员形象权产生及其实践有其深厚的社会原因。

(一)大众传播中的符号形象商业利用

在19世纪,随着摄影技术发展带来的图像革命,出版物中可以加入大量的图片,这使得出版物能实现图文并茂,以往为人所知的著名人物往往在出版物中只有其名字,并不会呈现其图像,但由于摄影与出版技术的发展,这些著名人物的肖像可以被随便传播。无线电与电影技术的快速发展,使得观众对知名人物出现了顶礼膜拜,而20世纪初出现的电子化的新闻媒体巧妙地利用了公众兴趣,开始注重对知名人物的私生活报道。再加上当时美国广告业的巨大发展与"名人产业"(影视业)的产生,这都使得以肖像为代表的人格要素成为商业活动的重要客体。另外,20世纪20至30年代,好莱坞发现了明星形象所蕴含的巨大商机,开始了大规模的"造星工程",并对知名演员的形象价值进行商业开发。可以说,好莱坞的加入使得社会大众对知名人物私生活更加关注,也使得知名人物形象的商业价值得到重视和开发,而大众媒体在其中起到了推波助澜的作用。20世纪40年代,伴随娱乐与体育等行业的飞速发展,这两大领域成为造星的重点行业,而随着这两大领域的明星们社会影响力越来越大,其形象价值也越来越大,这为他们获取其自身形象的商业开发权谈判提供了重要筹码。在随后的20年里,来自娱乐与体育行业的明星们开始控制大众媒体对其形象的商业化利用,他们经常对未经授权就使用其肖像的行为提起诉讼,通过诉诸法庭的方式阻止他人无故使用其形象,维护自己的经济利益。体育明星是一种独特的符号,这种符号不仅出现在体育运动中,还可以延伸到体育运动之外。大众媒体制造的消费欲望使体育明星形象的传播得以普遍,也使得其形象价值得以提升。在迅速变动的市场洪流中,生命体在创造符号社会的同时,也将自己物化为符号系统中的一员,心灵、情感、个人特质与诉求已越来越表现在符号术语中,生物意义上的血肉之躯被打造、转化成"符号体"。[①] 当下的资本主义社会正是通过消费,操控着人们的经济文化诉求,实现着其意识形态控制的政治策略。人格的符号化、标识化正是对这一社会演变的回应。人格的符号要素主要通过"嫁接"的叙事技巧,把一种与某个商品(能值)并不具有必然联系的意义

---

① 谢晓尧.商品化权:人格符号的利益扩张与衡平[J].法商研究,2005,22(3):81-87.

(所指)"嫁接"到该商品,从而引起超出商品之外的意义联想。消费成为对符号系统和意义关系的操控。

(二)隐私权难以满足人格形象的价值保护

名人的符号价值,不论是通过不懈能力的创造,还是出于禀赋、运气,都具有权利获得的"正当性",前者是劳动财产理论的典型体现,后者则可以视为先占理论的一种形态。20世纪美国四五十年代的一些判例如"奥布莱恩案"及"海兰案"都反映了这样的现实。奥布莱恩是当时知名的橄榄球明星,一家啤酒公司未经其同意在促销日历上印制了他的照片,奥布莱恩状告该公司侵害他的隐私权,但因其声名显赫,照片已公之于世,法院认为奥布莱恩已经放弃了隐私权,不能以侵犯隐私权为诉因控告侵权。奥布莱恩时代的名人处于出名难得利的尴尬。① 在1890年,萨缪尔·沃伦(Samuel D.Warren)和路易斯·布兰代斯(Louis D.Brandeis)在《哈佛法律评论》上发表了一篇著名的文章,即《隐私权》。该文主张存在一种法定的隐私权,知名人物可以此防止新闻媒体的永无休止和无所不包的报道。② 在现代社会,人自身的价值应当包含两种性质不同的利益形态:精神利益与物质利益。精神利益是自然人作为社会成员之一而产生的。在传统的人格理论看来,人的姓名、肖像、声音等人格要素是专属于自己的一种精神利益。实际上,这些要素同样是负载或传播信息的基本单元,是有意义的符号系统,具有表达和标识功能。③ 隐私权有别于为商业广告目的使用自己的姓名、肖像的权利。后者是每个人都拥有的财产权,它的价值可以或多或少,甚至只是名义上的;但是,前者是人自身的权利,对该权利的侵犯不可豁免。④ 起初,美国法院利用隐私权理论对姓名与肖像等人格要素来进行保护,但由于隐私权只是一种精神性的权利,不能被继承与转让,而商家为了获得对肖像等独占性权利,名人为对自己的人格要素的商业价值更为充分的保护和利用,都要求承认肖像等人格要素具有转让性与继承性。隐私权是精神权利,不能转让与继承,远远不能满足名人追求经济利益和商业领域实践的要求,于是美国法院通过判例确立了一项新型权利——形象权,最终导致了形象权的产生。⑤

---

① 薛红.名人的"商标权":公开形象权[J].中华商标,1996(3):11-14.
② 郭玉军,向在胜.美国公开权研究[J].时代法学,2003(1):7-16,44.
③ 谢晓尧.商品化权:人格符号的利益扩张与衡平[J].法商研究,2005,22(3):81-87.
④ 范慧青.体育明星形象权归属与保护研究[D].呼和浩特:内蒙古大学,2009:5.
⑤ 赵凤梅,姜新东.形象权的哲学思考[J].云南社会科学,2004(4):33-37.

（三）运动员形象符号化使用的普遍化

在美国最早涉及形象权权利的是 1935 年 Hanna Manufacturing Co. v.Hillerich & Bradsbury Co.案，但这一权利直到 1953 年才被弗兰克法官在 Haelan Laboratories Inc. v. Topps Chewing Gum，Inc.案中冠以"形象权"的名称。在 20 世纪 70 和 80 年代，运用明星形象为产品做广告的实践开始大量出现，这相应地带来了有关形象权的大量案例，使得形象权在普通法中得以承认。在媒介消费时代，由于大众媒体深度介入体育运动，闪耀在聚光灯下的体育明星集运动天赋、职业成就、国家利益、名人价值、商业成功、娱乐时尚与个人绯闻于一身，他们的身上既映照了当代全球文化的发展特点，也表明了媒介塑造体育明星的商业逻辑。运动员形象可商品化的原因是运动员形象的知名度，这是形象可商品化的前提。对真实人物而言，其知名度表现为在相关领域的广泛认知度和对社会公众的相当影响力，这里的知名度实际上是可供商品化的声誉和声望。这种影响能给形象所附载的商品带来广泛的认知度，能给形象的利用者带来一定的经营优势。体育明星不仅可以表达国家利益、民族利益、球队利益，还可以表现时尚、娱乐、生活方式等日常生活的意义。其实，形象权之所以能够获得承认，完全是集权化的信息娱乐传媒的胜利。从某种意义上说，正是大众媒体让人们相信，公众人物应对他们的形象及其所代表的意思拥有支配权。在形象范畴，知名度本身并不属于商业问题，但由于其对市场消费者的影响力，才出现了形象商品化问题。这一特征并非需要法律设定，而往往就是市场本身的要求。如 2014 年，有非官方数据显示，中国的游泳池(不包括温泉池和水疗池)数量已经超过 11.2 万个，且以每年 21.5% 的速度增长；2008—2012 年，我国游泳池行业市场规模由 63.2 亿元增长到 90.6 亿元，年平均增长率达 9.5%。有业内人士估算，到 2017 年，整个泳池经济的规模将接近 700 亿元。700 亿元所托起的"明星"商业价值令人期待。媒介消费时代，体育明星被塑造成消费偶像的奇观化过程就是体育明星形象符号化的结果。"这既是消费社会媒介发展的必然，也由体育明星自身的特征决定。体育明星在媒介中被塑造成了一个多义的符号，成为了连接消费与人们心理的纽带。"①

---

① 郭晴.贝克汉姆现象：消费社会背景下的偶像崇拜与媒介制造[J].成都体育学院，2009，35(3)：8-11.

三、运动员形象权可适用的权利性质

知名形象具有何种权利形态,法律如何对知名形象提供保护,这是当今私权领域出现的一个新课题。从中外案例来看,对知名人物的形象进行商业开发并不是一件新鲜的事情,但让人疑惑的是如果把形象权看成是一种"固有的"权利,那为什么直至20世纪中叶形象权才得以出现。目前,在对运动员形象权权利性质的认识上主要有以下三种观点。

(一) 运动员形象权具有无形财产权属性

形象权是一项独立的无形财产权,它是因保护形象的财产权益而发展起来的。作为一种与真实自然人相关的财产权,形象权法律将会对自然人身份中的形象商业性价值及财产权益提供保护。"形象权是为了保护名人身份中的商业性利益而产生的。这种权利的理论依据是,名人的身份在促销产品方面是有价值的,名人享有的权益应当得到保护,名人可以制止他人未经许可而商业性地利用其身份。"[①]人格符号具有重大资产价值,人格符号价值的增加要求权利再配置。形象权作为人们对自己身份进行商业性使用的一种权利,其中就包括对人的姓名、肖像等在内的身份使用。明星肖像的商业价值获得最大化的唯一法律途径是在其肖像上设立一项财产权。自然人人格要素的商品化应用是商品经济条件下的一种必然产物,它不是对自然人人格的贬低和践踏,而是通过合法的、符合公序良俗的市场运作途径,使自然人的经济效益和社会效益最大化,是在新的时代背景中对人文价值和人本主义精神的诠释与弘扬。[②] 在现实生活中,侵犯人格的符号要素,针对的未必是传统人格所涵摄的精神利益,而是符号的财产价值。但从某种意义上说,名人是适应社会需要而产生,但自身又受到这种需要的最直接的影响。事实上,形象的无形财产权是有别于传统财产所有权的一项新型民事权利,是近代商品经济和科学技术发展的产物。对于该项权利,是难于采用罗马法以来的物权理论加以阐释的。[③]虽然形象权是一个新的、尚未定型的法律概念,但形象权是财产权利而不是精神权利,形象权保护的是自然人身份中的商业价值或财产权益是毋庸置疑的。形象权

---

① 李明德.美国形象权法研究[J].环球法律评论,2003,25(4):474-491.
② 朱体正.形象权与形象代言合同性质研究[J].河南司法警官职业学院学报,2007,5(4):59-62.
③ 吴汉东,胡开忠.无形财产权制度研究[M].北京:法律出版社,2001:49.

的使用包括自己与许可他人商业性使用两种。许可他人商业性使用是指形象权人许可他人在商品及广告中使用形象权人的姓名或肖像等等,未经许可就商业性使用形象权人的身份特征获利,这是对他人形象权的侵犯,属于一种不正当的竞争行为。因此,保护形象权的法律也是反不正当竞争法的一个组成部分。虽然现代社会的财产的构成发生了很大变化,但无形财产在大陆法系是传统的类概念,无形财产和有体财产正是根据权利对象的形态差异所做的粗略分类。

(二) 运动员形象权的知识产权属性

对于形象权合理性的讨论,在过去的几十年中,法学界就一直没有停止过,赞同者提出的"激励机制合理论"也是知识产权理论的基础,它赋予自然人身份的商业性权利,并使自然人有权利支配这种权利的商业性使用,这有利于鼓励人从事对社会有利的工作。形象权来源于知识产权法上对别人姓名的盗用和以宪法第一修正案为基础的隐私权。在美国,形象权作为一项独立的权利受到普通法和州立法的保护,大部分学者认为形象权属于知识产权保护范畴。这其中的主要原因是:从权利范围和权利特征看,形象权的特点具备知识产权的一般属性。从权利范围上看,《建立世界知识产权组织公约》中的第二条第8款第7项对知识产权范围进行了界定,它是指在工业、科学、文学或艺术领域里的智力活动所产生的所有权利,形象权可纳入此项权利范围之内;在权利特征上,形象权作为一种专有性无形财产权,具有严格的地域与时间性。形象权的属性与人们对无形财产权、知识产权的认识紧密相连,知识产权属于一种无形财产权得以确认,这里需要确定是形象权与知识产权的关系。在现行知识产权的定义中,虽"智力成果"说很流行,但理论界对此也有一定的争议,"智力成果"既不属于知识产权的研究对象,也不能涵盖知识产权法律的全部内容。作为一门新兴的学科,知识产权范畴并不非常明确,就现行通说来看,形象权概念不宜纳入,但随着研究的深入,知识产权概念的重新界定,形象权的归属仍有许多不确定因素。形象权是一种对形象价值进行控制和利用的权利,它是一种新型的知识产权。在私权领域中,人格权(包括姓名权、肖像权、隐私权等)与知识产权(包括著作权、商标权、商号权等)之间存在着一个边缘地带与交叉部分,以至于不能简单将形象商品化问题归类于人身权或知识产权的任一范畴。[①]

[①] 吴汉东.形象权的商品化与商品化的形象权[J].法学,2004(10):77-89.

(三)运动员形象权是一种商事人格权

由于形象权起源于隐私权,所以形象权制度与隐私相关的人格权法有着紧密关系。1903年美国纽约州颁布法律,禁止未经他人许可为了广告及商业目的就使用其他人的姓名及肖像的行为。直到今天,这部法律依然是纽约州用来保护隐私权及形象权的主要法律依据。因受到这部法律的影响,有些学者就认为形象权应归于人格权法范畴。自然人形象以及在其人格权之上形成的形象权,是一个需要澄清与界定的概念。形象权是因为传统人格权不能适应名人形象的商品化和市场化的需要而产生的,它的历史并不长,在新的市场与传播环境中,人格权既难以有效保护名人的利益,同时也难以保护合法利用名人形象的商界利益。以自然人个人形象为客体的人格权,可称之为形象权。在商品化的过程中,知名形象产生了一种特殊的私权形态,它已不是人格意义上的一般形象权,而是具有财产价值的(商品化)形象权。尽管形象权与人格及角色等因素有千丝万缕的关联,但商品经济环境中,知名形象具有"第二次开发利用"的价值特征,也就是形象的商品化过程。在这种过程中,形象的知名度与创造性本身并不完全掌控形象价值开发与利用的目的,主要是该形象和特定商品结合后对消费者所产生的影响。自然人形象是自然人作为完整的生命个体所包含的各种人格要素的综合,是人的物质性人格要素——生命、健康、身体、声音和精神性人格要素——肖像、姓名、名誉、信用、荣誉的有机组合。[①] 个人形象权是指知名人物对自己的可指示性形象要素进行商业性利用的权利。人格商业化的现象为传统的人格权制度与理论提供了一系列新的法律问题,是人格权制度发展和完善中所不可忽视的重要因素。一是人格权是否包含经济利益因素的问题;二是人格权与财产权的关系,即那些广泛应用于商业活动中的人格权的法律问题;三是人格权的转让问题;四是对被商业利用的人格权的法律保护问题。虽然美国法院早在20世纪50年代便承认了这种新型的财产权利,并将形象权的客体限定于人格性形象,受到侵害的是自然人或自然人组成的群体。在这类案件中,法院认为受到侵害的形象权可以通过人格权得到救济。对于人格权在商业利用活动中产生的上述法律问题,各国也都在通过对人格权理论上的发展和制度上的完善试图做出合理的解释与处理。一是借助于对财产权利的扩张,

---

① 朱体正.形象权与形象代言合同性质研究[J].河南司法警官职业学院学报,2007,5(4):59-62.

从财产及财产权的角度出发,解决上述人格权的经济利益内涵、人格权的转让和保护等问题。二是从人格权的角度出发,通过对人格权的扩大解释和特别规定来解决这些问题。三是将这些人格权纳入知识产权的视野,利用知识产权的广泛包容性及其所具有的财产权属性来说明和处理这些问题。四是从商事法律的角度做出规定。

图27 极具商业价值的中国女排形象

四、运动员形象权实践几个主要争议问题

不同于外国运动员形象权的争议主要来自于形象权的权利归属,由于我国运动员培养模式与体制的特殊性,在我国运动员形象权实践中,其主要的争议问题是在形象权的利益分配之中。

(一)集体有无形象权

在我国形象权争议中,有很大的一部分是使用集体的肖像是否侵犯了作为集体一员的个人肖像权。我国《民法通则》第一百条规定:"公民享有肖像权。"对此规定的理解是:只有公民才能成为肖像权的主体,其他任何社会团队和组织等都不享有肖像权,运动员形象权的主体是其本人。如果从积极的内容角度看,运动员形象权应是运动员对自己形象所拥有的独占使用权,运动员可以自由地决定是否将自己的形象应用于商品化实践过程中;如果从消极的角度来看,运动员的形象权就是运动员对自己形象拥有的禁用权,也就是说运动员可以禁止未经自己授权的形象商品化利用,并可以追究侵权者的赔偿责任。"客体是由姓名、肖像以及其他能够进行商事使用的人格标志所体现的能够确认是运动员本人、具有个性化特征的运动员整体形象。"①对于一些集体性项目,个人与集体的形象价值如何分配,是争议的焦点问题。根据一般的理解,我国运动员的集体形象权一般是指国家体育总局下属的体育行业协会、国家队或俱乐部可以对国家队及俱乐部成员的集体肖像进行使用、收益的权利。虽然在我国集体肖像权普遍得到认可,但需要强调的是这个权利并不属于一种单一的权利,而是作为一个群体的肖像权的集合,其实际基础是个体独立肖像权的叠加。就国家队的集体肖像权,这种权利应该来自于国家队队员对自己肖像权的使用、收益权的让渡。在一般情况下,所让渡的权利内容相同。让渡之后,国家队运动员的肖像只允许由国家体育总局或下属的体育行业协会及国家队在有限的范围内统一使用和收益,而不能形成不同于个人肖像权的集体肖像权。②就国外实践来看,美国NBA球员加入国家队时都会通过明确的合同将自己肖像权中的部分内容授予某一法律实体。合法形象使用行为是防止形象权违法侵权的主要手段,通过形象权人与使用人之间平等、自愿协商的使用合同,可以约定形象的使用方式、使用范围及利益分配。在没有经过双方合意而使用他人形象的行为,被认为是一种侵权行为,即便经过双方的合意使用,但如果超出合约使用范围也会被认为是一种侵权行为。因此,在美国使用国家队集体形象时,一般的正当程序是每个队员都与某一法律实体签订内容基本一致的形象使用合同。这里说的内容基本相同是指因为每个队员的能力有差异,其利益分配方案有时可能也会有所不同,被授予的这一法律实体以签订的合同拥有对个人形象的使用、收益及许可他人使用形象的权利,并以此为依据,许可有关企业使用国家队队员的集体形象,从而获得商业赞助。虽然美国的运动员培养体制与我国现行的培养体制有较大差异,但他们的作为值得借鉴。

(二) 运动员形象权价值来源

围绕着形象权一直有两对矛盾:一是对于社会大众参与而产生的某一公众人物的公开形象,其经济价值应如何分配,运动员形象权的收益是归于社会大众,还是由该公众人物独享;二是涉及对文化(制造)权利的分配,也就是说,对于由社会大众参与制造而由公众人物代表的某些文化概念或现象,社会大众是否具有话语

---

① 马法超,于善旭.运动员形象权及其法律保护[J].北京体育大学学报,2008,31(1):14-16.
② 郭发产."集体肖像权"的法律问题:析姚明与可口可乐公司肖像权纠纷案[J].法学,2003(6):126-128.

权。这两种矛盾可以简单地归结为由信息娱乐传媒支持的形象权概念和由第一修正案支持的言论自由之间的矛盾。这种矛盾的实质就是说知名人物的成名是否纯粹只是其个人的劳动与奋斗的结果,传媒与社会大众在其中是否也有所贡献,进一步说,知名人物对附属于其形象的商业价值是否应该享有独占权,对其形象的商业价值是否应该在该知名人物与社会大众之间进行分配。虽然真实人物形象的相关权利被称为"形象权",它是指"个人对其形象进行商业价值利用的权利",或表述为"每一个自然人固有的、对其人格标识的商业使用进行控制的权利"。形象利益是一种非物质性的财产利益,但一个名人无论如何努力地维持、谨慎地控制或塑造自己的形象,媒体与公众总会在其中起着重要的作用。公众虽然不能使媒体形象呈现出他们所喜好的任何含义,但是他们可以从中选择体现自己的感情、价值观的形象。实际上,公众是直接地、积极地参与了名人形象的塑造过程。权利标的所指向的利益是划分财产权与人格权的基本标准。形象的商品化过程,涉及形象利益的权利人与形象利用的经营者以及他们与社会公众之间的利益分配关系。一位名人必须经过多年投入与激烈竞争才会使自己的公众形象具有一定的市场价值,这种价值体现在具有专有财产权性质的姓名、肖像及其他人格标识的形象权上。具有商业价值的形象来自明星的努力,是他们天赋、刻苦、智力与勇气相互结合的产物。虽然与成名过程中所付出的劳动甚至金钱相比,一个人的成名更多的是由于本人之外的他人劳动的结果,名声这种"相关联"的现象是由别人赋予的。一个人所取得的成就并不能决定他能否赢得公众的普遍喝彩与关注,这更多地取决于公众的需要和兴趣。即便看似伟大的人物,他们成为名人的过程也包含巨大的偶然因素,媒体在这个过程中起到的作用至关重要,媒体为了自身的迫切需要不停地寻找甚至制造名人作为代言人,以吸引公众,传达信息进而使公众产生对其广告的产品的消费需求。尽管如此,但对于运动员形象权来说,个人天赋和劳动是媒体宣传的基础,也更为重要。形象权主要是一种普通法权利。公开形象权赋予公众人物以控制其愿意支付何种产品或观念的权利。其可以向社会大众展示某种形象,并将其自身与同该形象相协调的事物联系在一起。但最终,却是由社会大众来决定某个人物在大众心目中的形象,或决定其在历史中的地位。可以说,对每一个公众人物,观众都有自己的主观印象,这一印象可能同该人物对其自身的定位大相径庭。[①]

---

① 郭玉军,向在胜.美国公开权研究[J].时代法学,2003(1):7-16,44.

（三）非知名运动员是否有形象权

形象权不是宪法性权利，作为一种垄断权或独占权，形象权在权能上可分为形象利用权与禁用权。形象利用权是一种积极的权能，是指权利人对自己的各类形象可以进行商品化使用的权利。形象禁用权则属于一种消极的权能，是指权利人禁止他人擅自将本人的各类形象进行商业化使用的权利。商品化权是为了保护人格因素中的商业利益而产生的，形象的价值是人格的符号化与商品化产物，这决定了形象权主体拥有一定知名度与影响力。个人的知名度越大，转化为经济价值的机会也就越大，就越有可能为他人提供"搭便车"的机会，这就更加要求法律提供保护。由于非知名人物的知名度偏低，其商业开发的价值并不高，这难以形成符号的甄别与显示作用，其为商家带来的直接经济利益并不大，其形象被侵犯的可能性也就不大。对真实人物而言，其知名度表现为在相关领域的广泛认知度和对社会公众的相当影响力。这里的知名度实际上是可供商品化的声誉或名望。一般理论认为只有名人才能享有形象权，而非名人则享有隐私权。从形象权在美国的兴起看，形象权确实是因隐私权不足以对名人形象提供保护才得以产生的，因此形象权被理解为只有名人才能享有，普通人只享有隐私权，而且侵犯名人形象权所造成损害赔偿标准也是名人形象使用者所盗用的价值。不过，在大多数情况下，尽管非名人的形象价值都要低于名人的形象价值，但这也不能就此判定非名人的形象就不具有价值。因为形象权保护的是人格要素中的商业价值，它的主体应该是那些人格要素能给商品或服务带来吸引力或声誉，因而具有商业价值的人。它的主体主要是名人，但不可否认的是生活中有一些人，他们尽管没有知名度，但也能给商品或服务带来吸引力或声誉，其人格要素也具有商业价值，因而也是形象权主体。在民事客体范畴中，诸如姓名、肖像、名誉、荣誉等人格利益，在传统上属于人格权的保护范围，一般认为不具有直接的财产内容，但在商品化过程中已由传统人格利益演变成商业人格利益，即非物质化的新型财产利益。在理论上，人人都有人格要素，因此，人人都具有潜在的商业价值，普通人也有权以合法的方式使用自己的姓名、肖像，并由此取得财产利益，只不过人格的财产利益对于大多数人来说只是一个应然假设。根据英美法的第一法理原则，每一个人都有权支配自己的劳动果实，除非这种支配行为与公共利益产生冲突。以上的理论成为形象权产生的基础。①

(四)商业化利用还是表述性使用

出于对公共利益的考虑,形象权在使用上也受到某些限制。从形象权提出最早的美国来看,对形象权使用限制最直接的是美国宪法第一修正案所规定的表现自由(言论自由和新闻自由)。美国法律一直承认:"如果媒体对于某一姓名或肖像的使用,是与某一具有新闻价值的信息相关,则这种使用受到第一修正案的保护,不属于民权法所规定的为了商业目的而使用的范围。"②新闻的概念非常广泛,它包括新闻媒体使用他人姓名与肖像,发表教育与科学文章的自由,具有广泛适用"新闻价值"的例外。对于形象权中的"新闻价值"认定问题,应该由编辑部门给予恰当的判断或裁量,只有当形象与作品之间没有真正联系或者该作品是经过伪装的广告时,司法部门才有介入的正当理由。美国第一修正案根据言论的使用目的把对言论的保护划成不同等级,对于表述性(Expressive)的使用,就给予高级别的保护;对于商业性(Commercial)的使用就不会给予保护,而媒体在对"表述性"与"商业性"使用的区分上的作用很大。一般来说,如果是以媒介作为导向,在商业广告或商品上使用了形象元素,应被认为是一种商业性的使用;如果仅仅是在媒体的新闻中使用了形象,这种就应被视为是一种表述性的使用。众多法官和学者在尼莫的理论之上,提出了三种形象权限制制度,用以协调形象权与言论自由之间的关系:一是关联性测试法。这是指一个自然人形象被其他人用在作品中,假如该形象与作品的思想表达之间存在着直接关联,那这种形象的使用就不会构成对形象权的侵害。二是附带使用原则。这是指如果被告对原告形象的使用是一种无意义的使用,那么被告行为可以免责,也就是说,在商业活动中原告形象尽管被使用了,但假如原告形象与被告商业活动目的之间不存在直接关系,那这种使用原告形象的行为可以认为没有侵犯原告的形象权,可以给予免责。三是政治性言论免责。作为实现公民基本权利的保障,政治性言论是公民实现政治民主的重要手段与方式,公民有权利用他人形象来表达对社会现实的态度。因此,以表达政治意见为目的而使用他人形象的行为不构成侵权。"在有关形象权的案件中,如果被告利用原告形象的活动中包含有一定的政治性言论,此时被告的使用活动可以受到言论自由

---

① 陈锋.论美国法下对运动员形象权的保护[J].北京体育大学学报,2007,30(5):586-588.
② 李明德.美国形象权法研究[J].环球法律评论,2003,25(4):474-491.

的保护。"①

形象权人与社会公众之间的利益冲突实质上是对形象符号的控制与反控制。社会公众对运动员形象的综合使用是运动员商业价值的基础。因此,在保护运动员经济利益时,对运动员形象的非商业公开与商业性使用具有同样重要的地位。虽然运动员形象的经济利益来自于商业性利用形象的结果,但如果社会公众不能对运动员形象进行非商业性使用的话,那运动员的形象就不会被社会公众所知晓,或他的形象很快就会被社会公众遗忘。因此,媒体对运动员的训练及比赛情况进行宣传报道,这也是提高运动员形象知名度,增加它商业价值的一条重要的途径。作为表达自由所涉及的信息,即消息、图像、资料、观念、意见等,可能就是形象权中的形象确定因素。美国联邦最高法院认为,新闻与娱乐一样都可以获得美国宪法之表达自由的保护,形象权作为自然人对其形象的控制是对其进行商业性使用的专有权利,在对它的使用过程中也会出现形象权人过分强调自己形象的问题。"形象权的产生意味着在形象符号世界出现了公共利益和私人利益的分离。形象权虽然保护自然人的形象利益不被他人非法侵占,但不可否认,形象权人也有可能滥用权利,形成符号垄断,阻止社会公众对形象符号的正常使用。"②另外,形象权作为一种无形财产权,自然人的形象就经常会与商品流通交织一起,这样就会自然产生形象权与经济自由之间的冲突,权利人是否可以依据形象权来控制商品流通各个环节就会成为矛盾焦点。"美国司法界开始通过判例来确立一系列的形象权限制规则,用以协调形象权人与社会公众利益之间的关系,在确保社会利益不被侵犯的前提下,实现形象价值的产业化发展。"③

虽然自 Frank 法官将一个人控制其姓名或肖像商业使用的权利称为"Right of Publicity"(形象权)已经有半个多世纪,但事实上该权利是在隐私权得不到足够保护时产生的,迄今为止形象权仍然是一个未定型处于发展的权利形态。对于人格使用权的交易和使用这一现象,国内外司法实务界和理论界存在不同解说和定义,有的称之为"公开权",有的称之为"商品化权",也有的称为"形象权";关于形象权的基本属性,学者也有不同的看法。但形象权作为一种制度工具,赋予权利基本内

---

① 马波.尼莫形象权法律思想评析[J].内蒙古大学学报(哲学社会科学版),2010,42(1):36-40.
② 马波.论美国形象权限制制度[J].内蒙古大学学报(哲学社会科学版),2010,42(6):100-105.
③ 同②.

容,设定利益分配方式,制裁不法侵害行为,对基于形象商品化所产生的各种社会关系发挥着调整和规范作用。① 在我国司法实践案例中,有不少涉及肖像等人格权利的纠纷案件,当事人要求的权利都符合形象权要义,但由于形象权在我国立法中并没有设置,所以只能通过《民法通则》《著作权法》《商标法》《反不正当竞争法》和《最高人民法院关于确定民事侵权精神损害赔偿责任若干问题的解释》等相关条文去寻找对侵犯形象权行为的规制。② 这也是本文研究运动员形象权确立、实质及其争议焦点的意义所在。

第三节 奥运传播的运动员形象的价值开发

几乎所有的商业市场都被娱乐业垄断了。当今社会,体育已经成为一项全球性的产业,在世界贸易领域内占据了不小的市场份额。最初,体育产业价值增长主要归功于体育赛事电视转播权的出售,运动员个人无形资产的商业化开发并没有得到有效开发,但随着现代社会的发展,越来越多的人关注体育活动,体育事实上已经成为娱乐产业的一部分。运动员逐渐像好莱坞明星一样引人关注,他们的号召力和良好的公众形象被越来越多的商家看重,商家通过将运动员的姓名或肖像等注册为商标,为运动员提供赞助,请运动员代言等方式来宣传自己的产品和服务。一些知名运动员逐渐成为市场偶像,尤其对于像足球等比较受欢迎的运动项目,越来越多的运动员对自己的形象进行商业化利用。形象权是一种对形象价值进行控制和利用的权利,它是一种新型的知识产权。美国法院早在20世纪50年代便承认了这种新型的财产权利,并将形象权的客体限定于人格性形象。

一、公众人物:奥运明星的符号学意义

形象作为一种符号系统,具有双重功能,即经济功能和思想交流功能。前者表现为,以形象符号为信息载体来促销商品。后者则表现为,以形象符号为表达载体来进行思想交流。形象权作为一种对形象符号价值的专有性权利,权利人便有可

---

① 吴汉东.形象权的商品化与商品化的形象权[J].法学,2004(10):77-89.
② 袁博.我国形象权纠纷案件类型化研究[J].法治论丛,2011,26(5):41-47.

能限制社会公众对该符号的使用,也就是说,形象权的过度扩张有可能会阻碍社会思想的正常交流,这就使得以保护社会思想正常交流为核心内容的言论自由与形象权会产生冲突。① 在现代社会,人自身的价值应当包含两种性质不同的利益形态:精神利益和财产利益。精神利益是自然人作为社会成员之一而产生的人格尊严利益,而财产利益则是形象符号对商品促销所具有的经济价值。自然人形象的财产化是形象符号化的必然结果。② 在迅速变动的市场洪流中,生命在创造符号社会的同时,也在将自己物化为符号系统的一员,心灵、情感、个人特质与诉求已越来越表现在符号术语中,生物意义上的血肉之躯被打造、转化成"符号体"。③ 波德里亚正是在对消费社会的研究中,从生产、销售、消费多角度出发,提出了商品的"符号价值"概念。在他看来,当代社会的消费不仅仅是行为,而且是一个符号系统,因为消费及消费品均是表达意义的符号系统和象征体系。消费不但是经济学意义上的消费者追求个人效益最大化的过程,而且也是社会学意义上的消费者进行意义构建、趣味区分、文化分类和社会关系再生产的过程。消费不仅仅是物的消费,同时也是符号消费。人们所消费的商品不但具有交换价值和使用价值,而且具有符号价值。交换价值代表了商品之间的等价关系,使用价值代表了商品的效应,符号价值则代表了商品之间的差异。

波德里亚认为:"当代社会的基本问题不再是'获得最大的利润'与'生产的理性化'之间的矛盾(在企业的主层次上),而是'潜在的无限生产力'(在技术结构的层次上)与'销售产品的必要性'之间的矛盾。在这一阶段,体制必须不仅控制生产机器而且控制消费需求。"④符号价值并不是凭空产生的,而是从文化世界里"转移"过来的。商品生产者通过广告系统、时尚系统,利用设计、造型、口号、品牌和形象等,使商品获得了文化意义,成为表达某种意义的示差性符号,这些差异包括两方面:不同类商品之间的差异和同类商品之间的差异。这是商品符号价值的第一层含义。商品符号价值的第二层含义是指商品本身的社会象征性,即商品成为指称某种社会地位、生活方式、生活品味、社会认同等的符号。⑤ 社会学家认为,在后

---

① 马波.尼莫形象权法律思想评析[J].内蒙古大学学报(哲学社会科学版),2010,42(1):36-40.
② 同①.
③ 谢晓尧.商品化权:人格符号的利益扩张与衡平[J].法商研究,2005,22(3):81-87.
④ 波德里亚.消费社会[M].刘成富,全志钢,译.南京:南京大学出版社,2000:60-61.
⑤ 杨文运,林萍.体育明星价值分析[J].体育文化导刊,2008(4):45-48.

现代的消费社会中,原来体现人们之间差距的社会阶层、等级等稳定的因素已经消解,人们越来越追求一种基于职业、机构、价值观念、价值取向等方面的认同。认同(Identity)既指某个人与某一群体或他人相联系的倾向,又指对人或物加以分类的过程。依据波德里亚的理论,从符号政治经济学的视角对同样生活在消费社会、作为特殊商品的体育明星的价值进行分析,体育明星价值的结构为:价值＝使用价值＋符号价值。使用价值表现为竞技场上的能力和作用,主要体现为比赛奖金;符号价值表现为各种象征意义集合,主要体现为比赛出场费和广告代言费;工资、转会费既是使用价值的体现,又是符号价值的体现。就体育明星而言,尽管其符号价值以使用价值为依托,但符号价值却比使用价值更具有价值。这是因为体育明星的符号价值,直接影响着俱乐部和赛事组织者的票房、广告、赞助商、电视转播等商业利益。① 在市场经济体制下,体育明星无疑是一种特殊的劳动力商品。体育明星的价值是通过交换价值表现出来的,主要体现在以下五个方面:工资、转会费、出场费、奖金、广告代言费。体育明星的价值由于国别、项目等因素差异很大,而且五个方面的比例也不尽相同,但总体上都远远高于普通劳动者。在我国,运动员形象权概念的提出是近几年的事情,伴随着中国体育产业化的进程,越来越多的运动员特别是知名运动员开始充分利用自身的肖像、姓名等无形资产进行商业开发,商家也逐渐认识到利用体育明星做广告或者代言是一本万利的事情。

体育明星形象权的概念最早被美国、欧洲等体育产业发达地区的体育立法、司法实践所使用。英国体育法学者伊恩·布莱克肖(Ian Blackshaw)使用了一个新词来定义形象权,即"Image Rights",提出这一概念并非仅针对运动员的"肖像"(Likeness),还包括更广泛的意义即对运动员的"人格"(Persona)所进行的商业化运用的权利。同时他还指出无论使用哪一个词,形象权一词的内容应当表明:"作为一个法律主体,运动员所拥有的对任何表明其身份的要素进行商业化使用实施控制的法定权利范围。"在欧洲国家运动员形象许可协议中,通常都有一个典型的"权利许可"(Grant of Rights)条款,该条款将形象权定义得非常广泛:许可其人格要素作为以下用途使用的权利——拍摄电影、电视(包括直播与转播)、广播(包括直播与转播),制作录音、动漫、录像和电子图片(包括但不限于电脑制作的形象、静态图片、个人影像),产品代言和各类媒体广告,以及对其个人的姓名、肖像、签名、生平经历

---

① 杨文运,林萍.体育明星价值分析[J].体育文化导刊,2008(4):45-48.

和成果(包括著作权和其他知识产权)等,包括但不限于个人的实际或模拟的肖像、声音、照片、表演、个人特征和其他表示其身份的要素进行促销和商业化使用的权利。① 体育明星形象权是指单个体育明星或者若干个体育明星的整体,对于其外在表现的有关形状、外貌以及其他借以区别于其他民事主体的人格特征的表象所享有的商业化利用的权利。体育明星形象权的主体包括自然人和法人以及其他组织,而不仅仅是自然人。当然,形象权主要维护的是自然人的人格利益,但是,对于法人和其他组织的形象,法律也予以保护。此外,由于形象权的财产属性,随之产生的许可、转让制度等也使得法人和其他组织可能成为形象权的主体。体育明星形象人格利益的客体范围是自然人除面部形象之外的身体形象以及法人和其他组织的综合社会形象。肖像是以自然人的正面或侧面的面部(即五官)为中心的外貌在物质载体上再现的视觉形象,而形象权所保护的形象是自然人面部之外的身体形象,包括形体特征、侧影、背影等。

虽然从奥运会举办的贡献角度来看,体育官员、教练员、裁判员及志愿者都是"奥运会的参加者",但从奥运会本身的性质及宗旨来看,运动员就是一切,包括体育官员、教练员、裁判员等其他人员和组织只是为了服务运动员而存在的。奥运会是当今世界综合性竞技体育赛事的集大成者,具体表现为各种类别和项目的竞技体育赛事活动的总和。但如果没有运动员的参与,就没有各项竞技体育赛事的运作,也就没有奥运会,更没有电视转播和赞助奥运会了。对此,已故前国际奥委会主席胡安·安东尼奥·萨马兰奇先生曾说:"我们不能忽视或者忘记国际奥委会是永远服务于广大运动员的,在任何前提下,我们的职责都是随时听候运动员的差遣。我们的工作目标就是保护运动员、爱护他们的身体、发展体育设施,为运动员创造良好的训练条件,让全世界的运动员都拥有同等的机会。"② 从本质上看,奥运会仍属现代竞技体育的范畴。现代竞技体育的集中对抗性和表演性,要求奥运会必须体现极高的竞技体育水平,具有极高的观赏性。唯有如此,方能存续下去。这种状况决定了不是每一个希望参加特定比赛的个人或团体均可以参加奥运会比赛。欲参加奥运会赛事活动,必须首先达到某一特定的标准和条件,才能获取奥运会的参赛资格。

---

① Ian Blackshaw. Protecting Sports Image in Europe[J]. Business Law International,2005(6):274.
② 萨马兰奇.奥林匹克回忆[M].孟宪臣,译.北京:世界知识出版社,2003:47-48.

考虑到现代奥林匹克运动的职业化发展现状,《奥林匹克宪章》就奥运会参赛资格的取得设定了若干项条件和程序方面的合理限制。其中符合"参赛资格标准"是指各 ISF 根据《奥林匹克宪章》制定的其比赛项目的参赛资格标准。《奥林匹克宪章》(2004)第 1 条第 4 款指出,运动员利益是构成奥林匹克运动的基本要素。运动员作为奥运会的主体,他们应享有法律授予的一切权力,但是由于国际人权法律文件及国际体育法律文件的不完善,运动员的奥运体育权频频受到侵害。第 6 条明确规定:"奥运会是个人或团体竞赛项目中运动员之间的比赛,不是国家之间的比赛。奥运会把各国家奥委会为此目的选派的、经国际奥委会同意参赛的、并在有关国际单项体育联合会的技术指导下进行的比赛中,有良好运动表现的运动员集合在一起。"参加奥运会的运动员是当今世界上最优秀的运动员,世界上没有其他任何一个体育比赛能像奥运会这样吸引如此众多的优秀运动员。这些人在其各自的国家和地区都是明星,而在奥运会上能够取得优异成绩的运动员则将成为世界的超级明星,这些人的背后有众多的支持者,他们的服饰、语言、姿态、生活方式等等都会受到崇拜者的效仿和追逐,他们是奥运会的焦点,是各种传播媒介的焦点,同时也是商家竞相追逐的首选对象。商家渴望这些优秀选手能够成为企业产品的代言人,或者形象大使,这些优秀选手的形象能给这些企业带来良好的广告效应,并为企业树立良好的社会公众形象,从而为企业带来巨大的经济效益。① 奥运会运动员来自世界各国各地,具有不同国籍。在奥运会期间,身处同一国度、参加同一活动,必然同时受到本国法、东道国法、国际法和奥林匹克法律体系等多个法域的管辖。1992 年,当时我国的劳动部发布的《关于界定文艺工作者、运动员艺徒概念的通知》,对"运动员"做出了如下界定:运动员,系指专门从事某项体育运动训练和参加比赛的人员。

二、明星经济:奥运明星人格形象权

所谓形象权,是指主体对于其知名形象被用于商品或服务上的独占权,对于真实人物而言,能产生形象权的只限于名人,普通人享有的是民法上的姓名权、肖像权、隐私权等,因为名人的姓名或肖像给人的印象不只是姓名、特定的姿态本身,它使人想到的往往是这个人的整体形象或其好的一面,也只有这样才可能在商业性

---

① 董杰.奥运会对举办城市经济的影响[D].北京:北京体育大学,2002:85.

利用过程中对顾客产生吸引力。形象权保护对象的重点是有知名度、影响力的形象，而不是有创造性的形象。与其他公众人物相比，运动员形象有着自己的特点，这主要是由体育运动自身的特点决定的：第一，虽然运动员都具有形象权，但实际上不同体育项目的运动员的形象价值差别很大；第二，运动员形象价值的开发涉及极其复杂的法律关系，俱乐部、比赛组织者、经纪人都可能在运动员形象权上做文章，运动员与这些利害关系人之间的利益如何进行分配是法律要重点考查的，除了《合同法》《劳动法》《侵权法》《知识产权法》等也需要加以规范，以平衡各方利益，尤其是在运动员处于相对弱势地位的情况下要对其倾斜保护；第三，体育运动员的国际性、运动员的流动性迫切需要各国之间、体育组织之间进行有效协调，促进运动的顺利开展，同时维护运动员、体育组织、俱乐部、赞助商等相关利益主体的利益。体育运动是当今世界号召力最大、国际化程度最高的社会活动之一。但是，由于知识产权的严格地域性、体育运动商业利益以及无形财产为核心的特点很难得到统一而普遍的保护。

图28　屡创中国运动员商业价值的知名网球运动员李娜

　　个人形象的广告价值是一个人经过长期的劳动所培育的，他付出了时间、汗水、才智甚至金钱，法律当然应该赋予他对这种成果享有权利。对成功运动员所付出的代价进行细化分析，这样的代价由以下几部分组成：第一，运动天赋。运动天赋即运动员人力资本的比较优势。竞技体育是天才的事业，运动员个人原始的运动天赋，是一种特殊的稀缺资源，其人力资本的比较优势中蕴含潜在的巨大的竞技和社会价值;运动天赋可以确立为运动员原始资本的支付。第二,机会成本。一旦运动员选择了竞技体育这个职业,必然放弃并丧失其他途径成才的可能。运动员付出的机会成本是昂贵的,运动职业属于"吃青春饭"的领域。第三,高风险性。运动员职业的高风险性突出表现在两个方面:一是"赢家通吃"风险。竞技体育的一个突出特点是竞争过程和结果都极其残酷。由于一个运动项目在全世界只有一个世界冠军,而比赛结束后所有的光环大多都会集中在冠军身上,因此冠军具有"赢家通吃""整碗捧去"的特点,使得即使是与冠军毫厘之差的亚军、季军也几乎无人问津。二是高危作业风险。运动员职业是一个挑战人类身体极限的职业,其风险还表现在训练和比赛可能产生的伤病、残疾甚至是生命的代价。第四,高支付性。运动员职业具有高负荷、高投入、高智力劳动的特点。运动员往往是"少年出家",一个运动员从其"少年出家"到"功成名就",需要长达几年的积累,在这个过程中,其家庭要为他付出许多的训练成本和经费,即使是在我们的"举国体制"下,一个运动员的成功也需要家庭的经济支付。

传统人格权强调保护人格利益,着眼点在于禁止他人未经许可使用权利人的姓名、肖像,是一种静态层面的消极保护。而形象权所涉及的正是姓名权、肖像权等人格权所拒绝的那个层面,是作为权利人的运动员对其个人形象的商业价值所享有的排他性财产权,是一种动态层面的积极保护。人格权法的制度功能在于保障人的生命安全、自由和尊严,防止人格遭到贬损,但商业化利用姓名、肖像、声音等形象要素,并不一定导致人格的贬损,相反还可能提升权利人的知名度。知名运动员的人格权之所以具有比一般人的人格权更高的商业价值,也是他们以牺牲部分人格权为代价才获得的。他们接受了比普通人多得多的公众关注和更严格的监督,可以说,知名运动员人格权中经济利益的增加是以其人格权中精神利益的限制为前提的,因此,当他们的人格权被用于商业目的时,理应得到相应的补偿。因而有必要加强知名运动员人格权的保护,使知名运动员辛苦努力得到的人格权中的经济利益能够真正落到实处。人格权的客体是存在于姓名、肖像等之上的人格利益;而形象权的客体是运动员的姓名和肖像等形象因素所具有的商业价值,即凝结于其姓名和肖像上的无形财产。同时,人格权具有专属性,不能转让,也不能继承,其功能表现为防止他人对自己姓名和肖像等人格利益的损害;而形象权则在于维护运动员形象的商业性价值,其实质是运动员的一种财产权,可以转让和继承,其作用表现为禁止他人对自身形象的商业性利用。在传统人格权理论中,人格利益不能直接表现为商品,不能以金钱计算其价值,形象权的创设则是对这一权利模式的嬗变,它考虑的正是形象商品化的市场价值与财产利益。①

知名运动员的人格权包括姓名权、名誉权、肖像权和隐私权等,其中最容易受到侵害的就是名誉权、肖像权和隐私权,主要体现在新闻传播中人格权的商业利用以及互联网上对知名运动员人格权的侵害。人格权是民法中的基本权利之一。知名运动员是竞技体育界的明星,其人格权具有一定的特殊性,更容易受到侵犯,因而需要加强保护,但有时也需要对其进行一定的限制以平衡权利间的冲突,维护公共利益。运动员的形象权是运动员拥有的一项人身权利,是法律赋予运动员应该享有的权利,它已经得到国家法律文件的明确保护,国际法律文件中的有关条款为运动员形象权实现和侵权保护提供法律依据。国际法律文件也体现了对运动员形象权的保护。如《世界人权宣言》第六条和《公民权利和政治权利国际公约》第16条都规定"人人在任何地方有权被承认在法律前的人格"。《公民权利和政治权利国际公约》第17条规定"任何人的私生活、家庭、住宅或通信不得加以任意或非法干涉,他人的荣誉和名誉不得加以非法攻击。人人有权享受法律保护,以免受这种干涉或攻击"。第19条规定"尊重他人的权利或名誉"。

三、多元主体:运动员形象权归属

运动员形象权的归属是个较为复杂的问题,即使事前签有合同规定仍不可避免地会出现相关的争议与纠纷。应该说形象权的保护争议并不仅仅发生在体育领域,其他行业的知名人士也可能会遇到形象权保护的问题,不过形象权权利归属争议在体育领域是最为常见的,因为体育运动往往是通过团队和组织的形式进行的,到底运动员形象权属于谁,运动员和相关的团队和组织如何来分享形象权商业化利用带来的利益,这也是运动员形象权保护的一个重要内容。我国就曾发生过一些争议,并引起了关于运动员形象权归属的法律诉讼。② 关于形象权的讨论焦点不仅在于形象权的内容,还有一个重要的问题是其权利归属问题,尤其是当运动员属于某一体育组织或某个团队的时候,这个问题就更加突出。英国的《体育商业》杂

---

① 吴汉东.形象权的商品化和商品化的形象权[J].法学,2004(10):77-89.
② 刘进.欧洲国家对运动员形象权的法律保护[J].体育学刊,2007,14(7):27-31.

志就运动员形象权权利归属问题在其网站上进行了一项民意调查,这次调查的投票者均为体育业的相关人士,调查结果标明:55%的体育业人士认为运动员个人应享有其形象权并控制其商业化运用;21.6%的人认为这一权利应为"相关利益主体"共同享有;16.5%的人认为运动员所属的俱乐部或球队应该享有权利;只有3.7%的人认为应该由国家体育管理机构控制这一权利;3.4%则认为运动员所在的体育协会应享有权利。[①] 形象权在世界其他各国也有一定程度的发展,但与美国相比态度比较谨慎。而在我国,形象权仍属一种应然的法益而非实然的法定权利,更没有专门的法律加以规范。

运动员形象权的权利归属至少涉及以下主体:运动员、俱乐部、主办单位、体育协会、体育行业监管机构。形象权起源于隐私权,因而与隐私权一样,其主体也仅限于真实的自然人。个人形象权赋予个人对其形象信息的排他权,所以运动员形象权的主体则是运动员本人,只有运动员本人才对其形象的商业价值享有权利。形象权是一种对世权,权利人以外的第三人都有尊重形象权人合法权益的义务。有学者认为,肖像权包含精神利益和物质利益,法律保护公民的肖像权,最主要的是保护肖像权所体现的这种精神利益,是人之所以作为人存在的人格。倘若自然人的肖像权归属于他人,那么自然人的人格是不完整的。但对于运动员的形象要素应区分"个人要素"和"运动员要素"两种类型,并对这两种类型的形象要素的商业价值进行不同的分配。所谓运动员形象要素中的"个人要素"是指运动员个人的未以任何方式直接或间接显示其与运动队或所从事的运动项目有关的肖像、姓名或别名、声音等个人特征;而形象要素中的"运动员要素"是指运动员个人的以任何形式涉及或者展示与运动队或所从事的运动员项目有关的肖像、姓名或者别名、声音、体育动作等运动员个人特征。一个运动员存在这样两种不同的人格标识的主要理由是:一个自然人在赛场上比赛时,其肖像、动作等仅反映个人的信息,但一个自然人身穿特定的运动服、手握运动器械在赛场上竞技时,其肖像、动作等则传达了运动员的信息。"运动员要素"相较于"个人要素",能够产生更大的商业利益,在于前者传递了"优胜""第一""拼搏""健康"等良好信息,可以为商业所用,而后者一般无法传递相同的信息。对于运动员形象要素中的"个人要素",其商业利用的物质利益应归其所有。形象要素中的"运动员要素"商业利用所带来的物质利益,

---

① 刘进.欧洲国家对运动员形象权的法律保护[J].体育学刊,2007,14(7):27-31.

则应根据各有关方面在培训运动员竞技能力中作用的大小和投入的多少,合理的确定其参与物质利益分配的比例。

形象权不同于传统的人格权,它所特有的商业价值能为权利主体带来可观的经济效益,而且它能够被转让也能够被继承。转让形象权只是意味着运动员不能再对自己的形象按照合同限定的方式从事商品化使用,其人格权法上的人格仍然是完整独立的。换句话说,形象权转让只涉及与形象有关的财产利益,不涉及与人格有关的精神利益。所谓形象使用权是指运动员对其拥有的知名形象进行商业性使用的权利。关于运动员形象使用权的行使,可以由运动员自己将各种肖像、姓名、动作等各种形象要素直接使用于商品之中,利用该形象的公众吸引力而在商品经营中直接获取利益。同时,也可以由运动员将其形象转让给他人或者许可他人将其形象用于商品之中,从而收取转让费或许可费,被许可方因而可对运动员的形象进行商业使用并以之对抗第三人。运动员的形象使用权可以包括三个方面的内容,即独占使用权、形象转让权和许可使用权。独占使用权是运动员独占性地将自己的形象用于商业使用的一种权利,这是作为权利人的运动员直接商业性使用自己形象的体现。形象转让权则是指运动员将自己的形象转让给他人并由他人进行商业性使用的权利,形象转让权相当于知识产权中权利人向他人转让自己知识产权的权利。许可使用权则是指运动员与他人签订使用合同,许可他人使用其形象,从而通过从他人处收取许可使用费而实现其形象的商业价值权利,许可使用权相当于知识产权中权利人许可他人使用其知识产权的权利。由于运动员都拥有自己的运动事业,其大部分时间都必须用来进行训练和比赛,没有精力或没有条件直接独占商业性使用自己的知名形象,他们通常通过转让或许可他人将自己形象用于商业性活动之中从而收取转让费或许可使用费,间接从商品生产中获取经济利益。因此,形象转让权和许可使用权是运动员形象权实现的主要途径。在这里需要强调的是体育明星可以许可一个商家使用自己的姓名推销体育用品,但这种许可仅仅意味着不起诉该商家侵犯其隐私权,所谓"转让"也仅仅意味着不再许可其他商家将其姓名用于类似商品上。而商家所希望购买的,甚至愿为此支付更高价钱的是直接对抗第三人的权利,这种权利是一个仅拥有不能转让隐私权的人所不能提供的。法律的这种现状也给商业领域带来了混乱。隐私权是人格权,既不能继承也不能转让。为了弥补法律的规定的不足,1930年在美国联邦贸易委员会的组织下,部分体育用品商家召开了一次会议,会议通过了一个自律贸易规则,规定如果一个商家将某运动员的名字用于某体育用品,征得了该运动员的同意并善意的情况下使用,视为该商家获得了对该姓名的独占性财产权利。①

肖像是通过绘画、照相、雕塑、录像、电影等艺术形式使公民(自然人)的外貌在物质载体上再现的视觉形象。肖像是自然人姿态、外貌的真实写照,它与自然人的人身是不可分离的。"肖像权就是自然人所享有的对自己的肖像上所体现的人格利益为内容的一种人格权。"《民法通则》第一百条规定:"公民享有肖像权,未经本人同意,不得以营利为目的使用公民的肖像。"因此,肖像权是一种公民人格权,它只能属于自然人,自然人的人格权不是法律赋予的,而是与生俱来的固有权利,法律只是确认了这一权利而已。人格权旨在维护人身自由和人格尊严,保障主体在法律上的人格独立性,使人之所以成为"人"而非其他动物。公民的人格权是不允许被任意剥夺,也不允许自我抛弃的。肖像权是人格权的一种,当然属于自然人所有。国家不是自然人,不可能享有肖像权。②

在我国,由于我国体育职业化较晚,而且除篮球、足球等项目刚刚开始步入职业化外,大多数运动项目到目前为止仍旧实行举国体制(国家负责运动员的选材培养,运动员的训练比赛全部由国家负责,因而运动员与国家形成一种特定的人身依附关系,这种关系被相关行政法规范,不具商业合同性质)。因而,国家体育总局或单项的体育协会成为体育明星形象权的主体。运动员一旦进入国家队便在某种程度上成为"国有资产"。在"造星"道路上,国家投入巨额资金,而运动员的身份也自然与国家产生了千丝万缕的关系。"利益分配"成为中国运动员夺冠后最先面对的问题。根据原国家体委1996年发布的505号文件规定,"国家级运动员的肖像权等无形资产属国家所有。"很容易看出,该规定与《民法通则》是相冲突的,擅自用行政命令剥夺自然人专有的肖像权,此条款当属无效。为此,2001年《国家体育总局关于运动项目管理中心工作规范化有关问题的通知》第五条第(三)款规定:"运动员广告收益分配要兼顾国家、集体和个人的利益……原则上应当按照运动员个人50%、教练员和其他有功人员15%、全国性体育协会的项目发展基金15%、运动

---

① Ban Misleading Ads of Sporting Goods[N]. N.Y.Times, 1930-05-08(15).
② 周召勇,万小丽.国家运动员肖像权的法律探析:刘翔肖像权案引发的法律思考[J].天津体育学院学报,2005,20(5):36-38.

输送单位20%的比例进行分配。"无论是国家级运动员也好,一般运动员也好,只要是民法所确认的自然人,就应该享有自己的肖像权。与欧美许多国家不同,我国的竞技体育实行的是"举国体制",运动员的成功,除了他自己的杰出的运动天赋外,也离不开他自己艰苦的训练和比赛的劳动。但是,运动员的培养都是依靠公民纳税、国家全额投入才得以保障不断创造出好成绩的。保护运动员的形象利益必须对形象利益在国家、集体和运动员个人中进行合理的分配。从欧洲国家处理形象权归属冲突的实践来看,形象权的归属冲突主要存在于运动员与其雇主或者行业协会之间,其现有的处理方式有以下几点值得借鉴:第一,尊重运动员加入某一组织和团队前行使形象权的自由。第二,在加入某一组织或团队之后,仍然给予运动员一定的行使个人形象权的自由,只要其行使商品化行为不与体育组织或团队的商业行为相抵触和冲突即可,并将该要求在事前的雇佣合同中加以明确。第三,除运动员个人所接受的雇佣合同的规定外,运动员所在的组织和团体及其他任何组织和个人不得以任何方式损害或剥夺运动员个人的形象权。[①] 运动员的形象由个人单独行使,或交由经纪人行使。俱乐部与运动员之间就形象权的开发方面是各种各样的合同关系,双方通过合同来明确双方权利义务。

我国运动员形象权是指我国现役运动员(竞技体育领域里在全国单项体育协会注册的运动员)对于自己的形象特征进行商业使用的权利,是有别于肖像权、隐私权等人身权的一种无形财产权。形象权的提出突破了传统的人格权理论关于姓名、肖像、声音等人格要素只涉及精神利益不包含商业价值的论断,有利于运动员形象商业价值的开发和保护。作为一种为少数人所实际拥有的特权,形象权不可能通过普适性的立法来广泛确认,从而得到保护。但运动员形象权产生基础的人格权却是一种普遍权利,完善民事法律中关于自然人人格标志的相关规定当是可行之策。运动员形象权作为一种独立的具有人身属性的财产权,利用知识产权法进行保护也有不尽人意之处,但根据知识产权法的有关规定对各种侵犯运动员形象权的行为提供事后法律救济,在许多情况下是可行的。[②] 运动员的形象权包含人身性质层面和财产性质层面。人身性质的权利应完全属于运动员本人,而财产权性质的人身权利则可以在国家、集体与运动员之间进行分配。在此基础上,应在以

[①] 刘进.欧洲国家对运动员形象权的法律保护[J].体育学刊,2007,14(7):27-31.
[②] 马法超,于善旭.运动员形象权及其法律保护[J].北京体育大学学报,2008,31(1):14-16.

下方面完善我国现行保护运动员商业利用的法律机制：第一，确立运动员对其人格权享有主体地位，纠正实践中将国家作为职业体育人力资本的所有者的看法，指出职业体育人形象所有权属私人所有。第二，完善运动员人格权商业利用的合同，明晰我国竞技体育人形象权的产权，通过合同和契约等形式将投资主体的各方相互关系明确下来。国家运动员取得的辉煌都离不开国家的巨额投资，国家从中分取应得利益是天经地义的，然而违反法律剥夺运动员的民事权利的做法是不可取的。一种合法途径是体育总局事先与运动员签署部分转让肖像权的使用协议。另一种途径是为肖像所带来的经济利益设定一种具有财产性质的权利，国家作为继受主体取得这种财产权。①

认定运动员与国际奥委会之间的法律关系主要根据是合同。这种合同关系的法律形式体现为所有运动员都分别签署的符合《奥林匹克宪章》和《奥林匹克运动反兴奋剂条例》规定的所谓"报名表"。《奥林匹克宪章》第49条规则的附则对报名表的内容做了格式化的规定。报名表必须包含运动员参赛资格条件的文本和由运动员签署的声明："我理解，作为奥林匹克运动会的运动员，我将参加一次具有国际意义和历史意义的事件；考虑到我被接受参加该运动会，我同意在奥林匹克运动会期间，在国际奥林匹克委员会许可的条件下并为了目前及今后与推动奥林匹克运动会和奥林匹克运动有关的目的，接受摄影、摄像、拍照、指明身份和录音等，我同意遵守现行《奥林匹克宪章》，特别是宪章中关于奥林匹克运动会参赛资格（包括第45条规则及其附则）、奥林匹克运动反兴奋剂条例（第48条规则）、大众媒体（第59条规则及其附则）、有关在奥林匹克运动会上所穿服装和所用器材上可允许使用的商标标识（第61条规则附则第1款），以及体育运动仲裁法庭听从公断（第74条规则）的各条款。"②在我国曾经发生过刘翔诉《精品购物指南》报社案，报社解释说，新闻照片是奥委会下属官方机构摄制的新闻照片，是报社通过合法途径从一家图片公司按新闻照片标准付费购买的。报社是否按新闻用途使用在此不谈，这里给我们提出了一个合法取得照片是否就拥有合法使用肖像权利的问题。这个问题在法律上指的是肖像作品著作权与肖像权的冲突与协调。肖像其实是以作品的形式

---

① 周召勇，万小丽.国家运动员肖像权的法律探析：刘翔肖像权案引发的法律思考[J].天津体育学院学报，2005，20(5)：36-38.

② 关于报名表的内容，参考《奥林匹克宪章》第49条规则的附则第5款.

存在的,同一肖像作品上既有肖像权又有著作权,《民法通则》赋予肖像本人以肖像权,《著作权法》赋予著作权人享有著作权,如果两项权利都归一人所有不会产生冲突,一旦两项权利归属于不同主体,"冲突"就产生了。肖像权人要行使其肖像制作权、使用权、维护权,著作权人要行使其人身权(署名权、发表权、修改权、保护作品完整权)和财产权(使用权和获得报酬的权利),不同主体就同一客体行使权利,自然产生"冲突"。肖像权人和著作权人在行使合法权利的同时是否需要征求对方的统一,或者谁有优先行使的权利呢？肖像作品上的肖像权与著作权其实不存在实质意义上的冲突,只是形式上两种权利的竞合。肖像权属于人格权,旨在维护公民的人格尊严和精神利益的完整。作为绝对权,任何人包括肖像作品的著作权人,未经肖像权人的许可,均不得使用或处分肖像权人的肖像。著作权是法律赋予著作权人依法对其作品享有的专有权,任何人不得随意剥夺其权利。至于第三人在使用肖像作品时,当然必须同时征得肖像权人和著作权人的同意。不同主体拥有不同的权利,谁也不能代替谁,两种权利处于平等的地位。①

第四节 奥运传播运动员形象权的权利调适

虽然自 Frank 法官将一个人控制其姓名或肖像商业使用的权利称为"Right of Publicity"(形象权)已经有半个多世纪,但事实上,该权利是在隐私权得不到足够保护时产生的,迄今为止形象权仍然是一个未定型的、处于发展的权利形态。目前,对知名运动员形象利益的争夺日趋白热化,对运动员商业利益的关注和讨论也越来越多。著名运动员的形象权商业价值实际上远远高于其比赛的出场费和薪金。更为重要的是隐私权的性质使名人不能充分有效地利用自己肖像的经济价值。运动员形象权法律保护已经成为一个世界性难题,因为不仅仅各国法律制度差别很大(尤其是大陆法系国家和英美法系国家在此问题上存在巨大的观念性差异),而且体育运动有其很强的组织性,长期以来并没有进入法学家研究的视野,同时运动

---

① 周召勇,万小丽.国家运动员肖像权的法律探析:刘翔肖像权案引发的法律思考[J].天津体育学院学报,2005,20(5):36-38.

员的流动性、体育运动的国际性又使运动员的形象利益在现实中很难得到完善的保护。① 形象权是一种绝对权,但并非是无限制的垄断权利。形象权制度在其内部具有权利保护与限制的双重功能,它不仅维护着权利人在形象商品化过程中所享有的利益,而且也规制着权利人从事形象商品化的自由。关于形象权限制的因素,主要有以下几点:一是公序良俗;二是表现自由;三是权利穷竭。② 下文只是从传播的角度,阐述形象权的限制问题。

形象权是每一个人拥有的禁止未经许可,为商业目的而使用其姓名、肖像或者其他辨别其身份标志(Index)的权利。形象权与涉及未经许可公开个人事务信息的隐私权不同,它通常出现在名人起诉生产商或广告商,要求其承担法律责任并给予赔偿时,因为他们销售的商业产品或者分发的广告资料上附有的内容表现了名人的某些公共形象。由此,形象权涉及了两种美国社会深深坚持却又相互抗衡的信念。首先,人们必须能够使用文化形象以自由地相互交流思想和概念;其次,个人必须免受那些可能削弱其能力的行为危害,以保证他自身向其所选择的职业投入金钱和努力发展。③ 名人的形象拥有与商标相同的交流效率。这些形象表现了复杂的属性,而这些属性是那些成为我们的文化蓝图重要组成部分的人们所创造的。艺术家和运动员是经济的动力源,他们投入金钱和努力去获得和磨砺技巧以求在拥挤且位置稀缺的职业中成功。艺术和娱乐上的资金必须用于启动和保持对技巧和形象的投资,并且理性的表演者会在启动和开始其职业生涯的时候考虑到经济的回报和工作的安全性。形象权是一种就稀缺资源的使用榨取报酬而后发制人的举措,那些使用行为为使用者带来一些利益,而给其他人带来的成本也几乎为零。形象权是避免名人姓名和肖像的价值被过快损耗的一道护身符。

一、表现自由:形象权的传播性优先

表现自由是各国普遍承认的宪法权利,即公民对国家和社会的各项问题有自由发表意见的权利。表现自由的方式,有语言形式和文字形式,包括报纸、杂志、绘画、服饰、照相、电影、音乐、唱片、收音机、电视机、电脑等一切表现手段。在我国,

---

① 赵豫.运动员形象权的法律保护[J].体育学刊,2005,12(2):17-20.
② 吴汉东.形象权的商品化与商品化的形象权[J].法学,2004(10):77-89.
③ 艾因霍恩.媒体、技术和版权:经济与法律的融合[M].赵启杉,译.北京:北京大学出版社,2012:117-118.

言论自由是公民对于政治和社会的各项问题,有通过语言方式表达其思想和见解的自由。言论自由在公民的各项自由权利中居于首要的地位。因为言论自由是公民表达思想和见解的基本形式,也是交流思想、传播信息的基本工具。从某种程度上讲,一个国家言论自由的程度从侧面反映了这个国家的民主化程度。形象权作为知识产权的一种,出于对公共利益的考虑,在使用上也受到某些限制。从形象权提出最早的国家来看,对形象权使用限制最直接的是美国宪法第一修正案所规定的表现自由(言论自由和新闻自由)。在美国,长期以来一直认为,如果媒体对于某一姓名或肖像的使用,是与某一具有新闻价值的信息相关,则这种使用受到第一修正案的保护,不属于民权法所规定的为了商业目的而使用的范围。纽约州最高法院也强调,"新闻"这一概念具有非常广泛的含义,包括让新闻媒体自由使用他人的姓名和肖像,发表具有教育和科学意义的文章。应当广泛适用具有新闻价值的例外。新闻价值的问题,最好是由合理的编辑判断或编辑裁量来处理。而司法的介入,仅仅应当发生在这样的事例中,即在肖像和文章之间没有"真正的联系",或者该文章是经过伪装的广告。在形象权的保护和第一修正案之间找到一个平衡点是法院审理这一类案件时要考虑的问题。① 第一修正案对言论的保护分为不同的等级,如果是表述性(Expressive)使用,将给予高等级的保护,如果是商业性(Commercial)使用,将不给予保护。在区分何为表述性使用,何为商业性使用方面,传统的看法是以媒介为导向,如果是商业广告、商品上使用形象元素,应视为商业性使用;如果是在报纸、杂志或电视新闻中使用形象,应视为表述性使用。②

在保护形象权与保障言论自由的关系上,麦卡锡教授还提出了一个观点:即某一特定的对于他人身份的使用,或者可以纳入"传播性"(Communicative)的范畴,或者可以纳入"商业性"(Commercial)的范畴。③ 所谓"传播性的使用"是指对于他人身份的使用是为了传播信息,因而言论自由的考虑高于形象权保护的考虑。所谓"商业性的使用"是指对于他人身份的使用虽然也有传达信息的意味,但主要是商业性的。在这方面,使用他人身份的媒介往往至关重要。运动员所蕴含的商业价值是社会公众对其形象综合使用的结果。对运动员形象的商业性使用与非商业

---

① 陈锋.论美国法下对运动员形象权的保护[J].北京体育大学学报,2007,30(5):586-588.
② 同①.
③ 李明德.美国知识产权法[M].北京:法律出版社,2003:415.

对保护运动员的经济利益同样重要,运动员商业性利用自己的知名形象当然可以获取经济利益,但是如果不允许社会公众非商业性使用运动员的知名形象,那么其形象将不会为社会公众知晓或者他的形象将很快被社会公众所遗忘,这样他的知名形象所蕴含的商业价值将会大大降低甚至消失。因此,媒体对运动员比赛和训练情况的报道、宣传,也是扩大运动员的形象知名度、增加其商业价值的一条重要途径。作为表现自由所涉及的信息,即消息、图像、资料、观念、意见等,可能就是形象权中的形象确定因素,因此在一定情况下两种权利会发生冲突。一般认为,相对于经济自由等权利,表现自由应当具有"优越地位",即应看作是具有优先性的法价值。这就是说,形象权的独占性质不应当成为思想表现和信息交流的障碍。依据普通法所享有的形象权,不能阻止宪法第一修正案所规定的言论自由和新闻自由,不能妨碍报道新闻事件。但是,播放全部表演过程,却会极大地损害原告的经济利益,相当于不让原告收取观看表演的入场费,与未经授权而商业性地使用他人的姓名或肖像不一样,与媒体附带使用他人的姓名或肖像不一样,播放原告的全部表演这一事实,直接进入了问题的核心,即原告作为演员获得自己生计的问题。

图29 刘翔雅典奥运会夺冠的照片经常用作新闻图片

美国联邦最高法院认为,新闻和娱乐一样都可以获得美国宪法之表达自由的保护。形象权是自然人控制其形象进行商业利用的专有性权利。形象权的产生意味着在形象符号世界出现了公共利益和私人利益的分离。形象权虽然保护自然人的形象利益不被他人非法侵占,但不可否认,形象权人也有可能滥用权利,形成符号垄断,阻止社会公众对形象符号的正常使用。同时,作为一种无形财产,自然人形象与商品流通往往交织在一起,这时便会产生形象权与经济自由之间的冲突,即权利人是否可以依据形象权来控制商品流通的各个环节。形象权人与社会公众之间的利益冲突实质上是对形象符号的控制与反控制。美国司法界开始通过判例来确立一系列的形象权限制规则,用以协调形象权人与社会公众利益之间的关系,在确保社会利益不被侵犯的前提下,实现形象价值的产业化发展。① 形象权与言论自由的冲突本质是私人利益与公共利益之间的冲突。现代私权体系是以尊重个体人格和激励私人创造性劳动来实现社会福利的增长,对私人利益的保护是以增进公共利益为大前提,所以,法律在将私人利益转化为权利之时,须以维护公共利益为原则来建构相应的权利限制机制,以使其不会损害公共利益。言论自由是社会成员进行表达和交流思想的基本保障,是社会公共利益的体现,因此,形象权的存在必须以尊重和保障言论自由为前提。尼莫认为:"公共利益抗辩在隐私权诉讼和形象权诉讼中都起到相同的作用。在新闻传播或因公共利益需要而使用其他方式中利用了一个人的姓名、照片或肖像,不构成对形象权侵害。"②

二、义务平衡:名人形象权的公共利益

知名运动员作为一个特殊的群体,同时具有公众人物和运动员的特点,按照美国有些判例的分类,体育明星属于自愿的公众人物(Public Figures Voluntarily),即"有限目的的公众人物"(Limited Purpose Public Figure)。他们是社会生活中的出类拔萃者,其工作、生活等涉及公众的兴趣和娱乐生活,与社会公众利益密切联系,对社会公序良俗有着深刻的影响。美国法院认为:公众人物的形象之所以应该受到法律的保护,大多是因为他们的知名度的获得并非轻而易举,他们都是经过一系列的奋斗而功成名就,他们的姓名、肖像和生活故事等都包含着他们的辛勤劳动。③知名运动员是公众人物的一种,因而具有公众人物的共同特征,但同时又不同于其他公众人物。体育比赛为优秀运动员提供了一个展示自己的舞台,特别是像奥运会等影响巨大的比赛,很可能让运动员一战成名。不过,对体育明星价值的开发和

---

① 马波.论美国形象权限制制度[J].内蒙古大学学报(哲学社会科学版),2010,42(6):100-105.
② 马波.尼莫形象权法律思想评析[J].内蒙古大学学报(哲学社会科学版),2010,42(1):36-40.
③ 刘红.商品化权及其法律保护[J].知识产权,2003,13(5):26-29.

创造,绝对是一个系统工程,需要多方面的努力和协调。既不能只重视使用价值的创造,将自己完全封闭起来,浪费体育明星的市场价值,也不能只重视符号价值的开发和利用,失去体育明星价值的根基,而应在不影响训练和比赛的前提下,充分利用大众传媒,保持适度的曝光率,以使体育明星价值最大化。另外,综观世界各级各类联赛,无不是利用打造明星运动员作为品牌提升策略,各项目管理中心应有组织、有计划,不断打造自己的体育明星,从而推动体育产业的持续发展。①

知名运动员本身是自然人,是享有民事权利的民事主体。因而其具有一般民事主体的特点,享有一般民事主体所享有的民事权利。同时,知名运动员又属于公众人物,有其自身的特殊性,其人格权利的行使要受到一定的限制,在人格权的保护上也有自身的特点,适用不同的规则。与一般民事主体相比,其人格权的特殊性主要表现在以下几个方面:第一,知名运动员具有公共性,因而其人格权在一定程度上因为社会公众知情权要受到相应的限制。此处所说的公共性,是指知名运动员因在社会公共生活中具有较高的知名度,而与社会公共利益和社会公众的注意力密切相关,基于这种公共性,知名运动员的言行品德往往关系到社会公共利益,其人格权利的行使往往也会与社会公众的知情权等公众权利产生冲突。当两种权利相冲突时,法律必然会牺牲较小的利益去保护较大的利益。由于知名运动员的人格权是一种个体的局部的利益,而社会公共利益和公众的知情权则是宏观的整体的利益,从某种意义上说,社会公共利益和公众的知情权大于知名运动员的人格权。因而,无论从维护公共利益满足公众的知情权还是加强社会监督的角度,法律都有必要对知名运动员的人格权做出必要的限制。第二,知名运动员人格权的限制和保护常常与大众传媒联系在一起。一方面,知名运动员本身就是通过大众传媒这样一种媒介为广大受众所知晓,从而发展为一种社会现象。对知名运动员人格权的商业性利用也主要通过大众传媒报道得以实现。知名运动员从大众传媒获得了广泛的利益,因而就负有容忍媒体对其与公共利益有关的隐私等进行报道的义务,而不能认为是媒体侵犯了其人格权。第三,知名运动员的人格权具有商业利用价值。人格权对知名运动员来说是一种重要的无形资产。运动员本人是其人格权的权利主体,对其姓名、肖像等人格权利拥有控制商业使用、许可他人商业利用、排除他人妨害及寻求法律救济等权利。对知名运动员人格权利的经济价值形成进

---

① 杨文运,林萍.体育明星价值分析[J].体育文化导刊,2008(4):45-48.

行投资的国家或其他主体，享有对知名运动员人格权利的优先使用权，即在同等的条件下，优先于其他被许可的商家使用运动员人格标识的权利。我国知名运动员人格权商业利用的收益权主体也具有一定的特殊性，对运动员人格权利进行商业利用所产生的经济收益，应在运动员与其他投资主体之间依各自的投资比例进行分配。最后，知名运动员的人格权往往与重大的体育赛事联系在一起，影响范围大，也更容易被侵害。

公开形象权最本质的理由在于公共利益。首先，公共形象权的确立明确了名人承担的义务。公开形象权作为一种无形财产权，具有财产权的一切特征，可以被许可、转让、继承、受到侵害按财产权给予救济；同时权利人也必须承担财产权人的一切义务。对知识产权的批评往往以"公共利益"为支持根据，知识产权作为激励创新的法律制度，在终极层面上代表着人类根本的共同利益，在操作层面上则不仅与公共利益不冲突而且在诸多方面还维护着公共利益，例如权利限制机制的设计、公有领域在制度层面上的确立等等。当然，知识产权作为一种排他性的私权必须对试图不劳而获的"搭便车者"构成法律障碍，但这些人显然不能代表"公共利益"。"公共利益原则"是世界各国公认的在处理公民隐私权与社会公共利益冲突中服从社会公共利益需要的一项基本原则。当公民特别是公众人物的隐私权与社会公共利益发生冲突时，应服从于社会公共利益的需要。因为公众人物的事业往往与社会公共利益密切相关。知名运动员涉及公共利益的隐私，其保护应相应弱化，即此时对知名运动员的隐私权进行一定的限制，这是知名运动员作为社会精英和公众人物所应付出的代价。公众人物的忍受义务，就是新闻媒体在报道与公众人物有关的公共事件时，该公众人物对报道可能对其名誉造成的轻微损害应当予以忍受。公众知情权对知名运动员人格权也是一个重要的限制，知情权（Right of Know），又称知的权利、知悉权、了解权。这一概念由美国记者肯特·库柏在20世纪40年代中期最先提出。其基本含义是"公民有知悉、获取官方和非官方信息的自由和权利，政府则负有将非法律特别限制的一切消息、信息公开的义务"。知情权已在《世界人权宣言》和《公民权利和政治权利国际条约》中得到确认，成为各国普遍认同的国际人权和民主权利。知名运动员作为自然人，自然享有隐私权。依民法原理，他们依法受保护的隐私权具体表为：第一，其住宅不受非法侵入和侵扰；第二，其私生活不受监视、监听；第三，保障通讯秘密与自由；第四，夫妻两性生活不受他人干扰和调查;第五,与社会政治和公共利益以及公众的合理兴趣完全无关的纯粹个人私事的秘密或安宁受到保护。①

从知识产权角度看,一直以来,知识产权制度都在努力地平衡权利人和公众之间的利益冲突。新的信息传播手段的层出不穷,就意味着公众获取版权资源的渠道也变得多种多样,因此,权利人就更加需要版权制度提供新的利益实现途径。公共利益贯穿于版权法的整个纵向发展史。世界上第一部版权法英国的《安娜法令》中就已经开始体现公共利益,公共利益还体现在包括版权法之内的横向的各具体知识产权立法中。公开形象权是属于名人的权利。名人的成功是付出了时间、精力和代价的,公开形象权正是对他们牺牲(隐私权的缩小)和努力的承认。但是如果公开形象权只是为了保护名人的个人利益,甚至只是为了保护名人的经济利益,那么其存在就缺乏合理的理由,毕竟法律没有必要为关照少数利欲熏心的名人另设一种权利。公开形象权更深层次的理由是为了规范商品化了的形象在经济流转中的秩序,反对不正当竞争,保护合法使用形象的商家的利益。公开形象权再深一层的理由是保护名人的人格利益,由于名人处于易受侵害的脆弱地位,公开形象权为名人的人格利益提供了又一重保障。②

三、合理使用:形象权的奥运特殊

"合理使用"是知识产权中常提到的对权利的限制。《伯尔尼公约》对合理使用做了一个总的限定,即必须符合公平惯例。在对商品化权的合理利用进行解析时可适当借用上述原则。商品化权行使中有 Commercial Speech(商业言论)与 Communicate Speech(交流言论)之分,二者会发生冲突。对商品化权加以限制,即在 Communicate Speech(交流言论)中使用被认为是合理的,当行为本身已经侵犯了他人的权利,但是基于言论自由和宪法的确认,从而该行为具有正当性。③ 美国《版权法》第107条规定:版权之合理使用,应考虑以下四个因素:第一,使用的目的和性质;第二,被使用作品的性质;第三,使用作品的数量及实际价值与被使用作品的比较;第四,对版权作品的潜在市场或作品价值所产生的影响。通过对美国版权法

---

① 张新宝.隐私权的法律保护[M].北京:群众出版社,1997:99-105.
② 薛红.名人的"商标权":公开形象权[J].中华商标,1996(3):10-14.
③ 李诗鸿.论商品化权[J].江淮论坛,2005(6):57-60.

之合理使用标准的借鉴,有美国学者提出了个人形象权领域的合理使用标准:第一,使用知名人物形象的目的和特征;第二,知名人物形象的性质;第三,因为使用知名人物形象给市场利益所造成的潜在影响。①

就奥运赛场上的运动员而言,他们无权将奥林匹克五环图案标志和"奥林匹克"词汇等奥林匹克识别用于商业目的。同样地,运动员也不得将其所获得奥运奖牌用于商业目的。除非经国际奥委会执行委员会许可,参加奥运会的任何运动员、教练员、训练员或官员在奥运会期间都不得将其本人、姓名、图像或运动表现用于广告目的。在奥运期间使用运动员形象的规则标准由国际奥委会执行委员会制定。简而言之,作为通常原则,运动员形象可在奥运会赞助企业用于商业目的,但需要满足一定条件并获得运动员本人同意。②奥运会门票背面所明示的条款中(也可能在奥运会场馆中发布告示),还规定了保护国际奥委会知识产权的其他十项。例如,其中一条是限制观众携带任何第三方的广告或第三方的产品和服务,因为前述商业信息将有可能出现在奥运会的转播镜头中。奥运会门票背面还有一条规定值得注意,即观众须同意其肖像可以出现在奥运会的电视转播中。与此相关,运动员、教练员、官员所签署的奥运会参与申请表中也规定了类似条款。运动员、教练员、官员也必须同意他们的肖像可以出现在奥运会电视转播中,国际奥委会有权使用他们的肖像宣传奥运会和奥林匹克运动。③

《奥林匹克宪章》第59条规定:"在整个奥林匹克运动会期间,任何运动员、教练员、官员、新闻随员或其他已注册的参加者,绝不能注册为记者或其他媒体身份或以这种身份行事。"奥运会期间,在竞赛场馆等奥运相关场所内实行所谓"清洁场馆政策"。《奥林匹克宪章》第61条对这一特殊政策做出明确规定:"在奥林匹克区域内不准进行任何形式的示威或者政治、宗教或种族性宣传。在体育场和其他被视为奥林匹克场所一部分的比赛区域及其上空不准进行任何形式的宣传。在体育场或者其他运动场所不准有商业装置和广告牌。""清洁场馆政策"的制定,旨在弘扬和传承奥林匹克主义的精神理念。现代奥林匹克运动的宗旨是,通过开展没有任何形式的歧视并按照奥林匹克精神——以互相理解、友谊、团结和公平比赛精神

---

① Koo A. Right of Publicity: the Right of Publicity Fair Use Doctrine[J]. Buffalo Intellectual Property Law, 2006,4(1):22.
② 斯图普.国际奥维护知识产权概览[J].周玲,译.知识产权,2006(5):92-94.
③ 同②.

的体育活动来教育青年,从而为建立一个和平而更美好的世界做出贡献。和平、友谊、非政治化、非商业化,是奥林匹克运动的一贯主张。这种价值理念体现在不同层面,"清洁场馆"政策就是场馆布置领域的具体体现。作为"清洁场馆政策"引申,第61条规则的附则规定:"任何形式的广告和宣传,不论商业性或非商业性,都不可出现在人体、运动服装和佩饰上,更一般地说,不可出现在运动员或参加奥林匹克运动会的其他人员穿的或用的任何衣物或器材上。"这就为参加奥运会的运动员设定了一项义务,即担保在其穿的或用的任何衣物或器材上不出现任何形式的广告和宣传。

知识产权制度出现于资本主义的黎明时刻,19世纪知识产权所有者建立了管理全球知识和艺术作品贸易的组织,20世纪末知识产权贸易的深度和范围带来了对国际知识产权体系的全面渗透和覆盖。西方资本家依赖于版权、专利和商标的产业,需要一种可以跨越国家边界以利用有利的资本和劳动力市场的法律基础,使他们进入国外市场时其投资能得到明确的保护。[①] 由于人类基本需求的有限性与对物质利益追求的无限性之间存在永恒的矛盾,为生产者"制造需求"提供了可能。实力雄厚的商业集团在生产商品的同时,通过广告和各种促销形式,利用大众传媒对商品的原始意义和使用概念进行改编,并赋予其新的文化形象和意义。就是这些新的文化形象和意义,塑造了消费者的物品意识形态、人生意识形态,唤起了人们内心的各种深层欲望,创造、刺激和再生产着人们的消费需求,致使消费行为不纯然出于清楚的自主意识,而是在商人所构造的意识形态网络里,在符号资本的欲求情形下得以进行,人成为一种观念或生活模式的附属品,人的消费行为成为一种非自主性行为。这是商品符号价值第一层含义的具体表现。[②]

[①] 曹晋,杨琪.传播政治经济学框架中的版权文化:论《版权文化——知识产权的政治经济学》[J].编辑学刊,2009(3):77-80.
[②] 杨文运,林萍.体育明星价值分析[J].体育文化导刊,2008(4):45-48.

第七章

奥运传播隐性营销与知识产权

纵观东西方体育文化的发展过程,体育与经济在相当长的时间内并没有形成比较稳定的和较为复杂的文化关系,而且他们之间存在的微弱社会文化关系,也都是隶属于体育与政治、宗教、军事和教育等影响较大的社会文化关系之下。在向近现代社会的过渡过程中,体育与经济的关系随着社会经济形态的沿革而日益彰显,以至于1984年当现代奥运会引入"商业化"之后,在世界范围内爆发了一场"商业性"与"奥林匹克精神"之间文化冲突的理论大讨论。引发这场文化冲突的根本原因在于人们旧的奥运非商业性的价值模式受到了来自于新经济形态——市场经济形态的冲击和挑战。[1] 版权保护创造了一种对抗性无契约关系第三方的权利,而作为该权利来源的法律契约是个人无法通过有效谈判达成和实施的。当生产者的权利有了保障,随之而来的就可能是对更多创造的激励。[2]

与现代奥林匹克运动相比,虽然古代奥林匹克运动中的商业味道要淡薄得多,这一方面是因为古代奥林匹克运动举办者们并不考虑经济收益问题,他们不需利用商业手段为奥运会筹措资金,不需要将奥运作为获取商业利益的工具。另一方面是因为参加者不计较物质奖励或者物质报酬问题,古代奥运会长期以来所奉行的都是参赛运动员的非职业化原则。[3] 在古代奥林匹克运动的绝大部分时间里,物质奖励似乎都是极为次要的,只有精神奖励才被人所看重。与古代奥林匹克运动不同,经济因素对现代奥林匹克运动的影响和作用更为直接、也更为深刻。把物质利益引入神圣奥运会的第一人,可以追溯到公元前16世纪古希腊雅典的执政官梭

---

[1] 童昭岗,孙麒麟,周宁.人文体育:体育演绎的文化[M].北京:中国海关出版社,2002:279.
[2] 艾因霍恩.媒体、技术和版权:经济与法律的融合[M].赵启杉,译.北京:北京大学出版社,2012:2.
[3] 赵玉,陈炎.多维视野中的奥林匹克运动[M].济南:山东教育出版社,2008:88.

伦。当时雅典政府规定：给获得冠军的竞技者500银币的奖金和其他物质优待,政府向奥运冠军发放养老金,免除一切税金、徭役,享受各种特殊的待遇。罗马帝国时期还制定了较为完整的职业运动条例,给运动员以更大的优厚待遇,刺激了罗马职业运动的发展。① 从赛事组织经济学角度看,1896年的第1届雅典奥运会上,就已经有了现在所谓的赞助商,这届奥运会除了首开发行奥运会纪念邮票的先河外,柯达公司还通过提供赞助获得了在奥运会活动节目单上做广告的权利。

图30　可口可乐的奥运即时页被认为是蹭热点

国际奥委会是一个非营利的民间社团,每举办一届奥运会和维持正常工作运转都需要巨额经费投入。早期的奥运组织者们虽然也进行一些商业活动,但终究因缺乏规范管理和对产品的正确定位,不但规模小而且组织分散,并没有取得良好的效果。1980年第七任国际奥委会主席萨马兰奇上任后,一改往届奥委会主席"非商业化"的做法,进行了大刀阔斧的奥运经济体制改革。从此,奥运会商业化运作进入了一个新的阶段,这个阶段的标志就是1984年具有轰动效应的洛杉矶奥运会。② 1984年洛杉矶奥运会找到了符合市场规律的运作方式,确定了奥林匹克营销的基本框架,从而成为奥林匹克产业化的一个转折点。在洛杉矶奥运模式的启发下,国际奥委会设计出了自己的奥林匹克产业模式,通过出售奥运会电视转播权和奥林匹克标志的分类分层营销(包括出售奥运标志使用权、提供广告语促销机会、奥运会场所网点经营权、纪念品、门票等),充分挖掘出奥林匹克运动潜在的商

---

① 童昭岗,孙麒麟,周宁.人文体育：体育演绎的文化[M].北京：中国海关出版社,2002：277.
② 李宏斌.现代奥运会的伦理困境及其化解[D].长沙：湖南师范大学,2008：5-6.

业价值。① 如果说顾拜旦复兴的是奥林匹克精神,那么尤伯罗斯则是创造了奥林匹克精神在现代社会得以发扬光大的支柱——商业化运营模式。洛杉矶奥运会 2.5 亿元的盈余挽救的不单是人们对奥运会健康发展的信心,而且还有奥林匹克和奥林匹克精神本身。从此以后,现代奥林匹克运动的筹资方式就由以非商业性为主转向了以商业性为主导的营销模式。由于奥运经济的稀缺性,奥运隐性营销也就成了企业"搭便车"的常见做法。

第一节 奥运传播垄断与营销模式

虽然奥运经济只是一种经济现象,还算不上一种特殊的经济发展模式或者经济运行方式,更不能构成一种专门的经济学说,它更多指的是在一定范围内的经济现象,一种独特的经济规律。围绕奥运展开的各种经济活动,与其他经济活动一样,也是人类一种有意识主动创造过程,但作为全球最大的体育赛事主体,在奥运经济化过程中,必然有自己独特的运行模式和特点。在知识经济时代和体育产业大发展的背景下,加强对这种源于体育赛事知识产权经济的现象的研究无疑具有重要意义。真正的奥运经济研究是从 1984 年美国洛杉矶奥运会商业运作有了成效后,才开始引起世人关注的。在此前,虽然也有对奥运经济问题进行研究,但重点是对奥运财务和收支问题的研究,并没有把奥运当作一种经济现象进行研究。20 世纪末,学者对奥运经济的研究从奥运的投入与效益、奥运的商业运作(电视转播、市场开发、刺激消费等方面),这两个既不同又关联的角度展开的,对奥运的经济研究有了纵深发展。

一、文化经济:奥运知识经济本质

在当代世界经济生活中,资本主义经济体系仍居于主导地位,这种以商品价值规律支配一切的完全市场经济体系,力图将一切社会文化活动,包括像奥运会这样的大型国际文化活动纳入市场,成为有利可图的文化产品,满足社会观赏娱乐的需

---

① 方媛.论科学技术革命与现代奥林匹克运动的发展[J].中国体育科技,2003,39(1):15-17.

要。所谓文化的经济化,就是指文化进入市场,文化进入产业,文化中渗透经济和商品的要素,使文化具有经济力,成为社会生产力中的一个重要组成部分。将文化的商品属性解放出来,这就增加文化的造血功能,是文化进入良性循环的发展机制。① 现代经济应该是市场经济,商业社会则是现代经济的基础。在现代商品生产中,文化因素在经济发展中的一个显著作用就是增加现代商品中的文化含量和文化附加值,提高对文化、艺术的无形投入,努力借助于文化为企业创造形象。如果把奥林匹克当作一个市场主体,这个全球唯一的大型综合体育赛事无疑具有良好的文化经济价值。

奥林匹克运动的产业化,就是采用经济手段,通过市场机制来运作一个公益性的体育事业,使之成为文化产业。围绕奥运传播进行的各种经济活动是以无形的文化、知识、艺术和精神服务活动为主要特征的产业。一种产品,从它物的属性来看,具有使用价值;而从文化的角度来看,它还具有满足人们精神需要的功能。从奥运满足不同人的需要来看,奥运文化资源的存在形式是以精神形态为主,以物质形态为辅,这一特点决定了奥运传播中许多文化资源的开发和利用本身就不仅仅是为了满足人们的物质生活需要,而是以满足人们精神需要为目的。奥林匹克运动三级营销结构中的赞助商、供应商和经销商,之所以愿意参加奥林匹克营销,让自己企业营销与奥运传播挂钩,就是看中了奥林匹克文化的丰富内涵,看中了奥运会这个世人皆知的"品牌",因为这个品牌具有极高的文化附加值,而奥林匹克标志就是这个品牌的商标。知识产权保护首先体现的就是商标权,奥林匹克标志是奥林匹克运动所有者 IOC 独有标志,是区别其他品牌的一种标记。奥运传播中所展现的奥林匹克文化,由于具有独特的文化内涵可以转化为商品,这种转化除了人们的需求外,还有一个重要的因素,这就是文化产品具有的双重价值,即经济价值和精神价值。文化产品的特点是精神产品物质化,奥林匹克产业模式的核心产品是奥运会。奥运会作为一种文化产品不仅能供给人们欣赏、消遣,给公众带来精神愉悦,产生一定的社会效益,而且与其他很多物质产品一样,能够产生相应的经济效益。需要注意的是,这种经济效益是通过它所包含的丰富的奥林匹克文化内涵而体现出来的,奥林匹克标志的使用,举办的各种文化礼仪活动,尤其是奥运会中进行的各种体育比赛等等,这些文化产品正是通过奥运会这个载体在商品流通中体

---

① 金元浦.文化生产力与文化经济[J].中国社会科学院学术季刊,2000(1):136-144.

现了经济价值。奥林匹克标志的营销实际上是奥林匹克文化附加值的销售,奥林匹克产品属于精神产品,其文化的附加值是极其珍贵的,赞助商们的各种物质产品与服务会由于附加了奥林匹克标志而增值。①

文化产品借助于它的载体——奥运会以商品形式出现在流通领域,获得相应的经济价值;决定奥林匹克文化产品经济价值本质的,不仅仅是它的物质载体——奥运会,还有奥林匹克文化丰富的思想内涵和审美价值,但这种奥林匹克文化内容载体的物质在交换中也很重要,受制于经济规律。② 正是商业操作使奥运会成为当今世界上最有影响的、最重要的一项文化活动,奥运会与经济发展的互动性,既为体育运动的发展开辟了财源,也为文化经济树立了榜样,奥运会的商业化代表了当今文化经济的特点。③ 奥林匹克运动产业化是多种因素综合作用的结果,其主要原因可以概括为以下几个方面:第一,认识上的进步,观念上的改变。第二,在实践中实施品牌战略,奥林匹克这种非商业的社会形象在商业化的社会中却成为价值连城的品牌,成为商家们不惜重金刻意追逐,将其产品与之联姻的理想对象。维护和加强这种非商业性的价值,正是赞助商需要的商业价值之所在。第三,按照文化产品的市场规律开发奥运商业价值,进入市场的奥运会是一种特殊文化商品,其营销不同于一般商品。国际奥委会一方面基于奥运会良好的观赏性、娱乐性及与大众传媒的亲和力,直接向大众传媒出售奥运会的观赏价值和广告价值,另一方面基于奥林匹克的良好形象向商家出售其特有的品牌价值。第四,专业机构和人员介入。第五,世界上 200 多个国家和地区奥委会组成的全球奥林匹克营销网络,是奥林匹克产业化运作的天然优势。第六,适宜的外部条件,社会发展对精神文化的需求日益强烈,跨国公司推行全球经营战略,为奥林匹克全球营销提供良好的物质条件。④

二、稀缺经济:奥运营销的基础

稀缺性是经济学中的一个重要概念,稀缺是指生产产品资源的有限性,这些资源不能满足人们的需要,这是人类社会产生以来就一直存在的一个永恒话题,是一条普遍规律,是经济学的核心思想之一和出发点。美国经济学家曼昆在"经济学十

---

① 任海.论奥林匹克运动的产业化[J].体育与科学,2000,21(5):1-6,9.
② 董杰.奥运会对举办城市经济的影响[D].北京:北京体育大学,2002:85-86.
③ 董杰.奥运会对举办城市经济的影响[D].北京:北京体育大学,2002:14.
④ 董杰.奥运会对举办城市经济的影响[D].北京:北京体育大学,2002:15.

大原理"中提出:理性决策者只在边际利益大于边际成本时才行为。经济学的精髓就在于承认稀缺性的现实存在,并研究一个社会如何进行组织,以便最有效地利用资源。经济学的使命是从资源的稀缺性出发,寻找一种机制和制度,有效地配置有限的资源,使其既能最大限度地促进经济增长,又能使财富收入分配上保持相对公平。科斯定理认为,在交易成本为正的情况下,人类社会需要对经济发展极其稀缺的知识资源给予知识产权界定,以激励知识创新和优化知识资源配置。经济学中所指的稀缺并不是指资源和物品的绝对数量,而是指有限的资源和物品相对于人类无限的欲望而言的,因此稀缺是相对的,但同时稀缺又是绝对的,因为稀缺是在人类社会任何时期与任何地方都存在的事实,是人类面临的永恒问题。① 奥林匹克运动商业化运作所依托的核心资源则是奥林匹克运动通过奥运会所集聚的注意力资源和经过多年培育所形成的奥林匹克品牌资源。

文化资源总是稀缺的。奥运会作为一种社会文化现象,其文化资源与其他经济资源一样,在一定时期和条件下是稀缺的,这种稀缺性不是指绝对数量上的含义,而是指相对于人们的需求来说,文化资源既是物质财富之源,又是精神财富之源,并且作为精神财富的因素更为强烈。奥运会的文化资源相对于人们的需求来说具有有限性,这种有限性也就是稀缺性,使得奥林匹克文化在一定条件下具有一定的经济价值。奥运会具有稀缺性主要表现在以下几个方面:第一,以奥林匹克标志等为代表的奥林匹克文化,在以营利为目的的商业使用中,受到严格的限制。奥林匹克文化是全世界公认的,受到全世界所有热爱奥林匹克运动的人的认可。正因为如此,各行各业也希望通过各种活动与奥林匹克运动发生关系,让奥林匹克文化促进经济活动的发展,从而获得更大的经济效益。由于商家对奥林匹克文化的热衷和追逐,加之奥林匹克标志、奥林匹克格言等的产权属于 IOC,使得对这些标志的使用受到 IOC 的严格限制,因此,奥林匹克文化具有稀缺性。第二,奥运会本身具有稀缺性。奥运会每四年才能举办一次,而每一届奥运会只能在一个国家举办,相对于要求举办奥运会的国家而言,奥运会具有稀缺性。第三,参加奥运会的运动员具有稀缺性。一般来说,参加奥运会的运动员经过层层选拔,是当今世界上最优秀的运动员代表,世界上没有其他任何一个体育比赛能像奥运会那样吸引如此众多的优秀运动员,这些运动员都代表其各自国家和地区的最高水平,在奥运会

---

① 萨缪尔森.萨缪尔森辞典[M].陈迅,白远良,译.北京:京华出版社,2001:148.

上能够取得优异成绩的运动员则可能塑造为超级明星。①

在奥运传播需要巨大的经济支持与奥运不能进行商业化操作的矛盾之间,现代奥林匹克运动焕发勃勃生机,经济无疑是一个重要的影响因素,只是这种影响在不同的时期有着不同的表现而已。体育搭台,经济唱戏,是现代奥运经济本质。围绕奥运无形产权的一系列较量的精彩程度,与比赛场上的体育竞技一样出色,而这些商业和产权意义层面上的奥运经济比体育竞技的奥运会更加深远。市场化运作的核心资源是注意力和品牌。奥运会是四年一度的最大规模的全球范围内"注意力经济"。全球相关奥运节目调查结果显示,全球五大洲各国奥运电视节目观赏兴趣、随机兴趣几乎全部达到90%以上,而投入兴趣则在45%～75%之间;中国观众的奥运节目收看随机兴趣高达99%,投入兴趣竟高达75%。② 在奥林匹克运动经历了严重财务危机之后,国际奥委会将目光投向市场化运作道路,通过挖掘奥林匹克运动自身的商业价值来保障和弘扬奥林匹克文化的伟大使命;通过对奥运品牌的培育、保护和合理开发,为奥林匹克运动找到了一条可持续的发展路径;通过商业化运作确立了满足自身发展的资金补给体系。这与国际奥委会深度运作奥运稀缺资源是分不开的。

三、活动经济:奥运传播营销资源

体育营销源起于19世纪西方国家,是竞技体育和商业经济发展之后的产物。体育营销是以体育活动为载体推广产品和品牌的市场营销活动方式。体育赛事、体育媒体、体育团队与明星是体育营销最主要的三类载体。③ 与奴隶社会、封建社会和资本主义早期的经济形态相适应,早期的体育价值观形成非商业性,由于受经济形态的限制,体育组织和体育运动会本身并没有融入更多的商业性,国际体育的发展基本是建立在"赞助经济"的基础之上,并形成与"赞助经济"相适应的体育伦理观、体育价值观、体育价值心态乃至体育思维方式。在世界经济市场化趋势形成之前,根植于社会文化之中的体育不可能领先于社会文化,形成独立于社会文化之

---

① 董杰.奥运会对举办城市经济的影响[D].北京:北京体育大学,2002:85.
② 沈虹.从宣传,到传播:谈谈中央电视台奥运及体育营销传播模式的建构[J].广告大观(综合版),2008(6):81-82.
③ CTR市场研究.中国电视体育营销研究报告[J].广告大观(综合版),2008(3):59-65.

外的商业体育文化。① 所谓体育的商业化是指将体育运动作为商品,通过体育比赛营利。体育营销具有三个方面的含义:(1)从体育产业方面来看,体育营销更加深刻而有效地推进体育产业化和市场化,使之逐步具有自我发展、自我完善的运行机制而成为独立的运营体;(2)从企业方面来看,体育营销可以将体育活动和体育赛事作为一种促销手段或形象背景,利用冠名、赞助等形式,通过所赞助的体育活动推广自己的品牌或树立企业形象,达到营销目的;(3)从媒体角度来讲,大众传媒利用自身的传播优势,在报道体育活动及赛事的同时,帮助赞助企业传播企业形象、达成营销的传播目的。②

目前,在一个竞争异常激烈,利润开始走薄,成本不易转嫁的市场上,同质的产品或者服务利用品牌的知名度,提升品牌的附加值,通过品牌之间的竞争形成一定溢价能力来保持或增加利润是常见的做法。奥运会的商业化问题主要围绕着是否允许将奥运会本身作为商品进入市场,通过这一盛会获得经济利益。③ 1983年,国际奥委会市场营销委员会成立,其任务就是扩大资金来源。奥运会营销是一个独特的营销体系,是4PC品牌互动营销策略的运用过程。单纯从4P(Product, Price, Place, Promotion)或4C(Customer, Cost, Convenience, Communication)的角度考虑奥运会营销都不尽完善,奥运会营销是4PC营销策略综合运用的过程。奥林匹克品牌已构成了完整的品牌营销链,忽视奥林匹克品牌的巨大价值,破坏品牌形象的行为会给奥林匹克营销带来致命的打击。如果仅仅站在新古典经济学的狭隘的理性立场上考虑问题,营销就有可能走向反面。④ 对于奥运营销的大系统而言,存在四个子系统:奥运会制造系统、奥运会产品系统、奥运会消费系统和奥运会中介系统。奥运会制造系统主要由奥运会所有者、奥运会组织者、运动员、运动场地及其他制造产品所需的物质等因素构成。奥运会产品系统主要由奥运会赛事、运动员、体育场地、吉祥物、纪念品以及其他物质产品等因素构成。奥运会消费系统主要由观众、赞助商、转播商、其他媒体构成。奥运会中介系统主要由奥运会电视转播商、

---

① 童昭岗,孙麒麟,周宁.人文体育:体育演绎的文化[M].北京:中国海关出版社,2002:278.
② 沈虹.从宣传,到传播:谈谈中央电视台奥运及体育营销传播模式的建构[J].广告大观(综合版),2008(6):81-82.
③ 任海.现代奥运会商业化的过程[J].体育文化导刊,1992(4):17-19.
④ 赵长杰.奥运会营销策略[M].北京:北京体育大学出版社,2009:170.

体育经纪人、赞助商、其他媒体等因素构成。①

奥运商业化是指将奥运会本身作为商品进入市场,通过这一盛会获得经济利益。现代奥运会与商业的结合,其实早在1896年第1届雅典现代奥运会中就有所体现。此届奥运会由于资金短缺采用发售纪念邮票和允许柯达公司有偿在纪念品上做广告的形式筹集资金。从1900年到1908年连续三届奥运会与贸易博览会交织在一起,成为博览会的组成部分,以获得必要的经济支持。以后的奥运会在筹资无源的情况下采用了出售门票、彩票等商业销售手段来解决资金问题。虽然自1969年以后,奥运会集资中出现的商业化行为越来越多,其中出售电视转播权成为国际奥委会最大的一项收入,各大公司商业性的赞助也越来越普遍。但从整体上看来,此时举办奥运会所需资金的绝大部分仍来自于政府拨款和社会无偿捐赠,一直到20世纪70年代末,国际奥委会为了维护奥林匹克运动的"纯洁性",还仍然坚持奉行"非商业化"原则,拒绝商业运作。1984年洛杉矶奥运会为奥运会商业化的形成时期,奥运会开始进行全面的商业化运作。尤伯罗斯在洛杉矶奥运会上采用的各种商业运作手法和所体现的商业奥运的思想理念,成为以后各届奥运会组委会和国家奥委会深入研究的对象,尤伯罗斯留给后人一套较为系统和完整的商业运作奥运会的理念和措施。对于奥运会所有权人及组织者而言,其营销的目标是利用奥运会有形和无形资产获得推广奥林匹克运动的资金,奥运会有形资产包括奥运会期间参加奥运会的国际奥委会、奥运会组委会、各国际单项协会,运动员、教练员等各类体育组织,比赛场地以及各项比赛活动等。奥运会的无形资产主要是指奥林匹克品牌。对于奥运会参与者而言,其营销目标主要是利用奥运会的无形资产来实现。奥运会组织者主要是通过对奥运会的转播、企业对奥运会的赞助、出售奥运会门票以及开发和奥运会有关的产品来获得利益。奥运会参与者主要是利用产品与奥运会的关系来进行自身产品的营销。②

奥运会的市场开发并不采用场地广告发布的形式,奥运会坚持过去的传统,在奥运会的比赛、训练和其他形式活动场所不允许有广告宣传出现。这是奥运会与其他单项运动项目在市场开发做法上的最大不同。奥运会的市场开发战略在于以奥林匹克运动的崇高度、美誉度与知名度结合起来,在互动中相得益彰;策略则是

---

① 赵长杰.奥运会营销策略[M].北京:北京体育大学出版社,2009:20.
② 赵长杰.奥运会营销策略[M].北京:北京体育大学出版社,2009:22.

通过这些企业的知名度、产品的可信度来扩大其在消费者或用户中的影响,从而巩固或扩大其市场。无论是国际还是国内的各种奥运会赞助商和合作伙伴,这些参与企业都有自己的市场价值追求。无论是夏季还是冬季奥运会,各个比赛场地上都不允许有任何广告形式出现,因此,参与企业购买的只是一种价值,增加企业无形资产的价值。奥运会的市场开发就是在这样的大的商业背景下应时而生,与时俱进的。在这个意义上,奥运营销是一种专门和特殊的营销路线和手段,也是一种专门的知识和技巧。因为,奥运会对合作伙伴或者赞助商的选择不单纯是"拍卖式"的,谁出价高就给谁,而是通过包括赞助商金额在内的各种指标,对应征企业进行调查和"筛选","入围"就很不容易了,"入围"之后还要在更高的指标下进行专家评选,即便成为合作伙伴和赞助商之后,奥运会组委会还有必要的监控措施。因为,奥运会和参与企业都异常珍视自己的声誉和信誉,奥运会的市场开发就是建立在双方优质无形资产互动和增值之上的。

回顾奥运会的商业化过程,正是商业操作使奥运会成为世界上最有影响的、最重要的一项文化活动,不论人们对奥运会商业化运作有何认识,都不能否认商业化促进了奥运会壮大这一事实,奥运传播需要通过商业化运作获得发展资金。为了给奥林匹克运动构筑一个坚固的经济基础,国际奥委会实施了两项财务战略:一是进一步增加电视转播权的收入;二是通过吸引商业赞助来开发奥林匹克运动的品牌价值。前国际奥委会新财源委员会主席庞德曾说:"如果从当今的体育中拿走了商业伙伴与商业精神,剩下了什么?正如一个巨大而精巧的,用了100年时间加工完善的发动机没有了燃料。"赞助奥运会是一个企业对自己无形资产的一种投资,通过将自己的品牌与奥林匹克五环标志相联系实现企业无形资产的增值。因为奥运会总的来看还是一种世界性的带有社会公益性的活动,而不是一种纯商业性的牟利行为。因此,企业赞助支持奥运会在一定程度上也体现了企业的社会责任。当然对这种无形资产的投入,贵在累积和持续,回报不可能一蹴而就。

第二节　奥运传播知识产权隐性侵权分析

控制符号的生产和分配可以获得巨大的象征和经济价值,也正因为如此,奥林匹克知识产权的所有者和非持有者之间才有这样这么多的对抗,这种斗争不可避免地出现在体育组织甚至是运动员中。体育赛事牵涉面广,奥运传播几乎与地球上的每个人和团体都有关联。成功与这些事件联系在一起,也就意味着企业经营成功的巨大潜力。正是由于奥运会具有最广泛意义的传播价值,所以几乎所有企业都希望搭乘奥运会这座航母。但能够成为奥运赞助商的企业毕竟是少数,奥运会赞助费用和门槛不断提高,使越来越多的企业做出了"逆向选择",奥运隐性营销行为应运而生,虽然隐性营销不是我国法律的明确规定概念,但隐性营销对奥运知识产权的危害是不言而喻的。

一、排他性:奥运传播知识产权专有保护

一般认为知识产权有广义和狭义之分。狭义的知识产权是指传统意义上的知识产权,可以分为两个类别:一类是文学产权(Literature Property),包括著作权及与著作权有关的邻接权;另一类是工业产权(Industrial Property),主要是专利权和商标权。1967年7月14日在斯德哥尔摩签订的《建立世界知识产权组织公约》将知识产权定义为:在工业、科学、文学或艺术领域里的智力活动所产生的所有权利,主要包括以下主要权利:第一,文学、艺术和科学作品有关的权利;第二,表演艺术家的表演以及唱片和广播节目有关的权利;第三,人类一切活动领域中与发明有关的权利;第四,科学发现有关的权利;第五,工业品外观设计有关的权利;第六,商标、服务标记及商品名称和标志有关的权利;第七,制止不正当竞争的权利;第八,在工业、科学、文学或艺术领域由于智力活动而产生的一切其他权利。[①]

由于奥运赛事具有强大的社会渗透力,因而奥运竞技表演也就具有强烈的社会外部性。奥运媒介载体正是凭借其本身的社会外部性而生成的。一方面,由于奥运竞技表演的社会外部性的存在,使企业或其他营利性单位可以利用这种外部性来搭便车,从而使企业形成巨大的宣传、广告和促销效应,克服产品和市场上的信息不完全或信息不对称的弊端,促使社会效应向市场均衡点发展,并给相关企业带来巨大的经济效益,这就是所谓的"奥运营销"。另一方面,由于奥运竞技体育表演是智力和体力劳动的结晶,它也是一种价值的体现,当这种劳动的社会外部性转

[①] 陈彬,胡峰.论奥林匹克知识产权保护的法律依据:国际法和国内法的双重视角[M]//中国法学会体育法学研究会.追寻法治的精神:中国法学会体育法学研究会 2005—2010.北京:人民体育出版社,2011:257.

化为社会外部经济之时,就要求与搭便车的企业进行等价交换。所以,奥运竞技体育表演劳动的社会外部性能给搭便车的企业带来巨大经济效益,使体育产业部门与其他产业部门之间形成了一种特殊的承载关系,造成一种供给与需求,从而形成奥运媒介载体。其次,从传播媒介特点来看,奥运竞技表演的供给内容主要不是技艺本身,而是凭借这种技艺所形成的奥运表演的社会外部性,这种社会外部性是一种无形的,但同时又是社会辐射力很强的一种"势",这种"势"实际上就是媒介传播活动中所负载的讯息。所以,奥运竞技表演市场是一种无形而有力的"势"的交易。通过这种"势"的交易,使这种"势"的社会外部性转化为外部经济。也正因为如此,奥运载体才成为连接企业与市场的重要手段,奥运市场成长为世界性的巨大市场。

知识产权专有性效力,即排他性方面的特点表现在:第一,知识产权的排他性主要是排斥非专有人对知识产品进行不法仿制、假冒货剽窃;第二,知识产权的独占性是相对的,这种垄断权利往往要受到权能方面的限制,如著作权的合理使用、专利权中的临时过境使用、商标权中的先用权人使用等;同时,该项权利的独占性只有在一定空间地域和有效期限内才发生效力。① 知识产权的专有性主要表现在两个方面:第一,无形财产为权利人所独占,权利人垄断这种专有权利并受到严格保护,没有法律规定或未经权利人许可,任何人不得使用权利人的知识产品;第二,对同一项目知识产品,不允许有两个或两个以上同一属性的知识产权并存。

国际奥委会要求在有关国家(地区)乃至全球范围内进行登记、注册奥林匹克特殊标志:按规定由有权机构使用或授权使用。不论出于何种目的,未经许可均不得使用;对违规使用者追究包括索取赔偿在内的法律责任。总之,国际奥委会希望奥林匹克知识产权得到全面、充分和连续的法律保护。但由于现代奥林匹克运动的发展,特别是奥林匹克知识产权日渐显现出巨大市场价值后,国际奥委会凭借举办奥运会和领导奥林匹克大家庭形成的权威地位和广泛的国际影响,对其成员尤其是奥运会主办城市所在国家提出了一些超标准的知识产权特殊要求。由于奥运会的经费来源最终在其赞助商,特别是为数不多的奥运会全球合作伙伴,所以国际奥委会绝不允许未获许可者尤其是国际奥委会赞助商的同业竞争者,与奥林匹克知识产权发生任何商业使用上的关联,绝不允许其利用奥林匹克知识产权对国际奥委会赞助商实施不正当竞争。国际奥委会将这种不正当竞争行为的后果称为

---

① 冯玉军,黎晓园.奥林匹克标志的知识产权保护初探[J].法学论坛.2007,22(4):37-43.

"隐性市场"。①

奥运会赞助商为奥运会提供资金,他们相应地也从中获得了商业利润。他们的利润主要来自于对奥运会标志及声誉的市场化运作。在这里,奥运会的赞助商们也分为不同的等级:第一级为奥运会合作伙伴,第二级为奥运会提供商,第三级为奥运会的许可证使用者。级别不同,在奥运会图标、标志进行市场化运作区域及种类上也会相应地不同。最高级别的赞助商是奥运会合作伙伴,简称 TOP(The Olympic Partner)。它是那些通过 IOC 为奥运会提供产品、服务、技术、专家以及资金的合作商们所组成,这些 TOP 赞助商拥有奥运会在全球范围内排他性的市场运作权。近年来 TOP 赞助商为奥运会提供的资金支持也越来越多。这些 TOP 赞助商除获得对奥运会在全球范围内的排他性市场运作权外,还可以与各个奥运会举办者组织进行商业合作、发展商业项目,同时还可使用所有各场奥运会的标志。另外,他们还被提供了各种良好的机会,比如:刊登及播放广告,以及一些能提升自己形象的机会。第二级别的奥运会赞助商是"供应商"。他们通常为 IOC 提供产品和服务,而不是直接为奥林匹克运动提供资金支持。比起 TOP 来说,"供应商"们在市场化运作以及奥运知识产权问题上拥有有限的权利。除了以上这些赞助商外,各个奥运会举办城市及举办国都发展他们自己的赞助商计划,授权这些为奥运会及本国运动队提供资金的赞助商们不同的市场化权利及知识产权。这样 IOC 和举办国奥组委(NOC)也通过许可制度来获取资金。在这里面,商家必须为自己销售给消费者上贴有奥运会标志的商品以及奥运会吉祥物支付相应的知识产权使用费。

现代奥林匹克运动并未真的将自己的灵魂彻底出卖给商业利益,它在商业化的过程中,并未放弃奥林匹克的理想和精神。现代奥林匹克运动对过度商业化的限制措施主要表现在以下几个方面:第一,从电视转播权来看,国际奥委会始终坚持奥运会电视信号通过电视台实现最大范围免费播出的原则,而不是单纯地追求利益最大化;第二,国际奥委会始终坚持所谓的"场馆清洁政策",即奥运会的比赛场馆和奥运村里不得出现任何形式的商业广告,运动员的服装上除了符合规定的运动服商标外,禁止出现任何商业赞助的标志;第三,国际奥委会也会拒绝接受烟

---

① 冯玉军,黎晓园.奥林匹克标志的知识产权保护初探[J].法学论坛.2007,22(4):37-43.

草和烈酒生产商的赞助,而不管其赞助金额多么的高昂。① 企业赞助奥运,希望借助奥运营销获得品牌价值传播的最大化效应,希望透过奥运赞助去实现刺激销售、款待贵宾、建立渠道、封杀对手、巩固合作、内部奖励、提升地位等多重目的。目前,单一的传播渠道已难以满足企业和品牌复杂的传播目标,企业渴求全面整合的传播平台。当然,媒体价值依然是奥运营销传播的催化剂。根据奥运会主办城市和国际奥委会签订的协议,奥运会期间,城市内的所有广告都将受到严格的控制。而奥运会特许产品则会在奥运会期间大放光芒,尤其是 TOP 赞助商,他们不但拥有产品排他权,而且还能够优先享有在奥运会开幕式、闭幕式,火炬接力,重大体育比赛项目片头、片尾中做广告的权利。这些是非奥运会赞助商所无法比拟的。②

二、搭便车:奥运隐性侵权发展与原因

信息产品进入市场之所以可能出现盗版假冒等免费搭便车行为,除了其复制成本低外,还因为其具有公共产品的特征。随着知识经济的到来,传统经济和服务的局限性日益凸显,关联企业与消费者的产品概念正逐渐由核心产品拓展到附加产品和泛产品概念,企业的营销行为也从注重功能利益转移的显性营销向注重价值转移的隐性营销转变,注重塑造产品和企业的良好形象,满足消费者心理需求,进而影响消费者的购买决策。③

体育领域无疑是"隐性营销"制造者眼中的最佳舞台,也是"隐性营销"创意元素的最大宝库。隐性营销概念的提出以及与奥运会的关系分析源于 M.Hiestand 于 1987 年在 *AD week* 杂志上发表的文章《隐性营销与奥运事件》。事件起因是 1984 年洛杉矶奥运会,富士耗费巨资成为该届奥运会全球赞助商(官方赞助商),而它的竞争对手柯达展开了一项组织良好的传播活动来"埋伏"并袭击富士。柯达相继成为 ABC 公司赛事转播的荣誉赞助商(Proud Sponsor)、美国棒球队的"指定胶卷",并且获得了奥运会中一些公司摄影器材的正式赞助权。因为赞助电视网,柯达有权在奥运转播过程中不断传播柯达的品牌标志,在没有付出额外的赞助费用的前提下,成功在美国本土举行的奥运会上捍卫了自己的市场。④ 其实,在 1932 年洛

---

① 赵玉,陈炎.多维视野中的奥林匹克运动[M].济南:山东教育出版社,2008:102-103.
② 赵长杰.奥运会营销策略[M].北京:北京体育大学出版社,2009:105.
③ 王宇,朴哲松.北京奥运隐性营销与奥运知识产权保护[J].北京体育大学,2007,30(S1):45-46.
④ 许正林.奥运会埋伏营销与奥林匹克知识产权保护警示分析[J].广告大观(理论版),2009(6):15-23.

杉矶奥运会期间,就发生了有史以来第一起隐性营销事件,当时赫姆斯面包房赢得了为这届奥运会运动员村提供所有糕点面包的独家权利,但另一家面包房韦伯则决定通过向其中一个国家的代表团提供面包,赢得了一定的促销优势。从现在的观点看,这属于典型的隐性市场行为,但当时并没有提出这个概念。①

国际奥委会把隐性营销定义为:"有意或无意地企图制造或利用伪造的和未经许可的与奥林匹克运动和奥运会的商业合作行为。"这里采用的是广义的隐性营销的界定。"隐性营销主要包括三个方面:非合作伙伴企业想方设法与奥运会建立虚假或未经授权的联系;非合作伙伴企业违反各种保护奥林匹克形象和标记使用的法律;非合作伙伴企业故意或非故意地干扰奥林匹克合作伙伴的合法市场开发活动的行为。"狭义的隐性营销指不直接使用体育标志,多是商家策划的不与法律冲突的营销手段,暗示自己与体育组织或体育赛事的关系。此界定包含了未经授权直接使用奥林匹克标志进行市场开发的侵权行为,又包含了不直接使用奥林匹克标志,但通过明示或暗示其与奥运会具有某种实际上并不存在的关联而进行的市场开发行为(此即纯隐性营销行为)。"纯隐性营销"即"狭义隐性营销",是指暗示自己与体育赛事或体育组织之间具有事实上并不存在的商业性关联,或虽具有一定关联但未经授权行为。纯隐性营销不直接使用体育标志,其是否构成侵权,尤其是侵犯知识产权,还需要在法理上进一步研究。

对于奥运隐性营销可以从两个角度理解:第一,从第三方的角度来说,所谓奥运隐性营销是和奥运会乃至奥林匹克运动并不存在赞助、支持关系的企业通过自己的商业营销宣传误导受众,尤其是消费者,使受众和消费者认为其同奥运会存在某种形式的赞助、支持关系。第二,从奥运会赞助企业的角度说,奥运营销是对于奥运赞助企业享有的奥运营销权益,特别是特定企业在特定产品、服务类别中独家享有的排他性权益的侵害。② 在奥运会的规则上,坚决反对"隐性营销"。根据奥运会市场开发规划,任何奥运会申报者在进入申办程序后,都要向国际奥委会递交上百份保证书,其中便包括在申办成功后防范隐性营销的内容。涉及这些内容的保证书是以政府名义提出的,有公权力作为保障。隐性营销的负面效应表现在以

---

① 徐建华,程丽平.奥运会赞助市场中隐蔽营销现象的分析及规避方法研究[J].体育科学,2006,26(2):91-94.
② 吕冰心."奥组委"给隐性营销亮黄牌:北京奥组委官员细说奥运隐性营销[J].法人,2006(11):20-23.

下几个方面:第一,对于奥运品牌损害。隐性营销是一种搭便车的行为,它违背了公平竞争的原则。它的存在,对奥林匹克运动的发展,对奥运会本身,对奥运会的合作伙伴、赞助商,甚至是运动员都会产生负面的影响。因此,对奥林匹克市场开发的危害非常大。第二,对赞助商利益的损害。侵犯赞助商花高价获得的奥运营销权。奥运营销权是指以奥运的名义进行的,与奥运相关的营销、推广等商业行为。隐性营销非法侵占了赞助商的市场,是另一种形式的不正当竞争。第三,对于隐性营销企业自身的影响。一是企业品牌可能给消费者留下没有社会责任感、企业规模不大、钻法律漏洞等不良的印象;二是走在法规的边缘,一不小心就会引起纠纷;三是可利用的奥运资源少,营销活动开展困难。[①]

最难区分的是,奥运会宣传推广的活动与隐性市场如何准确鉴别,一律禁止必会阻碍正常的奥林匹克宣传活动,如果门开得太大,隐性广告便可能乘虚而入。因此,从世界知识产权来看,知识产权一般有法院强制保护,采取的救济办法主要是禁令和损害赔偿。隐性市场不同于侵权性市场、侵权性广告,侵权性市场有知识产权法保障。2008年北京奥运会特别颁布了奥林匹克知识产权保护条例,作为国家法规执行,由全国工商行政管理系统负责。然而,隐性市场并没有什么专门的法律和法规在调整,它有时候从法律角度上说构成侵权,有时候虽然侵占了奥运会的权利,但并非完全以违法的形式出现,主要还是靠主观上的判断。奥运会市场开发形式主要是用奥林匹克标志无形资产有条件转让,这种转让就自然包含了很大的排他性,它的价值也主要体现在排他性上。奥运会上不允许出现广告牌,奥运会的主要活动上也不允许出现广告,扩展到奥运会举办城市和协办城市主要街道的垂直立体空间内的广告牌或其他广告形式,也都需要受到严格的限制,只允许奥运会全球合作伙伴、赞助或供应商、奥运会全国合作伙伴、赞助商和供应商在奥运会期间内购买户外的各种形式的广告。

传统意义上,体育赞助是建立在体育场内以及运动员服装上的广告,目的是借助电视转播最大限度提高品牌的认知度。奥运会则不是这样,奥运会赛场和运动员服装上不允许出现广告,没有任何商业性标志,也没有巨型的品牌LOGO,没有广告牌和广告旗帜。这就给营销经理提出了极大的挑战,要以完全不同的心态接近奥运会,逼迫他们想出革新性和创造性的点子。仅仅依靠赛场广告的商家已经

---

① 王宇,朴哲松.北京奥运隐性营销与奥运知识产权保护[J].北京体育大学,2007,30(S1):45-46.

变懒了,他们把赞助行为看得和简单的媒体购买没有任何区别,不再去努力理解合作伙伴关系所带来的真正力量和潜力。① 像奥运会这样的体育赛事通过电视直播,拥有数十亿的观众,远远超过了现场的观众数量,而赞助电视机构的费用要远远低于奥运会赞助费用。因此许多企业转向对电视直播机构的赞助,通过行使赞助权,同样可以达到借助奥运会直播进行商业宣传的效果。譬如说,在奥运会赛场附近利用车体广告;在机场内设置不带奥运会标志的广告箱;在还未完全由奥运会包租的饭店组织产品发布或展示会;在媒体上刊登祝贺奥运会成功的公益性广告;举办和奥运会有间接关联的商业性的集会等。仅从广播传播角度来看,奥运知识产权隐性侵权的主要方式有以下几种:第一,赞助赛事转播的主要媒体。虽然大规模的赛事都有种类繁多的赞助项目,但是无论是谁都必须通过媒体将自己的品牌宣传出去,同时大多数消费者也正是通过媒体来了解比赛,也正因此,媒体成了赞助商们竞相角逐的对象。第二,赞助奥运会中的单项比赛或某个参赛队。虽然近年来,IOC已经规定与奥运TOP赞助商有竞争关系的企业不得赞助单独的运动项目和参赛队,但企业赞助的合约订得不完善,偷袭者就有可能找到漏洞,通过少投入赞助主类别下的项目,从而达到宣传目的。第三,赞助杰出运动员。每次大型赛事,杰出的运动员总是媒体追逐的焦点,赞助这些运动员也能增加企业标志曝光的机会,所以明星运动员或者有潜力的运动员一直都是各厂商的宠儿。第四,购买比赛转播或重播期间的广告时段。利用时间上的紧密性使观众将自己与奥运会联系起来,进而被误认为赞助商。在很多人看来,电视转播奥运会期间播放广告的商家是官方赞助商。这成为实施隐性市场行为的一个有效途径。

三、抗垄断:奥运隐性营销的再审视及例外

独立无形资产权利的交易和转移是一件非常微妙的事情,光环效应和心理暗示作用是无形资产转移和扩散的核心。奥运会各类赞助商之所以愿意花天价获得奥运会特许资格,实际是希望利用奥运会的无形光环来照亮自己的企业和产品,希望自己的企业形象和产品能够获得展示和维持其业内巨星级的匹配地位。而奥运会主办方保证奥运知识产权不被侵犯的行为,也就是一个积极维护与赞助商等相关利益群体"产权有偿转移合同"完整性的过程。随着奥林匹克知识产权多元化的

---

① 佩恩.奥林匹克大逆转[M].郭先春,译.北京:中信出版社,2008:72-73.

发展,在传统的直接侵犯奥林匹克知识产权的行为之外,出现了一种新型的间接侵权行为。这种行为没有直接假冒或者非法使用奥运会的商标、名称和标志,但通过各种巧妙的设计暗示与奥运会存在某种商业关联,行为人通过这种隐蔽的行为方式在没有承担相应的义务的前提下借用了奥林匹克的品牌形象,享受了奥林匹克知识产权人的专有权利,同时逃避了直接侵权行为可能面临的法律制裁。奥运知识产权独特的交易和扩散过程,是一个非常脆弱的过程,因为许多"四两拨千斤"的灰色手段很容易对其进行"偷袭"。更值得关注的是,若是对这种侵权行为的处理不是建立在对上述过程充分认识的基础上,追求侵权行为本身反而会成为一个被侵权者利用的帮凶。对属于眼球经济范畴的无形资产的保护,具有与众不同的内在规律,是这种资产和权利所有者不得不面对的一个崭新课题。因为此类"偷袭"的独特性和基本上难以找到有效的解决办法,决定了如何避免损失扩大化成了一些非常现实的焦点。如果眼球经济"偷袭"的目的就是为吸引眼球,那在处理的时候一定要考虑如何将事态发展维持在可控范围内,以免出现"自己的冲动和强硬成为打败自己的最大元凶"现象。① 隐性营销并不完全是知识产权法新的概念,其行为方式也不完全为知识产权法所能调整。从营销学角度看,隐性营销并不一定是非法的营销方式。隐性营销是一种商业运作技巧,成功的隐性营销往往会成为令人津津乐道的经典案例。

  对奥运会知识产权进行保护所面临的挑战主要来自于以下几个方面:第一,隐性营销,就是指那些根本就不是奥运会赞助商的公司、企业通过各种方式让人误认为他们是真正的奥运会赞助商,从而扩大自己产品的销售量和知名度。这些方式包括买断围绕奥运会赛事的商业电视广告时间、免费发放或低价销售非法贴有奥运会标志的自产产品,以及在临近奥运会场所搭建各种巨大、醒目的商业广告牌等等。这种情况发生在奥运会上相对于其他运动会来说是更为普遍的。第二,伪造。隐性市场行为不同于直接的侵权行为。虽然广义上还包括直接的盗版侵权行为,即未经授权公开使用与奥运赛事有关的知识产权,将自己有关的产品或宣传品与之相联系,但本书的隐性营销是指非奥运会官方赞助商在宣传其商品或服务时,通过各种商业行为故意地明示或暗示其与奥运会或奥运会组织者之间具有事实上并不存在的赞助、授权等商业性关联的行为,并从中获取商业利益,同时弱化、威胁或

---

① 李云峥.2008 奥运年背后的产权烽火与暗战[J].产权导刊,2008(1):7-9.

损害真正的奥运会赞助商利益。① 隐性市场行为不同于传统的侵权行为,它并没有明目张胆地直接侵犯奥林匹克知识产权。隐性广告有时不一定违反广告法,它只是不符合奥运会组委会对国际奥委会和各个级别合作伙伴、赞助商或供应商做出的承诺。这些包括承诺的合同一旦在国家工商行政管理部门注册或者备案之后就产生效力。从法律上讲,国家和各地的工商行政管理部门就可以以救济的名义,参照法院保护知识产权的中间禁令方式,阻止和纠正侵害的继续,然后再根据不同情况要求补偿。根据两方的法律和实际现状,这种隐性市场的纠纷属于民事事件,更常见的是以协商或许可协议的方式结案。比较少用公开禁令的方式,因为这样可能对违反者的损害过大,这种隐性市场的认定主要还是执法者的自由裁量权,主要法律渊源是不合法的市场竞争。

  对奥林匹克标志加强保护也并不是意味着对它的保护没有例外。美国1998年修改并通过的《奥林匹克和业余体育法》中就包含着例外条款。其中之一就是"祖父条款"(Grandfather Clause),一般是指所有那些已经在做某件事情的人可以继续从事此事,而不因新的禁令停止下来。《奥林匹克和业余体育法》规定,在1950年9月21日前已经合法使用奥林匹克标志的人可以在满足一定条件下继续使用奥林匹克标志。对一般商标而言,在商标注册申请的时候,如果存在先前使用人,他应该在法定期间内提出异议,但对奥林匹克标志而言,先前使用人并不存在异议的可能,所以应该允许适用"先前使用例外"。先前使用人可以在原有范围内继续使用奥林匹克标志,但是不得注册相关商标。②

  隐性营销侵犯体育组织和官方赞助商的合法利益,很多国家,尤其是奥运会举办国除了通过民事、知识产权、反不正当竞争等法律手段对隐性营销进行规范,往往还通过专门立法进行规制。但法律作为一种强制性社会规范,无法覆盖商业化社会的所有领域,一些不直接使用体育标志、构思巧妙的隐性营销可能并不违法。在避开纳入国家法律管制的体育标志的元素后,成功的隐性营销会给非赞助企业带来收益,也的确有机可乘。如果绝对强调奥运赞助商的利益保护,将损害绝大多数企业公平竞争的权利。就整个社会而言,对体育隐性营销行为应有一定的容忍度,轻微社会影响或比较轻微的体育隐性营销应为赛事组织者、赞助商和社会公众

---

① 胡峰,张振宇.论奥运会隐性市场行为的法律规制[J].武汉体育学院学报,2006,40(4):28-31.
② 尹红强,秦玉娈.如何防范奥运隐性市场行为[J].商业时代,2008(33):28-30.

所容忍,对其完全予以绝禁是不现实的,力图独享奥林匹克的所有利益很难实现。任何人都有权在不对赛事组织者和赞助商被法律所保护的利益产生真正侵害的前提下分享人类奥林匹克成果。①

第三节 奥运传播知识产权的专属保护

保护知识产权是奥林匹克运动的一项基本要求。《奥林匹克宪章》第1章有关奥林匹克运动一共有18项规定,其中涉及知识产权的内容有7项,并制订了12项附则,而且这些规定还在不断地强化。现在奥林匹克运动内涵应该是体育、文化、经济的统一,越来越多的商家都聚焦到像奥林匹克运动会这样蕴含着巨大商业价值的大型体育赛事。知识产权法所保护的是人们通过智力活动所取得的成果,与智力活动无关的信息不能作为知识产权保护的对象。知识产权是一个开放的体系,随着科学技术的进步和社会的发展,其保护对象和范围也会逐渐扩大。② 哪些信息可以成为知识产权的保护对象,是由一个国家的法律加以规定的。国际奥委会为了建立和保护好奥林匹克无形资产经营和开发的良好秩序,避免和追究所受到的不法侵犯,在国际奥运的规则体系中,逐步形成了保护奥林匹克知识产权和无形资产的系统规则。③

一、双重属性:奥林匹克知识产权保护的特性

自19世纪后期"知识产权"这一法律概念产生以来,知识产权的保护问题就摆在了世界各国面前,联合国世界知识产权咨询机构,也是世界上致力于知识产权发展和进步的主要组织——国际保护知识产权协会(International Association for The Protection of Intellectual Property)早在1897年就成立了,简称AIPPI。理论上来看,知识产权本身作为一种无形财产权,具有独特的专有性,即知识产权为权利主体所专有,未经权利人的同意或者法律的特别规定,权利人以外的任何人都不能享有或

---

① 韩勇.纯隐性营销行为防范救济及北京奥运会实践[J].体育文化导刊,2010(1):75-79.
② 魏淑君.关于体育知识产权范围的界定[J].山东体育学院学报,2007,23(6):15-17.
③ 韩勇.体育与法律:体育纠纷案例评析[M].北京:人民体育出版社,2006:302.

者使用这种权利。但是在实践中,那些非商标性质的知识产权侵犯的难以界定和外部因素的复杂性,使无形产权遭遇尴尬是非常常见和无奈的现象。如何看待和应对这些问题,就构成了一个奥运会"产权利益维护"心结。由于科技、经济飞速发展,不断给知识产权法律制度和理论研究提出新的课题,所以知识产权的内涵不能固定不变而应是一个动态发展的概念,知识产权的保护范围和内容也应随之不断扩大和深化。① 对 IOC 来说最重要的资产便是它的知识产权:无论是从对知识产权保护和为奥运会提供资金关系,还是从赞助商因捐资而应获得的利润来看,IOC 加大对知识产权的保护都不足为奇。

图 31　1988 年汉城奥运会上,奥运标识等知识产权开始被用于商业用途

　　从目前来看,奥林匹克知识产权争议的解决,可以分为体育机制内和体育机制外两种途径。体育机制外的解决途径主要可以分为国内解决和国际解决两种途径,主要依靠商事仲裁的方式。这主要是由于奥林匹克运动的国际化与国内化所导致的。由于国际奥委会的非政府间国际组织特征,一般来说寻求国际法上的政治途径或者是国际司法机构,解决因奥林匹克知识产权保护引发的争端并不可行,也没有理论依据。但是,作为一种特殊的知识产权,仍然可以利用国际商事仲裁的方式加以解决此类纠纷。争端当事方可以利用专门性的仲裁机构解决争端。知识产权进入市场后,其商业性质非常明显。由知识产权争议引发的仲裁已经受到各国和仲裁机构的普遍认可。根据《联合国国际贸易法委员会国际商事仲裁示范法》的界定,从本质上看,奥林匹克知识产权纠纷实际上是一种商事纠纷,因此,在国际和国内的仲裁机构解决此类争端也较为可行。当然,在国内立法已经明确对奥林匹克知识产权加以保护的国家,利用诉讼方式解决争端也是可行的。除了通过商事仲裁的途径在国内和国际两个层面解决奥林匹克知识产权之外,还存在一种特殊的国际途径,这就是通过国际组织自身的特殊

---

① 张玉超.中国体育知识产权前沿保护制度研究[M].北京:知识产权出版社,2012:22.

仲裁方式解决争议。①

现代奥运会管理体制和运行机制的法律化程度日渐增强,奥林匹克法律事务的复杂性,还体现在涉及领域的广泛上。奥林匹克法律事务不仅与社会生活的传统领域密切相关,而且还包括了许多敏感的法律前沿领域,例如商务、知识产权、体育、演出、电视转播、网络等领域,并且相互交织,关系错综庞杂。奥林匹克知识产权作为知识产权的一种当然具有知识产权所具有的一般特性,即奥林匹克知识产权的垄断性、地域性等特征,但是作为一种特殊的知识产权,其法律保护上又不同于一般知识产权保护。主要表现在以下方面:第一,奥林匹克知识产权的法律保护受《奥林匹克宪章》的制约。虽然随着奥林匹克运动的发展,奥林匹克运动与法律越来越密不可分,在寻求法律保护与支持的同时,奥林匹克运动却没有屈服于各国的法律,国际奥委会通过奥运会的影响及各国家奥委会的努力,让各国的法律尊重《奥林匹克宪章》,特别是在奥林匹克知识产权保护方面,《奥林匹克宪章》严重地影响了各国的法律,各国法律或者承认《奥林匹克宪章》在奥林匹克产权保护方面的规定,或者吸收《奥林匹克宪章》在奥林匹克知识产权保护方面的规定作为法律的内容。奥林匹克知识产权深深地打上了《奥林匹克宪章》的烙印。第二,奥林匹克知识产权的法律保护具有无期限性。期限性是知识产权的重要特性之一,但是,奥林匹克知识产权却没有期限性。奥林匹克知识产权的无期限性在《奥林匹克宪章》中有明确的规定,奥林匹克标志、奥林匹克旗、奥林匹克格言或奥林匹克会歌等一切权利完全属于国际奥委会,国家奥委会对奥林匹克标志、奥林匹克徽记申请并续展注册商标,使得这些商标权能无限存续。第三,权利主体的特定性。奥林匹克专有权只属于奥林匹克运动组织,包括国际奥林匹克委员会、国家奥林匹克委员会和奥运会举办城市的组委会,这个权利来源于《奥林匹克宪章》《主办城市合同》的规定以及举办国相关法律、法规的保障。奥林匹克知识产权所包含的内容是一种神圣的象征,是不容侵犯的,任何人或组织未经权利人许可使用奥林匹克的产权,都将受到法律的追究。第四,无地域性。奥林匹克知识产权是国际奥委会的专属产权,特别是任何以广告、商业或营利为目的而使用奥林匹克标志、旗、格言和会歌的

---

① 陈彬,胡峰.论奥林匹克知识产权保护的法律依据:国际法和国内法的双重视角[M]//中国法学会体育法学研究会.追寻法治的精神:中国法学会体育法学研究会2005—2010.北京:人民体育出版社,2011:265.

权利为国际奥委会专有,这里也包括一切与奥运会有关的艺术品或作品的产权。根据《奥林匹克宪章》相关规定,国际奥委会成员国都有保护奥林匹克知识产权的义务和责任,其保护必须通过相应的法律、法规得以实现,《主办城市合同》更多体现了这一点。所以保护奥林匹克知识产权是一种有相对约束力的实在的国际义务,不受到任何地域的限制。第五,奥林匹克知识产权的许可使用性。根据《奥林匹克宪章》规定,国际奥委会可以在世界范围内转让其无形资产,以合作伙伴的形式出现,具体条件是资金雄厚,在国际和举办国有很大的影响力,并具有很好的信誉度,经权利人许可授权后,订立合同。被许可人只得在合同约定的时间和地域范围内使用奥林匹克标志,国际奥委会保护奥运会的赞助商和全球合作伙伴,确保这些合法使用者通过奥林匹克知识产权获取商业收益,所以,国际奥委会绝不允许未经许可者与自己的赞助商和合作伙伴同争利益。国际奥委会把这种利用奥林匹克知识产权与赞助商及合作伙伴进行竞争行为,称为是不正当竞争,其不正当竞争行为的后果则是"隐性市场",是违规的行为。因此,奥林匹克知识产权的许可使用或授权使用都必须经国际奥委会、举办国的奥运会组委会和国家奥委会批准,才能得到法律的全面、充分和连续的保护。①

二、宪章约法:奥林匹克知识产权保护国际法视角

国际奥委会是奥林匹克运动的领导者、监护人、运营商。细究起来,国际奥委会是一个极为特殊的组织。就组织性质来说,它是非政府的;就经济形态来说,它是非营利的;就组织制度来说,它是精英统治的;就文化渊源来看,它是西方文化占主导地位的。② 国际奥委会的法律地位,指的是它所有权利与义务的总和,这些权利和义务规定在以《奥林匹克宪章》为核心的奥林匹克运动的各种法律规范当中。从一项条约的构成要素分析,国际奥委会并不是政府间国际组织,它的成立并不需要缔约国的签约,严格法律意义上国际奥委会仅仅只是瑞士境内成立的一个国内法主体。由于其影响力广泛,渐渐发展成为一个非政府间国际组织。奥运组织体系中既包括具有主导地位和控制权的国际奥委会,也包括得到国际奥委会承认的

---

① 王小平.浅谈奥林匹克知识产权的法律保护[M]//中国法学会体育法学研究会.追寻法治的精神——中国法学会体育法学研究会 2005—2010.北京:人民体育出版社,2011:272-274.
② 任海.论国际奥委会的改革[J].体育科学,2008,28(7):3-25.

国际单项体育组织、国家(地区)奥委会、各届奥运会或组织委员会。奥林匹克大家庭成员基本上都是非政府机构,彼此之间的关系并不是国家法主体之间的关系,更多的是基于对《奥林匹克宪章》的承认而形成的契约关系。当然,国际奥委会作为非政府间的国际组织,从传统国际法的角度理解,是没有国际法的立法资格的。但是,在国际法中,存在一种功能型的理解方式,它将国际组织、个人和团体包容在内,并且发展出国际秩序的概念,为了整个人类的富足和人权的不可侵犯,就不能再依靠单个国家的作用。在目前的国际社会中,各种政府间组织(IGO)在与非政府间国际组织的交往中已经形成了大量关于非政府间国际组织的法律地位及其活动的原则、规则和制度,国际奥委会也是如此。从1981年开始,国际奥委会曾数次试图将奥林匹克运动纳入联合国大会的议程,以联合国决议或联合国宣言的方式获得国际社会对奥林匹克运动的价值和自主性的承认,并确定国际奥委会非政府国际组织的地位。

国际奥委会对奥林匹克知识产权的保护主要依据:一是《奥林匹克宪章》;二是《主办城市合同》。在这二个文件中,国际奥委会对奥林匹克知识产权的具体范畴和保护要求均有专门和详细的规定。保护奥林匹克知识产权事实上已成为举办国应承担的国际义务。《奥林匹克宪章》,亦称奥林匹克章程或规则,是国际奥委会制定的关于奥林匹克运动的最高法律文件,其地位相当于奥林匹克运动方面的"宪法"。《奥林匹克宪章》第1章第11条规定:"奥林匹克运动会是国际奥委会的专属财产,国际奥委会拥有与之有关的全部权利,特别是不加限制地涉及该运动会的组织、开发、转播、录制、重放、复制、获取和散发的全部权利……"1981年9月26日在内罗毕签署了《保护奥林匹克标志内罗毕公约》,主要涉及奥林匹克五环标志的国际保护。根据该条约,所有缔约国均必须保护奥林匹克标志(相互联结的五环),防止在未经国际奥林匹克委员会许可的情况下被用于商业(广告、商品、作为商标等)目的。从《保护奥林匹克标志内罗毕公约》的法律性质来看,其国际条约的性质是明确的,但是,一项国际条约只对该条约的缔约国发生效力。对于非缔约国,如果国家条约能够产生约束力,那也是因为条约中所包含的国际习惯在对非缔约国产生约束力。①

---

① 陈彬,胡峰.论奥林匹克知识产权保护的法律依据:国际法和国内法的双重视角[M]//中国法学会体育法学研究会.追寻法治的精神:中国法学会体育法学研究会 2005—2010.北京:人民体育出版社,2011:259.

《奥林匹克宪章》是国际奥委会为发展奥林匹克运动所制定的总章程和总规则,为国际奥委会所承认的国际单项运动联合会、国家(地区)奥委会、奥运会组委会以及洲际或世界性的国家奥运会协会所遵守,《奥林匹克宪章》是现代奥林匹克运动的根本法,是奥林匹克主义的全面体现。① 国际奥委会以《奥林匹克宪章》来规范奥林匹克知识产权保护,可以说,《奥林匹克宪章》是保护奥林匹克知识产权的法律文件,该规则从第7条至第11条详细规定了对奥林匹克知识产权的保护。由于这种规定具有国际法的习惯法规则,因此,它得到了国际社会的普遍认同,受到了各国政府的尊重。根据国际奥委会的规定,奥林匹克知识产权主要分为四类:永久性属于国际奥委会专有的产权;奥运会组委会申办、筹建以及举办奥运会过程中形成的产权,闭幕后这些权利归国际奥委会所有;国家奥委会的产权;组织和个人通过合法渠道取得与奥运会密切相关的产权。国际奥委会通过与主办城市签订的《主办城市合同》,明确要求主办国对以上权利进行切实的法律保护,而且该保护必须令国家奥委会满意的法律保护。国际奥委会首先通过《奥林匹克宪章》规范奥林匹克知识产权保护。《奥林匹克宪章》并不是国际条约。从文本解释的角度看,根据《维也纳条约法公约》,非政府间国际组织的《奥林匹克宪章》的确对世界各国没有条约法上的约束力。然而,有学者认为,《奥林匹克宪章》仍然对各国具有约束力,属于国际法。这些学者认为,国际法的渊源并不局限于国际条约。国际法的渊源呈现出多元化,包括国际条约、国际惯例、联合国大会决议、国际法院判决等。《奥林匹克宪章》中的规则被国家和国家法承认具有法律效力成为了奥林匹克知识产权保护的首要国际法渊源。

《奥林匹克宪章》即使属于国际法规则,但是它究竟如何对各国产生约束力并不明确。国际法在国内法上产生效力,是通过转化和并入两种方式,但是《奥林匹克宪章》在国内法上的承认,并不属于这两种情况。事实上,《奥林匹克宪章》被世界各国承认,只是国家层面的立法机构对某些国际法规则的关注,从而在国内进行立法调整,并不代表某些国际法规则在一国产生法律效力。② 《奥林匹克宪章》是现代奥林匹克运动的基本法律文件。顾拜旦亲自起草了关于发展现代奥林匹克运

---

① 熊斗寅.新版《奥林匹克宪章》解读[J].体育文化导刊,2004(2):32-35.
② 陈彬,胡峰.论奥林匹克知识产权保护的法律依据:国际法和国内法的双重视角[M]//中国法学会体育法学研究会.追寻法治的精神:中国法学会体育法学研究会2005—2010.北京:人民体育出版社,2011:259.

动的总章程《奥林匹克宪章》,这部宪章在1894年巴黎举行的国家体育代表大会上获得批准,以后虽经多次修改和补充,但由顾拜旦提出的基本原则和奥林匹克精神始终没有改变。根据该宪章规定,国际奥委会是奥林匹克运动的最高权力机构,总部位于瑞士洛桑,任务是按照奥林匹克宪章领导奥林匹克运动,根据奥林匹克宪章所做出的决定是最终决定。

奥林匹克知识产权保护涉及知识产权国际保护的主要公约,如《保护工业产权的巴黎公约》《商标国际注册马德里协定》等。但是,奥林匹克知识产权作为一种体育运动领域内的特殊的知识产权,并非完全属于上述国际知识产权公约的调整范围。① 奥林匹克知识产权的类型包括:第一,永久属于国际奥委会专有的知识产权,主要包括"奥林匹克"这个名称,具体说有"奥林匹克、奥林匹亚"的各国文字符号,奥林匹克标志,奥运五环,奥林匹克会旗,奥林匹克格言("更快、更高、更强"),奥林匹克会歌等。第二,各届奥运会组委会的知识产权,包括奥运会名称、奥运会徽记、奥运会旗帜、奥运会吉祥物、奥运会图形、宣传画、招贴画设计以及为奥运会创作的图像音像作品、奥林匹克火炬设计,以及与之有关的任何铸模、徽章、奥林匹克奖牌和纪念章设计及与之相关的任何铸模、奥运会证书、奥运会正式出版物、与奥运有关的数据库和统计数据等。第三,国家奥委会的知识产权。国家奥委会的名称、徽记、国家奥委会会旗等国家奥委会的产权应符合国际奥委会的有关规定,如要使用这类产权,要征得国际奥委会的认可。第四,以法律形式获得的与奥运会密切相关的知识产权。任何组织机构或个人均可通过合法渠道获得与奥运会密切相关的知识产权。这些知识产权包括:奥运会电视转播权节目,授权使用奥林匹克知识产权的商品,与奥运会密切相关的作品,与奥运会密切相关的专利产品和专利技术等。② 一、二、三类知识产权是以规定和合同形式明确的,无论国家知识产权法律制度如何规定,都必须遵守。

三、国内立法:奥林匹克知识产权保护国内法视角

人类社会已经由农业社会、工业社会发展到信息社会。任何社会都需要有一

---

① 陈彬,胡峰.论奥林匹克知识产权保护的法律依据:国际法和国内法的双重视角[M]//中国法学会体育法学研究会.追寻法治的精神:中国法学会体育法学研究会 2005—2010.北京:人民体育出版社,2011:258.
② 张玉超,栗丽.中国奥林匹克知识产权的若干问题[J].体育学刊,2003,10(3):7-10.

套复杂的整合机制以维系社会的团结,在这些机制中法律是最后的保障。既然信息产品具有公共产品的性质,竞争性的市场机制在处理公共产品方面的困难是显而易见的,因此私人市场提供很少的信息产品。面对信息产品交易的市场失败,需要非市场机制的作用,特别是政府的干预。干预方式有三个方面:第一,政府提供信息;第二,对私人信息产品的生产提供补贴;第三,信息产权的建立和保护。① 由于各国的经济文化和科技发展水平的差别,知识产权保护的水平也不一致,主要符合国际公约关于最低保护标准的要求,这种差别是允许的。知识产权主体是指参与知识产权民事关系,享有知识产权,并承担应尽义务的人,是民事主体的一部分。民事主体资格是由民法规定的,公民、法人,其他社会组织乃至国家都具有平等地取得知识产权的资格。

借助国际法的习惯法规则,奥林匹克知识产权保护规则获得了各国政府的尊重,并自愿进行国内立法保护奥林匹克知识产权。可以说,奥林匹克知识产权保护已经通过各国国内立法的方式完成了国际法规则的国内法化。另外,国际奥委会还通过与主办城市签订《主办城市合同》明确了奥林匹克知识产权法律保护的要求。国际奥委会在国内法层面上是瑞士国内法人。瑞士对非政府组织没有专门的法律法规,仅在《瑞士民法典》第52条第1款有相关规定:团体组织以及有特殊目的的独立机构,在商事登记簿上登记后,即取得法人资格。第2款规定:公法上的团体组织及机构,非经济目的的社团,宗教财团、家庭财团,不需经上述登记。按照《奥林匹克宪章》领导奥林匹克运动的国际奥委会,作为国际性的、非政府的、非营利的组织,属于此规定中公法上的团体。

对奥运会举办国而言,对奥运知识产权的保护,实际上就是保护了奥运会举办国的国际形象和国际信用。② 国际奥委会通过主办城市对所在国家施加了间接的立法要求。按照要求成立的奥运会组委会,该组委会须成为主办国法律下的一个法律实体。许多国家在知识产权方面有了成文法规定,例如我国在知识产权领域已经制定了《著作权法》《专利法》《商标法》等。奥运活动中产生的大量符合作品构成要件的智力成果,均可以得到《著作权法》的保护,例如奥林匹克格言、会歌、徽记、宣传图片、影视作品等。许多奥林匹克标志可以通过注册商标的形式得到《商

---

① 洪银兴,路瑶.信息产品交易和知识产权保护[J].学术月刊,2005,37(5):33-41.
② 葛建华.奥运会营销中的知识产权保护与特许权运用[J].商业研究,2012(2):27-30.

标法》的保护。国际奥委会已将奥林匹克五环标志在中国进行了商标注册。我国奥运赛事知识产权保护的"3+2"的法律保护体系包括《商标法》《专利法》《著作权法》《特殊标志管理条例》和《奥林匹克标志保护条例》。其中,《奥林匹克标志保护条例》是我国政府直接以保护奥运版权为目的制定的一部行政法规。该法规规定了如下侵权行为:未经权利人许可,为商业目的将奥林匹克标志用于商品、商品包装或者容器以及交易文书上;用于服务项目中;用于广告宣传、商业展览、营业性演出及其他商业活动中;销售、进口、出口含有奥林匹克标志的商品;制造或者销售奥林匹克标志;可能使人认为行为人与权利人之间有赞助或者其他支持关系而使用奥林匹克标志的其他行为。

此外,国际奥委会还积极同世界各国政府进行官方联系和交流。尽管奥林匹克运动会强调体育与政治的分离,但是国际奥委会仍然在最大范围内寻求各国政府的政治支持。为了发生效力,国际体育法必须由国内法和国内政策来实施。各国政府通常会尊重《奥林匹克宪章》的规则,并经常使得国内法律与政策符合其规定。但与此同时,正如国家并不总是尊重其宪法和法律一样,它们有时也会违背国际体育法。① 奥林匹克法律事务最重要的基石来自两个方面:各国和地区的法律法规,《奥林匹克宪章》和奥林匹克大家庭内部的法律文件。仅仅以此为基础形成的奥林匹克法律事务体系,在没有得到国际法体系支撑的情况下,必然纷繁复杂。② 国际奥委会通过主办城市对主办城市所在国家施加了间接的立法要求。而一旦主办城市所在国家通过了相关立法,国际奥委会则可借助合同的方式,利用合同法律规则对奥林匹克知识产权进行保护,从而避免了国际习惯规则的不明确性,并加强了奥林匹克知识产权保护的力度。另一方面,主办城市所在国的承诺,作为主办城市所在国的一种国际法上的单边行为,将成为主办城市所在国的国际法义务。③

自新中国成立后,体育一直作为中国面向世界展示自身实力的领域来发展。1995年10月国家颁布了以竞技体育为核心的《中华人民共和国体育法》(简称《体育法》)。1995年颁行的《体育法》分八章,五十六条。规定了总则、社会体育、学校

---

① 陈彬,胡峰.论奥林匹克知识产权保护的法律依据:国际法和国内法的双重视角[M]//中国法学会体育法学研究会.追寻法治的精神:中国法学会体育法学研究会2005—2010.北京:人民体育出版社,2011:264.
② 刘岩.我国奥林匹克法律事务的成功实践[M]//中国法学会体育法学研究会.追寻法治的精神——中国法学会体育法学研究会2005—2010.北京:人民体育出版社,2011:360.
③ 陈彬,胡峰.论奥林匹克知识产权保护的法律依据:国际法和国内法的双重视角[M]//中国法学会体育法学研究会.追寻法治的精神:中国法学会体育法学研究会2005—2010.北京:人民体育出版社,2011:265.

体育、竞技体育、体育社会团体、保障条件、法律责任、附则。纵览体育法的全部内容，没有关于体育法律关系主体的任何界定，只是把体育分为三部分：社会体育、学校体育、竞技体育。而这三部分之中也没有界定各自的法律主体。①《体育法》中对体育知识产权,特别是新型的体育知识产权没有涉及。奥组委作为一个民事关系主体,并不谋求超越执法和司法机关的自由裁量权。根据国际奥委会的规则,城市申奥成功以后,该国奥委会有关奥运会的所有市场开发活动均告暂停。在四年一度的奥运周期中,该国的奥委会和奥组委联合进行奥运会的市场开发。国际奥委会有它在主办国的监控网。国家工商管理部门有一整套执法机构。北京奥组委有专门的专业的打击隐性广告宣传的队伍。此外,还有专门的法律部门进行及时的法律追究和索赔。我国《民法通则》界定的知识产权包括著作权、专利权、商标权、发现权、发明权以及其他科技成果权。知识产权的主体框架是由著作权、专利权和商标权等智力成果权构成的。② 1967年成立的世界知识产权组织在其公约中明确知识产权包括以下八项智力创造成果的权利：文学、艺术和科学作品；表演艺术家的表演以及录音制品和广播；人类一切活动领域的发明；科学发现；工业品外观设计；商标、服务商标以及商业名称和标志；制止不正当竞争；在工业、科学、文学及艺术领域内由于智力活动而产生的一切其他权利。世界贸易组织(WTO)在《与贸易有关的知识产权协定》中从版权及其邻接权、商标权、地理标志权、工业品外观设计、专利权、集成电路的布图设计、未经披露的信息(商业秘密)七大方面规定了其成员保护各类知识产权的最低要求。③

---

① 马虹俊.奥运后中国的体育立法、司法和行政执法格局初探[M]//中国法学会体育法学研究会.追寻法治的精神：中国法学会体育法学研究会2005—2010.北京：人民体育出版社,2011：109.
② 魏淑君.关于体育知识产权范围的界定[J].山东体育学院学报,2007,23(6):15-17.
③ 张颢瀚,徐浩然,朱建波.知识产权是第一产权[J].江苏社会科学,2011(4):41-45.

第八章

奥运传播知识产权治理体系

人类社会已经由农业社会、工业社会发展到信息社会,任何社会都需要有一套复杂的整合机制以维系社会的团结,在这些机制中法律是最后的保障。自19世纪后期"知识产权"这一法律概念产生以来,知识产权的保护问题就摆在了世界各国政府及组织面前。早在1897年,世界上致力于知识产权发展和进步的主要组织——联合国世界知识产权咨询机构——国际保护知识产权协会(International Association for The Protection of Intellectual Property,简称 AIPPI)就成立了。"知识产权法所保护的是人们通过智力活动所取得的成果,与智力活动无关的信息不能作为知识产权保护的对象。知识产权是一个开放的体系,随着科学技术的进步和社会的发展,其保护对象和范围也会逐渐扩大。"[①]至于什么样的信息可以成为知识产权的保护对象,这由一个国家法律加以规定。作为向知识产品提供法律保护的基本制度,知识产权制度的基本功能就是通过法律制度对知识产权拥有者、发行者提供一定的法律保护,激励更多知识产品被创造出来,通过竞争繁荣知识产品市场,创造出更多人类智慧并且尽可能广泛传播。

保护知识产权是奥林匹克运动的一项基本的要求。《奥林匹克宪章》第1章有关奥林匹克运动一共有18项规定,其中涉及知识产权的内容有7项,并制订了12项附则,而且这些规定还在不断地强化。与一般知识产权保护相比较,作为我国知识产权保护的重要组成部分,奥林匹克知识产权在专有性、地域性及时间性等方面都有其自身的特殊性。我国政府高度重视对奥林匹克知识产权的法律保护,一般采取行政法规与现行知识产权法律相结合的体系。国务院于2002年制定了《奥林匹克标志保护条例》,并规定奥林匹克知识产权同时受到《商标法》《著作权法》和

---

① 魏淑君.关于体育知识产权范围的界定[J].山东体育学院学报,2007,23(6):15-17.

《专利法》及《特殊管理条例》的相关法律保护,国家工商总局还颁布了《奥林匹克标志备案及管理办法》。由于奥运知识产权保护是一个全球性问题,在世界范围内,奥运知识产权屡遭侵害,国际奥委会不得不直接规定知识产权保护标准。《奥林匹克宪章》规定无论是在一个国家范围内还是在世界范围内,国际奥委会对所有有关奥运会及奥林匹克资产的权利,都可采取适当的措施去获得法律保护。

图32　北京冬奥组委会为首批奥林匹克标志提请知识产权保护

为了保护奥林匹克品牌,维护奥运知识产权权利人的合法权益,使奥林匹克合作伙伴在中国营销活动得以规范、有序进行,我国政府与体育组织充分利用立法、行政、司法和宣传手段,加大对奥运知识产权的保护力度。总体来说,我国目前已经形成了以《奥林匹克标志保护条例》为核心的全方位、多层次的奥林匹克标志立法保护体系,并在司法实践中取得了初步的经验。《著作权法》《商标法》《专利法》《特殊标志管理条例》《奥林匹克标志保护条例》《北京市奥林匹克知识产权保护规定》等都会为侵犯奥运知识产权传播过程中的行为提供法律支持。

第一节　中国奥运传播知识产权的保护困境

虽然从20世纪50年代中后期开始,围绕奥运电视转播权的垄断性和奥运信息传播公共性的争议不断出现,但由于国内奥运赛事转播真正开始于1984年的洛杉矶奥运会,再加上我国媒介及体育事业的特殊性质,公共性是它们的唯一性特征,在资源高度垄断的情况下,事业属性的传媒机构和体育部门提供给公众的都是免费公共产品。不过,伴随着我国媒体机构及体育事业的市场化改革,特别是最近十多年以来,媒介与体育产业的迅猛发展,围绕赛事转播引发的电视转播权与运动员形象权争议此起彼伏。中央电视台对国内外重大体育赛事电视及新媒体版权的独家垄断,不但极大地限制了各地方电视体育媒体的发展,也一定程度上压制了体育产业的发展;而随着我国运动员的个体及权益保护意识增强,引发的各种与运动员形象权有关的纠纷,已经成了体育部门需要破解的一大难题。

一、市场垄断:电视转播权交易困境

体育赛事一直被当作一种特殊的媒介,可以按照媒介经营思路进行营销。综观几十年来体育赛事的电视转播权销售,可以看到体育赛事转播权是按照媒介开发的特点进行的。体育赛事组织或体育机构通过协商购买、广告置换、招标、集中销售、中介运作、一揽子计划等渠道进行赛事版权交易。在我国奥运电视转播权交易中,政策保护下的中央电视台获得独家与国际奥委会谈判的机会,可以用最少的价格获得赛事版权,在独享内地和澳门地区奥运赛事版权的情况下,又可以根据自己的经营策略进行版权最大化效益营销。

(一)行政保护下的独家垄断奥运电视转播权

尽管2014年国务院为了推动体育产业发展,对商业体育赛事的电视转播权的管理进行了改革,要通过市场化手段进行电视转播权交易,但对一些重要的国际性赛事,国家依然采取保护性策略,中央电视台可以沿用国家体育总局和国家广电总局2001年出台的相关规定,独家购买奥运会赛事转播权,然后根据需求分销给各地方电视台。奥运会转播权作为受国际奥委会委托而由奥组委和参赛运动员共同创造的作品,国际奥委会享有其版权,通过转播权合同把该权利转让给出价合理的电视台或网站。凭借国家行政保护性措施,中央电视台独享了多届奥运会赛事电视转播权。2009年中央电视台首次以独立转播商身份与国际奥委会签署了奥运转播协议,这是中央电视台自1984年洛杉矶奥运会大规模转播以来的第一次。中央电视台之所以愿意脱离亚广联,以更高价格单独与国际奥委会谈判,是综合考虑国际惯例、自身实力以及未来定位的选择。从国际上看,美国、日本、韩国等都以单独身份参与奥运转播权的购买，这种做法有利于与国际奥委会进行单独谈判，获得更多的权益，可开展多种形式的转播与报道。为了充分利用奥运版权，中国内地及澳门地区的索契冬奥会、巴西奥运会的全部转播版权协议在伦敦奥运会前就被中央电视台购得，其中还包含国内愈发重视的新媒体转播权市场。

无论是传统电视还是新媒体市场，奥运媒体大战的最后赢家无疑是掌握了独家资源的中央电视台。这虽与中央电视台内部资源共享、对视频转播侵权严厉打击有关，但最主要的原因是其享有独家奥运赛事版权的经营权。如2008年北京奥运会前后一个月时间内，中央电视台广告收入就突破了50亿元，仅仅在奥运16天内，中央电视台7个开路频道广告收入就超过30亿元，全年广告收入达到创纪录的200亿元，而2007年中央电视台广告收入只有110亿元。虽然国际奥委会限制奥运期间非赞助商的广告数量，但来自奥运赞助商的广告增量和单价提升足够实现其广告收入翻番。除广告之外，奥运期间被看作中央电视台新利润增长点的新媒体业务也有重大突破，通过向搜狐、新浪等几家门户网站和主流视频网站分销奥运节目的网络视频转播权，央视网的收益就超过4亿元，同时奥运期间央视网的流量增长了8倍以上。来自第三方统计监测服务商万瑞公司的监测数据显示，仅开幕式开始后10分钟，央视网流量就创出历史峰值，在瞬间最高峰时，流量甚至超出其他门户网站流量的总和。流量剧增令央视网的广告收入比奥运前增加了两倍，加上巨额的授权费，央视网在奥运会前后三个月时间的总收入突破了6亿元。而在奥运之前两年，央视网由于业务整合，其新媒体业务收入每年只有几千万元。

当拥有独家垄断版权，中央电视台决定是否分销就要看何种方式更能盈利。对于中央电视台来说，决策点不是分销赚钱，而是分销对中央电视台总体的广告价值与影响力的影响。如作为中央电视台旗下的网络媒体品牌，握有奥运会赛事转播权和版权分销权的CNTV除依靠版权分销获取收益外，还可能影响到互联网商业开发的自然进行。根据央视对奥运赛事新媒体分销的惯例，往往在赛事临近时态度发生改变，虽然开始对外宣称不会分销版权，但到最后时候又决定分销，中央电视台对于新媒体版权分销的纠结更多是基于商业利益的平衡。虽然光靠向国内商业网站分销北京奥运会新媒体版权，收入就超过3亿元，但在伦敦奥运招商时，中央电视台发现门户网站的视频栏目会大量分流央视和地方电视台的广告收入，为了保证广告招商达到预期目标，央视决定CNTV不分销或者只在最后时刻分销转播权。为了确保其广告招商不被分流,临近赛事开幕时分销版权,互联网、地方电视台的招商机会就会大大降低,只有临时补点边缘客户市场,这样就打压了其他媒体的招商与运营空间。在版权要求极为严格的体育界,一旦丧失了转播权,意味着各大门户不能够播放赛事视频。国内所有门户网站向CNTV购买奥运转播版权的也都只是点播权,视频网站不能直播开闭幕式和所有比赛。

(二)赛事资源垄断与公共信息传播冲突

"体育赛事尤其是公众普遍关注的大型体育赛事的转播权问题,已经不仅仅是赛事组办者和媒体间单纯的利润分成和博弈,其具体的发放和实施更深切关系到公众是否可以接近赛事和了解、感知赛事的具体信息。"①对于体育赛事转播权与公众知情权来说,保障公众对于重大赛事的知情权与保护赛事转播主体的合法权利同等重要,两者之间不应当是简单的利益冲突关系,而更应是一种利益平衡关系。而对于这样的矛盾,国际奥委会一方面强调电视转播的垄断性,以保护电视转播商的利益;另一方面也需要提供免费的公共信息服务,以便最大程度上报道奥运会,从而达到商业利益与公共利益的平衡。奥运会的欧洲电视转播权是由31家转播机构联合组成的非商业性质的欧洲广播联盟控制,在财政方面由各政府共同承担,对广告及收费有严格控制。"阿拉伯国家电视联盟、亚洲广播电视联盟、日本广播电视国际财团(NHK和民间广播局)等,对奥运会及大型国际体育比赛电视转播权都采用集中购买的方式,这样既能保证体育的经济功能,也能促进电视对体育宣传和推广功能的发挥。"②

"通过严格规定电视新闻和赛事直播在形态上的区别,国际奥委会界定了不同的电视叙事形态,其中新闻形态带有公益性质,应该尽可能多地覆盖受众,并提供免费的公共信息;而电视直播形态则带有垄断属性,有更为明显的商业倾向。"③虽然由于中央电视台的公共性,免费向公众传播奥运赛事,实现了受众知情权的满足,但由于信息提供的独家性,市场竞争并不充分。如北京奥运期间,中央电视台一套、二套、奥运频道、新闻频道等收视率都有快速增长,而同期地方卫视的收视率则下降了50%~80%,即便最高的湖南、安徽等卫视的收视份额也不到5%。在里

---

① 朱玛.利益平衡视角下体育赛事转播权的法律保护[J].河北法学,2015,33(2):166-174.
② 郭斌,徐晓伟.当代体育传媒运营现状和发展趋势[J].体育文化导刊,2007(9):22-26.
③ 贺幸辉.国际奥委会与媒介关系的历史考察与创新发展——从传统管理模式走向善治[J].体育与科学,2016,37(4):26-35.

约奥运会的电视报道中,全国累计约7.93亿观众通过中央电视台收看了里约奥运会;体育频道平均收视份额达9.17%,单天最高收视份额达11.46%,其中6天收视份额超过10%;体育频道客户端累计用户超过500万,累计直播时长1 150万小时;央视网多终端奥运报道累计独立访问用户达6.5亿人,视频直播点播收视次数14.6亿次。虽然各地方电视台都有意搭上奥运收视快车,但中央电视台拒绝向任何一家电视台分销转播权,由于国际奥委会对奥运知识产权保护越来越严苛,电视转播权的盗播等侵权行为查处更为严格,因此,四年一度的奥运赛事版权就显得更珍贵。按照市场理论,中央电视台确有根据自己的决策链不在国内分销奥运赛事转播权的理由。这里有必要区分国际奥委会对奥运赛事及相关活动进行录音录像、传播报道的垄断权利,与中央电视台对奥运赛事及相关活动进行录制以后形成的录音录像以及广播电视节目的权利的差异。"前者是国际奥委会拥有的特殊权利,它实质上是对新闻媒体报道奥运赛事及相关活动的控制权利;后者是经过国际奥委会授权后,取得了对奥运赛事和活动录制、传播权的传媒组织,对奥运赛事及其相关活动进行录音录像后进一步形成了其制作的录音录像制品以及广播电视节目的版权(邻接权)。"①

"大型体育赛事的传播效益理论是由所有利益相关者共同创造的,每个利益相关者对赛事传播都有利益诉求。具体到体育赛事的转播过程,赛事组织者、媒体和公众是三个主要的利益相关者。其中,体育赛事组织者担任赛事信息来源者的角色,媒体是连接赛事组织者和公众的中介,公众是体育赛事的关注者与信息的接收者。这三种力量相互影响,相互制约,使得体育赛事的转播呈现不同利益主体的博弈过程。"②为了打破体育传媒的垄断,体育市场、赛事、信息内容都应该通过市场化竞争,只有充分的市场竞争,资源才可能实现最为有效的配置。实际上国际奥委会也并没有强制性规定转播权只能卖给一家,只要有最够的播出平台,国际奥委会都可以交易。但在国内,由于我国现行媒体格局的原因,中央电视台无疑是国际奥委会最可信赖的合作伙伴,不但覆盖范围最为广泛,而且免费向公众传播,暗合了国际奥委会传播奥林匹克精神的宗旨。虽说在新媒体市场上,中央电视台并无绝对优势,但国家版权局、工信部和国家广电总局在2008年6月联合下发的〔2008〕3

---

① 朱玛.利益平衡视角下体育赛事转播权的法律保护[J].河北法学,2015,33(2):166-174.
② 同①.

号文件中规定:"为避免奥运赛事转播权被非法侵害,同时促进我国新媒体的发展,各互联网和移动平台可通过取得中央电视台网络传播中心授权的形式,合法使用奥运赛事及相关活动的视音频节目信号。"[1]这样,中央电视台也自然垄断了奥运新媒体版权,在版权资源越来越稀缺的情况下,中央电视台对奥运赛事版权的垄断会更加重视。最近两届奥运会,中央电视台无一例外拒绝出售任何奥运赛事版权,就连新媒体版权也只是许可出售点播权,同时加大了侵犯版权的查处力度,虽然公众通过免费的方式收看了奥运赛事转播,但从另外一个角度看,没有竞争的电视转播无疑会对公众知情权产生一定的影响。

(三)奥运新媒体转播权的多元主体博弈

2006年世界杯,新媒体加入赛事转播,在这届世界杯上,国际足联第一次出售网络数字转播版权,正式宣告体育赛事版权新的里程碑。虽然当时新媒体赛事转播影响并不大,但它的意义在于转播权的商业价值进入电视和新媒体并存的时代。随后,在北京奥运会上,国际奥委会首次将互联网、手机电视等新媒体作为独立转播机构,与传统广播电视媒体一起列入了奥运会的转播体系。如果说当时新媒体转播权是各大体育组织为了适应媒体变革无奈调整的话,但随着近十年体育赛事传播方式的变革,通过新媒体进行赛事直播收看已经成为受众普遍接受的方式。如2015年中国互联网体育用户达到2.9亿元,体育行业规模增加4 000亿元,也有数据显示,全球范围内通过互联网收看未经授权的体育赛事转播的观众人数众多。如《体育广播权与欧盟竞争法》(Sports Broadcasting Rights and EU Competition Law,2008)一书所指出,就算十年前,移动新媒体还没有出现的时候,"2007年11月份的一场NBA赛事的流媒体直播源就吸引了超过100万人次的观看,而其中3/4的观众可以确定在中国"[2]。

在新媒体出现之前,赛事转播的主导模式是以电视为主的流程模式,但传播技术的变革促进了媒体的变革。在我国,基于互联网的新媒体的成功最早要追溯到利方在线(新浪的前身),正是借助于1998年的世界杯一举奠定了中国互联网第一门户网站的地位。2006年世界杯,随着流媒体技术的成熟与中国宽带用户的增

---

[1] 陈承.伦敦奥运转播权大战终局门户网弃购直播权[N].21世纪经济报道,2012-07-06(2).
[2] 参见《体育赛事网络侵权背景报告》第10页,Background Report on Digital Piracy of Sporting Events,由Envisional公司和NetResult公司撰写,2008年出版。

长,网络视频内容成为商业化的主要试验对象。网络数字转播版权将这种影响纳入到世界杯的商业体系当中。从互联网公司砸重金购买版权可以看出,它们将体育产业视为一个巨大潜能的 IP,而传统的体育 IP 商业化模式已经过时。数据显示,当人均 GDP 超过 5 000 美元时,体育产业就会迎来井喷式的增长,而中国早在 2011 年这一指标就已经突破了 5 000 美元,2015 年全国的人均 GDP 更是突破了 8 000 美元。按照产业发展规律,中国体育产业应该有爆发式增长,但实际情况并非如此。原因在于纵观全球体育产业,目前正经历从老平台向新平台的转换,新的平台尚未完全形成。但就是在这个变革中,中国互联网公司都大举进入体育产业市场,购买赛事版权成为它们最常使用的手段。因此,对于新的产业环境和传播市场,新媒体版权对于体育赛事发展的意义不言而喻。电视和视频网站均以向受众提供视听节目服务为主,且受众在观看网络视频时拥有更多的自主性和私密性,导致部分电视受众的分流,视频网站逐渐成为电视媒体强有力的竞争者。在一个日益开放的全球市场格局中,受到公认的市场化规则将逐渐占据主流,一些基于特殊利益的规则体系可能会不断受到挑战。

二、产权多元:形象权利益归属困境

有资格参加奥运会的运动员都具有较高的运动竞技水平,如果说过去在举国体制下培养出的运动员对个人形象权的追求会让位于集体利益的话,但随着运动员形象权的商业价值越来越大,因个人形象权而引发的运动员与集体及媒体间的矛盾日益增多。在确保不损害国际奥委会知识产权的前提下,如何最大程度地保障奥运会参赛运动员的形象权益,实现运动员与其他主体间的利益平衡成为一个需要解决的问题。

(一)个体形象与集体利益的冲突

虽然奥运知识产权传播过程中的运动员形象权是一个全球性的国际议题,但《奥林匹克宪章》只对运动员在体育场馆和被视为奥林匹克场所的比赛区域内及其上空范围进行明确规定,禁止在国际奥委会规定的区域范围内进行任何形式的广告或其他形象宣传,也就是说《奥林匹克宪章》主要对运动员着装进行规定,并没有就运动员的赞助问题做专门性的规定。奥运会参赛运动员的赞助问题一方面涉及运动的形象权及其商业开发,另一方面也涉及国际奥委会的知识产权保护问题。

一般而言,集体和个人的赞助商要避免互为竞品,对于非奥运会赞助商来讲,与奥运会参赛运动员有关的赞助事项都应该发生在非奥运会期间;而对于奥林匹克市场开发赞助商来讲,奥运会参赛运动员的赞助尤其是形象使用问题也需要遵守相关规定,如所有参加奥运会的中国运动员都必须与中国奥委会签订协议,承诺在奥运会期间不为非奥运会赞助企业做广告。在奥运会比赛期间,为维护奥运会合作企业的合法权益以及奥林匹克运动的品牌价值,参赛运动员尤其是金牌获得者不得为非赞助企业做宣传,因为在奥运期间,在公众心目中,他(她)和奥运会紧密相连,其形象已不仅仅属于个人。国际奥委会虽然对参加奥运会的运动员的肖像权拥有一定程度的控制权,但奥运会期间运动员的赞助管理工作一般还是由国家奥委会承担。"在赞助规则方面,国际奥委会是约束最少的管理者,运动员的个人赞助问题主要还是由其所属的国家或地区奥委会以及单项体育协会或运动队来负责。"[①]

"奥运会参赛运动员在签订赞助协议时首先要遵守的是国际奥委会的有关规则规定,其次则是本国奥委会的章程以及自己所属的单项体育协会的规则。在相关规则发生冲突的情况下,效力大小则依次是国际奥委会规则、国家奥委会以及单项体育协会的规定。"[②]目前中国奥运代表团的赞助和商业开发分为三个层次:最高一层是中国奥委会的商业开发;第二层是奥委会下的各项目协会(国家队)自己进行的商业开发;最后才是运动员的个人赞助。相对来说,中国奥委会与项目协会的利益具有更多的一致性,两者之间利益更容易协调,而国家队与运动员之间的商业利益划分随着个体意识增强,矛盾越来越突出。现在主流的观点是要对运动员的个人商业开发给予更多的空间。由于国家体育总局各项目中心是差额拨款事业单位,各项目中心的发展需要有一定的经济补偿机制。按照规定及惯例,国家队无形资产的开发由协会负责,协会因此获得的收益则作为协会自己的使用经费。目前运动员形象权的权益划分办法是以国家队运动员身份参加的商业开发权归属项目中心或协会;获得项目中心批准、以个人身份参加的商业开发权则归属个人。如2011年出台的《国家游泳队在役运动员从事广告经营、社会活动的管理办法》(简称《办法》)规定:国家游泳队在役运动员的无形资产属国家所有。按照此《办法》的规定,国家游泳队及游泳中心要求在役运动员参加指定社会、广告活动时本人不得

[①] 黄世席.奥运会参赛运动员赞助协议中的法律问题[J].法学,2008(4):61-71.

[②] 同[①].

拒绝;但运动员自己要求参与商业广告及社会活动,必须征得中心同意和批准。国家队为培养运动员投入大量人力财力,从维护队伍利益的角度,要求运动员必须参加队伍安排的活动,有一定的合理性与必要性,争议的焦点是运动员个人商业活动必须报批及对商业收益分配的比例。国家体育总局在《关于对国家队运动员商业活动试行合同管理的通知》中也规定,对国家队运动员商业开发活动取得的收益,各单位应当兼顾各方利益,根据国家体育总局的规定和项目特点予以确定。在保障运动员个人利益的基础上,体现教练员和其他有功人员、相关管理人员、运动员输送单位等主体的利益,并要考虑到项目的可持续发展。

就里约奥运会前因广告代言闹得沸沸扬扬的宁泽涛事件来说,虽然国家队为宁泽涛成才、成名提供了平台,但作为形象和成绩俱佳的优质偶像,宁泽涛有大批粉丝,同样也提升了国家游泳队的商业价值。因此,如果按照规定个人收益需要返还国家队一部分,那么国家队的商业开发收益分配中,是否也应该对明星运动员的贡献有所体现。而对于宁泽涛参赛资格问题,虽然中国游泳协会作为唯一对接国际泳联的组织,在游泳中心(游泳队)的权限范围内进行处理或处罚宁泽涛,不允许其参加奥运会,宁泽涛就没有办法通过其他任何渠道参加奥运会,而宁泽涛不亮相奥运舞台,其个人商业价值与利益就会受到巨大损失;同时失去宁泽涛这个优质偶像,国家游泳队的商业价值也会降低。但对于因广告代言产生或因规范运动员形象权的经济行为而引发的矛盾,最好采用经济手段与措施来处理,可将在役运动员单方面与商业推广单位及企业签订协议约定的代言费全部或部分没收。将经济上的违规行为视为严重的职业违规,采取限制乃至剥夺其参赛权,特别是代表国家参加奥运会的参赛权利,缺乏合理性和适度性,也有失体育的公平,不利于实现更高位阶的体育公共利益。由于运动员的特殊性,参赛是其谋生和体现为国争光等体育价值的主要手段,也是其核心权利,不应该随意剥夺其参赛的权利。

(二)运动员形象权产权归属多元的纷争

"现代产权制度应当是产权结构多元化、权责有限性和治理法人性的产权制度,这种产权制度在管理层次上表现为出资人所有权和法人财产权相分离的产权清晰的产权制度。"[①]国家与个人作为竞技体育人力资本最大的两大投资主体,都

---

① 叶亮.论我国"运动员产权"的归属与管理[J].现代营销(学苑版),2009(11):34-37.

应该具有资产的控制权和分割权,但由于无法分清两者贡献的大小,难以给予它们清晰的产权划定,必然造成产权的模糊,再加上各方利益诉求不同,运动员追求经济利益的最大化,而国家则对竞赛成绩和社会效益更为注重。运动员的职业选择除了放弃其他选择的机会成本外,还要承担较高的投资风险,而且还必须拥有较高的运动天赋、要有较高的支付性和原始积累,这就决定了运动员在其形象产权中拥有不可辩驳的主导地位。但基于我国运动员培养体制的基本国情,运动员个人获取其形象收益的同时,必须兼顾国家利益和集体利益,这应该是我国体育的举国体制和集体主义运行机制的应有之意,只有这样,才能真正构建一个完整的中国特色社会主义的体育体制和运行机制。产权结构多元、产权流动方式、运动员人力成本、运动员培养模式等都对运动员形象权归属产生影响。就从当前我国体育部门培养专业运动员的产权问题的现状看,国家与运动员对这一产权所占的比例及运动员自身的商业权限等都还不很明确,所以,从长期而言,把对包括使用权、收入的分配权和转让权在内的运动员的产权界定清楚,明确运动员产权最终归属,才能保障运动员产权交易的畅通。

根据产权理论,体育明星作为特殊的人力资本是一种"主动产权",其载体具有主观能动性,这决定了体育明星产权具有"只可激励不可压榨"的特征;其次,体育明星的商业开发权与其载体天然不可分,是一种个人私产,这种特殊的人身依附关系决定了人力资本的所有权。明星运动员进行个人商业价值开发,从实现体育多元价值,发展体育产业的意义上来说有其合理性。虽然项目协会、队伍的整体商业利益也有助于帮助更广泛的运动员群体及项目的开展,但在目前双方权益划分的比例和均衡性上,运动员个人签约的权限通常被限制得较低,商业价值难以得到充分体现。我国大量单项体育组织的兴起始于 20 世纪 90 年代初,根据美国和欧洲职业体育组织产权的成功经验来看,单项运动协会会逐渐退出联赛的经营权、控制权,最终退出其对职业联赛的所有权,建立职业体育俱乐部"利益相关者"的公司治理结构,这也是中国体育组织产权制度创新的必经之路。曾轰动一时的姚明诉可口可乐侵权案就是因对利益相关者权益划分不明确而引发的。虽然可口可乐认为通过赞助中国男篮获得推广男篮整体形象的权利,并未侵权姚明个人形象权,但考虑到姚明巨大的影响力,与之对抗对其品牌形象并无好处,最终还是在媒体刊登了致歉声明。

在2006年国家体育总局《关于对国家队运动员商业活动试行合同管理的通知》(简称《通知》)中,规定"运动员商业活动中价值的核心是无形资产,包括运动员的姓名、肖像、名誉、荣誉等。……对多数运动项目而言,运动员的无形资产的形成,是国家、集体大力投入、培养和保障的结果,同时也离不开运动员个人的努力";同时还规定了"要保障国家训练竞赛任务的顺利完成"。文件中提到的姓名、肖像、名誉权等,属于运动员人身权的一部分,但又强调了这是国家、集体帮助运动员形成的,扩大了其经济价值。《通知》还要求:"各单位要加强对国家法律法规、政策及总局规章制度的学习和贯彻,特别要注重合同法规知识的学习,增强法律意识,提高运用法律手段解决问题的能力。"因为商业化的不断涌入,凝聚在运动员身上的运动技能等无形资产可以作为一种商品进行交易,运动员意识到自己的无形资本有更高的经济价值,为了追求最大的净利益,与原投资主体政府矛盾逐渐加深。在运动员的个人利益、集团利益与国家利益构建的多元利益主体中,政府对体育资源的垄断与高度行政化必然会影响到高水平运动员形象权的利益实现,而运动员对自己形象产权要求又破坏了原有政府对体育资源的垄断,破坏了隐藏在垄断背后的利益,改变了原有链条中某些环节的利益,必然会遭到既得利益者的阻挠,产生矛盾冲突在所难免。

(三)中国运动员形象权利益分配困扰

当今社会,体育已经发展成一项全球性的产业,在世界贸易领域中占据了重要地位。如果说体育产业价值增长最初主要归因于体育赛事电视转播权的销售,那随着体育成为娱乐产业一部分,运动员个人无形资产的商业化开发就显得越来越重要。对于形象权的讨论焦点不仅在形象权内容,还有一个重要问题就是其形象权的归属问题,尤其是当运动员属于某一体育组织或某个团队时,这个问题就表现得更加突出。运动员形象权是运动员人力资本中的一个基本和核心权能。当运动员的人力资本有两个及以上投资者时,对运动员的形象权归属问题就产生了不同的看法。一种观点认为人力资本与其承载者不能分离,这就使得运动员的形象权自然地属于人力资本载体的运动员,这是一种天赋的专门所有权,不因社会制度变迁而发生改变;另外一种观点则认为:"运动员形象权是人力资本投资形成的,应遵循'谁投资、谁所有'原则,运动员形象权是一种'共有制'或称之为'混合制',属于运动员的那部分可称之为运动员形象权私有产权,不属于运动员的那部分可称之为非运动员形象权私有产权。"①

尽管其他行业的知名人士可能也会遇到形象权保护问题,但在体育领域发生形象权权利归属争议最为常见。由于体育运动往往是通过团队或组织的形式进行的,运动员形象权属于谁、运动员与相关团队或组织如何分配形象权商业化带来的收益,这都是运动员形象权保护的重要内容,我国也发生过多次因运动员形象权归属而引发的法律诉讼。运动员形象权的权利归属至少涉及运动员、俱乐部、主办单位、体育协会、体育行业监管机构等,面对这么多行为主体,即便事前签有合同规定仍不可避免地会出现争议与纠纷。"在发达国家体育明星的产生很大程度上是基于民众体育普及后自然选拔的结果,在其逐步成长过程中,投入、产出和分成的各个阶段利益责任都较为明晰,但由于涉及多方利益主体的互动博弈,运动员形象权归属的认定依然是一个复杂的难题。"②对于运动员形象权的归属问题,英国《体育商业》杂志针对体育界相关人士,通过其网站进行了一次民意调查,调查结果显示:"在体育界人士中,认为运动员个人应享有其形象权并控制其商业化利用的占到了55%;认为相关利益主体共同享有运动员形象权的占到21.6%;认为运动员所属俱乐部与球队享有运动员形象权的占到16.5%;认为国家体育管理机构应控制运动员形象权的只占到3.7%;认为体育协会享有运动员形象权的仅为3.4%。"③

从欧美国家处理形象权归属冲突的实践看,形象权归属冲突主要存在于运动员与其雇主或行业协会之间,它们对运动员形象权处理方式主要有:充分尊重运动员加入某一组织或团队前行使的形象权;在运动员加入某一组织或团队的雇佣合同中,对他行使形象权进行事前明确,只要与体育组织或团队的商业行为不发生冲突,他就可以享受个人形象权自由;如果不是运动员雇佣合同中有明确规定的话,包括运动员所在组织在内的任何组织及个人都不能损害或剥夺运动员的个人形象权。欧美国家运动员的形象由个人单独行使或交由经纪人行使,在形象权开发方面俱乐部与运动员间就是各种各样的合同关系,双方通过合同来明确双方权利义务。在此基础上,如果想完善我国现行保护运动员商业利用的法律机制:首先,要

---

① 姚颉靖,彭辉.后奥运时期的运动员形象权法律保护研究[J].河北科技大学学报(社会科学版),2013,13(4):37-44.
② 同①.
③ 刘进.欧洲国家对运动员形象权的法律保护[J].体育学刊,2007,14(7):27-31.

对运动员形象权享有者的主体地位进行明确,运动员的人格权是其形象权的基础,职业体育人的形象所有权属私人所有,需要改变职业体育的人力资本所有者属于政府的看法;其次,要对我国竞技体育人才的形象权产权归属进行明晰,对运动员形象的商业利用合同进行规范与完善。通过合同与契约等形式,将各投资主体的相互关系进行明确。在我国举国体制下培养的运动员,国家巨额投资是其取得成就的基础,国家从运动员形象权的商业开发中获得应有的利益分配毫无争议,但如果剥夺运动员的民事权利,违反法律的相关规定的做法就不可取。为此,有学者认为体育总局可事先与运动员签署肖像权使用的部分转让协议,这可被视为一种合法的途径。"另一种途径是为肖像所带来的经济利益设定一种具有财产性质的权利,国家作为继受主体取得这种财产权。"①

我国体育职业化较晚,而且除篮球、足球等项目刚开始步入职业化外,到目前为止大多数运动项目仍实行的是举国体制。与欧美许多国家不同,国家在我国运动员的选拔培养、训练比赛上具有重要作用,在某种程度上说,国家运动员身份类似于国有性质的资产,单项体育协会或国家体育总局一定程度上成了运动员形象权主体。一名普通运动员成长为体育明星是其形象价值不断扩大的过程。因为在运动员培养中国家有巨额投资,所以运动员与国家间有一种特定的人身依附关系。虽然这种依附关系得到相关行政法确认,但它并没有商业合同的功能,所以当形象权利益分配时就有可能产生矛盾纠纷。根据原国家体委1996年发布的505号文件中规定国家级运动员的肖像权等无形资产属国家所有,该规定与《民法通则》相冲突,擅自用行政命令剥夺自然人专有的肖像权,此条款当属无效。无论是什么级别的运动员,也不管他们既有的形象价值如何,只要他们是民法所确认的自然人,他们就应该享有自己的人格肖像权与形象权。为此,2001年国家体育总局对运动员的形象广告收益进行了规范,在《国家体育总局关于运动项目管理中心工作规范化有关问题的通知》中规定国家、集体与个人利益三方利益都必须兼顾。我国运动员的培养是靠公民纳税、国家全额投入才得以保障的,保护我国运动员的形象利益必须对其在国家、集体和运动员个人中进行合理分配。一般的原则是根据形象权人的权利主体,运动员个人、教练员及其他有功人员、全国性体育项目协会、运动

---

① 周召勇,万小丽.国家运动员肖像权的法律探析:刘翔肖像权案引发的法律思考[J].天津体育学院学报,2005,20(5):36-38.

输送单位按照 50%、15%、15%、20%的比例进行形象收益分配。

第二节　中国奥运传播知识产权保护体系与原则

在中国现有的法律体系中,知识产权立法已经构成了一个相对完整的体系。就奥运知识产权来说,除了《宪法》《民法通则》《刑法》《产品质量法》及《广告法》等都涉及保护知识产权的内容外,部分奥林匹克标志还是著名商标,属于《著作权法》保护的作品以及专利的范畴。特别是《体育法》《特殊标志管理条例》对在我国境内主办的重大体育竞赛名称、徽记、旗帜及吉祥物等标志,按照国家有关规定予以保护,对奥运标识还通过《奥林匹克标志保护条例》进行了保护规定,但对于电视转播权、运动员形象权等不断发展的新型奥运知识产权,我国还需在立法保护上建立适合我国国情的保护体系。

一、多元主体利益平衡保护体系

利益平衡是建构知识产权限制制度的基本法律观。法律经济学家用这种理论来论证知识产权管理和保护的正当性。知识产权立法应秉持保护创造者合法权益和促进知识广泛传播的二元价值目标,但不管是国内还是国外的知识产权法学界对知识产权保护的认识都出现了两大阵营:一方认为知识应该开放、自由和共享,在实践中不仅要反对知识产权的非理性扩展,而且还应加强对专利权、版权等的限制,发起和参与了自由软件开放并存取等知识共享模式,探索多元化的知识产权传播机制;另一方则认为要坚持传统的知识产权法律观念,强调知识产权的激励功能,主张完善专利、版权等法律制度,以实现网络和生物技术条件下对知识产权的有效保护。由于双方争论不休,知识产权议题已成为社会公共话题,公共领域的论争在具体法律政策上表现出折中与平衡,此消彼长。依其不同时期对政府的影响力,在立法和司法上时而呈现"亲知识产权",时而转变为"反知识产权"的周期性趋势。知识产权的保护与限制,实际上是法律在个人与社会之间对知识所产生的利益进行的界定、分配与调整。从私人利益与公共利益的平衡中,还可以派生出知识产权权利人,即知识的创造者与传播者、使用者的利益平衡;知识产品的管理者、创造者与使用者之间的利益平衡等。

自罗马法以来,公共利益与私人利益就是法律调整的主要范畴,而对它们的界定则是一个永恒的主题,在知识产权法中也是如此,追寻权利的道德合法性绝不是单向度的,也不只是对利益扩大化的合法性求证过程。知识产权制度中公有领域的存在是其不同于其他物权制度的一个主要特征。维护知识产权与保障公共利益之间似乎存在某种抵触,通过强化公立机构在知识产权领域的主导作用、在某些领域创造性地引入强制许可、推广"开源运动"以及支持旨在避免知识产权垄断的特别项目,都对知识产权的公共利益实现提供了路径。"不管对知识产权采用什么的措辞,我们更倾向于把知识产权当作一种公共政策的工具,它将经济特权授予个人或是单位完全是为了产生更大的公共利益。"[①]保障公共利益与维护知识产权之间达成了可持续的平衡。"知识的本质决定其公共性,而知识的公共性又决定了公有领域存在的合理性基础,公有领域是一种消极社区模式(Negative Community),任何人使用公有领域的知识或信息无须征得其他成员同意。"[②]

知识产权公共政策的核心问题是一个利益平衡问题,只有达到了个人权利和公共利益平衡才是一个成功的知识产权公共政策。维护知识产权与保障公共利益之间不是零和关系。动用立法、行政与司法等社会公共部门提供的资源,必要时采取一定程度创新与变革,这样可以确保在国际条约及国内法律的框架内实现公共利益。权利人的个人利益与公共利益之间的平衡不仅是知识产权法律制度的基本原则,而且更要在具体制度中加以体现与规制。"印度模式中最值得称道的一点是:在其知识产权法律和政策当中,政府一如既往地重视公共利益的保护,从不屈从于任何外部压力:即便受到国际条约和国内法律与政策的严格限制,也会用宽松的执法来营造一些空间。"[③]由于中国知识产权发展起步较晚,只能采取自上而下的模式,政府在知识产权事业中起主导作用。为此,相关部门迫切需要构建一个完善的知识产权公共政策体系。"利用知识或信息的权利可以从自然权利,从宪法、民法、行政法中找到法律依据,而唯独排除他人利用知识或信息的权利只能从知识产权法律制度中找到直接依据,这是知识产权制度能够成为独立的法律部门之所

---

① Drahos P. A Philosophy of Intellectual Property[M]. Dartmouth Publishing Group, 1996:43.
② 郑胜利.论知识产权法定主义[J].中国发展,2006,6(3):49-54.
③ 胡浚,王娟娟.平衡知识产权与公共利益的印度模式[J].南亚研究季刊,2011(4):78-83.

在。"①在制度设计中,可以借助公法对私权的限制达到私权保护和社会公共利益维护均能实现的双赢效果;通过私法规制知识产权滥用行为,实现私权保护和社会公共利益的协调与统一;基于与公共利益的立法价值衡量,知识产权制度在设权时要尤其重视与公共利益之间的平衡。

国际奥委会作为奥林匹克运动的领导者、监护人、运营商,它的法律地位体现在以《奥林匹克宪章》为核心的奥林匹克运动各种法律规范中。通过奥运会的影响及各国家(地区)奥委会的努力,国际奥委会让各国法律都尊重《奥林匹克宪章》。虽然从传统国际法的角度分析,国际奥委会作为非政府国际组织没有国际法的立法资格,但在国际法中存在一种功能型的理解方式,在目前的国际社会中,各种政府间组织(IGO)在与非政府间国际组织的交往中已经形成了大量关于非政府国际组织的法律地位及其活动的原则、规则和制度。"从一项条约的构成要素分析,国际奥委会并不是政府间国际组织,它的成立并不需要缔约国的签约,严格法律意义上,国际奥委会仅仅只是瑞士境内成立的一个国内法主体。"②奥林匹克大家庭成员基本上都是非政府机构,彼此间的关系都不是国家法主体关系,更多的是基于对《奥林匹克宪章》的承认而形成的契约关系。就像前文对奥运知识产权的传播主体分析那样,奥运知识产权主体是一个复杂的组织体系,各利益主体有着自己的利益诉求,对知识产权的保护和规制的要求也不一致,尽管在国际奥委会的统一管理下,各利益主体的利益需要协调一致,平衡是有效实现奥运知识产权保护的基础。

二、无形财产权基础上的保护体系

体育无形产权是体育无形资产的产权。体育无形资产是一个复合概念,是一般意义上的无形资产在体育领域的延伸和运用。无形资产一般是指受特定主体控制的非实物形态的资源,它对生产经营能长期发挥作用和带来经济利益。根据上面的解释,"体育的无形产权则是不具备实物形态,能被体育活动的主办者、组织者、参与者所控制,对某类体育产业的经营长期发挥作用且能带来经济效益的产权。"③对于大型体育赛事来说,除了赛事活动的冠名、广告代理和电视转播权、运

---

① 郑胜利.论知识产权法定主义[J].中国发展,2006(3):49-54.
② 陈彬,胡峰.论奥林匹克知识产权保护的法律依据[J].体育科学,2008,28(3):79-85.
③ 黄海燕,张林.我国体育产权的分类及其交易研究[J].成都体育学院学报,2007,33(1):21-26.

动员形象权属于无形产权外,还有赛事活动名称、徽记及吉祥物等专有权和特许经营权也都属于体育无形产权。相对于有形体育产权具有明显体育特征,代表体育产权交易特点的体育无形产权不仅研究相对困难而且产权交易相对复杂,与体育无形资产相关的体育无形财产权、体育知识产权也是如此。不过,在体育无形产权与体育知识产权的关系上,比较一致的观点是体育无形产权比体育知识产权内容更丰富,属于体育无形产权范畴的内容未必都属于体育知识产权。从1984年开始,奥林匹克知识产权的特许使用建立起了日趋完善的体系。该体系由奥林匹克知识产权的无形商品如电视转播权、在线转播权等与有形商品如吉祥物、徽章等的开发销售共同组成了奥运特许产品群。为此,有不少学者以体育赛事转播权、运动员形象权为例来说明体育无形产权与体育知识产权的差异性。

虽然国内外学者对赛事转播权和运动员形象权能否纳入知识产权体系有不同的观点,但现在赛事转播权的交易已成为赛事组织者一项重要的收入来源;运动员形象权作为运动员的一项主要无形资产已经被广泛认可,如前文论述的那样:"如果传统的知识产权还不能包含上述内容的话,可将体育知识产权的内涵做进一步的延伸,而并不是仅仅把体育赛事转播权和运动员形象权纳入到笼统的体育无形财产权框子里,这对运动员形象权和体育赛事转播权的研究都不利。"①在主要由特许赞助商计划、电视广播权、特许授权和门票收入组成的四大奥运会营销方案中,知识产权的授权使用是现代奥运营销的重要组成部分。奥运会营销中首先需要特许人——国际奥委会和举办国奥委会,确立一整套完整的、可以依法保护的奥林匹克知识产权体系。奥运会营销中法律关系的核心是特许经营权即特许权,它是一种特殊形态的知识产权,即知识产权的使用特许权。

理论上来看,知识产权本身作为一种无形财产权,具有独特的专有性,未经权利人的同意或者法律的特别规定,任何非权利人都不能享有或者使用这种权利。但在实践中,由于非商标性质的知识产权侵犯难以界定,再加上外部因素复杂,使无形产权经常遭遇尴尬与无奈,如何看待与应对这些问题就构成了奥运会"产权利益维护"难题。由于科技、经济飞速发展不断给知识产权法律制度和理论研究提出新的课题。"知识产权内涵不是固定不变,而是一个动态发展的概念,因此知识产

---

① 马法超,于善旭.体育无形资产、体育知识产权和体育无形财产权关系辨析[J].体育科学,2008,28(9):74-79.

权的保护范围和内容也应随之不断扩大与深化。"①对国际奥委会来说，最重要的资产就是它的无形资产，无论从为奥运会提供资金关系还是从赞助商因捐资而应获得利润来看，国际奥委会加大对知识产权保护都不足为奇。奥林匹克法律事务最重要的基石来自两个方面："各国和地区的法律法规，《奥林匹克宪章》和奥林匹克大家庭内部的法律文件。仅仅以此为基础形成的奥林匹克法律事务体系，在没有得到国际法体系支撑的情况下，必然纷繁复杂。"②

知识产权保护的目的是保护创造性诚实劳动，因此，对于投入较大、持续时间短、需要特殊保护的体育赛事，尽量做到知识产权所有人与赛事主办方一致，避免权利冲突是可以理解的。体育赛事知识产权保护的主要目的有两个：一是确保赛事顺利进行以及确认赛事前后相关利益归属；二是通过对赛事本身的品牌培育，将其名称作为衍生产品的商标使用。对于前一种需要，权利人适用《特殊标志管理条例》来解决，与商标法相比，该条例保护期限较短，但对体育赛事知识产权保护的适用性很高。与一系列传统国际知识产权公约和TRIPS(《与贸易有关的知识产权协定》)中确立的知识产权内容相比，奥林匹克知识产权有其特殊性。对奥林匹克知识产权保护的核心内容的奥林匹克标志，国际奥委会提出了以下基本原则：要在全球范围内对奥林匹克标志进行登记与注册；奥林匹克标志必须根据规定有权使用或授权使用，未经许可不论出于何种目的都不得使用；合法使用奥林匹克标志的商业收益得到保护；追究违规使用者包括索取赔偿在内的法律责任。奥林匹克知识产权主要通过保护排他性使用奥林匹克标志，保护参与奥运会市场开发的国内外企业的权益，而问题复杂之处在于奥林匹克标志既有商业性质又有公益性质。

三、公共利益原则下的保护体系

尽管不少学者认为"公共利益"是一个不确定性的概念，但在知识产权相关论述中，"公共利益"出现的频度较高，尤其是在《著作权法》和《专利法》中。对于"公共利益"或者类似概念的解释，在法哲学领域已经有所涉及，美国学者埃德加·博登海默曾经为确定共同福利、公共福利这类基本概念的内容和范围，提出了一些基

---

① 张玉超.中国体育知识产权前沿保护制度研究[M].北京：知识产权出版社，2012：22.
② 刘岩.我国奥林匹克法律事务的成功实践[M]//中国法学会体育法学研究会.追寻法治的精神：中国法学会体育法学研究会 2005—2010.北京：人民体育出版社，2011：360.

本原则。知识产权保护的对象是为人类所能支配的信息,而信息的本质在于它是一种公共产品,具有消费上的非竞争性与普遍性的特点。"相比较传统物权来说,知识产权与公共利益的关系就更为密切,除了要保障知识创造者的私人利益外,知识产权还需要承担促进知识传播与推动社会进步的公益责任。"①

"公共利益可以理解为某个特定社会群体中不确定的个体都享有的,在他们存在与发展时所必须的权利。公共利益面向的是社会上所有的人而不是个别和少数成员。因此,公共利益与个人利益不同,它是不特定的个人都可以同时享有的一种权利。"②从法学领域来看,德国的法学家鲁道夫·冯·耶林认为公共利益是可以保证与维持个人所关注的交易性生活的安定秩序的利益。美国行政法专家理查德·B. 斯图尔特认为"公共利益"具有实质性利益、意识形态利益、法律实施利益三种模式。其中,实质性利益是指与个人经济或身体健康相关的利益,意识形态利益是维系个人道德或宗教原则的利益,法律实施利益是公民对正当国家法律遵循普遍关怀的利益。在一定程度上,"公共利益"是与"个人利益"相对而言的,所谓的"公共利益"是指凌驾于个人之上,在形式或实质上都是全体社会成员的共同利益,而"个人利益"则是单个社会成员所具有的各种利益,包括自身的特殊利益和所分享的"公共利益"。"'公共利益'是一种社会利益,它与某个社会群体的存在与发展需要承担的社会价值有关,它可以被理解是全体公众的共同利益。虽然公共利益代表了大多数人利益,但并不是个人利益简单相加。"③如果要以新古典主义为代表的现代主流经济学标准模型来说明,公共利益可用"社会福利函数"来表示,作为一种"社会偏好"的反映与"社会排序"的体现,"社会福利函数"以群体中全体成员的个人偏好为基础,将与群体利益有关、可以选择的各类事物与各种社会安排做出一种排序。如果这一"社会福利函数"能够存在,也就是说能够排出这种秩序,其中所体现的就是"公共利益"。"在社会学的社群主义倡导者看来,公共利益是具有非排他性的兼容性利益,就算增加新受益者也不会减少原有受益人的利益。"④

2011年在美国召开了首届知识产权和公共利益大会,来自32个国家的180位专家在讨论协商的基础上拟定了关于知识产权和公共利益的《华盛顿声明》(简称

---

① 黄汇.论知识产权公益诉讼制度的构建[J].江西社会科学,2008,28(6):186-189.
② 冯晓青.知识产权法与公共利益探微[J].行政法学研究,2005(1):49-60.
③ 同②.
④ 俞可平.社群主义[M].北京:中国社会科学出版社,1998:102.

《声明》)。《声明》总体思想包括:一是国际知识产权政策不仅影响权利人,还影响着广泛的社会利益,因而需要向公众公开,让公众参与;二是对信息产品的分配不能仅由市场决定,人类的全部价值在知识产权体系中均应当给予考虑和体现。《声明》呼吁通过诸如开放信息政策、限制知识产权及例外、改革专利制度、促进自由互联网以及鼓励创新模式的发展等一系列措施,来推动创造和创新能力;《声明》特别呼吁发展中国家的需求能够通过国际知识产权体制确保得到妥善的解决。在这次会议上,世界知识产权公益大会的信息司法和知识产权项目组长 Michael Carroll 教授强调:首要的事情是倡导建立旨在更正知识产权法律主旨中现存的不平衡的政策,并且要通过扩大公共访问与使用广泛的信息来切实发挥法律的实效。信息司法和知识产权项目副组长 Sean Flynn 教授则坦言:世界各地的代表们共同提出了一个问题,即许多现有的政策不能够很好地服务于公共利益,这些政策只把目光放在了扩大知识产权权利人利益的方面,知识产权法律论坛将越来越多的公众拒之门外,其结果就是制定出来的法律都一致地向知识产权所有者的利益倾斜,具体表现在约束范围持续扩大、知识产权执法越来越严格,这些法律体制使消费者付出了巨大的代价,并且不尊重包括自由表达、正当程序、公平审判、获得健康和教育等社会和经济权利的基本人权。世界知识产权公益大会的议题及其结果从一个侧面反映了在知识产权私权属性不断扩张的情况下,知识产权的公益属性难以得到保证与实现。因此需要建立更加积极的信息监管体制,同时需要广泛地考虑公共利益和社会基本价值,确保各级公共政策的开放性,并且要建立在平衡的事实基础上,兼顾知识产权存在和缺失所产生的成本与利益。

从传统上讲,知识产权是一种私权,本质上属私法保护的范畴,而知识产权法作为保护知识产权人的专有权利而制定的法律,本质上则属于私法的范畴,但由于知识产权保护的知识产品是一种信息,也就是说知识产权的客体具有私人产品与公共产品的双重属性。私权性质的知识产权具有很强的公共利益性质,它不仅关系到知识产权人的个人利益,而且关系到全社会公共利益。"知识产权这种私权具有公权化的趋向,并且知识产权法同时具有重要的公共利益目标。"[①]知识产权的本质是通过界定知识产品的所有权,从而使得作为公共产品的知识产品可以通过公权利手段展现公共利益,私权性质的知识产权公权化现象表明知识产权法中存

---

① 冯晓青.知识产权法与公共利益探微[J].行政法学研究,2005(1):49-60.

在着社会公共利益,就像博登海默强调的那样:"现代社会权利义务双重本位和社会个人双向本位的价值体系模式,要求人们在主张自己权利和行使自己的权利时,注意'度'的限制和约束,顾及他人利益和社会公共利益。"① 就其本质而言,知识产权乃是以国家面貌出现的社会公众与知识产品人之间签订的特殊契约。其实,考察世界上第一部著作权法《安娜女王法》,就可以找到著作权公共利益的起源,"公共利益"原则被认为是《著作权法》一大重要原则。无论是奥运电视转播权还是运动员形象权,它们都与公众兴趣或公众利益休戚相关,只有确保在公共利益原则的前提下,才能有效实现奥运知识产权传播过程中的保护体系。

图33　30多年来,夏季奥林匹克运动会会徽

第三节　中国奥运传播知识产权保护视角与内容

现在奥林匹克运动内涵是体育、文化、经济的统一,越来越多的商家都聚焦到像奥林匹克运动会这样蕴含着巨大商业价值的大型体育赛事,以实现全球化传播目的。"国际奥林匹克的组委会为了建立和保护好奥林匹克无形资产经营和开发

---

① 博登海默.法理学—法哲学及其方法[M].邓正来,姬敬武,译.北京:华夏出版社,1987:297.

的良好秩序,避免和追究所受到的不法侵犯,在国际奥运的规则体系中,逐步形成了保护奥林匹克知识产权和无形资产的系统规则。"[1]在我国奥林匹克标志立法可分为一般知识产权立法保护阶段和奥林匹克专门立法保护两个阶段。

一、奥运传播知识产权保护的双重视角

奥林匹克标志属于知识产权保护内容,我国对其的保护承袭了我国知识产权保护制度的特点,可将之纳入知识产权法的调整范围内。奥林匹克标志的知识产权保护有其特殊性,不能全部为我国现有知识产权法律体系完全涵盖,而且作为奥林匹克标志保护的最为基础的规范文件《奥林匹克宪章》具有国际性,因此,对奥林匹克标志的知识产权保护需从国际与国内两个视角展开。

(一)国际法视角下的奥林匹克知识产权保护

知识产品进入市场后,其商业性质非常明显,由知识产权争议引发的仲裁受到各国与仲裁机构的普遍重视。从目前来看,奥林匹克知识产权争议解决的办法可按照体育机制内与体育机制外两种方法进行。体育机制外的方法可以分成国内与国际两种不同的解决途径,其实现办法主要依靠商事仲裁。奥运知识产权争议解决途径的复杂性主要是由奥林匹克运动特点所决定的,国际性的奥林匹克运动的知识产权问题需借用国内法来解决争议,这种模式直接决定了奥运知识产权争议解决的方法与途径。由于国际奥委会非政府国际组织的特点,要想通过国际法的政治途径或国际司法机构来解决侵犯奥运知识产权的行为,没有理论依据也不可行。作为一类特殊的知识产权,可以利用国际商事仲裁方式解决奥林匹克知识产权的纠纷,当事方可以利用专门性的仲裁机构来解决此类争端。根据《联合国国际贸易法委员会国际商事仲裁示范法》的界定,奥林匹克知识产权纠纷本质上属于商事纠纷,国内或国际的仲裁机构都可以解决这类争端问题。不过,如果一个国家已经通过了保护奥林匹克知识产权的相关法律,那利用诉讼的方式解决奥林匹克知识产权的争端也是可以的。此外,通过国际组织自身的特殊仲裁方式,也是解决相关争议的一条有效途径。

由于奥运知识产权传播过程中的全球化等原因,奥林匹克运动与法律越来越

---

[1] 韩勇.体育与法律:体育纠纷案例评析[M].北京:人民体育出版社,2006:302.

密不可分,在寻求法律保护与支持的同时,奥林匹克运动却没有屈服于各国法律。由国际奥委会制定的《奥林匹克宪章》是奥林匹克运动的总章程或规则,是奥林匹克运动的最高法律文件,相当于奥林匹克运动"宪法"。由于这种规定具有国际法中习惯法规则,因此,它得到了国际社会的普遍认同,受到了各国政府的尊重。由于《奥林匹克宪章》不属于国际条约,根据《维也纳条约法公约》,从文本解释角度看,非政府国际组织的章程《奥林匹克宪章》对非缔约国不能产生约束力。但从实践来看,《奥林匹克宪章》对各国奥林匹克标志的保护产生了普遍约束力。从国际法渊源来看并不一定要局限在国际条约上,现代社会的国际法渊源可以说呈现出多元化的状态,不但国际条约与国际惯例等可以成为其渊源,联合国大会决议及国际法院的判决也都可以成为其渊源。《奥林匹克宪章》中的规定被一个国家和该国的法律所认可,那它就具有一定的法律效力,就可以被认为有国际法渊源。"即使《奥林匹克宪章》属于国际法规则,但它究竟如何对各国产生约束力并不明确。国际法在国内法上产生效力,是通过转化和并入两种方式,但是《奥林匹克宪章》在国内法上的承认,并不属于这两种情况。"①

除了上述《奥林匹克宪章》之外,奥林匹克知识产权保护还涉及一个专门针对性的法律文件,即《保护奥林匹克标志内罗毕公约》。1981年9月26日,在内罗毕签署的《保护奥林匹克标志内罗毕公约》(简称《内罗毕公约》),主要内容涉及奥林匹克五环标志的国际保护。根据该公约,奥林匹克标志(相互联结的五环)应得到所有缔约国保护,严禁奥林匹克标志未被国际奥委会许可就被商业(广告、商品商标等)利用。虽然从法律性质来看,《内罗毕公约》的国际条约性质比较明确,但国际条约一般只对该条约的缔约国产生作用,如果要使国际条约对非缔约国也产生约束力,那这种约束力来源于该条约所包含的国际习惯。成立于1967年的世界知识产权组织,在其公约也中明确规定知识产权包括的各项智力创造成果的权利。②在《与贸易有关的知识产权协定》中,世界贸易组织(WTO)从七个方面对其成员保护各类知识产权的最低要求进行了规定:"版权及其邻接权、商标权、地理标志权、

---

① 陈彬,胡峰.论奥林匹克知识产权保护的法律依据[J].体育科学,2008,28(3):79-85.
② 《建立世界知识产权组织公约》规定,知识产权包括八类智力成果创造的权利:(一)文学、艺术和科学作品;(二)表演艺术家的表演以及录音制品和广播;(三)人类一切活动领域的发明;(四)科学发现;(五)工业品外观设计;(六)商标、服务商标以及商业名称和标志;(七)制止不正当竞争;(八)在工业、科学、文学及艺术领域内由于智力活动而产生的一切其他权利。

工业品外观设计、专利权、集成电路的布图设计、未经披露的信息(商业秘密)。"①"奥林匹克知识产权保护涉及知识产权国际保护的主要公约,如《保护工业产权的巴黎公约》《商标国际注册马德里协定》《商标国际注册马德里议定书》等。但是,奥林匹克知识产权作为一种体育运动领域内的特殊知识产权,并非完全属于上述国际知识产权公约的调整范围。"②"通观国际立法体例,实现对奥运相关的体育知识产权保护,往往设有不同的保护原则,既有对所有智慧成果(精神创造)的知识产品确定保护的宽泛原则;也有在上述确认原则基础上,并通过不同判例进行相关修正或者强调的相对保护原则。"③由于各国的经济文化和科技发展水平的差异,知识产权保护的水平不一致,只要符合国际公约关于最低保护标准的要求,这种差别是允许的。

"作为发展奥林匹克运动而制定的章程和规则,《奥林匹克宪章》被国际奥委会承认的所有国际单项运动联合会、国家(地区)奥委会、奥运会组委会,以及洲际或世界性国家奥运会协会所遵守。《奥林匹克宪章》是现代奥林匹克运动的根本法,是奥林匹克主义的全面体现。"④根据国际奥委会的规定,奥林匹克知识产权主要分为四类:永久性属于国际奥委会专有的产权;奥组委在申办、筹建和举办奥运会过程形成的产权,这些权利奥运会闭幕式后归国际奥委会拥有;国际奥委会产权;组织与个人通过合法途径取得的与奥运会密切相关的产权。通过与主办城市签订的《主办城市合同》,国际奥委会明确要求主办国对以上权利进行切实法律保护,而且该保护必须使国际奥委会满意。这些知识产权包括:"奥运会电视转播权节目,授权使用奥林匹克知识产权的商品,与奥运会密切相关的作品,与奥运会密切相关的专利产品和专利技术等。"⑤前三类知识产权或合同形式明确,无论国家知识产权法律制度如何规定都必须遵守。

(二)国内法视角下的奥林匹克知识产权保护

知识产权主体是指参与知识产权民事关系,享有知识产权并承担应尽义务的人,属于民事主体的一部分,民事主体资格是由民法规定的,公民、法人、其他社会

---

① 张颢瀚,徐浩然,朱建波.知识产权是第一产权[J].江苏社会科学,2011(4):41-45.
② 陈彬,胡峰.论奥林匹克知识产权保护的法律依据[J].体育科学,2008,28(3):79-85.
③ 陈慰星.奥运会口号的知识产权保护研究[J].首都体育学院学报,2005,17(6):28-30.
④ 熊斗寅.新版《奥林匹克宪章》解读[J].体育文化导刊,2004(2):32-35.
⑤ 张玉超,栗丽.中国奥林匹克知识产权的若干问题[J].体育学刊,2003,10(3):7-10.

组织乃至国家都具有平等地取得知识产权的资格。自新中国成立后,体育一直被当作国家面向世界展示自身实力的领域来发展,体育存在的意义在一定程度上体现为"为国争光"。1995年10月国家颁布了以竞技体育为核心的《中华人民共和国体育法》,规定了总则、社会体育、学校体育、竞技体育、体育社会团体、保障条件、法律责任、附则,共八章五十六条。"纵览体育法的全部内容,并没有关于体育法律关系主体的任何界定。只是把体育分为社会体育、学校体育、竞技体育三部分。其中,没有界定各自的法律主体。"①奥组委作为一个民事关系主体,并不谋求超越执法和司法机关的自由裁量权。在奥运主办地,国际奥委会有它的监控网络,各国工商管理部门也有一整套执法机构。如北京奥运会期间,北京奥组委有专门的专业打击隐性广告宣传的队伍,还有专门法律部门进行及时法律追究与索赔。

"对奥运会举办国而言,对奥运知识产权的保护,实际上就是保护了奥运会举办国的国际形象和国际信用。"②国际奥委会通过主办城市对所在国家施加了间接法的要求。在奥运申办成功后,各国都必须成立组委会,该组委会须成为主办国法律下的一个法律实体。许多国家在知识产权方面有了成文法规定,奥运活动中产生的大量的知识产权问题,均可以得到各国相关知识产权法律的保护,我国《民法通则》界定的知识产权包括著作权、专利权、商标权、发现权、发明权以及其他科技成果权。"知识产权的主体框架是由著作权、专利权和商标权等智力成果权构成的。"③我国在知识产权领域已经制定了《著作权法》《专利法》《商标法》等,如果奥运传播中产生了符合作品构成要件的智力成果都可以得到我国著作权保护。另外,许多奥林匹克标志可以通过注册商标形式得到商标法的保护。国际奥委会已将奥林匹克五环标志在中国进行了商标注册。我国奥运赛事知识产权保护已经形成了"3+2"的法律保护体系,在《商标法》《专利法》《著作权法》《特殊标志管理条例》和《奥林匹克标志保护条例》中,"《奥林匹克标志保护条例》是我国政府直接以保护奥运版权为目的制定的一部行政法规,在该法规中明确规定未经权利人许可

---

① 马虹俊.奥运后中国的体育立法、司法和行政执法格局初探[M]//中国法学会体育法学研究会.追寻法治的精神:中国法学会体育法学研究会2005—2010.北京:人民体育出版社,2011:109.
② 葛建华.奥运会营销中的知识产权保护与特许权运用[J].商业研究,2012(2):27-30.
③ 魏淑君.关于体育知识产权范围的界定[J].山东体育学院学报,2007,23(6):15-17.

的行为都属于侵权行为"①。

尽管奥林匹克运动强调体育与政治的分离,但国际奥委会却需要最大范围得到各国政府的政治支持。国际奥委会积极同世界各国政府进行官方联系和交流,为了使具有国际体育法性质的《奥林匹克宪章》发生作用,就必须由配套的国内法及国内政策来实施。如前文所述,由于国际奥委会的世界性影响,各国政府都普遍尊重《奥林匹克宪章》中的有关规则,并在国内相关法律与政策上都制定符合《奥林匹克宪章》的规定。特别在奥林匹克知识产权保护方面,各国(地区)的法律法规都极大地受到《奥林匹克宪章》影响,奥林匹克知识产权的保护法规深深打上《奥林匹克宪章》的烙印,或者承认或者借用《奥林匹克宪章》对奥林匹克产权方面的保护性规定。从目前各国对《奥林匹克宪章》的运用实践来看,《奥林匹克宪章》在大多数国家并不直接产生法律效力,都需要国内立法调整,这说明某些国际法规则必须在国内立法机构的支持下才能实现。

不可否认的是并非所有国家都会严格遵守《奥林匹克宪章》,有些国家也会违背国际体育法的原则,就如有些国家不总是尊重其宪法与法律一样。为了加强对奥运会的垄断性控制,国际奥委会通过《主办城市合同》对主办城市所在国家施加了间接的立法要求。国际奥委会还通过与主办城市签订的《主办城市合同》明确了奥林匹克知识产权法律保护的要求。"而一旦主办城市所在国家通过了相关立法,国际奥委会则可以借助合同的方式,利用合同法律规则对奥林匹克知识产权进行保护,从而避免了国际习惯规则的不明确性,并加强了奥林匹克知识产权保护的力度。"②此外,《主办城市合同》可以看作是主办城市所在国对国际社会的一种承诺,在国际法上这可以被认为是所在国的一种单边行为,是主办城市所在国需要承担的国际法义务。借助国际法的习惯法规则,奥林匹克知识产权保护规则得到各国政府尊重,并自愿进行国内立法保护。可以说,奥林匹克知识产权保护已经通过各国国内立法的方式完成了国际法规则的国内法化。根据国际奥委会的规则,城市申奥成功以后,该国奥委会有关奥运会的所有市场开发活动都要暂停,在四年一度

---

① 下面行为都属于违反我国《奥林匹克标志保护条例》的侵权行为:(一)将奥林匹克标志用于商品、商品包装或容器以及交易文书上;(二)用于服务项目中;(三)用于广告宣传、商业展览、营业性演出及其他商业活动中;(四)销售、进口、出口含有奥林匹克标志的商品;(五)制造或者销售奥林匹克标志;(六)可能使人认为行为人与权利人之间有赞助或者其他支持关系而使用奥林匹克标志的其他行为。

② 陈彬,胡峰.论奥林匹克知识产权保护的法律依据[J].体育科学,2008,28(3):79-85.

的奥运周期中,该国奥委会与奥组委联合进行奥运会的市场开发。

二、基于《著作权法》的奥运电视转播权保护

在我国现有的法律法规中,《商标法》《著作权法》《专利法》《体育法》《广告法》对奥林匹克标志的保护比较充分,但对电视转播权与运动员形象权的保护还没有具体的法律规定,被认定为是新型知识产权的电视转播权和运动员形象权,即便用现有的知识产权法律框架难以涵盖,但也不能说不可以用知识产权法来实施对它们的保护。国外对体育转播权的规定经历了从自由放任到立法规则的发展过程。奥运转播权的经营成功与否是奥运赛事能否盈利的关键。从历史上看,在转播权交易达到一定规模后才开始真正实现大规模盈利。目前,我国对体育赛事转播权的有偿转让还没有具体的法律文件。在《体育法》中没有一处关于体育赛事转播权的规定,虽然在《著作权法》中有关于电视台对其录制的电视节目享有允许他人转播的权利,但在《著作权法》及《著作权法实施条例》中都没有出现电视转播权的概念。目前,我国电视转播权的法律性质还没有形成统一的权威论述,由于缺乏相应的专门法律保护,我国电视转播权在归属问题上还存在相当大的争议。不但对一般竞赛的电视转播权存在严重歧义,而且对体育比赛集锦的产权问题也没有明确界定,这导致对体育赛事的知识产权保护力度不足,这种局限主要在于救济权利来源的单一性。从长远角度考虑,体育赛事转播权已经成为一大重要的利益载体,通过专门立法给予规制,将有利于赛事转播产业的健康发展。假如对体育赛事转播权的法律性质、权利归属、侵权形式、侵权救济措施以及侵权者应承担的法律责任,国家能出台相关的法律制度对其进行明确,通过完善的法律制度来构建我国体育赛事转播权的体系,这会大大推动体育转播产业的发展。不过,在国家还没有就体育赛事转播权出台相关法律文件的情况下,可把字面意义上的体育赛事转播权纳入《著作权法》司法解释的保护条款中。

虽然奥运传播过程中产生的电视转播权并不能简单等同于作品,商品化权区别于著作权,但突破了《著作权法》的现有制度,依据《著作权法》的条款保护字面意义上的体育赛事转播权也有意义。《著作权法》作为自动保护原则,权利自作品创作完成时产生,不以申请、审批为条件。另外,著作权以智力成果本身为客体,并不要求它与一定的商品结合,当然,也不排斥这种结合。广义的著作权还包括邻接

权,例如对表演、录像录影制品和广播电视节目等的权利。一般认为,著作权邻接权不要求独创性。体育著作权及其邻接权是指体育原创性的智力成果,以及在传播过程中产生的与原创体育作品相关联的各种作品、物品或其他传播媒介。可以通过修订现行《著作权法》的相关条款,或者借用司法解释的形式,为字面意义上电视转播权的法律保护提供依据。具体可采用以下措施:第一,扩展现行《著作权法》的相关规定,将那些转播过程中具有创造性的赛事节目的性质认定为类似于电影拍摄创作的作品,在字面意义上确立体育赛事电视转播权属于《著作权法》保护的客体内容;第二,援引《著作权法》中的兜底条款,将与体育赛事电视转播相关的其他权利当作保护字面意义上的电视转播权的立法基础,而对现行的《著作权法》中的广播权,重新修改或者扩充解释,同时将新媒体转播权也纳入到广播权之中,这样就可以对体育赛事电视转播权按照《著作权法》进行司法实践了。

三、基于《反不正当竞争法》的运动形象权保护

不正当竞争是一个宽泛的法律术语,没有一个具体的定义。从历史来看,这个概念是作为一种主要与商业公司的非法行为相关的侵权行为发展起来的,即商业公司往往通过欺诈性方法,从竞争者处争夺消费者,最终导致竞争者遭受商业损失。在我国的司法实践中,对于受到侵害的形象权,是根据具体的情形分别采用"人格权保护""著作权保护""商标权保护"及"反不正当竞争保护"四种不同的模式进行司法实践。前三种模式都不适用于运动员形象权。虽然在《反不正当竞争法》第二条中规定,不正当竞争行为是指经营者违反本法规定,损害其经营者的合法权益,扰乱市场竞争秩序的行为。如果承认运动员形象权的经营主体资格,就能使无法得到人格权、著作权和商标权保护的形象权,最终能获得《反不正当竞争法》的保护。形象权是极具资产价值和竞争价值的无形资产,具有高度的外部性,容易为他人"搭便车",并且防范成本极高,只有解决了搭便车的条件,才能使高成本的物品得到维持和生产,这就决定了对形象权实施保护的重点并不在于对它进行正面设权,也不在于对其预设权利范围、权能及行使方式,更为关键与重要的是规范社会公众获得并使用形象的手段与方法。

形象权的权利特殊性质决定了对其保护要采用不同的保护方式。形象权并不是基于法律的具体规则而产生的一种权利,而是按照法律的道德原则衍生出来的

一种"剩余权利",其权利生成本身就不是只有单一的依据,所以对其法律保护也不可能只是完全由规则组成。私权可以由规则而设定,也可以由原则而设定。由于在急剧发展的现代社会中会产生许多急需保护的新型权利,这些权利可能在具体规则中没有办法得以体现,那就必须通过有效办法对原则做出相应的解释,并将这种新型的权利内涵纳入到私权范围,并予以法律的保护,通过这样的原则权利设定,就可以极大地缓冲法律稳定性与社会变动性之间的矛盾冲突。运动员形象权作为这种新型权利的代表,对它被侵权的行为解决归根结底要依靠法律的力量,美国就通过规范形象权的法律概念来解决形象侵权的问题。在我国与形象权相关的司法实践中,《民法通则》中对肖像侵权行为的构成要件的准确认定比较困难,而且对肖像侵权行为的赔偿规定也主要是以保护精神利益为主要目的,这不足以对形象(肖像)的商业价值达成有效保护。在我国有关运动员形象权的体育行政法规制度中,内容大多倾向于对运动员形象的行政监管,而不是对运动员形象价值的保护与开发,而且在对运动员形象权的归属、商业价值开发及形象利益分配等方面,有些规定还可能存在与法律法规相抵触的不合理、不合规的现象,这都值得好好探讨。当现行的运动员形象权没有专门法律进行保护的情况下,通过《反不正当竞争法》对其保护可谓是一条可行的思路。《反不正当竞争法》所保护的权利就是一种原则设定的权利,用以弥补具体知识产权规则的漏洞,它所保护的权利是一种道德权利,这与运动员形象权的权利属性一致。因此,从形象权的外部入手,通过《反不正当竞争法》规定相关的"义务规则",对不道德的使用行为进行"被动限制",划定非权利人使用时的合理行为边界或底线,这对防止形象权使用时可能发生的妨害与侵扰行为更有合理性和可操作性。

虽然2008年北京奥运会前,我国为保护奥林匹克知识产权进行了临时立法,通过了《奥林匹克标志保护条例》这一国务院行政法规对其进行保护,但在奥运知识产权保护对象与范围上是不足的,电视转播权及运动员形象权等新型知识产权都没有包括其中。就算在静态的奥林匹克标志知识产权的侵权救济上,对其商业目的认定、救济措施及奥林匹克域名的保护等方面,都还存在不少需要完善的地方。另外,从我国对奥运知识产权保护的形式来看,我们主要采用的是行政执法,这样会导致执法成本比较高,负担比较重。知识产权是一个伴随工业革命而产生的有利于解放生产力的法律制度,加强奥林匹克知识产权的保护对奥运会的成功举办和奥林匹克运动的推广都具有重要意义,这不仅可以防止奥林匹克运动良好社会形象受到损害,还能体现我国尊重和保护奥林匹克知识产权的国际作为。在我国正大力推动体育文化产业发展,对体育赛事电视转播权进行大力改革、对个人形象进行保护的当下,通过对奥运知识产权的保护来带动我国体育知识产权事业的整体进步,对推动我国知识产权保护具有特别的意义。

结　　语

　　经过一个多世纪的努力，奥林匹克运动以一种至高无上的信念将人们集聚在一起，沟通不同的文化形态，形成奥林匹克一体文化，成为当今世界独一无二的具有巨大能量的文化形态。现代奥运一百多年的历史成为近代社会的缩影。单就奥运本身来说，它从偏重精英的运动转向了公共运动，从体育竞技变成了资本狂欢，从囿于一隅走向展示国家实力、形象的舞台。就如萨马兰奇所言，体育虽然缺少了精英文化的那份疏离，却拥有大众文化的亲和。体育文化是大众文化的一种形式，体现着一种人的社会文化需求，无论是健身娱乐，还是观赏比赛，都表现出人对一种新的生活哲学、新的生活方式的追求。奥林匹克在大众传播媒介的作用下成为了全球性的文化内容之一。奥运会作为当今世界上最具有影响力的综合性体育赛事，代表着世界体育文化的主流。奥林匹克的文化特征体现在鲜明的象征性、浓郁的艺术性及丰富的内涵性上。

　　"奥林匹克主义是将身、心和精神方面的各种品质均衡地结合起来，并使之得到提高的一种人生哲学。它将体育运动、文化和教育融为一体。奥林匹克主义所要开创的人生道路是以奋斗中所体验的乐趣、优秀榜样的教育价值和对一般伦理的基本原则尊敬为基础的。正如国际奥委会所承认的，他们最大的经济（和文化）资产是其巨大的流行度，这种普及性会让数以十亿计的人们同时有相同的体育经历的体验。"奥林匹克运动在过去20年来所获取的核心成就，就是保护自己的权利、自己的形象和自己代表的东西。奥林匹克运动之所以能够延续至今，很大程度上是因为其价值观，以及由此从商业社会得到的支持。如果国际奥委会不能坚强地保护这一价值观，以及其合作伙伴的独有权利的话，那就失去了说服任何人投资于奥林匹克运动或成为合作伙伴的逻辑根基。[①] 工业文明时代不仅科学技术与市

---

① 佩恩.奥林匹克大逆转[M].郭先春,译.北京：中信出版社,2008：114.

场经济得到了迅速的发展,而且文化也得到了迅速的发展和传播,现代奥运会打上了现代文化的印记,也成为传播、体现和生产文化的重要主体。奥林匹克运动的视觉力和社会认知率已超过了国际红十字会和联合国,成为世界上最广泛的识别标志之一。

体育全球化的现象已经成为全球化的典型代表,体育把世界各地联系在一起。全球化、组织化、商业化、美国化和电视化成为现代体育文化的基础。在世界资本市场和经济全球化的背景下,奥林匹克的商业化浪潮也随之出现,仔细分析原因,主要有以下几点:第一,世界经济格局的作用。经济利益是支配奥运的主要因素之一,经济实力强的资本主义国家正在很大程度上左右奥运会的发展。第二,大众传播媒介,特别是电视的发展。体育比赛是最好的电视对象,它可使电视的各种能力得到最充分的发挥,吸引大量的观众,即广告商眼里的消费者;电视大大增加了人们观看体育的机会,把体育比赛送进千家万户,给人带来方便;体育比赛是良好的广告载体;奥运会特有的场合,吸引了更多的观众。第三,跨国公司的发展。为争夺世界经济市场,需要借助奥运会的广告价值。第四,20世纪70年代西方爆发的经济危机,使政府紧缩公众事业开支,对举办奥运会这样的体育比赛投入逐渐减少,迫使奥运会彻底商业化。第五,体育文化在现代生活中的升值,提高了体育运动的商业价值。第六,奥运会规模过大,导致举办奥运会的经费开支过大,势必要寻找新的集资渠道来举办奥运会。

体育传播活动并不是一种单纯的传播形式,它实际上是包含了多种传播形式的"传播系统"。体育运动项目的多样性、规模性质的多样性、参与个体的多样性决定了体育传播活动是一个融合了大众传播、组织传播、人际传播、语言传播和非语言传播多传播形式的传播系统。但是,大众传播形式是体育传播活动中最主要、最能体现传播价值的传播形式。奥林匹克运动不是靠直接用户——观众,而是靠间接用户——电视转播、商业赞助、特许经营的收费来支撑其运营的。现代奥运会不再是单纯意义上的体育竞赛活动,早已成为一项法律关系错综复杂的国际活动。《奥林匹克宪章》在第5章第59条做出了专门规定:"为了确保奥林匹克运动会得到各种媒体最充分的报道并获得最广泛的视听群众,国际奥委会执行委员会应制定一切必要措施由奥运会组委会贯彻执行。"为确保这一规定得到落实,国际奥委会还特别成立了新闻委员会、广播和电视委员会、电视版权和新媒体委员会。

在当代资本主义社会,传媒产业的特征就是垄断和集中,这就提高了进入这个行业的门槛。因此,知识产权的实际创造者为了"出版"而必须把他们对于自己作品的所有权转让给那些拥有传播手段的人。由此,文化手工艺者和信息商品由于资本扩张而变成了投资工具,更重要的是生产性财产和投资工具产生的资本,通过对于只是产权的和传播手段的投资而得到扩张。而资本的扩张和资本的集中化是一个互补的过程。资本在扩张的竞争中使得资本集中成为一种趋势。通过版权,"信息和文化产业、知识产权和媒介再现、传播的所有权和控制权构成了增值资本有价值的一部分,而可增值的资本都掌握在资产阶级手中"。① 版权和知识产权由于资本主义跨国公司在全球市场上的扩张,成为一个全球性的概念。同时,先进的西方发达国家还通过一系列国际条约的制定来瓜分世界市场,将传播和文化再度跨国化、殖民化。版权的形成是立基于资本主义制度,是具有发行能力的资产阶级为自身利益争取来的,与生俱来便是为版权所有者服务的,并不是知识产品创造者利益的捍卫者,版权是西方媒介所有者在全球市场上进行资本积累、无止境追求利润的工具。而国家和法律在这里也是资本家维护自身利益的纽带,版权的资本化还促成了垄断的盛行,减少了信息和文化的多样性。除此之外,西方资产阶级还通过一系列法律和国际条约来使版权国际化,捍卫西方国家的文化殖民。②

法律经济分析,亦称法律经济学,是用经济学的方法和理论,主要是运用价格理论(或称微观经济学),以及运用福利经济学、公共选择理论及其他有关实证和规范方法考察、研究法律和法律制度的形成、结构、过程、效果、效率及未来发展的学科。③ 从福利经济学的角度来看,重大体育赛事所产生的长期积极效应,使重大体育赛事的积极影响惠及全民,在效用上具有不可分割性。所以从宽泛的意义上讲,重大体育赛事具有公共产品的性质特征。因此认定,重大体育赛事属于公共产品的范畴。重大体育赛事高投入、涉及面广的综合产品,是由众多子系统组成的复杂巨系统,大部分子系统都具有公共产品的属性,而且多属于准公共产品类型,因此是具有极端高效用的不可替代的准公共产品。奥运会的一个根本原则是,电视信号必须免费向大众传播,这和为奥运会举办提供充足资金的财政要求形成了矛盾

---

① 曹晋,杨琪.传播政治经济学框架中的版权文化:论《版权文化——知识产权的政治经济学》[J].编辑学刊,2009(3):77-80.

② 同①.

③ 波斯纳.法律的竞技分析[M].蒋兆康,译.北京:中国大百科全书出版社,1997:3-4.

关系。很多年以来，不少私人电视机构曾爆出更高的价码，想要购得奥运会的电视转播权。但是他们无法保证向大众免费播放，以及在传播面上达到最大化，而这是奥运会电视转播政策的根本原则。①

随着体育运动的商业化和职业化的发展，体育与经济的联系日益紧密，经济因素逐渐进入了体育运动的各个领域，体育赛事转播行业就是其中的代表。虽然出售电视转播权成为体育经济中的一项重要活动，但各国法律对电视转播权的界定却不甚相同。对国外体育立法与转播的全面考察，大部分国家在立法上并不愿承认体育比赛存在某种权利，如电视转播权，即使承认存在转播权的国家也并未在立法上明确界定。在体育组织机构本身法律地位并不明确、体育赛事转播侵权案例是按照国际法还是国内法处理都还没有定论的情况下，对体育赛事电视转播权遭遇的法律困境进行理论研究就显得更有意义。体育转播权涉及体育产业和传媒产业，欧委会把转播市场分为两个级别：上游市场和下游市场。前者主要指媒体运营商从媒体权利所有者或体育权力机构购买相关权利，后者指媒体运营商争夺转播权利的竞争，即媒体运营商争夺受众和广告收益的竞争。② 这两大产业都是我国的朝阳产业，都需要相关的法规制度保障这两大产业健康发展，因此根据电视转播权的性质、特点，建立适合我国国情和法律体系的电视转播权法，对我国体育产业和体育传媒业发展都将有巨大的促进作用。运动员形象权也是如此。

知识产权制度是对知识产品提供法律保护的基本制度，其基本的观念之一，就在于确信法律对于版权拥有者和发行者的保护能够激励更多知识产品的创造，从而通过竞争带来知识产品市场的繁荣，使得更多的人类智慧被创造出来，并且传播到尽可能多的角落。奥林匹克知识产权保护是我国知识产权保护工作中的重要组成部分。但是，相对于一般的知识产权保护而言，奥林匹克知识产权保护的客体比较特殊，表现为它在专有性、地域性和时间性等方面都具有特殊性。2014年，国家知识产权局共受理发明专利92.8万件，同比增长12.5%，居世界第一位。这一数字比10年前增加了10倍。保护知识产权成为中国的举国战略。然而，在现代资本主义工业体系中，一方面版权体系并没有如理想的那样运作，版权保护的是具有发行能力的版权资本家而不是版权创造者的利益，这就不利于保护知识创造的积

---

① 佩恩.奥林匹克大逆转[M].郭先春,译.北京:中信出版社,2008:27.
② 康均心,刘水庆.欧盟体育转播权营销中的反垄断审查[J].武汉体育学院学报,2014,48(4):5-10.

极性;另一方面,由于传播的垄断,使得对版权的保护是加大而非削弱了信息富有者和信息贫乏者之间的鸿沟,而且版权成为西方"文化殖民"的有效工具。① 因此,在大力推动我国版权产业发展的同时,加大与国际交流,扩展体育产业保护具有重要意义。这也是本书的价值所在。

---

① 曹晋,杨琪.传播政治经济学框架中的版权文化:论《版权文化——知识产权的政治经济学》[J].编辑学刊,2009(3):77-80.

主要参考文献

一、专著

[1] David, Marcu. Sport for Sale[M].北京:华夏出版社,1988.

[2] Smith. Sport Media[M].北京:中国人民大学出版社,2003.

[3] 吐依,维尔.真实的奥运会[M].朱振欢,王荷英,译.北京:清华大学出版社,2004.

[4] 萨缪尔森.萨缪尔森辞典[M].陈迅,白远良,译.北京:京华出版社,2001.

[5] 博登海默.法理学—法哲学及其方法[M].邓正来,姬敬武,译.北京:华夏出版社,1987.

[6] 陈彬,胡峰.论奥林匹克知识产权保护的法律依据:国际法和国内法的双重视角[M]//中国法学会体育法学研究会.追寻法治的精神:中国法学会体育法学研究会 2005—2010.北京:人民体育出版社,2011.

[7] 程合红.商事人格权论:人格权的经济利益内涵及其实现与保护[M].北京:中国人民大学出版社,2002.

[8] 罗 D.体育、文化与媒介:不羁的三位一体[M].吕鹏,译.北京:清华大学出版社,2013.

[9] 凯尔纳.媒体奇观:当代美国社会文化透视[M].史安斌,译.北京:清华大学出版社,2003.

[10] 诺思,托马斯.西方世界的兴起[M].厉以平,蔡磊,译.北京:华夏出版社,1999.

[11] 利普希克.著作权和邻接权[M].联合国,译.北京:中国对外翻译出版公司,2000.

[12] 冯晓青.知识产权法利益平衡原理[M].北京:中国政法大学出版社,2006.

[13] 郭镇之.中外广播电视史[M].上海:复旦大学出版社,2005.

[14] 韩勇.体育与法律:体育纠纷案例评析[M].北京:人民体育出版社,2006.

[15] 何敏.知识产权法总论[M].上海:上海人民出版社,2011.

[16] 周亭.奥林匹克的传播学研究[M].北京:中国传媒大学出版社,2009.

[17] 史密斯.人格的商业利用[M].李志刚,缪因知,译.北京:北京大学出版社,2007.

[18] 黄世席.欧洲体育法研究[M].武汉:武汉大学出版社,2010.

[19] 科克利.体育社会学:议题与争议[M].管兵,刘穗琴,刘仲翔,等译.6版.北京:清华大学出版社,2003.

[20] 李力研.野蛮的文明[M].北京:中国社会出版社,1988.

[21] 赫兹琳杰.非营利组织管理:哈佛商业评论[M].北京新华信商业风险管理有限责任公司,译校.北京:中国人民大学出版社,2000.

[22] 波斯纳,著.常鹏翱,译.论隐私权[M]//梁慧星.民商法论丛:第21卷.香港:金桥文化出版有限公司,2001.

[23] 刘伟,李风圣.产权概论[M].北京:人民出版社,1997.

[24] 考特,尤伦.法和经济学[M].张军,等译.上海:上海三联书店,1994.

[25] 尚克.体育营销学:战略性观点[M].董进霞,邱招义,于静,译.2版.北京:清华大学出版社,2003.

[26] 艾因霍恩.媒体、技术和版权:经济与法律的融合[M].赵启杉,译.北京:北京大学出版社,2012.

[27] 利兹,阿尔门.体育经济学[M].杨玉明,蒋建平,王琳予,译.北京:清华大学出版社,2003.

[28] 佩恩.奥林匹克大逆转[M].郭先春,译.上海:学林出版社,2005.

[29] 佩恩.奥林匹克大逆转[M].郭先春,译.北京:中信出版社,2008.

[30] 第29届奥运会安全保卫协调小组办公室.历届奥运会安全事件回顾[M].北京:中国人民公安大学出版社,2006.

[31] 布尔迪厄.关于电视[M].许钧,译.沈阳:辽宁教育出版社,2000.

[32] 波德里亚.消费社会[M].刘成富,全志刚,译.南京:南京大学出版社,2000.

[33] 任海.奥林匹克运动[M].北京:人民体育出版社,1996.

[34] 茹秀英.国际奥委会组织变革与发展的研究[M].北京:北京体育大学出版社,2006.

[35] 萨马兰奇.奥林匹克回忆[M].孟宪臣,译.北京:世界知识出版社,2003.

[36] 约翰.传播理论[M].陈德民,叶晓辉,译.北京:中国社会科学出版社,1999.

[37] 宋海燕.中国版权新问题:网络侵权责任、Google图书馆案、比赛转播权[M].北京:商务印书馆,2011.

[38] 童昭岗,孙麒麟,周宁.人文体育:体育演绎的文化[M].北京:中国海关出版社,2002.

[39] 庹继光.奥林匹克传播论[M].成都:巴蜀书社,2007.

[40] 王先林.知识产权法与垄断法:知识产权滥用的反垄断问题研究[M].北京:法律出版社,2001.

[41] 费歇尔.知识产权的理论[M].黄海峰,译//刘春田.中国知识产权评论:第一卷.北京:商务印书馆,2002.

[42] 魏智通.国际法[M].吴越,毛晓飞,译.北京:法律出版社,2002.

[43] 吴汉东,胡开忠.无形财产权制度研究[M].北京:法律出版社,2001.

[44] 吴汉东.知识产权多维度解读[M].北京:北京大学出版社,2008.

[45] 杨立新.人格权法专利[M].北京:高等教育出版社,2005.

[46] 俞可平.社群主义[M].北京:中国社会科学出版社,1998.

[47] 张国元.特许经营法律与实务问题研究[M].北京:法律出版社,2009.

[48] 张维迎.博弈论与信息经济学[M].上海:上海三联书店,1997.

[49] 张新宝.隐私权的法律保护[M].北京:群众出版社,1997.

[50] 张玉超.中国体育知识产权前沿保护制度研究[M].北京:知识产权出版社,2012.

[51] 赵化勇.与你同行[M].北京:中国广播电视出版社,2008.

[52] 赵化勇.中央电视台发展史(1958—1997)[M].北京:中国广播电视出版社,2008.

[53] 赵化勇.中央电视台品牌战略[M].北京:中国广播电视出版社,2008.

[54] 赵玉,陈炎.多维视野中的奥林匹克运动[M].济南:山东教育出版社,2008.

[55] 赵长杰.奥运会营销策略[M].北京:北京体育大学出版社,2009.

[56] 郑成思.世界贸易组织与贸易有关的知识产权[M].北京:中国人民大学出版社,1996.

[57] 郑成思.中外印刷出版与版权概念的沿革[M]//中国版权研究会.版权研究文选.北京:商务印书馆,1995.

[58] 郑成思.知识产权:应用法学与基本理论[M].北京:人民出版社,2005.

[59] 周亭.奥林匹克的传播学研究[M].北京:中国传媒大学出版社,2009.

二、期刊

[1] 艾泽秀.奥运会运作理念的嬗变与调适[J].成都体育学院学报,2005,31(3):44-48.

[2] 包苏珊,董进霞.我们为何要用社会理论来解读大型体育赛事[J].体育与科学,2014,35(4):110-115.

[3] 蔡宏秋.论"科技奥运"的实质:现代奥林匹克运动技术化[J].体育文化导刊,2004(10):28-30.

[4] 蔡璞,袁张帆.体育运动员的形象权及其法律保护[J].首都体育学院学报,2004,16(4):51-53.

[5] 曹晋,杨琪.传播政治经济学框架中的版权文化:论《版权文化——知识产权的政治经济学》[J].编辑学刊,2009(3):77-80.

[6] 陈彬,胡峰.论奥林匹克知识产权保护的法律依据[J].体育科学,2008,28(3):79-85.

[7] 陈锋.美国与欧盟法下的体育市场开发与反垄断[J].北京体育大学学报,2006,29(4):436-440.

[8] 陈锋.论美国法下对运动员形象权的保护[J].北京体育大学学报,2007,30(5):586-588.

[9] 陈国强.NBC的北京奥运营销[J].环球体育市场,2008(4):32-34.

[10] 陈国强.中国电视奥运会报道的历史[J].新闻与写作,2008(8):17-19.

[11] 陈立基.当代奥林匹克运动的发展模式[J].体育科技,2005,26(4):1-6.

[12] 陈南华.寻找非营利组织存在的理论根据[J].福建论坛(人文社会科学版),

2005(10):122-125.

[13] 陈慰星.奥运会门号的知识产权保护研究[J].首都体育学院学报,2005,17(6):28-30.

[14]《成功营销》编辑部.搭上32亿人的顺风车[J].成功营销,2014(8):1.

[15] 程士安,沈恩绍.数字化时代组织传播理论的解释与重构:以科技进步与传播规律的演进为视角[J].新闻大学,2009(2):119-124.

[16] 丛立先.体育赛事直播节目的版权问题析论[J].中国版权,2015(4):9-12.

[17] 董青,洪艳."体育媒体奇观"研究:以世界杯足球赛为例[J].北京体育大学学报,2010,33(12):23-26.

[18] 杜利军.北京奥运会的科技需求[J].中外科技信息,2002(8):18-19.

[19] 方福前,李新祯.奥运科技群特征与系统循环[J].北京社会科学,2008(3):10-13.

[20] 方福前.论奥运科技如何产业化[J].北京社会科学,2008(6):25-29.

[21] 方媛.论科学技术革命与现代奥林匹克运动的发展[J].中国体育科技,2003,39(1):15-17.

[22] 冯春.体育赛事转播权的法律属性研究[J].社会科学家,2016(3):117-121.

[23] 冯春.体育赛事转播权二分法之反思[J].法学论坛,2016,31(4):126-132.

[24] 冯晓青,刘淑华.试论知识产权的私权属性及其公权化趋向[J].中国法学,2004(1):61-68.

[25] 冯晓青.知识产权法与公共利益探微[J].行政法学研究,2005(1):49-60.

[26] 冯晓青.技术创新与知识产权战略及其法律保障体系研究[J].知识产权,2012,22(2):3-11.

[27] 冯玉军,黎晓园.奥林匹克标志的知识产权保护初探[J].法学论坛,2007,22(4):37-43.

[28] 高荣林.出版自由与个人形象权[J].国际新闻界,2012,34(2):81-86.

[29] 葛建华.奥运会营销中的知识产权保护与特许权运用[J].商业研究,2012(2):27-30.

[30] 郭斌,徐晓伟.当代体育传媒运营现状和发展趋势[J].体育文化导刊,2007(9):22-26.

[31] 郭发产."集体肖像权"的法律问题:析姚明与可口可乐公司肖像权纠纷案[J].法学,2003(6):126-128.

[32] 郭晴.贝克汉姆现象:消费社会背景下的偶像崇拜与媒介制造[J].成都体育学院学报,2009,35(3):8-11.

[33] 郭玉军,向在胜.美国公开权研究[J].时代法学,2003(1):7-16,44.

[34] 韩丹.论奥运会承办的三种模式[J].山东体育学院学报,1997,13(2):6-11.

[35] 韩勇.纯隐性营销行为防范救济及北京奥运会实践[J].体育文化导刊,2010(1):75-79.

[36] 郝勤.奥林匹克传播:历程、要素、特征:兼论奥林匹克传播对北京奥运会的启迪[J].体育科学,2007,27(12):3-9.

[37] 贺幸辉.国际奥委会与媒介关系的历史考察与创新发展——从传统管理模式走向善治[J].体育与科学,2016,37(4):26-35.

[38] 宏源证券,方正证券.2015年中国体育产业投资报告[J].资本市场,2015(1):50-69.

[39] 洪银兴,路瑶.信息产品交易和知识产权保护[J].学术月刊,2005,37(5):33-41.

[40] 胡鞍钢,过勇.从垄断市场到竞争市场:深刻的社会变革[J].改革,2002(1):17-28.

[41] 胡峰,张振宇.论奥运会隐性市场行为的法律规制[J].武汉体育学院学报,2006,40(4):28-31.

[42] 胡峰.论创新和技术传播冲突中的知识产权保护制度[J].科技进步与对策,2008,25(3):1-3.

[43] 胡浚,王娟娟.平衡知识产权与公共利益的印度模式[J].南亚研究季刊,2011(4):78-83.

[44] 黄海,曲怡.我国体育产权的交易方式发展趋势[J].上海体育学院学报,2006,30(2):21-24.

[45] 黄海燕,张林.我国体育产权的分类及其交易研究[J].成都体育学院学报,2007,33(1):21-26.

[46] 黄汇.论知识产权公益诉讼制度的构建[J].江西社会科学,2008,28(6):

186-189.

[47] 黄鲁成,娄岩,吴菲菲."科技奥运"理念及其实施[J].中国科技论坛,2007(5):90-93.

[48] 黄世席.奥运会参赛运动员赞助协议中的法律问题[J].法学,2008(4):61-71.

[49] 黄亚玲,赵洁.北京2008年奥运会奥林匹克知识产权保护研究[J].北京体育大学学报,2005,28(9):1153-1155.

[50] 斯图普.国际奥委会知识产权概览[J].周玲,译.知识产权,2006,16(5):92-94.

[51] 嵇峰.传播学框架下的技术传播研究[J].新闻战线,2013(3):103-104.

[52] 姜柏宁.奥运会赛事转播的再次实践:中央电视台承担2012年伦敦奥运会公共信号制作任务的介绍[J].现代电视技术,2012(10):24-30.

[53] 姜新东,孙法柏.形象权探讨[J].山东科技大学学报(社会科学版),2003,5(2):66-68.

[54] 姜新东,徐清霜.美国形象权的司法保护[J].法律适用,2008(3):89-92.

[55] 蒋家珍,钟秉枢.体育赛事品牌传播价值评估系统原理与方法研究[J].北京体育大学学报,2008,31(2):159-161,164.

[56] 金元浦.文化生产力与文化经济[J].中国社会科学院学术季刊,2000(1):136-144.

[57] 荆学民.国际政治传播中政治文明的共振机制及中国战略[J].国际新闻界,2015,37(8):6-19.

[58] 康均心,刘水庆.欧盟体育转播权营销中的反垄断审查[J].武汉体育学院学报,2014,48(4):5-10.

[59] 雷晶晶,金雪涛.体育赛事转播权发展与营销的产权模式[J].哈尔滨体育学院学报,2010,28(1):23-27.

[60] 李江.温故以求新:科技发展与设计创新推动奥林匹克运动向更高层次迈进[J].装饰,2008(8):22-25.

[61] 李劼.破解奥运特许经营的奥秘[J].中国版权,2016(4):49-52.

[62] 李金龙,张志学,赵杰.奥林匹克运动的政治化与非政治化特征及其成因[J].体育科学,2008,28(11):78-81,92.

[63] 李骏.乐视网:瞄准赛事热点,拓展海内外用户的"布道者"[J].传媒评论,2015(12):76-78.

[64] 李淼.乐视独揽中超新媒体版权 体育产业进入多金时代[J].中国战略新兴产业,2016(6):59-61.

[65] 李明德.美国形象权法研究[J].环球法律评论,2003,25(4):474-491.

[66] 李诗鸿.论商品化权[J].江淮论坛,2005(6):57-60.

[67] 李奕悦.媒介奇观:世界杯的社会文化分析[J].青年记者,2011(21):41-42.

[68] 李云峥.2008奥运年背后的产权烽火与暗战[J].产权导刊,2008(1):7-9.

[69] 李兆丰.垄断权益的差别及其逻辑:我国世界杯版权格局中的新媒体和电视[J].现代传播,2006,28(5):66-69.

[70] 李竹荣,金雪涛.传媒产业融合时代体育赛事转播权经营[J].北京体育大学学报,2008,31(9):1194-1196.

[71] 林小爱,计华.奥林匹克运动会特许商品知识产权的特殊性[J].北京理工大学学报(社会科学版),2012,14(5):103-108.

[72] 刘春霖.商品化权论[J].西北大学学报,1999,29(4):54-58.

[73] 刘红.商品化权及其法律保护[J].知识产权,2003,13(5):26-29.

[74] 刘宏松.国际组织的自主性行为:两种理论视角及其比较[J].外交评论,2006(6):104-111.

[75] 刘进.欧洲国家对运动员形象权的法律保护[J].体育学刊,2007,14(7):27-31.

[76] 刘丽娜.论美国形象公开权对名人姓名的保护[J].电子知识产权,2005(6):48-50.

[77] 刘清早,吴爱君,刘漾,等.奥林匹克运动会与全国运动会市场开发比较研究[J].上海体育学院学报,2009,33(5):1-6.

[78] 刘笑盈.奥运赢家:美国全国广播公司[J].对外传播,2009(2):58-60.

[79] 刘新阳.奥运直播与商业利益的博弈:NBC伦敦奥运会电视转播策略分析[J].电视研究,2013(1):57-59.

[80] 刘毅.从王军霞诉昆明卷烟厂案看名人形象权的保护[J].重庆工学院学报,2005,19(4):95-98.

[81] 刘远山,余秀宝.知识产权许可与转让研究现状综论[J].郑州轻工业学院学报(社会科学版),2013,14(3):13-18.

[82] 卢海君.论体育赛事节目的著作权法地位[J].社会科学,2015(2):98-105.

[83] 卢嘉鑫.美国对体育产业的反垄断豁免政策及其启示[J].商场现代化,2010(6):55-56.

[84] 卢群,赵兴玉.奥运电视转播发展历程及技术发展现状(上)[J].广播与电视技术,2008,35(3):44-48.

[85] 卢群,赵兴玉.奥运电视转播发展历程及技术发展现状(下)[J].广播与电视技术,2008,35(4):36-43.

[86] 卢兆民,董天义.国际奥委会的法律属性[J].体育文化导刊,2008(2):51-52.

[87] 陆虹.新媒体·新奥运·新传播:数字技术背景下的北京奥运传播初探[J].新闻记者,2006(9):32-35.

[88] 吕冰心."奥组委"给隐性营销亮黄牌:北京奥组委官员细说奥运隐性营销[J].法人,2006(11):20-23.

[89] 马波.尼莫形象权法律思想评析[J].内蒙古大学学报(哲学社会科学版),2010,42(1):36-40.

[90] 马波.论美国形象权限制制度[J].内蒙古大学学报(哲学社会科学版),2010,42(6):100-105.

[91] 马法超,于善旭.运动员形象权及其法律保护[J].北京体育大学学报,2008,31(1):14-16.

[92] 马特.隐私权的法经济学解读:以"艳照门"事件为对象[J].政治与法律,2008(4):23-26.

[93] 穆丹,李显国,黄义.奥运百年媒介的运作[J].体育文化导刊,2013(3):144-152.

[94] 裴洋.论谢尔曼法在体育比赛电视转播权转让中的适用[J].武汉大学学报(哲学社会科学版),2008,61(4):513-518.

[95] 裴洋.奥林匹克标志的法律保护[J].华东政法大学学报,2008,58(3):116-120.

[96] 邱大卫.奥运会电视转播权新动向[J].环球体育市场,2009(3):22-23.

[97] 瞿巍.体育赛事电视转播权立法建议[J].体育文化导刊,2013(5):16-19.

[98] 任海.奥林匹克改革与国际奥委会的组织转型[J].体育文化导刊,2007(12):39-41.

[99] 任海.论奥林匹克运动的产业化[J].体育与科学,2000,21(5):1-6,9.

[100] 任海.论国际奥委会的改革[J].体育科学,2008,28(7):3-25.

[101] 任海.现代奥运会商业化的过程[J].体育文化导刊,1992(4):17-19.

[102] 沈虹.从宣传,到传播:谈谈中央电视台奥运及体育营销传播模式的建构[J].广告大观(综合版),2008(6):81-82.

[103] 沈虹.漫谈体育营销[J].中国广告,2006(4):21-23.

[104] 沈华柱,鞠甲斌,李津.从索契冬奥会看体育赛事政治传播的策略与效果[J].新闻大学,2014(6):39-46,8.

[105] 宋彬龄,童丹.反埋伏营销特别立法的类型化研究[J].体育科学,2016,36(3):25-32.

[106] 宋寅平.筹办北京奥运会中的标准化问题[J].中国标准化,2002(11):20-22.

[107] 苏平.知识产权变动模式研究[J].法商研究,2011,28(2):96-103.

[108] 苏颖.政治传播系统的结构、功能与困境分析:基于政治结构—功能分析方法的视角[J].东南传播,2009(5):32-35.

[109] 孙法柏,姜新东.名人形象的商业化利用及其权利保护沿革:形象权的历史解读[J].前沿,2007(1):170-173.

[110] 孙玉胜.透过奥运赛场我们还应看到什么?——经济视野中的奥林匹克文化全球传播[J].国际经济评论,2008(5):6.

[111] 孙振虎.技术革新背景下的电视传播革命[J].中国电视,2008(12):22-27.

[112] 汪全胜.体育特许经营权许可的法律关系考察[J].成都体育学院学报,2011,37(6):10-14.

[113] 汪新蓉.商品化权小议[J].科技与法律,2001(2):59-67.

[114] 汪怡婷,罗金云.奥运会电视转播权法律属性[J].重庆科技学院学报(社会科学版),2008(7):61-62.

[115] 王爱玲.媒介技术:赋权与重新赋权[J].文化学刊,2011(3):70-73.

[116] 王军.奥林匹克视觉形象的历史研究[J].体育科学,2004,24(12):

28-36,73.

[117] 王磊."网络转播体育赛事"的法律保护路径探讨[J].电子知识产权,2018(10):21-32.

[118] 王朋,张仁寿,王昵.奥运会转播权营销创新对2010年广州亚运会的启示[J].广州大学学报(社会科学版),2008,7(10):48-53.

[119] 王平远.大型体育赛事电视转播权有效开发探讨:基于福利经济学和博弈论的视角[J].体育科学,2010,30(10):23-29.

[120] 王琪.科技奥运的实证解读:以奥运相关专利为例[J].沈阳体育学院学报,2013,32(1):26-31.

[121] 王庆伟.北京奥运会组织管理特征分析[J].西安体育学院学报,2010,27(3):293-296.

[122] 王伟臣.NBA的反垄断豁免探析[J].体育学刊,2011,18(4):84-87.

[123] 王相飞.北京奥运会网络视频传播状况的回顾与分析[J].体育学刊,2009,16(2):29-32.

[124] 王宇,朴哲松.北京奥运隐性营销与奥运知识产权保护[J].北京体育大学,2007,30(S1):45-46.

[125] 王佐.奥运会:物流竞技场[J].中国物流与采购,2003(8):18-22.

[126] 魏淑君.关于体育知识产权范围的界定[J].山东体育学院学报,2007,23(6):15-17.

[128] 吴汉东.形象权的商品化与商品化的形象权[J].法学,2004(10):77-89.

[129] 吴汉东.知识产权的多元属性及研究范式[J].中国社会科学,2011(5):39-45.

[130] 吴玉新.基于大型体育赛事的公共科技发展战略研究[J].沈阳体育学院学报,2011,30(3):26-29.

[131] 向会英,谭小勇,姜熙.反垄断法视野下职业体育电视转播权的营销[J].天津体育学院学报,2011,26(1):62-67.

[132] 项建民.知识经济时代的体育知识产权保护[J].体育学刊,2002,9(4):26-28.

[133] 肖鸿波.网络传播与北京奥运新闻传播的新格局[J].上海体育学院学报,

2006,30(6):74-76.

[134] 谢静.组织与传播的再构建:后功能主义的组织传播学研究路径述评[J].新闻大学,2012(2):48-53.

[135] 谢静.经由传播而组织:一种动态的组织传播观[J].新闻大学,2011(4):112-118,144.

[136] 谢晓尧.商品化权:人格符号的利益扩张与衡平[J].法商研究,2005,22(3):81-87.

[137] 熊斗寅.新版《奥林匹克宪章》解读[J].体育文化导刊,2004(2):32-35.

[138] 徐建华,程丽平.奥运会赞助市场中隐蔽营销现象的分析及规避方法研究[J].体育科学,2006,26(2):91-94.

[139] 徐建华,程丽平.奥运赞助回顾及前景展望[J].体育文化导刊,2010(12):50-53.

[140] 徐明.从中央电台奥运报道看相关法律及风险防范[J].中国广播,2008(10):9-11.

[141] 徐兴祥.知识产权权能结构法律分析[J].法治研究,2014(7):112-119.

[142] 许正林.奥运会埋伏营销与奥林匹克知识产权保护警示分析[J].广告大观(理论版),2009(6):15-23.

[143] 薛红.名人的"商标权":公开形象权[J].中华商标,1996(3):10-14.

[144] 闫虹.北京奥运会科技奥运理念的理性思考[J].四川体育科学,2005,24(1):4-5.

[145] 严波.管窥世界杯转播权[J].电视研究,2010(10):42-46.

[146] 杨利红.谈公共组织的企业化管理[J].财会月刊,2003(9):53-54.

[147] 杨雄文.反思与完善:信息不完全下的知识产权利益平衡[J].电子知识产权,2007(2):16-19.

[148] 杨文运,林萍.体育明星价值分析[J].体育文化导刊,2008(4):45-48.

[149] 姚颉靖,彭辉.后奥运时期的运动员形象权法律保护研究[J].河北科技大学学报(社会科学版),2013,13(4):37-44.

[150] 叶亮.论我国"运动员产权"的归属与管理[J].现代营销(学苑版),2009(11):34-37.

[151] 叶小兰.论公开权保护模式的建构[J].江苏警官学院学报,2006,21(6):55-60.

[152] 易剑东.中央电视台的伦敦奥运营销论略[J].电视研究,2012(9):42-44.

[153] 尹红强,秦玉娈.如何防范奥运隐性市场行为[J].商业时代,2008(33):28-30.

[154] 于晗,金雪涛.基于产权理论的体育赛事转播权开发研究[J].生产力研究,2013(6):74-77.

[155] 余艳波.体育运动的传播特征分析[J].湖北大学学报(哲学社会科学版).2004,31(4):482-484.

[156] 袁博.我国形象权纠纷案件类型化研究[J].法治论丛,2011,26(5):41-47.

[157] 岳游松,杨珍.流动、坚守与认同:奥林匹克运动全球传播的文化协商范式[J].成都体育学院学报,2015,41(2):40-43.

[158] 曾静平,曾曦.中国体育电视发展沿革研究[J].天津体育学院学报,2009,24(5):375-378.

[159] 曾明彬,周超文.社会网络理论在技术传播研究中的应用[J].甘肃行政学院学报,2010(6):44-49.

[160] 翟杰全.技术传播:概念、渠道和企业实践[J].北京理工大学学报(社会科学版),2010,12(1):90-94.

[161] 张昊,陈雪玲.标准、标准化与体育[J].体育文化导刊,2004(7):6-8.

[162] 张颢瀚,徐浩然,朱建波.知识产权是第一产权[J].江苏社会科学,2011(4):41-45.

[163] 张立,张宇航,陈晓龙,等.奥运史中的信息技术应用及其技术特点和发展特征[J].北京体育大学学报,2006,29(12):1606-1608.

[164] 张盛、生态、渠道、内容:电视体育传播的迭代与创新[J].上海体育学院学报,2019,43(6):23-28.

[165] 张亚辉.现代奥运会电视转播权的管理和营销[J].山西师大体育学院学报,2007,22(4):47-50.

[166] 张玉超,栗丽.中国奥林匹克知识产权的若干问题[J].体育学刊,2003,10(3):7-10.

[167] 张玉磊.困境与治理:非营利组织的市场化运作研究[J].中国农业大学学报(社会科学版),2008,25(4):170-180.

[168] 张振亮.论信息产权的法律属性[J].南京邮电大学学报(社会科学版),2009,11(2):29-32.

[169] 张志伟.体育赛事转播权法律性质研究:侵权法权益区分的视角[J].体育与科学,2013,34(2):46-50.

[170] 赵德勋,何振梁.基-萨改革国际奥委会管理模式的实质[J].体育与科学,2008,29(2):20-23.

[171] 赵凤梅,姜新东.形象权的哲学思考[J].云南社会科学,2004(4):33-37.

[172] 赵雅文,王松,任杰.论体育作为政治传播载体的功能变迁:1949年以来我国体育事业发展各阶段体育传播观念的发展[J].新闻大学,2014,128(6):32-38.

[173] 赵毅.体育新型商事交易中的法律问题[J].广西大学学报(哲学社会科学版),2016,38(2):77-82.

[174] 赵豫.关于体育竞赛电视转播著作权问题的探讨[J].体育科学,2003,23(3):6-10.

[175] 赵豫.运动员形象权的法律保护[J].体育学刊,2005,12(2):17-20.

[176] 郑成思,朱谢群.信息与知识产权的基本概念[J].科技与法律,2004(2):39-45.

[177] 郑胜利.论知识产权法定主义[J].中国发展,2006,6(3):49-54.

[178] 钟秉枢,邱招义,于静.奥林匹克品牌营销的组织管理及中、美、澳三国间的比较[J].广州体育学院学报,2006,26(2):1-5.

[179] 周玲,张家贞.澳大利亚奥林匹克知识产权立法研究[J].法学家,2008(2):149-152.

[180] 周召勇,万小丽.国家运动员肖像权的法律探析:刘翔肖像权案引发的法律思考[J].天津体育学院学报,2005,20(5):36-38.

[181] 朱广新.形象权在美国的发展状况及对我国立法的启示[J].暨南学报(哲学社会科学版),2012,34(3):24-32.

[182] 朱玛.利益平衡视角下体育赛事转播权的法律保护[J].河北法学,2015,33

(2):166-174.

[183] 朱体正.形象权与形象代言合同性质研究[J].河南司法警官职业学院学报,2007,5(4):59-62.

[184] CTR市场研究.中国电视体育营销研究报告[J].广告大观(综合版),2008(3):59-65.

三、学位论文

[1] 陈立基.当代奥林匹克运动发展观之研究[D].北京:北京体育大学,2006.

[2] 程远.奥运会参加者的法律地位研究[D].北京:中国政法大学,2009.

[3] 董传升."科技奥运"的困境与消解[D].沈阳:东北大学,2004.

[4] 董杰.奥运会对举办城市经济的影响[D].北京:北京体育大学,2002.

[5] 范慧青.体育明星形象权归属与保护研究[D].呼和浩特:内蒙古大学,2009.

[6] 何炼红.工业版权研究[D].重庆:西南政法大学,2007.

[7] 雷选沛.北京奥运经济运营与管理研究[D].武汉:武汉理工大学,2006.

[8] 李宏斌.现代奥运会的伦理困境及其化解[D].长沙:湖南师范大学,2008.

[9] 李凯.全球性媒介事件与国家形象的构建和传播:奥运的视角[D].上海:复旦大学,2005.

[10] 梁兴国.知识产权权利冲突问题研究:一种法哲学的进路[D].北京:中国政法大学,2007.

[11] 任磊.百年奥运建筑[D].上海:同济大学,2006.

[12] 孙玉胜.奥林匹克文化传播的经济学分析[D].长春:吉林大学,2008.

[13] 王军.奥林匹克视觉形象的历史研究[D].北京:北京体育大学,2004.

[14] 徐聪.版权法体系下的"接触权"研究[D].上海:华东政法大学,2011.

[15] 徐锐.多元文化图景与电视话语选择[D].武汉:华中科技大学,2010.

[16] 邹彩霞.中国知识产权发展的困境与出路:法理学视角的理论反思与现实研究[D].长春:吉林大学,2008.

[17] 邹军华.公开形象权研究[D].北京:中国政法大学,2005.

四、其他

[1] 杨涛.必须区分奥运会转播权与新闻报道权[N].检察日报,2008-08-11(1).

[2] Ban Misleading Ads of Sporting Goods[N].N.Y.Times,1930-05-08(15).

[3]《1976年美国国会报告》第94-1476号,1976:52.

[4]《体育赛事网络侵权背景报告》第10页 Background Report on Digital Piracy of Sporting Events,由Envisional公司and NetResult公司撰写,2008年

[5] 陈承.伦敦奥运转播权大战终局门户网弃购直播权[N].21世纪经济报道,2012-07-06(2).

[6] 陈树琛.互联网+体育 展现诱人前景[N].安徽日报,2016-08-02(1).

[7] 国际奥林匹克委员会.奥林匹克宪章[R].1958.

[8] 国际奥林匹克委员会.奥林匹克宪章[R].2007.

[9] 国际奥委会全票通过改革方案[N].参考消息,2014-12-10(8).

[10] 黄世席.新媒体转播的法律问题[N].法制日报,2008-08-03(14).

[11] 林丹选择赞助新模式[N].浙江日报,2015-01-08(16).

[12] 汤敏.姚明"放开审批"提案获首肯:李克强表示将取消赛事转播限制[N].扬子晚报,2014-09-04(A27).

[13] 袁雪.中国转播商要做出更大贡献:专访IOC电视和新媒体权益委员会执行主管蒂莫·拉姆[N].21世纪经济报道,2008-01-28(37).

[14] 曾维和.公益产权:非营利组织发展的一个新议题[N].中国社会报,2004-12-16(T00).

[15] 中国体育产业行驶在慢车道上[N].参考消息,2017-09-04(9).

后　　记

屈指算来,这本书稿将近拖后了半年的时间。之所以迟迟不敢提交书稿,除了自身的惰性外,还有一种人年过四十的困惑或徘徊。这本拙作是本人2017年出版的《公共与垄断:奥运传播中的知识产权研究》的姊妹篇,是本人近两年对奥林匹克传播的知识产权的思考和研究成果。如果说《公共与垄断:奥运传播中的知识产权研究》算是我第一本奥林匹克传播与知识产权融合性研究成果的话,那这本《经济与技术:奥运传播中的知识产权研究》则应该要在第一本的基础上,深度和广度都有所拓展和突破,有更完整的思考和观点。由于担心这些难以实现,所以交稿日期被我一次次推后。

2019年算是中国体育的小年,既没有奥运会和全运会这样展示国家体育水平的综合性赛事,也没有足球世界杯这样让世界为之欢呼雀跃的单项体育赛事。但2019年不乏让人刻骨铭心的事情。新中国成立70周年前中国女排世界杯十一连胜,让国人再一次体会到"女排精神"的真谛;在家门口的男篮世界杯上,中国男篮高开低走,让众多球迷体会到坠入深渊般的失望;年底中国游泳队队长孙杨药检风波带来的一系列的后遗症……这一桩桩体育事件就像一幕幕影视大片,演绎着体育界的悲欢离合,导引着体育迷的喜怒哀乐。就如同2019年的我一样,事业发展裹足不前,职业倦怠感不断累积,科研和教学鲜有突破性进展,生活犹如遭遇中年危机般落寞。幸好灰暗的日子有体育电视相伴,在一场场精彩的体育赛事背后,体会到胜负就是一念之间,成功与失败都是一种经历,生活的调色板需要自己描绘。在困顿数月之后,我依然拿起了笔,继续了这本书稿的写作。

如果说《公共与垄断:奥运传播中的知识产权研究》的主体是我博士论文核心内容的话,那这本专著的基础应该是我博士论文的前传。这本书稿中不少内容来自博士论文写作期间收集的材料,不少观点也是博士论文写作期间迸发出来的灵光。当时就想,博士论文写作结束后就要准备这本书稿的写作。这些想法得到导师顾理平教授的大力支持。他时常勉励我要不断思考,他说周期性的奥林匹克运动会,为体育传播研究者提供了源源不断的研究题材。在研究基础还非常薄弱的中国体育传播法学方面做基础性的理论贡献,不但是自我价值实现的需要,更是体育事业发展的需要。他亲自不计回报地帮我规划研究的方向和具体的研究内容。多年来,我都有一个习惯,每年寒假假期都要找一个下午,在他17楼的书房里,与他促膝长谈,聆听教诲,汇报自己一年教学和科研的成果,谈谈自己未来的打算和期待。虽然每次交流的内容都不聚焦,拉拉杂杂,但他每次都在云淡风轻中打消我的顾虑,让我豁然开朗;他用他笔耕不止的勤勉告诉我,凡事付出总有回报,让我对未来有了更多的期待与希望。还有成都体育学院郭晴教授,作为中国体育科学学会体育新闻传播分会秘书长,她不计较我才疏学浅,经常面提后辈,她的睿智与豁达让我受益匪浅;还有北京外国语大学的魏伟教授,我们年龄相仿,但他著作等身,学术研究令我只能望其项背,但凡我的请求,他总是克服困难应允,在此一并谢过!

感谢南京体育学院学科办和科研处的同事们,在他们的帮助下,本人获批了南京体育学院奥林匹克文化教育与传播方向的带头人,带领年轻的团队驰骋在奥林匹克这艘巨轮中,在浩瀚的奥林匹克研究中开拓疆域。这本拙作也是在他们的帮助和督促下完成的。在他们多方支持下,本人设定的奥林匹克传播法学研究得以继续和深入,他们的肯定和鼓励让我不敢懈怠,倾注了更多的研究热情,这份小小的成果算是对他们辛勤付出的一点点回报。感谢南京体育学院杨国庆校长、史国生副校长、李江副校长、沈鹤军教授、盛蕾主任、孙国友主任、高力翔教授……他们在工作中的督促和鞭策使我不敢松懈;还有体育传媒系全体老师和奥林匹克文化教育与传播团队,他们帮我分担了不少教学管理工作,感谢团队的精诚合作,没有他们的支持,书稿定难以完成。

感谢东南大学出版社以及张丽萍女士,由于各种原因,交稿日期一拖再拖,是她不厌其烦地催促和协助,书稿才会如期完成。几年来,张丽萍女士作为我的三本专著的责任编辑,她认真的工作态度使我毫不犹豫地将这本倾注了我更多研究热情和心血的书稿再次交给了她。

写作的过程是焦虑的,但也是享受的。其实到现在我都难以相信自己可以完成30多万字的书稿。写作过程中,懵懂年少的儿子其实也是我的榜样,遇到问题孜孜不倦以求解决；四岁的女儿总会给我带来意想不到的快乐，让我体会到为人父的责任和担当。感谢远在江西老家的已过耄耋之年的母亲、支撑家族的兄长和亲人，视我如同己出的岳父岳母，还有一直默默支持我的妻子雷敏女士，如果没有坚强的家庭后盾，我断然完成不了自己的书稿，谢谢所有给予我照顾的同事和朋友，好人一生平安！

2019 年 12 月修改于南京